日本侵华教育史

以汪伪统治区为中心

曹必宏　夏　军　沈　岚◎著

侵华日军暴行史研究

南京出版传媒集团
南京出版社

图书在版编目(CIP)数据

日本侵华教育史：以汪伪统治区为中心 / 曹必宏，夏军，沈岚著. -- 南京：南京出版社，2020.6
（侵华日军暴行史研究）
ISBN 978-7-5533-2691-7

Ⅰ. ①日… Ⅱ. ①曹… ②夏… ③沈… Ⅲ. ①侵华－教育侵略－研究－日本 Ⅳ. ①G529.6

中国版本图书馆CIP数据核字（2019）第253236号

丛 书 名：侵华日军暴行史研究
书　　名：日本侵华教育史：以汪伪统治区为中心
著　　者：曹必宏　夏 军　沈 岚
出版发行：南京出版传媒集团
南 京 出 版 社

社址：南京市太平门街53号　邮编：210016
网址：http://www.njcbs.cn　电子信箱：njcbs1988@163.com
联系电话：025-83283893、83283864（营销）　025-83112257（编务）

出 版 人：项晓宁
出 品 人：卢海鸣
责任编辑：凌　霄
装帧设计：王　敏
责任印制：杨福彬

排　　版：南京新华丰制版有限公司
印　　刷：江苏扬中印刷有限公司
开　　本：787毫米×1092毫米　1/16
印　　张：25
字　　数：486千
版　　次：2020年6月第1版
印　　次：2020年6月第1次印刷
书　　号：ISBN 978-7-5533-2691-7
定　　价：68.00元

南京出版社
图书专营店

营销分类：社科　历史

前　言

从1895年通过甲午战争迫使清政府签订屈辱的《马关条约》割占中国领土台湾，到九一八事变后以武力侵占中国东北，再到1937年卢沟桥事变挑起全面侵华战争，直至1945年8月15日宣布无条件投降，在长达50年的时间内，日本军国主义通过一系列的军事行动，侵占了大片的中国国土，给中国人民带来了巨大的灾难，中国的社会、经济、文化教育等也遭到了巨大的破坏。

日军在对中国进行军事侵略的过程中，肆意轰炸、焚毁、侵占中国的教育机关和学校，破坏教育设施，迫使教师失业、学生辍学，给中国的教育事业带来了无法估量的巨大损失。据抗战胜利后国民政府教育部第五次所编《全国各级学校及教育机关战时财产损失统计表》统计，从1937年—1945年8月，全国各级学校及教育机关直接间接损失（直接损失包括建筑物、图书、仪器、器具、医药用品、现金及其他有关费用，间接损失包括迁移费、防空设备费、疏散费、救济费、抚恤费及其他费用）折合1945年8月价值总计为法币4748871585686元，以1945年8月中央银行外汇牌价法币2000元折合1美元计算为美金2374435793元。[①]

日本侵略者在对中国进行军事侵略、政治统治、经济掠夺的同时，为了达到永远霸占中国、统治中国的目的，在占领区内极力推行奴化教育，企图通过控制中国教育权、培养为其侵略服务的奴化人才，巩固军事占领，进而强制性地输入“日本

① 《全国各级学校及教育机关战时财产损失编制说明》（1946年6月），中国第二历史档案馆藏国民政府教育部档案，五②/584。

文化”与“日本价值观”，彻底摧毁中国的传统文化，泯灭中国人民的抗日意志，把中国人民完全彻底地“同化”为日本天皇的“顺民”，“在精神上，摧残中国人民的民族意识。在太阳旗下，每个中国人只能当顺民，做牛马，不许有一丝一毫的中国气”。[①] 奴化教育成为为日本侵华服务的工具。

作为中国近现代史、抗日战争史、中国教育史、中外文化教育交流史、日本殖民地史研究的重要内容，深入开展日本侵华教育史的研究，对于厘清日本侵略者在中国占领区内实施奴化教育的史实，揭露日本侵华教育的本质，总结和吸取历史教训，具有十分重要的现实意义。但在20世纪80年代之前，日本侵华教育史的研究还十分薄弱，直到1980年代后期，这一状况才得到改观，中日两国学术界开始重视这一课题，研究的范围和深度不断拓展，特别是关于日本在东北实施奴化教育的资料集和研究专著不断问世。日本和台湾地区的学者，关于日治时期台湾教育史的研究也有了很大的进展，编辑出版了不少资料和学术专著。而对日本在关内汪伪统治区域内奴化教育的成果相对较少，研究较为薄弱，直至2005年随着四卷本《日本侵华教育全史》的出版，这一现状才得到了较大改观。有鉴于此，本书将研究的内容放在了汪伪统治区域内，从时间来看，为1937年七七事变到1945年8月日本投降，并上溯至一·二八事变日军给上海地区教育事业造成的损失，以及华北事变后日伪在冀东地区所实施的奴化教育；从地域上来看，包括了抗日战争时期被日军占领并由其扶植成立的伪中华民国临时政府、伪中华民国维新政府、汪伪国民政府等傀儡政权实施统治的华北、华东、华中、华南等地。此外，太平洋战争爆发后，日军占领了香港，对香港进行殖民统治，并在香港推行奴化教育，由于学界对日占时期香港教育的研究较少，本书对此进行了专门的研究，并作为全书的附录，以期拓展和丰富日本侵华教育史的内容。

在汪伪统治区内，日伪制定并颁布了一系列为侵华战争和长久侵占中国服务的奴化教育的宗旨、方针和政策，并建立起从伪中央政府到省县地方的奴化教育行政管理体系，以及从小学、中学到大学、留日和社会教育的教育体系。而日本帝国主义在中国沦陷区推行的奴化教育，也遭到了中国人民的强烈反抗，沦陷区民众特别

① 毛泽东：《论持久战》，《毛泽东选集》第2卷，人民出版社，1991，第445页。

是广大师生或在艰苦卓绝的战争条件下支持抗战教育，培养和输送国家栋梁之材，或在进步力量领导下奋起抗争，将反对日本帝国主义奴化教育的斗争融入全国性抗日洪流中去。本书在充分占有翔实可信的资料特别是中国第二历史档案馆所藏档案资料的基础上，全面梳理日本侵略者在汪伪统治区内，通过其控制的傀儡政权，推行奴化教育的过程和主要内容，包括教育宗旨、方针和政策的制定及其演化，教育行政机构的设置与管理，小学、中学、职业教育、高等教育、留日教育和社会教育等各级各类教育机构的“恢复”、“整顿”、设立的概况，各类学校教育设施、教科书的编纂、课程设置、教学内容、教育方法、教育管理、教师制度等，以及中国政府、人民和广大师生反奴化教育的斗争。

前事不忘，后事之师。我们希望通过本研究，揭示侵华日军在沦陷区推行奴化教育的真相，回击日本右翼势力罔顾历史事实、颂扬日本侵华教育、“推进中国教育现代化”的谬论，用正确的态度和历史观教育下一代，防止日本军国主义复活，为促进中日两国关系的健康发展、维护世界和平做出自己的努力。

目　录

第一章　日本侵华及其对中国教育事业的破坏……001
第一节　日本全面侵华及对中国的占领……001
第二节　中国教育事业损失概况……005
第二章　日伪教育政策与行政管理……019
第一节　日伪政权的建立……019
第二节　奴化教育政策……030
第三节　教育行政管理机构……048
第四节　日伪御用教育团体……063
第三章　中小学教育……069
第一节　中小学教育概况……069
第二节　教材编纂与课程设置……099
第三节　以训育为主导的教育活动……121
第四节　师范教育、职业教育与日语教育中的奴化色彩……133
第五节　教师的思想检定与生活……159
第四章　高等教育……180
第一节　高校内迁……180
第二节　高等教育的“恢复”及其概况……193
第三节　汪伪中央大学……217

第五章　社会教育……229
　第一节　社会教育管理机构……229
　第二节　沦陷区社会教育的规划与实施……239
　第三节　奴化特色的社会教育……247
第六章　留日教育……268
　第一节　战前留日教育概况……268
　第二节　日伪留日教育政策与管理……271
　第三节　公费留日学生的选派……282
　第四节　留日人数与经费来源……293
　第五节　留日学生的学习和生活……302
第七章　中国人民反奴化教育斗争……311
　第一节　沦陷区反奴化教育斗争……311
　第二节　国民政府争夺沦陷区教育权斗争……325
　第三节　抗日根据地反奴化教育斗争……334
　第四节　日伪奴化教育的终结……342
　第五节　沦陷区各级学校员生甄审……354
附录：日占时期的香港教育……364
　第一节　日占前香港教育概况……364
　第二节　日军占领时期的香港教育概况……372
主要参考文献……386
后　记……391

第一章　日本侵华及其对中国教育事业的破坏

1937年七七卢沟桥事变后，日本侵略者很快将战火燃烧到中国的绝大部分地区，华北、华东、华中、华南等广大地区相继沦陷。在侵占中国大片土地的同时，侵华日军肆意毁损中国文化教育设施，给中国教育事业带来了灾难性的后果。

第一节　日本全面侵华及对中国的占领

自1931年九一八事变侵占东北后，侵华日军即不断制造事端，图谋侵占中国全部。1933年，日军侵占热河，随后占领长城各口，开始向华北地区进犯，并迫使国民政府与之签订了《塘沽协定》。不久，日军又制造了“察东事件”“河北事件”“张北事件”等，占领了察东等地，并在冀东扶植了殷汝耕的“冀东防共自治政府”。

1937年7月7日，卢沟桥事变发生后，日本政府于7月11日召开五相会议，“决定采取必要的措施，立即增兵华北。”[①] 日本关东军2个独立混成旅团、驻朝鲜第20师团、日本本土的航空兵团和3个步兵师团等，开始向平津地区集结。当日，日本内阁发表了《关于派兵华北的声明》，宣称日本政府已“下了重大决心”，向华北增兵。

7月12日，日本新任中国驻屯军司令香月清司到达天津，开始制定具体的军事部署和针对第29军的作战计划。日军在完成一系列军事部署后，便开始向平津地区发动进攻。7月25日，日军占领廊坊车站，并相继占领了廊坊、北仓、杨村、落垡等车站，阻断了平津之间的交通联系。

其后，日军向北平城及通县（今北京市通州区）等地发起大举进攻。7月28日，日本中国驻屯军集中兵力在飞机的掩护下，从东、西、南三面向北平南苑中国军队营

① 复旦大学历史系编译：《日本帝国主义对外侵略史料选编》（1931—1945），上海人民出版社，1983，第240页。

地工事发起进攻，驻守南苑的中国守军第 29 军在副军长佟麟阁、第 132 师师长赵登禹的指挥下，奋起抗击，与日军展开了殊死的战斗，战况极其惨烈，佟麟阁、赵登禹相继英勇殉国。

在进攻南苑的同时，驻扎昌平、高丽营的日军也向汤山、沙河中国守军发起了攻击，并对北苑、清河、黄寺等地实施狂轰滥炸，中国守军被迫退却，西苑、北苑、沙河、清河等相继沦于敌手。7 月 28 日，第 29 军军长宋哲元被迫接受了日军的“敦促书”，除留部分部队负责维护北平治安外，其余部队向永定河右岸撤退。7 月 30 日，北平沦陷。天津也在当天失守。

其后，日本中国驻屯军司令部制定了第二期作战计划，兵分三路，沿平绥、平汉、津浦铁路向华北各地进攻。在日军优势兵力的进攻下，察哈尔、张家口、万全、延庆、怀来、宣化、龙关等县市于 1937 年八九月相继沦陷，河北、绥远、山西、河南等省大部也相继沦于敌手。

中日两国军队在华北鏖战之时，日军又将侵略的矛头指向在中国政治、经济和军事上具有重要地位的上海、南京等华东地区。卢沟桥事变后，驻沪日军即不断向中国方面挑衅。1937 年 8 月 9 日，日军驻上海海军陆战队西部派遣队队长、海军中尉大山勇夫率水兵 1 名，不听劝阻，直闯沪西虹桥军用机场，并率先向中国守兵开枪，被中国保安队当场击毙，这就是所谓的“虹桥机场事件”，即“大山事件”。事件发生后，上海市市长俞鸿钧即向日本驻沪总领事交涉，谋求外交途径解决冲突，以防事态扩大。日本政府一面派员与中国政府谈判，并提出苛刻条件；一面加紧作战部署，向上海增派军队，并将 32 艘军舰集结于吴淞口一带。根据当时局势，中国政府令上海警备司令张治中率第 87、88 师向上海、江湾、吴淞、北站等地推进。8 月 12 日，日本参谋本部决定向上海出兵。13 日上午，中国军队在江湾八字桥一带修筑工事时，遭日军射击，当即奋起还击，淞沪抗战爆发。

1937 年 8 月 14 日，中国政府发表自卫抗战声明书，上海守军即日主动向日军阵地进击，14、15 日空军击落敌机 42 架，并炸伤日军第 3 舰队旗舰“出云”号。会战在闸北、沪东展开。19 日，中国援军第 36 师加入战斗，曾一度突破日军杨树浦阵地，推进至汇山码头。23 日，日援军到沪，在吴淞、川沙、狮子林等地强行登陆，并以主力向罗店、狮子林、月浦等地猛烈进攻，中国守军奋力阻击，双方在沿江一线展开登陆与反登陆激战，伤亡均惨重。9 月 21 日，中国军队调整部署，将第 3 战区分为左、中、右三个作战军，由蒋介石接替冯玉祥任战区司令长官，陆续调集兵力达 70 万人。日军总兵力则增至 9 个师团 22 万人。30 日，日军由上海派遣军司令官松井石根指挥，发起全线总攻击，中国守军血战经月。10 月 26 日，庙行与大场失守，苏州河以北的中国守军腹背受敌，西撤至虹桥、南翔、浏河一线。11月5日，日军第10军司令官柳川平助指挥2个师团、1个支队在杭州湾北岸之金山卫、全公亭等处登陆，迂回上海。中国海岸守备部队防线被敌突破，战局急转直下。6日，金山卫失守。8日，蒋介石下令全线撤退。9日，松江失陷。12日，上海沦陷。历时近三个月的淞沪会战结束。

日军侵占上海后，迅即派兵向昆山、常熟、苏州等地追击，并于11月14日发起全面进攻，很快突破了苏嘉、吴福国防线，太仓、昆山、常熟分别于11月14日、15日沦陷，吴县、苏州也于11月19日沦于敌手。接着日军又乘胜追击，无锡、宜兴、溧阳、常州、武进以及浙江的嘉善、嘉兴、海盐、崇德、平湖、桐乡、长兴、吴兴和安徽广德等地也先后被日军占领，日军直指国民政府首都南京。

在日军的步步进逼下，鉴于当时的局势，国民政府国防最高会议决定将国民政府和国民党中央党部迁往重庆。

1937年12月1日，日本大本营正式下令组建了以松井石根大将为司令官的华中方面军，并下达了以“攻占敌国首都南京”为内容的大陆第8号令。从12月初起，日军先后占领了江苏的江阴、金坛、丹阳、溧水、句容、靖江及安徽的郎溪、宣城等地，分三路直扑南京，企图从东、南、西三面合围南京。南京守军在唐生智的指挥下，仓促应战，最终无法阻挡日军的攻势，于12月13日沦陷。日军侵占南京后，即在松井石根、朝香宫鸠彦、谷寿夫等人指挥、纵容下，对无辜平民及放下武器的中国军人进行了一场有预谋、有组织空前残酷的大屠杀，30余万和平居民及放下武器的中国士兵惨遭屠杀。

至1938年3月，江苏苏北的绝大部分地区如扬州、江浦、江都、六合、宿迁、连云港、启东、南通、如皋、海门、东台，浙江的安吉、孝丰、武康、德清、余杭、杭州、杭县、富阳、新登、定海，安徽的当涂、芜湖、滁县、全椒、和县、来安、蚌埠、凤阳、定远、怀远、天长等地都已沦陷。

日军占领南京后，为打通津浦线，清除其南北西进的侧翼，使南北战场连成一片，又先后调集了8个师团另3个旅团、2个支队共24万人，分别由华中派遣军司令官畑俊六和华北方面军司令官寺内寿一指挥，南北对进，夹击徐州。中国政府为阻止日军的进攻，拖住其西进的步伐，决定进行保卫徐州的会战。由第5战区司令长官李宗仁指挥12个集团军计60万人，在徐州以北及津浦线南段阻止日军南下北上，并取得了台儿庄大捷。经过5个月的战斗，徐州附近的邳县（今邳州市）、丰县、沛县、铜山先后失守。1938年5月19日，徐州沦陷。

徐州会战后，日军即将当时已成为战时中国军事、政治及文化中心的武汉作为首要攻击目标。1938年6月13日，日本内阁召开的御前会议正式做出进攻武汉的决定，以华中派遣军总司令畑俊六大将为总指挥，调动14个师团的兵力和300余架飞机、120余艘舰艇，准备沿长江一线分5路进攻武汉。中国方面，以蒋介石亲任总指挥，调动兵力130多个师，约100余万人。其部署：以第5战区李宗仁部驻防大别山地区，负责长江以北防务；第9战区陈诚部，负责武汉以东的江南防务，兼武汉外围守备和市内警备任务，并由空军、海军相机配合作战；第1、第3战区从南北两方面配合作战，以牵制敌军。7月下旬，日军第11军沿长江南岸西犯，于26日攻占九江后分为两路：一沿瑞昌至武昌的公路向武昌以南迂回；一沿南浔路南进，掩护其侧翼。日军第2军于8月下旬从合肥出发，一部沿大别山北麓，经商城攻武汉；一部沿淮河南岸取信阳，迂回武汉。长江南第9战区依托庐山等有利地形奋勇阻击日军，取得了万家岭大捷等胜利。长江以北第5战区据大别山之险，先后在黄梅、广济、叶家集、商城、沙窝、潢川、信阳等地阻击敌人。战至10月下旬，日军分别攻占了鄂城、黄陂、应山等地，对武汉形成了三面包围之势。10月24日，蒋介石下令放弃武汉。27日，日军占领武汉三镇。接着，日军以主力追击围堵全面撤退中的第5、第9战区军队。在鄂南地区，日军于10月29日占领咸宁，11月3日占领嘉鱼，6日占领崇阳，9日攻占通城，11日又攻占了岳阳。在鄂北地区，日军于10月28日占领安陆，20日占领应城，11月4日又占领了皂市。湖北的黄安、孝感、云梦、汉川、蒲圻、罗田、英山及江西的德安、永修等地也在11月20日相继陷落。

而在此之前的1938年5月10日，日机及日舰队在对福建厦门进行狂轰滥炸、摧毁中国防御工事后，日陆战队2000余人在海军少将大野一郎指挥下登陆，12日厦门沦陷。其后，厦门、福州口外的马祖岛、厦门附近大小金门、汕头外的南澳、东沙群岛等闽粤沿海的岛屿亦相继为日军占领。

广州在上海失守后便成为中国对外联络的最重要港口，早在1937年12月日军即准备攻克广州，并已做好了准备，但因广州临近英属香港，广州湾又是法国租借的水域，日军如若进攻广州，必然会危及英法利益，引起英法的强烈反应，因而日军不得不暂时中止侵占计划。1938年9月中旬，日本大本营为切断中国外援补给线，配合长江两岸日军攻占武汉，以第5、18、104师团编成第21军，由军司令官古庆干郎指挥，在第5舰队、第4飞行团的配合下于澎湖列岛集结。10月9日下午，日海军第5舰队护送运载步兵的巨大船群悄然向大亚湾进发。12日凌晨，日军在几乎未遇抵抗的情况下，在大亚湾澳头、平海附近登陆，并向淡水进犯。作为广州东面重要门户的惠阳于14日晚陷落。16日，日军轻取博罗，向增城疾进，遭到中国守军的抵抗。日军一面加强对增城的攻击，一面又派一部从龙门、正果出从化，向广州作大迂回行动。在飞机、大炮的掩护下，日军于 10 月 21 日攻入广州，广州失守。接着，日军第 5 师团从珠江口登陆，先后占领了虎门、佛山，中国军队退往粤北山区。

1939 年 1 月 19 日，日本大本营“为建立对华南进行航空作战及封锁作战的基地”，下达了攻占中国第二大岛海南岛的命令①，由海军第 5 舰队护送第 21 军所属台湾旅团及海军陆战队进行登陆作战。从 2 月 10 日至 5 月上旬，经过战斗，日军控制了海南岛各重要地区。1939 年 6 月，日军又出兵占领了潮州、汕头等地。

至 1939 年上半年，在全面侵华战争不到 2 年的时间内，包括华北、华东、华中、华南地区在内的中国大部分地区都处于日寇的铁蹄之下。日军所到之处，烧杀淫掠，无所不为，犯下了滔天罪行，中国的经济及文化教育设施受到了极大的摧残。

第二节　中国教育事业损失概况

日本发动侵华战争，其根本目的在彻底占领中国，摧毁中国人民的民族精神，最终灭亡中国。因此，侵华日军在武装占领中国领土、屠杀中国人民、进行疯狂经济掠夺的同时，还对包括学校在内的中国文化教育事业肆意摧残，轰炸学校及教育机关，抢掠珍贵图书、仪器，给中国的教育事业带来了巨大的损失，正如中国代表团在 1946 年 11 月巴黎联合国教育科学文化组织第一届大会上递交的报告所说：“抗战八年间，我国教育文化，曾受敌人之重大摧残。日人认为各级学校均为反日集团，所有知识青年，均系危险分子。为欲达到其长期统治中国之目的，故极力奴化我青年之思想，摧毁我教育及文化机关，欲以消灭我固有之文化。因此之故，战时我国教育文化之损失，乃至是惊人。”②

一、日军对教育事业的破坏

早在 1931 年九一八事变以后，侵华日军就开始了对中国教育文化事业的破坏。1932 年 1 月 28 日淞沪战事爆发后，上海各大学及中小学即遭到严重破坏。战事结束后，上海各大学联合会主席、国立交通大学校长黎照寰于 4 月 10 日呈国民政府教育部的报告中即指出：“自日军犯境，淞沪沦为战区，所有各大学或遭炮火轰击而毁坏无余，或为敌军所占领，虽房屋仅存，而书籍木器供其炊薪。”③各大学损失情况如下：

① 日本防卫厅防卫研究所战史室编，田琪之译：《中国事变陆军作战史》第 2 卷第 2 分册，中华书局，1979，第 101 页。

② 《一九三七年以来之中国教育》，中国第二历史档案馆藏国民政府教育部档案，五 /1695。

③ 《日寇侵略上海各校呈报战事损失情形的有关文件》，中国第二历史档案馆藏国民政府教育部档案，五 /5282。

同济大学　位于吴淞。房屋15幢多被炮弹及炸弹轰毁，而工厂及新落成之生理研究馆损失尤重。

持志学院及附属中学　在江湾。新建二层楼教室、图书馆及办公室，三层楼宿舍，全部被日军机关枪队纵火焚毁。所有图书（3万册）及运动器具、校具等，概遭焚毁。中学部此前即被日军放火焚烧。

上海法学院　在江湾路。新建房屋为日军纵火焚烧，经两昼夜全部被毁。所有公私财产均付之一炬。

国立中央大学商学院　在江湾。新建教学楼、办公楼及宿舍全被毁。图书4万册（内有宋明善本）被焚。

中国公学　在炮台湾。所有校舍、校具、图书、仪器及教职员、学生之行箧、书籍等，均焚毁无余。

私立复旦大学　在江湾。学生损失惨重，约有1000人行李被劫，书籍被焚。其后日军长久侵占校舍，附中学生宿舍改作马厩。①

据1932年6月3日教育部报行政院秘书处《淞沪被灾专科以上学校所报损失表》记载，国立中央大学商学院、国立中央大学医学院、国立暨南大学、国立同济大学、国立劳动大学、国立交通大学、私立复旦大学、私立大夏大学及附中、私立东吴大学法学院、私立上海法学院、私立持志学院及附中等14所学校，在一·二八事变中所受直接、间接损失总计7438187元。② 另据国民党中央党部秘书处编制的《上海市区内沪变损失初步估计》记载：一·二八事变中，上海“被侵占区内停顿之学校，计大学及专门10，中学31，小学192；失学之学生39735人，占全市学生四分之一，计大学及专门6286人，中学6282人，小学27167人；辍业之教职员3107人，占全市教职员三分之一，计大学及专门1166人，中学751人，小学1109人”。被焚炸或驻军之大学及专门学校10所，中学17所，小学49所，被焚炸之资产达美金13682390元，占全市学校资产三分之一。③

七七卢沟桥事变发生后，中国的教育事业特别是高校云集、教育较为发达的北平、

---

① 《日寇侵略上海各校呈报战事损失情形的有关文件》，中国第二历史档案馆藏国民政府教育部档案，五/5282。

② 《日寇侵略上海各校呈报战事损失情形的有关文件》，中国第二历史档案馆藏国民政府教育部档案，五/5282。

③ 国民党中央党部秘书处编：《上海市区内沪变损失初步报告》，中国第二历史档案馆藏国民政府行政院档案，二/2889。

天津、南京、上海、杭州、武汉、广州等地的学校等教育机构更遭到了毁灭性的破坏。日军占领北平后，即将美丽的清华园变成了伤兵医院，校舍遭到严重破坏，未及南迁的图书、仪器多遭焚毁。1937 年 7 月 29 日，日机对天津实施了连续 4 个小时的轰炸，“其轰炸的目标集中在南开大学。这是因为日本军队认为南开大学是抗日运动的据点”，两架日机飞到八里台南开大学上空投弹，日军还将军车开进学校，将尚未轰炸的楼房浇上汽油纵火焚烧。在日军的轰炸下，南开大学部的秀山堂、木斋图书馆、芝琴楼女生宿舍和教授宿舍等，均被夷为平地；中学部的西楼、南楼和小学部的教学楼，也成为一片废墟。[①] 据统计，在日机的轰炸下，包括房屋、地产、图书、仪器、标本、机器、家具等，南开大学共损失约 663 万元法币。[②] 八一三淞沪抗战爆发后，侵华日军出动百余架飞机对上海城郊实施狂轰滥炸，闸北、北湾、杨树浦一带各类学校遭到日机反复轰炸，多数学校成为一片废墟。从八一三淞沪抗战开始到 1937 年 10 月 15 日两个月的时间内，吴淞中学、复旦中学、东南女中、爱国女中等 27 所中学因日机轰炸而造成的直接损失即达 219954 元，同时有 24 所小学被日军破坏。[③]1938 年 4 月，复旦大学曾派人回校查探，此时的复旦大学已面目全非：“简公堂、实中及第五、第七两宿舍已俱焚，躯壳且不存，遑论内容，第四宿舍水泥钢骨，为宿舍中之最精美坚固者，今亦全毁，与毗连之体育馆同成瓦砾之场。登辉园即燕南园，亦即校园，落成曾几何时，亦即弹痕累累……全校幸尚存在之处，惟卫生处及合作社，他如校外之进步宿舍、同兴村及霞庄学圃等处，亦皆毁于炮火。总之，学校内外，尽成丘墟，无瓦全可言。”[④] 据调查，在淞沪抗战中，上海有 92 所文教机关和学校遭日机袭击，其中有 75% 以上遭到全毁。[⑤]1937 年 8 月 15 日至 12 月 13 日，日军飞机又对当时全国文化教育中心的国民政府首都南京进行了长达三个月的持续轰炸。在日机的猛烈轰击下，中央大学等高等学校遭到了巨大的损失。以当时全国最高学府中央大学为例，从 8 月 15 日至 26 日，中央大学即遭日机 3 次袭击：“第一次为八月十五日下午，敌机的机关枪扫射图书馆及实验学校各一次；第二次为十九日下午，在大学本部投二百五十公斤炸弹七枚；第三次为二十六日深夜，在实验学校投同样炸弹一枚，又附近教授住宅被毁者四所，校

---

① 《申报》1937 年 7 月 30 日、8 月 1 日。

② 《私立南开大学抗战期间损失报告清册》，南开大学档案馆藏，转引自南开大学校长办公室编：《日军毁掠南开暴行录》，南开大学出版社，1995，第 30—31 页。

③ 上海《立报》1937 年 10 月 17 日。

④ 《复旦同学会会刊》第 6 卷第 11、12 合期，1938 年 4 月。

⑤ 《日寇侵略上海各校呈报战事损失情形的有关文件》，中国第二历史档案馆藏国民政府教育部档案，五 /5282。

工死者五人。”[①]8月19日及26日夜损失统计：“（一）牙科学校（原昆虫局平房）全部震塌；（二）女生健身房局部震毁；（三）无机化学教室着火被焚；（四）女生宿舍旧平房大部分炸毁；（五）大礼堂后墙炸穿数处，礼台部分全毁；（六）实验学校办公用平房炸毁两进。女生宿舍亦毁；（七）此外如图书馆、大礼堂、科学馆、南高院、生物馆以及实验室等各处教室之门窗玻璃、隔间木壁多被震毁；（八）本校校工死一人，建筑牙医院之厂方工人死五人。”[②]9月19日，中央大学又遭日机8枚重磅炸弹袭击，损失惨重。日机在对中国各地轰炸的过程中，“大部分空袭都以无设防城市为对象，特别是有意识地以大学等文化教育设施为破坏目标”。[③]1937年11月27日，日机轰炸江苏丹阳，炸毁学校校舍310间。浙东的宁波市扶轮小学、崇敬小学、余姚府前路小学、慈溪中学、鄞县（今鄞州区）梅墟镇求精小学、镇海郭巨镇小学，象山县果育小学等，均被日寇飞机投弹炸毁。据统计，仅浙江鄞县一县，被日军完全炸毁、焚毁的各级学校校舍就达202间，部分受损的有168间，经济损失约计19027万元。[④]1938年4月10日，日军飞机对中南地区著名的高等学府湖南大学实施轰炸，湖南省政府主席张治中于当日给国民党中央宣传部、政治部等部委的电文和湖南大学自治会4月12日给国民党中央党部、国民政府的“快邮代电”中详述了此次轰炸及其损失情况。张治中在电文中说：“今日十四时半，敌机二十七架侵袭长沙上空，于岳麓山湖南大学投弹三十余枚（内燃烧弹十余枚）。查湖大为本省最高学府，设备较善，敌人本其破坏文化机关及轰杀平民之一贯政策加以重大毁灭，此种暴行，实为文化恶魔文（人）类公敌。”[⑤]“快邮代电”称：“本大学既非军事机关，亦无军事机关，乃本月十日下午二时三十分，突有敌机二十七架，窜入本大学上空，……事后调查，共投烧夷弹五十余枚，爆炸弹三十余枚，其重者在千公斤以上。……总计此次损失，其价值当在三百万元以上。”[⑥]在这次空袭中，湖南大学图书馆、第五学生宿舍全毁，科学馆仪器破坏殆尽，学生被炸死2人，工友死1人，员生伤约40人。同年5月中旬，日军在进攻厦门的过程中，也对著名的厦门大学狂轰滥炸，昔日美丽迷人的校园成为

---

① 《罗家伦为学校内迁事致教育部长王世杰函》，中国第二历史档案馆藏国民政府教育部档案，五/5287。

② 《罗家伦呈报该校8月19日、26日先后被炸损失情形》（1937年9月4日），中国第二历史档案馆藏国民政府教育部档案，五/5287。

③ [日]石岛纪之著，郑玉纯等译：《中国抗日战争史》，吉林教育出版社，1990，第60—61页。

④ 参见周章森：《日本在侵华期间对浙江沦陷区的奴化教育》，《浙江学刊》1997年第1期。

⑤ 《湖南大学被日机轰炸情形等文件》，中国第二历史档案馆藏国民政府教育部档案，五/5322。

⑥ 《湖南大学被日机轰炸情形等文件》，中国第二历史档案馆藏国民政府教育部档案，五/5322。

一片废墟。8 月，日机轰炸福建漳州，炸毁船民小学 2 所，炸死学生数十人。[①]8 月 11 日，日机轰炸武汉，华中大学虽悬挂美国国旗，也未能幸免，三幢教学楼被夷为平地，学生死伤60余人，并波及紧邻的文华中学，学生宿舍被两枚炸弹击中，死伤50人。[②]1938 年 11 月 10 日，日军飞机 27 架轰炸湖南浏阳县城，县教育局、豫章小学及南台书院等被炸成废墟。[③]1940 年 10 月 28 日，日机 5 架连续轰炸安徽休宁县万州中学，该校图书馆全部及教室、宿舍大部分被炸毁。[④]

对于侵华日军肆意破坏我国教育机关的强盗行为，我国教育界知名人士表达了强烈的愤慨。1937 年 11 月 15 日，中央研究院院长蔡元培、南开大学校长张伯苓、北京大学教授胡适、北平研究院院长李煜瀛、同济大学校长翁之龙、北京大学校长蒋梦麟、中央大学校长罗家伦、沪江大学校长刘湛恩、清华大学校长梅贻琦等 102 人，用英文联合发表日本破坏我国教育机关之事实声明，声明指出："北自北平，南至广州，东起上海，西迄江西，我国教育机关被日方破坏者，大学、专门学校有二十三处，中学、小学则不可胜数。……诚所谓中国三十年建设之不足，而日本一日毁之有余也。日方此种举动，每以军事必要为借口，殊不知此种教育机关，分布各地，往往距军事区域非常辽远，且绝与军事无关。日人之蓄意破坏，殆即以其为教育机关而毁坏之，且毁坏之使其不能复兴，此外皆属遁辞耳。"[⑤]

1937 年 12 月底，教育部曾对七七事变以来中国教育机关遭受日军破坏及其损失情形做过初步的总结：

> 自战争开始迄今三月有余，日军连续采取其一贯之残酷行动，以大炮飞机摧毁我国各大学及专科学校。当撰写此文时，我国专科以上学校之被全部摧毁，或局部摧毁者已达 23 所。此外尚有无数中小学及他种学校也遭同样厄运。
>
> 日军以炮火炸弹破坏中国教育机关而最使人注目者，厥为区域之广阔。北至平津，南至广州，东至上海，西至内地江西，各地学校校产、校舍及图书仪器等设备，付诸一炬者为数甚大。日机轰炸实尽量以自其根据地所能达到之地点为惟（唯）一止境，彰彰明显。
>
> 教育机关之被摧毁者，在上海及其附近有国立同济大学、暨南大学、私立大

① 《漳州文史资料》，第 9 辑，第 10 页。

② 教育部教育年鉴编纂委员会编：《第二次中国教育年鉴》，第一编第二章，商务印书馆，1948，第 9 页。

③ 《德化文史资料》，第 240 页。

④ 安徽《休宁县志》，第 421 页。

⑤ 高平叔编：《蔡元培全集》，第 7 卷，中华书局，1989，第 191 页。

同大学、复旦大学、大夏大学、上海法学院、持志学院、东南医学院、正凡文学院、国立上海商学院、同德医学院、国立音乐专科学校、吴淞商船专科学校、私立体育专科学校，共计 14 所学校，大多数均曾受日军炮火多次摧毁，现所遗者，仅一片瓦砾而已。截至 12 月 25 日，上海共有 27 中学、44 小学几化为灰烬。此外，市立博物馆、图书馆和体育馆也均遭摧毁，而其他文化会社及与教育有关之机关，如商务印书馆等，姑不具述。但教育文化机关所受物质损失估计非常困难，且正确之估计，在短期也非可能。

天津之私立南开大学，尽毁靡遗，其中学男子部与女子部及小学近全毁。河北省立女子师范学院及河北省立工业学院之遭遇亦同。保定之河北省立医学院及河北省立农学院也均受重大损失。北平及河北境内之专科以上学校物质损失虽不如上海及天津之各校，现在环境下，已失去中国教育上之效用。但在北平区域内，有专科以上学校 14 所，在河北区域内有 8 所，约占全国专科以上学校总数五分之一。各该学校校舍，现已多数为日军所强占，充日军营房，最显著者如国立北京大学及国立师范大学等。

日军之残酷行动并不限于上海及天津，广州国立中山大学曾两度被炸，南京国立中央大学曾四遭日机袭击，其实验学校及小学几乎全部被毁，该校牙科专科学校亦为日机轰炸目标之一。远在内地之南昌，亦有数校遭日机轰炸，及省立乡村师范学校，省立医学专科学校，省立第一中学及葆望女子中学。凡此诸校，均距离战区至远，且绝无借口涉及任何军事目标之可能。

津沪横被摧毁之学校及北平强被日军占据而失去教育效用之学校，内有全国学校之最优良者，不仅代表中国人民文化幸福之寄托所在，且代表中国树立教育制度过程中数十年来，无数国人惨淡经营与努力之效果。如国立北京大学、国立北平师范大学设立于 1898 年，复旦大学设立于 1905 年，南开大学本部于 1919 年由前期之中学扩充而成，而就中若干学校，平昔所搜罗者颇多全世界最优秀之师资。各地被毁及被占之专科以上学校约为全国专科以上学校总数二分之一，此种学校在教育文化方面之损失，自不可以数计，且不能与其物质损失相比拟。各校校舍、校产设备及图书馆之损失，根据 1935 年之值估计损失约为国币 5700 万元，国立中山大学尚不在内，其新校舍实值 1000 万元以上。各校受日军直接间接行动之损失确数估计至为困难。①

①《教育部草拟中日战争中日军破坏中国教育机关之情形》，中国第二历史档案馆藏国民政府教育部档案，五（2）／581。

武汉、广州被日军占领后，中日战事进入相持阶段，从1939年开始，日军发动了对以重庆、昆明为中心的抗战大后方的持续轰炸，并给包括大学、中学、小学在内的各级各类教育机构带来了巨大的损失。1940年5月29日的轰炸，造成北培复旦大学教职员和学生4人死亡、4人受伤，沙磁的四川省立教育学院学生死亡7人、伤数人。[①]国立重庆大学校长于1943年9月9日呈文教育部，详述了该校抗战以来损失概况：

> 查抗战期间，本校所受损失，关于仪器及化学药品方面，计31年2月在仰光时测量仪器、电气仪器、采矿冶金仪器及其他化学药品36箱，当时值20余万元。此项仪器、药品系于民国26、27年间向德商兴华洋行订购，始因交通梗阻，寄存港栈，嗣因欧战发生，被港政府扣留，中经函托香港中央信托局代为交涉，始准提货。不意30年4月，经凭财政部免费内运护照，由香港运抵仰光，承运之利安公司即倒闭，致未能赓续起运。时局吃紧，本校于31年2月电请中央信托局抢运，及中央电台住腊代表张慈涵就近协助，率以抢运不及时，全部损失，估计现值2000万元。关于校舍方面，本校于29年5月29日被敌机轰炸，中弹50余枚，工学院及教员院第3号楼房均被炸毁，行字斋、气象台、绘图室、农场房屋、男女生宿舍及教员院第1、2、3单元各幢，大部均被震坍，被震毁。理学院瓦及玻璃，亦均损坏。工学院仪器，各系均有损坏，尤以电机系损失最大，其他校局具损失亦多，当时约值25万，现值800万元。又30年8月10日及21日复遭轰炸，计10日体专科办公室一间全毁，课堂寝舍多被震坏。21日饶家园教职员宿舍炸毁10余间，余均震坏。理学院第一二三楼门窗墙壁屋瓦校具，亦多被震坏，当时估计约75万，现值1200万元。以上各项损失，合计现值约4000万元。[②]

1940年10月13日，日机轰炸昆明，西南联大租用的昆华中学南北两院均受到损毁，其中北院中弹数十枚，损失甚巨。[③]1941年8月14日，日机炸毁联大新校舍房屋64间，损失计约62万元。[④]

---

① 《专科以上学校呈报遭受日机轰炸损失情形电文》，中国第二历史档案馆藏国民政府教育部档案，五／5284。

② 中国第二历史档案馆藏国民政府教育部档案，五（2）／584。

③ 《国立西南联合大学史料·经费、校舍、设备卷》，云南教育出版社，1998，第270页。

④ 《国立西南联合大学史料·经费、校舍、设备卷》，第272页。

日军对全国各地的轰炸和占领，给各级学校的教学设备特别是图书资料也带来了巨大的损失。其一，大量学校图书因遭日军炮火袭击而被焚。日机的轰炸即造成南京中央大学、南京金陵女子学院等一大批院校图书馆的严重损坏。1938年4月10日，湖南大学图书馆被炸，损失图书4.8万册，其中珍本图书2.1万册。同年5月22日，厦门集美学院图书馆被日军炮火击中，损失图书3万余册。1942年8月14日，日机27架窜入西南联大上空，投弹四五十枚，幸好未命中，仅书库西北、东北二角中弹爆炸，导致房屋倒塌，阅览室房顶门窗震坏，阅览室少数参考书、办公室新到未编之书及期刊室之杂志报纸被掩埋到瓦砾中，损失书籍二三百册，器具则荡然无存。① 其二，日军在占领区内对包括大学图书馆在内的各级各类图书馆实施抢掠。日军占领广州后，即将广州中山大学图书馆所藏16万余册图书掠走，1945年春，日军将其中1500种、3200册在广州、香港公开挂牌拍卖。② 广州岭南大学康乐校本部“为敌军进驻，旋为伪广东大学所占用，而本校在西堤之孙逸仙博士纪念医院及附属博济医院则为博爱会占用”，抗战胜利后接收“尚有许多书籍、校具、仪器、机器、牲畜等，则经敌运去，所以本校所受损失非常巨大”。③ 太平洋战争爆发后，日军占领香港，香港岭南大学图书11000册损失殆尽。1937年12月13日日军占领南京后，在制造惨绝人寰的大屠杀的同时，还大肆焚毁教育文化设施，掠夺图书及各种文献资料，进行了一次“文化大屠杀”。据有关资料记载，日军占领南京后，设立了由日本特务部组成的“占领地区图书文献接收委员会”，在日军最高当局特许和指挥下，大肆进行毁灭中华文化工作。1938年1月22日，日军当局对南京70余处可能收藏重要书籍或珍贵文献的重点目标如国民政府及其所属各部门、中央研究院、中央大学、省立国学图书馆、地质调查所、地质学会、中央政治学校、国立编译馆、紫金山天文台等单位进行全面调查清理，历时10余天，大致掌握了南京地区图书文献的收藏情况。同年3月6日，日本占领当局指使特务机关、宪兵队等协助日本图书文献收集人员，对上述单位的图书文献进行了为时约一个月的大规模掠夺，先后动用卡车310辆次、日本专家330人、日本士兵367人、中国苦工830人。他们将搜来的图书堆放于原实业部地质调查所，随后由侵华日军总司令部、满铁上海事务所、东亚同文书院、上海自然科学研究所等代表组成的所谓“中支文化关系处理委员会”，对这些图书文献进行整理、甄别，最后所得清点数为880399册，其中中日文单行本书约245000册、西文单行书约34000册、中

① 严文郁:《抗战四年来之西南联合大学图书馆》,《中华图书馆协会会报》1942年第16卷第3、4期合刊。
② 邹华亭、施金炎：《中国近现代图书馆事业大事记》，湖南人民出版社，1986，第66页。
③《第二方面军司令部关于岭南大学寻求战时失物致广州市政府代电》（1945年9月29日），广州市档案馆藏档案，临2—001—1841—1—004。

文杂志及公报约 120000 册、西文杂志约 45000 册、日文杂志约 4000 册、报纸约 5621 册、古籍约 420000 册、清实录 6778 册。日军在南京抢劫的这 88 万余册图书和文献，比当时日本最大的图书馆东京上野帝国图书馆藏书还多 3 万册，比大阪图书馆馆藏书多 63 万册。[①] 其三，因高校等内迁而造成的图书丢失、被毁。抗战时期，华东、华中、华南及华北等地区的高校纷纷内迁，各校所藏图书资料也尽可能被打包内迁，但由于运输工具落后、交通不便，加之日军炮火的袭击和恶劣的自然条件，内迁过程中图书的损失也十分惊人。复旦大学图书馆在西迁过程中即损失图书 34 箱。1938 年春，厦门大学图书馆将其所藏图书运转闽西山区，路遇洪水，53 箱图书被洪水吞噬。[②]1938 年底，武汉大学图书馆装运图书的木船在巴东县境内触礁沉没，图书 88 箱计 2 万余册被江水卷走，其他存放在四川乐山库房的图书，约有 15000 册因受潮发霉腐烂，存放在汉口特二区英商怡和栈房的图书、仪器设备也于 1940 年 3 月被日海军士兵及役使的 60 余名苦力，用 20 余辆载重汽车掠走。浙江英士大学图书馆图书在先后五次的迁移中，损失 100 箱。中央大学图书馆图书也在多次搬迁中遗失 25 箱。

侵华日军对教育资源的破坏，给中国的教育事业带来了十分严重的后果。据国民政府教育部有关档案资料显示：至 1937 年底，全国有 1386 所中学被迫关闭，约有 24 万学子失学；有 10 万余所初级教育学校或毁于战火，或被迫关闭。至 1938 年 10 月，全国有 6438000 名小学生被迫离开校园。

二、中国教育事业损失概况

长达 14 年的日本侵华战争，给中国教育事业带来了巨大的灾难，造成了无可挽回的惨重损失。据国民政府教育部调查，抗战爆发前的 1937 年，“全国专科以上学校计有 108 校，七七以后因战事停顿及先后迁移后方者达三分之二以上，其后又陆续增设，至三十四年（1945 年）八月共有专科以上学校 142 校，其中受战事损失者共 115 校，占总校数百分之八十以上，其未受损失者仅后方新设之少数学校”，“抗战期间各地专科以上学校校舍、校具破坏几达百分之八十以上，图书、仪器损失平均约达百分之六十以上，各省市县公私立中学学校、小学校及社会教育机关之建筑物、图书、食品等被焚毁掠夺，数年之中损失几尽。至各公私立专科以上学校、各重要社会教育机关及各省市公私立中等学校因战事辗转迁移，所费均巨”。[③]

那么，抗日战争时期中国教育损失到底有多大呢？还是让一些具体数字来说明吧。

---

① 《日本侵略军进行的南京“文化大屠杀”》，[日]《赤旗报》1986 年 8 月 17 日。

② 《中华图书馆协会会报》1938 年第 13 卷第 1 期，第 20 页。

③ 《全国各级学校及教育机关战时财产损失编制说明》（1946 年 6 月），中国第二历史档案馆藏国民政府教育部档案，五② /584。

对于抗战时期教育损失的情况，在战争期间及抗战胜利后，国民政府教育部等机关曾多次进行调查汇总、统计。上海是全面抗战爆发后最早对教育事业损失进行调查的地区。据调查，从八一三淞沪抗战爆发至 11 月的三个月时间内，上海全市文化教育事业损失即达法币 10942242 元，其中高等院校损失 6623159 元，中等学校损失 2199954 元，小学校损失 259129 元，博物馆、图书馆、体育场等损失 1860000 元。抗战时期，教育主管部门曾对文化教育事业损失做过多次局部调查。教育部根据各校报告统计，自七七事变起至 1939 年 5 月止，全国国立公立专科以上学校计 27 所，死伤 50 人，财产损失 36998367 元，省立专科以上学校 25 所，死伤 8 人，财产损失 6202468 元，全国私立专科学校以上 43 所，死伤 50 人，财产损失 22737012 元，合计 95 所，死伤 108 人，财产损失 65937847 元。中小学及社会教育机关财产损失，另据浙江、江西、湖北、四川、福建、广东、广西、云南、山西、陕西 10 省呈报，“自七七抗战起至 1939 年 7 月底止，共计中学损失 4741075 元，小学损失 2206580 元，社会教育机关损失 2733979 元。其尚未呈报而呈（由）该部根据各该省市原有各项教育资产、价值数估计填列者，有江苏、安徽、湖南、河北、山东、河南、察哈尔、绥远、南京、上海、北平、天津、青岛、威海卫十四省市，共计中学损失 76375785 元，小学损失 102028512 元，社会教育机关损失 21413715，总计中学损失 81268284 元，小学损失 104235092 元，社会教育机关损失 24147694 元，合三项总计损失 209499650 元”。详见下表：

抗战以来各省市中小学及社会教育机关财产损失概况①

省市别	共计	中学	小学	社会教育机关	附注
总计	209499650	8126864	104235092	24147694	1. 浙江、江西、湖北、四川、福建、广东、广西、云南、山西、陕西等十省损失价值系根据各该省呈报数目编列。江苏、安徽、湖南、河北、山东、河南、察哈尔、绥远、南京、上海、青岛、威海卫等十四省市，未据呈报，根据各该省市原有各项教育资产价值数估计填列。
已呈报者					
共计	9681634	4741075	2206580	2733979	
浙江	3972775	1378603	820742	1772430	
江西	397274		71000	83155	
湖北	553510	437270	88900	27340	
四川	106467	101500	4350	617	
福建	1460000	500000	480000	480000	
广东	1198809	638041	383103	177665	
广西	554527	494490	45565	14472	
云南	91000	90000	1000		
山西	1303052	843052	300000	160000	
陕西	44220	15000	11920	17300	

① 中央研究院社会科学研究所：《关于中国抗战问题的研究报告·第八章文化医药慈善机关损失》，中国第二历史档案馆藏国民政府财政部档案，三⑧ /8781。

续表

省市别	共计	中学	小学	社会教育机关	附注
尚未呈报暂代估计者					2. 本表各数均以法币元为单位。 3. 本表材料系自七七抗战起截至二十八年七月底止。
共计	199818016	76375789	102028512	21413715	
江苏	43947398	15619585	21055245	7272568	
安徽	9063760	4977298	4086462		
湖南	19616015	10808006	5538674	3265335	
河北	22775264	13358895	9416369		
山东	44146957	6357836	36974194	814927	
河南	18905322	3106181	8407216	7391925	
察哈尔	2447905	263857	2138197	45851	
绥远	994748	347842	510114	136792	
南京	5246915	3379376	1586936	280603	
上海	8704882	1700746	5807115	1197021	
北平	13128308	10682671	1801352	644285	
天津	7164051	4406249	2487735	270067	
青岛	2920469	1284649	1635820		
威海卫	756022	82598	583083	90341	

另据当时国民政府教育部长陈立夫报告，截至 1939 年 12 月底为止，专科以上 77 院校损失总计达 90451000 元以上，其中国立 23 院校合共损失 37013000 元，省立 16 院校共计损失 9267000 元，私立 38 院校共计损失 44171000 元。[①] 中央研究院社会科学研究所韩启桐先生曾对 1937 年抗战爆发至 1943 年 6 月 6 年间中国抗战损失情况进行了研究，并形成了《中国对日战事损失之估计》一书，据该书初步估计：（1）专科以上 89 院校合共损失 74750000 元；（2）中等学校损失 150000000 元；（3）小学损失 200000000 元；（4）社会教育机关普通设备损失约为 110000000 元，共约 534750000 元。[②]1943 年 10 月，国民政府指示行政院和教育部，迅速成立"向敌要求赔偿文化事业研究会"，专门从事文化教育事业损失调查统计工作，并形成了一些统计材料，但由于战事尚未结束，无法也不可能对全国教育损失情况进行详细的调查统计，因而所形成的统计材料还只能是局部和一定时期内的，无法真实完整地反映抗战时期全国教育损失的全貌。1945 年 8 月 15 日日本投降后，教育部开始会同有关部门组织专门力量进行全面而系统的调查统计，从 1945 年 8 月至 1946 年 6 月，教育部根据调查先后五次汇编《全国各级学校及教育机关战时财产损失统计表》：第一次是 1945 年 9 月，系按照内政部抗战损失调查委员会根据蒋介石的手谕要求编制。第二次是同年 10 月，系教育部为参加伦敦教育文化会议的中国代表团编制；第三次是同

① 韩启桐编：《中国对日战事损失之估计》，中华书局，1946，第 54 页。

② 韩启桐编：《中国对日战事损失之估计》，中华书局，1946，第 58 页。

年 11 月底，为应外交部需用（拟送盟国损失赔偿委员会鲍莱参考）而编制，增加了 1945 年 10 月和 11 月各地报送的材料；第四次系将 1946 年 3 月底以前之材料继续编入；第五次系将 1946 年 5 月底前教育部收到的材料及各省市呈送国民政府主计处和内政部抗战损失调查委员会关于教育部分中未报教育部的材料合并整理编制。在上述统计中，1946 年 6 月完成的第五次统计最为珍贵，它较为系统客观地反映了日军侵华给中国教育事业带来的损失。当然，由于时间仓促，交通不畅，该财产损失统计并不全面、完整，如九一八事变后东北各校损失仅有东北大学、冯庸大学及上海法学院等具报，其他大学、中小学均未具报，教育人员私人财产损失及“珍贵物品及古物文献等无法估价应追索原物者，均未列入本表内”，至于中共领导的解放区内的教育损失也未列入表中。即使已报各省市中材料也不完整，如南京、上海、浙江、山东、甘肃、云南、绥远、天津、察哈尔等省市均未填报中小学间接损失数目，上海、南京、天津等地社会教育机关的直接、间接损失也未填报。[①]

据该表统计，从 1937 年—1945 年 8 月，全国各级学校及教育机关直接、间接损失[②]折合 1945 年 8 月价值总计为法币 4748871585686 元，以 1945 年 8 月中央银行外汇牌价法币 2000 元折合 1 美元计算为美金 2374435793 元，其具体统计数字见下列各表：[③]

全国各级学校及教育机关损失总计

依损失项目计（单位：元）

	共计		直接损失	间接损失
	历年损失合计	折合 1945 年 8 月之价值		
总计	114200304572	4748871585686	102271965921	11928338651
公私立专科以上学校及国立教育机关	15391023550	1025799723368	14370915525	1020108025
各省市公私立各级学校及教育机关	98809281022	3723071862318	87901050396	10908230626

1. 直接损失

	共计	建筑物	图书	仪器	器具	医药用品	现款	其他
总计	102271965921	49401423024	10231445699	12693745001	12665676538	2594213584	2436870197	12248591878

---

① 《全国各级学校及教育机关战时财产损失编制说明》（1946 年 6 月），中国第二历史档案馆藏国民政府教育部档案，五② /584。

② 直接损失包括建筑物、图书、仪器、器具、医药用品、现金及其他有关费用，间接损失包括迁移费、防空设备费、疏散费、救济费、抚恤费及其他费用。

③ 《全国各级学校及教育机关战时财产损失编制说明》（1946 年 6 月），中国第二历史档案馆藏国民政府教育部档案，五② /584。

续表

	共计	建筑物	图书	仪器	器具	医药用品	现款	其他
公私立专科以上学校及国立教育机关	14370915525	6640535370	1866209902	3987860466	1512834738	103634256	9038893	241801900
各省市公私立各级学校及教育机关	87901050396	42760887654	8365235797	8705884535	11143841800	2490579328	2427831304	12006789978

2. 间接损失

	共计	迁移费	防空设备费	疏散费	救济费	抚恤费	其他
总计	11928338651	4592235205	2299793722	2931374345	1301983097	778593165	24359117
公私立专科以上学校及国立教育机关	1020108025	637396316	100097137	155064184	110667621	330428	16552339
各省市公私立各级学校及教育机关	10908230626	3954838889	2199696585	2776310161	1191315476	778262737	7806778

公私立专科以上学校及国立教育机关损失（总计）

机关学校类别	历年损失合计	折合 1945 年 8 月之价值	直接损失	间接损失
总计	15391023550	1025799723368	14370915525	1020108025
教育部	511840	748390570	272500	239340
公私立专科以上学校	14519484980	554594972774	13642943362	876541618
国立中等学校	394338843	9509162774	252870544	141468299
国立社会教育机关	214684073	437478541013	214592030	92043
国立学术机关	223194143	13009751228	221447253	1746890
其他教育机关及学术团体	38809671	10458915009	38789836	19835

公私立专科以上学校及国立教育机关损失

1. 直接损失

机关学校类别	共计	建筑物	图书	仪器	器具	医药用品	现款	其他
总计	14370915525	6640535370	1866209902	3987860466	1521834738	103634256	9038893	241801900
教育部	272500	105000	65000	——	102500	——	——	——
专科以上学校	13642943362	6518490853	1400183220	3981895794	1390936000	102468629	9036077	239932789
国立中等学校	252870544	118114944	5704095	2565130	123770316	1158727	500	1556832
国立社会教育机关	214592030	1380000	209605811	72252	3291883	——	——	242084
国立学术机关	221447253	1363173	216083879	1398083	2593918	6900	——	1300
其他教育机关及学术团体	38789836	1081400	34567897	1929207	1140121	——	2316	68895

2. 间接损失

	共计	迁移费	防空设备费	疏散费	救济费	抚恤费	其他
总计	1020108025	637396316	100097137	155064184	110667621	330428	16552339
教育部	239340	150023	89317				
专科以上学校	876541618	503120695	99050302	147529240	109971657	324557	16545167
国立中等学校	141468299	132397593	834989	7531926	693644	3019	7128
国立社会教育机关	92043	29634	62169	——	240	——	——
国立学术机关	1746890	1679438	60360	2600	1640	2852	——
其他教育机关及学术团体	19835	18933	——	418	440	——	44

各省市公私立各级学校及教育机关损失

省市别	共计（折合 1945 年 8 月价值）	中等学校	小学	社会教育机关	教育机关（教育厅局学术机关等）
总计	3723071862318	59403587902	29806064306	5420835545	4178799269
江苏	520847514110	237596543	34982995	3732092	25347665
浙江	462942368350	242279415	74678065	4343293	685324
安徽	8848993484	198488811	2313183	1369054	4051755
江西	2694068785	1647484	890057	38749	——
湖北	54578932500	17687300	14174775	1883600	1046200
湖南	350992080000	54391370000	25976580000	3255400000	4124670000
四川	192586547223	161012323	224703	3169	——
西康	191489270	23971870	7229800	7989150	——
河北	49522017183	165398091	18720781	640000	1352627
山东	1268494878825	89215000	539058733	1023890000	——
山西	84157500000	29960000	155464000	3850000	——
河南	170962258718	406161	6502644	107717242	59279
陕西	3305496819	133541275	21072325	47864	——
甘肃	1909804420	——	——	2320540	——
青海	2709289210	21796465	390900	——	——
福建	237802597646	1579640956	513448281	27583910	9690
广东	26939171984	206180733	43959057	251021	61686
广西	1157503448	1328464	1015226	154946	148511
云南	97126704180	150481870	1842190000	411019000	——
贵州	34153005266	73543407	113426699	76082750	21303146
察哈尔	2523027572	1592432793	438269747	492325032	——
绥远	4093534710	1394885	357882	162776	62010
南京	266858198000	12700000	191700	——	——
上海	123011486730	59378730	47109	——	——
天津	9008745570	4352051	——	——	——
重庆	3827027315	7777275	875644	31557	1376

第二章　日伪教育政策与行政管理

为推行其殖民政策，强化对沦陷区内中国人民的统治，日本侵略者在占领区扶植傀儡政权。这些伪政权成立后，为配合日本对沦陷区的军事、政治侵略和经济掠夺，在统治区内大肆推行汉奸文化，对中国民众实施思想控制和奴化教育，制定了一系列奴化教育的宗旨、方针和政策，并建立起从汪伪中央政府到省县地方傀儡组织的奴化教育行政管理体系，“在精神上，摧残中国人民的民族意识。在太阳旗下，每个中国人只能当顺民，做牛马，不许有一丝一毫的中国气”。[①]

第一节　日伪政权的建立

日军在以武力侵占中国大部分地区的同时，为了加强其统治，在关内沦陷区内，先后扶植成立了伪华北临时政府、伪维新政府、汪伪国民政府等傀儡政权。

一、伪华北临时政府

1935年10月18日，日本华北驻屯军指使汉奸武宜亭等在河北香河县安抚寨召开“国民救国会”，并纠众3000人企图冲入县城。22日，日宪兵率武宜亭、安厚斋等攻占香河县城，并组织伪自治政府，安自任伪县长。随后，河北省三河、宝坻等县汉奸在日本人的操纵下，相继发动“自治运动”。11月24日，原国民政府蓟密区行政督察专员殷汝耕在日人策动下，于通县通电全国，公布冀东22个县《自治宣言》，宣称“自本日起，脱离中央，宣布自治，树立联省之先声，谋东亚之和平”。[②]25日上午，殷汝耕在日本关东军的武装保护下，于通县孔庙召开“冀东防共自治委员会”成立大会，由殷汝耕为委员长、池宗墨为秘书长，委员有王厦材、张庆余、张砚田、

① 毛泽东：《论持久战》，《毛泽东选集》第2卷，人民出版社，1991，第445页。

② 南开大学历史系、唐山市档案馆合编：《冀东日伪政权》，档案出版社，1992，第5页。

李海天、赵雷、李允声、殷体新等人。同年 12 月 25 日，改称“冀东防共自治政府”，殷汝耕任政务长官，下设民政、财政、建设、教育 4 厅及保安、秘书、外交 3 处，辖有 5 个师伪军。管辖范围为非军事区所属的通县、三河、蓟县（今蓟州区）、密云、怀柔、遵化、玉田、平谷、顺义、兴隆、临榆、迁安、滦县、昌黎、抚宁、卢龙、丰润、乐亭 18 县及昌平、宝坻、香河、宁河和察哈尔省的延庆、赤城、龙门等县，后又将塘沽、大沽强行划入其辖区。

七七事变后，平津等地很快沦陷，在日军的扶植下，1937 年 7 月 30 日，以江朝宗为会长的伪北平市地方治安维持会正式成立。同年 8 月 1 日，以高凌霨任委员长的伪天津地方治安维持会正式成立。其后，以马永魁为首的伪大同地方治安维持会于 1937 年 9 月 15 日成立，以马良为首的伪济南治安维持会于 1937 年 12 月 29 日成立，以曾纪纲为主席的伪山西省自治政府于 1938 年 1 月 1 日在阳曲成立，以原胶澳督办赵琪为会长的伪青岛地方治安维持会于 1938 年 1 月 18 日成立。

随着各地汉奸组织的成立，日本华北派遣军开始积极策划建立一个由自己控制的、统一的华北伪政权，以达到其“以华治华”“分治合作”的政治目的。为此，以喜多诚一为核心的华北派遣军联络部，在平津大肆网罗汉奸，并将华北伪政权的首领锁定在北洋军政要员身上，并最终选定王克敏出面筹备，建立伪政权。1937 年 12 月 14 日，即国民政府首都南京沦陷的第二天，伪中华民国临时政府（即伪华北临时政府）在北平成立，并于 1938 年 1 月 1 日举行了所谓的就职典礼。1938 年 2 月 1 日，伪华北临时政府成立后，伪冀东防共自治政府与之“正式合流。”[①]

伪华北临时政府采三权分立原则，设有行政、议政、司法三个委员会，伪行政委员会由王克敏任委员长，王克敏、王揖唐、董康、齐燮元、朱深为常务委员，伪议政委员会由汤尔和任委员长；伪司法委员会由董康任委员长。伪行政委员会下设行政（后改称内政）、治安、教育、法制（司法）、赈济 5 部及秘书厅，并分由王克敏、齐燮元、汤尔和、朱深、王揖唐任总长，后又增设实业、财政 2 部及建设总署。同时，决定改北平为北京，以五色旗为“国旗”，《卿云歌》为“国歌”。

随着伪华北临时政府的建立，华北各省市的原伪“维持会”等伪组织，纷纷取消或改组为伪省市公署，伪北京特别市公署、伪天津特别市公署、伪河北省公署、伪山西省公署、伪河南省公署、伪山东省公署、伪青岛特别市公署等纷纷成立。

在各省市伪政府成立后，日伪又在华北沦陷区内组织成立各级地方政权。华北沦陷区省级以下日伪行政机构有道、县两级，即道公署、县公署，其长官分称道尹、县长。

① 《北平与冀东伪组织合流》，《大公报》（汉口）1938 年 2 月 2 日。

据 1938 年春伪华北临时政府公布的《省道县公署组织大纲》规定："省设省公署为全省行政机关"，设省长一人，综理省政，监督所属机关与道、市、县及其职员；省长对于全省之警队有节制调遣之权，为处理或防卫非常事变需用兵力时，得函请驻扎附近的军事长官派兵会同办理；省公署设民政、财政、教育、建设、警务 5 厅和秘书处，各厅处分科办事。"道设道公署为一道行政机关"，设道尹一人，综理道政；道公署设秘书一人或二人，承道尹之命处理署务；道公署设警务、财政、教育、建设四科。"县设县公署为一县行政机关"，置县长一人，综理全县政务；县公署设秘书一人，处理县署公务；县公署设警务局及财政、教育、建设等科。

这样，侵华日军就在华北沦陷区内建立起一套由上而下颇为严密系统的统治网络。

二、伪维新政府

日军占领上海、南京等地后，即在占领区收买汉奸，成立地方临时组织。1937 年 12 月 5 日，"上海大道市政府"在上海浦东成立；1938 年 1 月 1 日，伪南京自治委员会和杭州市地方维持会也相继成立。至 1938 年 1 月下旬，江浙地区成立的伪地方维持会已达 26 个。

早在 1937 年 12 月 24 日日本内阁通过的《处理中国事变纲要》中就规定：上海方面，在"军事的占领区域，考虑在时机成熟时，建立与华北新政权有联系的新政权"。[①]1938 年 1 月 16 日，日本首相近卫文麿发表声明："帝国政府今后不以国民政府为对手，而期望真能与帝国合作的中国新政权的建立与发展，并将与此新政权调整两国邦交，协助建设复兴的新中国。"[②]1 月 18 日，日本陆军省拟定了《华中政务指导方案》，提出要在华中[③]建立高度亲日的政权。《方案》规定按照先建立中央政府机构，然后在各省、市、县建立地方机构的顺序建立"华中临时政府"；地点暂设上海，条件具备时迁往南京；组织华中伪政权的具体工作由日本陆军特务部负责。

在物色华中伪政权头面人物方面，日本华中方面军特务部起初看中了曾任北京政府第一届内阁总理、广东护法军政府总裁、与西南实力派关系很深的唐绍仪。但唐绍仪犹豫不决，日军不得不将目标锁定在北洋军阀余孽、曾任北京执政府秘书长的梁鸿志及曾任国民党要员的陈群、温宗尧等人身上。双方一拍即合，开始了筹备伪政权的

① 复旦大学历史系编译：《日本帝国主义对外侵略史料选编（1931—1945）》，上海人民出版社，1983，第 261 页。

② 复旦大学历史系编译：《日本帝国主义对外侵略史料选编（1931—1945）》，上海人民出版社，1983，第 262 页。

③ 在抗战时期，日本的军政文件中多习惯将今天的华东地区称为"华中"或"中支"。本书引文中的"华中"按原文引用，其余均按今天的习惯称为"华东"。

丑剧。

1938 年 2 月 14 日，华中日军特务部长原田熊吉在上海召集梁鸿志、温宗尧、陈群会商组织华中伪政权。其后，梁鸿志等即为组织华中伪政权开始了紧张的准备工作，拟定了政府组织大纲，计划在华中地区组织伪中央政府，将各地伪政权均置于其统辖之下，并得到了日本华中方面军的支持。1938 年 2 月 28 日，梁鸿志等决定新政府于 3 月 16 日成立，并定名为“中华民国维新政府”。但按照日本内阁会议《处理中国事变纲要》的规定，在华中地区建立的“新政权”只能作为华北“临时政府”的“地方政权”，因而梁鸿志及其日本华中方面军的计划遭到了华北“临时政府”及日本华北方面军的反对，双方争吵不休。为调解华中与华北方面的矛盾，日本于 3 月 24 日制订了《调解华北及华中政权关系要纲》，其方针是：“华中新政权是作为一个地方政权成立，以中华民国临时政府作为中央政府，尽快使其合并统一。”①

根据这一方针，日本华中派遣军不得不放弃原来之主张，南北双方于是达成妥协，同意在“政府”成立宣言中做如下声明：“维新政府的成立，根据苏浙等省之事实，其性质为暂时的，而自始无与临时政府对立之意。将来中央所管事项可分者，由临时政府斟酌办理。且津浦、陇海两路交通恢复后，便可与临时政府合并，盖同仁固不希望国内有两政府对峙也。”②

经过一个多月的紧张筹备和激烈的讨价还价，1938 年 3 月 28 日，伪中华民国维新政府在南京原国民政府大礼堂宣布成立，梁鸿志、温宗尧、陈群等“宣誓”就职，并发表《维新政府成立宣言》。《宣言》声称其所辖区域为江苏、浙江、安徽三省及上海、南京两特别市地区，将来还要包括国民党统治的华中、华南地区，其使命是“使领土主权恢复战前状态，与邻邦折冲樽俎，以期敦睦，使国民脱离兵燹之苦，同种息阋墙之争”。③

伪维新政府由行政、立法、司法三院组成，另设有由梁鸿志、温宗尧、陈群三人组成的“议政委员会”，作为最高议政机关。伪行政院下设秘书、铨叙等 6 局及外交、内政、财政、实业、绥靖、教育等部，伪立法院设法制、外交等委员会，伪司法院设司法行政部、行政法院等机构。其统治的区域为江苏、浙江、安徽三省及上海、南京两特别市地区。

---

① 日本防卫厅防卫研究所战史室编，田琪之译：《中国事变陆军作战史》，第 1 卷第 2 分册，中华书局，1979，第 161 页。

② 《关于成立华中新政府之件》，日本上海总领事日高给森岛参事官电报第 67 号（1938 年 3 月 26 日），转引自蔡德金著：《历史的怪胎——汪精卫国民政府》，广西师范大学出版社，1995，第 15 页。

③ 转引自《抗战纪事》（《江苏文史资料选辑》第 22 辑），江苏古籍出版社，1987，第 226 页。

伪维新政府成立之初，其“政务”由设在上海虹口新亚饭店的“事务所”负责，因而被人讥为“饭店政府”。直至6月下旬，伪维新政府各机构才陆续迁往南京，10月1日起在南京正式办公。

伪维新政府成立后，其地方傀儡组织也相继建立。

1938年4月1日，伪维新政府任命任援道暂行督办南京市政。4月24日，伪南京市政督办公署成立，任援道、高冠吾先后任伪市政督办，内设社会、财政、教育、工务、实业、卫生6局。1939年3月2日，“南京市政督办公署”改称“南京特别市政府”，仍由高冠吾任市长。

4月22日，伪维新政府改“上海大道市政府”为“上海市政督办公署”，任命原大道市政府市长苏锡文为伪市政督办。同年10月14日，改称“上海特别市政府”，由傅宗耀任伪市长，伪特别市政府机关也由浦东搬至原国民党上海市政府旧址。

5月23日，伪江苏省政府在苏州成立，伪维新政府任命陈则民为伪省长，内设秘书、警务两处和民政、财政、教育、建设4厅。伪省政府成立后，原各县“维持会”、“自治委员会”均改为伪县公署。至1940年4月，相继成立了吴县、海门、武进、吴江、昆山、扬中、江宁、金山、江阴、如皋、溧水、丹阳、睢宁、沭阳、丰县、沛县、无锡、青浦、常熟、靖江、江浦、金坛、泰州、砀山、六合、邳县、淮阴、太仓、松江、宜兴、南通、句容、丹徒、江都、东海、灌云、赣榆、淮安等38个伪县公署。

6月22日，伪浙江省政府及伪杭州市政府在杭州成立，汪瑞闿、何瓒分任伪省长、市长。接着，相继成立了杭县、海宁、余杭、崇德、桐乡、德清、吴兴、武康、长兴、嘉兴、平湖、海盐、嘉善等13个伪县公署。

7月16日，在日军的支持下，倪道烺在上海兴亚饭店成立了“安徽省政府临时筹备处”。10月28日，伪安徽省政府在蚌埠成立，伪维新政府任命倪道烺为伪省长。其后，各县“维持会”也纷纷改组为伪县公署，至1938年底，共有凤阳、怀远、嘉山、滁县、怀宁、芜湖、宿县、当涂、合肥、灵璧、巢县、泗县、亳县、五河、天长等15个伪县公署成立。

至此，梁鸿志、温宗尧、陈群等人在日本侵略者的扶持下，在华中三省两市沦陷区内，建立起从“维新政府”到各伪县公署的各级汉奸组织。

伪维新政府尽管在其发表的十条政纲中鼓吹要实行“不丧失国权的平等外交”，同日本实行提携，运用外国资本开发资源，振兴工业、改良农业等，[①]但在事实上，

---

① 秦孝仪主编：《中华民国重要史料初编——对日抗战时期》第六编第三册，（台北）中国国民党党史会，1981，第140—141页。

它不过是日本侵略者统治华东的工具，奴役华东沦陷区人民的走狗与帮凶，无论在政治、军事、外交还是经济上，均受日本人操纵，华中派遣军特务部长原田熊吉少将任伪维新政府最高顾问，谷川幸造、五十岚翠等27名日本人分任“绥靖”、“内政”等顾问，他们控制了伪维新政府的一切事务。在日本人的强迫下，伪维新政府与日本签订了一系列出卖经济利益的协定，日本政府通过其兴办的“华中振兴股份有限公司”，以合办的名义将华东地区的重要矿产资源（尤其是国防矿产）、铁道、航空、通信、水电等完全控制。伪维新政府还公开实施“烟赌娼”三大毒化政策，丧心病狂地毒害人民、毒化社会。在伪维新政府的统治下，沦陷区内一片乌烟瘴气。

与此同时，日军于1938年10月占领武汉后，于同年11月26日扶植汉奸组织成立了“武汉治安维持委员会”，由计国桢任会长，叶春霖任副会长，张若柏任秘书长，下设参事室、财政局、社会局、建设局、戒烟局、盐政局、纳税局、税捐署及警察总监部等机构，悬挂五色旗。1939年4月20日，在侵华日军的支持下，改设伪武汉特别市政府，由张仁蠡任伪市长。内设机构有秘书处、参事室、财政局、警察局、社会局、教育局、卫生局、建设局、宣传局、戒烟局、盐政局、统税局、税捐总署、临时司法部、高等法院、参议府等，仍悬挂五色旗。1939年11月，在日军的授意下，伪武汉特别市政府参议府议长何佩瑢出面组织伪湖北省政府，并筹建伪“华中政府”。伪湖北省政府于1939年11月5日成立于武汉，何佩瑢任伪省长，汪沄、徐慎五、宋怀远、黄实先、王寿山、贺遐昌、方焕如、王仕任、雷寿荣、魏武襄为伪委员。内设秘书处、民政厅、财政厅、建设厅、教育厅及警务处、保务处、宣传处等，管辖范围除湖北沦陷各县外，还有河南信阳、江西九江和南昌、湖南临湘和岳阳等。伪武汉特别市政府及伪湖北省政府既不隶属于华北伪临时政府，也不隶属于伪维新政府，而是直接听命于日本占领军。

随着伪维新政府的出现，加上此前成立的伪华北临时政府和伪蒙疆联合委员会，在中国、沦陷区内就出现了3个汉奸政权（伪满洲国除外），而这3个政权又分属华中派遣军、华北方面军和关东军控制，三者之间的协调，成为日本政府工作的难题。为了实施对中国的殖民统治，日本迫切希望在中国建立“新中央政府”，为此，成立了以老牌特务头子土肥原为首的“对华特别委员会”，具体负责“中国中央政府”的建立。1938年7月8日，日本内阁五相会议决定了《中国现中央政府不屈服时的对策》，决定在打击重庆政府的同时，尽快使日军在各地扶持的亲日政权统一起来，真正组建为中国中央政府，使内外不得不承认其实际上代替中国现中央政府的新政权。[①]7月

① 黄美真、张云编：《汪精卫集团投敌》，上海人民出版社，1984，第89页。

15日，日本五相会议又通过了《建立中国新中央政府的指导方针》，要求“尽快先使临时及维新两政府合作，建立联合委员会。其次，使蒙疆联合委员会与之联合。以后上述各个政权，逐渐吸收各种势力，或与他们合作，使之形成真正的中央政府。”并决议“联合委员会以临时、维新及蒙疆联合委员会的代表组织之，采取简单的委员制，暂设北京”。[①]在日本政府的积极策划下，1938年9月20日，伪维新政府与伪华北临时政府的要员在北平举行会议，决定成立“中华民国政府联合委员会”，由南北两伪组织各出3人组成，王克敏任主席委员，朱深、温宗尧为常任委员，地点设在北平。9月22日，“中华民国政府联合委员会”在中南海勤政殿成立。尽管两伪组织名义上已“统一”，实际上貌合神离，仍各行其是。

三、汪伪国民政府的建立

侵华日军在北平和南京成立临时和维新两个伪政权，其目的在以此推翻国民政府，但日本的目的并未达到。1938年6月，日本外务省东亚局长石射猪太郎即哀叹：“临时政府也好，维新政府也好，其成立并未以中国人士的政治热情为基础，其构成分子都是同床异梦，两个政府既缺权威，又没有气魄，不仅是对国民政府没有什么威胁，反而在我国内部形成了头痛的根源。”[②]因此，日本又积极在国民政府内部寻找新的亲日代理人，以分化瓦解抗日阵营，并将目标锁定在国民党内第二号人物、时任国民党中央政治委员会主席、国民党副总裁、国民参政会议长的汪精卫身上。而不甘居于蒋介石之下的汪精卫及其心腹也积极响应日本的“和平”诱降活动。

全面抗日战争爆发后，当全国人民同仇敌忾、浴血抗击日本侵略者之时，出现了一股反对抗日、主张与日本谋求妥协的暗流，周公博、陶希圣、高宗武等国民党要员、社会名流暗中组织了所谓的“低调俱乐部”，并以汪精卫为中心，酝酿所谓的“和平运动”。[③]1938年1月，汪精卫、周佛海、陶希圣等人在汉口成立了以谋求对日“交涉”、对内反对共产党抗日舆论宣传为宗旨的“艺文研究会”，并通过“艺文研究会”设在香港的机关与日方暗中交涉，先后派外交部亚洲司日本科长董道宁、亚洲司司长高宗武等秘密赴日，与日本进行直接谈判。

在日本军事威逼与政治引诱下，早就对抗战前途悲观失望的汪精卫加快了叛国投敌的步伐。1938年11月20日，汪精卫的代表高宗武、梅思平与日方代表影佐祯昭、今井武夫在上海土肥原特务机关的六三花园（即“重光堂”）签订了《上海重光堂秘

① 黄美真、张云编：《汪精卫集团投敌》，上海人民出版社，1984，第90—91页。

② 转引自蔡德金著：《历史的怪胎——汪精卫国民政府》，广西师范大学出版社，1995，第23页。

③ 周佛海：《回忆与前瞻》，《周佛海日记》（下），中国社会科学出版社，1986，第1213页。

密协议》，包括《日华协议记录》《日华协议记录谅解事项》《日华秘密协议记录》等文件，其主要内容为：中日缔结防共协定，中国承认日军防共驻扎，内蒙古地区作为防共特殊区域；中国承认“满洲国”；日本侨民有在中国居住、营业的自由，日本允许废除在华治外法权，并考虑归还在华租界；中日经济合作，特别是利用、开发华北资源，承认日本有优先权；赔偿日侨损失；协议以外的日军，于两国和平恢复后，开始撤退，两年内撤完。日、汪共同承认上述解决时局的基本条件后，汪精卫就待机在云南、四川等地区成立新政府。11月26日，梅思平携上述秘密协议经香港返回重庆，向汪精卫汇报，汪精卫当即召集周佛海、陈璧君、陈公博等人进行审议，决定照“协议”的要求办理，并拟定了出逃重庆的办法。12月19日，汪精卫偕周佛海、陶希圣、陈璧君由昆明仓皇逃往越南河内。12月22日，日本首相近卫发表《第三次对华声明》，提出日本根据日、“满”、华三国“相互善邻友好、共同防共和经济合作”为原则，愿意与“中国同感忧虑及有卓识之人士合作”，“同新生的中国调整关系”。[①]根据《重光堂协议》的规定，在近卫声明发表后，汪精卫发表声明宣布接受日本所提各项要求，并与蒋介石断绝关系，“且在声明为了建设东亚新秩序而实行日华提携及反共政策的同时，伺机成立新政府”。[②]12月29日，汪精卫派陈公博、周佛海、陶希圣携其响应声明至香港，于30日夜在香港发表，并刊登在31日出版的汪派报纸《南华日报》上，此即《艳电》，表示愿“与日本政府交换诚意，以期恢复和平”。[③]艳电的发表，表明汪精卫集团公开叛国投敌。

1939年5月8日汪精卫到达上海，与日方商谈建立“和平政府”之事，并于28日向日本提出了《关于收拾时局的具体办法》，其主要内容为：（1）由汪精卫主持召开国民党全国代表大会，并授权其组织中央政治会议，负责改组国民政府；（2）召开中央政治会议，实行改组国民政府；（3）国民政府还都南京，南北两政府宣布取消。5月31日，汪精卫、周佛海等人乘坐日本海军飞机前往日本，商谈成立“新中央政府”的问题。6月6日，日本五相会议决定了《树立新中央政府的方针》，规定：“新中央政府以汪（精卫）吴（佩孚）、现有政权、改变主意的重庆政府等为其构成分子”，“由这些构成分子作适当协力以树立之”；“新中央政府”的政权组织，以分治合作主义为准则，“华北应是国防上、经济上的日华紧密结合地区（蒙疆为特别高度的防共自治区域），长江下游地区在经济上，作为日华紧密结合地带，华南除沿海特定岛

① 黄美真、张云编：《汪精卫集团投敌》，上海人民出版社，1984，第368页。

② [日]今井武夫：《今井武夫回忆录》，中国文史出版社，1987，第291页。

③ 黄美真、张云编：《汪精卫集团投敌》，上海人民出版社，1984，第374页。

屿设立特殊地位外”，同时要特别“考虑日本对现有政权的特殊关系的处理”；对于汪精卫提出的仍以国民党、三民主义相标榜等要求，只要“在其放弃容共抗日，改以亲日‘满’防共为方针时，当与其他以亲日防共为主义者一样，允许其存在”。[①]《树立新中央政府的方针》明确了“新中央政府”的性质及其与日本关系，它不过是日本羽翼下的傀儡组织而已。

6月16日，日本五相会议又对汪精卫所提《有关收拾时局的具体办法》做出决定：“新中央政府”的名称和“首都”，由中央政治会议决定；“国旗”如采用青天白日旗时，须在旗帜上面附上一块三角形黄布片，上写“反共和平”等字样；关于废除“临时”和“维新”两政府，须理解只取消其名称，对两“政府”与日本签订的协定及其他决定，“新中央政府”必须继承；建立“新中央政府”要特别考虑具有人的要素和基础实力；对于国民政府与外国签订的条约和协定，“新中央政府”按日华新关系的方针，宣布予以废除和修改。

汪精卫的此次日本之行，终于与日本达成了树立“新中央政府”的协议。回国后，汪精卫便紧锣密鼓地开始了筹备成立“新中央政府”的活动。8月28日至30日，汪精卫在上海秘密召开了伪国民党第六次全国代表大会，出席会议的代表共240人。会议推汪精卫为临时主席，周佛海为主席团主席，褚民谊、梅思平、丁默邨、陶希圣、高宗武、陈璧君等为副主席，梅思平为秘书长。会议通过了《整理党务案》，规定：从1939年1月1日起，重庆国民党中央执行委员会和监察委员会的一切决议及命令完全失效；改组中央常务机构和各级地方党部、特别党部；修正国民党总章，废除总裁制，实行主席制；选举中央委员会。会议还通过了《修订中国国民党政纲案》《决定以反共为基本政策案》《根本调整中日关系并尽速恢复邦交案》《关于授权中央执行委员会主席指派中央执监委连同党外人士组织中央政治委员会案》《关于尽速召集国民大会实施宪政案》等，并发表了《中国国民党第六次全国代表大会宣言》，提出了一整套“和平、反共、建国”卖国投降纲领。会议推选汪精卫为伪国民党中央主席，并由汪提名选举了中央执行委员、监察委员及其常务委员。这次会议，为成立汪伪中央政权做了政治上、思想上的准备。9月5日，汪伪国民党中央又在上海召开六届一中全会，成立伪国民党中央党部，推举陈公博、周佛海、梅思平、林柏生、丁默邨、陶希圣、高宗武、焦莹等为伪中央执行委员会常务委员；陈璧君、顾忠琛、褚民谊等为伪中央监察委员会常务委员；伪中央党部设秘书厅及组织、宣传、社会三部及财政委员会、特务委员会、肃清委员会。会后，汪精卫便根据“六全大会”

① 黄美真、张云编：《汪精卫国民政府成立》，上海人民出版社，1984，第86—87页。

的授权，以“国民党主席”的身份，就组织“新中央政府”问题与各党各派及社会名流进行商讨。

在日军的支持下，汪精卫与南北两伪组织就成立“新中央政府”等问题开始了谈判，但因各怀鬼胎，分歧较大，致使汪精卫原定1939年10月9日在南京成立“新中央政府”的计划被迫延期。与此同时，日本也成立了扶植汪精卫成立“新中央政府”的专门派出机关“梅机关”。汪伪卖国集团经与“梅机关”多次秘密谈判，于1939年12月30日，秘密签订了《关于调整日中新关系协议书》（简称“汪日密约”），该密约由《日中新关系调整纲要》《秘密谅解事项》及《极密谅解事项》三部分组成，其主要内容有：汪伪承认“满洲国”，日、汪、“满”三方互相提携，协力于文化之融合、创造及发展；在新“国交”恢复以前，“维新”、“临时”两政府经办事项，由“新中央政府”加以继承；承认日本在蒙疆、华北、长江下游和华南特定岛屿享有政治、经济以及地下资源开发利用的特权，承认这些地方为“日支强度结合地带”，由日军长期占领，并控制该地区的铁路、通讯、航空、海港和水路；汪伪政府自中央至地方各级政权将由日本顾问或职员监督，伪军和伪警察由日本供给武器并加以训练；取缔一切政治、外交、教育、宣传、贸易等方面的抗日活动；随日、汪、“满”三国善邻关系的实现，日本逐渐考虑归还租界和撤废治外法权等。据日本外交档案记载，通过与汪精卫签订上述协议，日本认为获得了如下诸多权利：

> 一、确保政治、外交及文化上的权利，其中包括保证承认满洲国，确保外交、教育、宣传及文化等方面的合作及军事以外的共同防共。
>
> 二、掌握地域的实权，其中包括对蒙疆的实权，对华北国防上及重要经济上的实权；确保上海、厦门两特别市的实权；确保海南岛及附近诸岛屿军事上的实权及资源开发权。
>
> 三、掌握军事上的实权，即确保防共驻兵权及治安驻兵权。其中包括日海军在厦门、海南岛及其附近诸岛屿的驻屯权及其他地区的驻兵权。除此，在日军驻屯区域有关铁路、航空、通信、主要港湾及水路，应日本军事上的要求，将保证供应之，还确保军事顾问及教官对中国军队内部的指导权。
>
> 四、获得经济上的权利，其中包括确保对“全中国”航空的支配权，对国防上必要的特定资源开发利用权，确保对中国沿海海运的控制权，确保对关税及通关手续实行亲日政策。通过派遣财政、经济、技术顾问，保证日本政策的完成；对蒙疆的全部经济获得指导权及参与权；在华北，掌握铁路的实权，通信上在日军优先情况下的共同经营权，特定资源，尤其国防上重要地下资源的开发利用权

和国防上重要特殊事业，在日本优先的情况下的合办权，以及对于华北政务委员会的政治、经济的内部指导权。在长江下游地区，尤其是在上海特别市的贸易、金融、产业及交通的协商权，以及建设新市区等的指导权等等。[①]

“汪日密约”的签订，充分暴露了日本军国主义企图使中国变为其殖民地的狂妄野心，也反映了即将成立的汪伪政权是彻头彻尾的傀儡组织、日本走狗。

1940 年 1 月 8 日，日本内阁临时会议批准了“汪日密约”，“梅机关”开始了导演成立伪政府的丑剧。在“梅机关”的策划下，汪精卫在青岛与伪华北临时政府的王克敏、伪维新政府的梁鸿志举行会谈，进行政治分赃，并最终达成了协议。1 月 27 日，汪精卫在上海成立“还都筹备委员会”。3 月 20—22 日，汪精卫在南京主持召开了有汪精卫集团、伪临时政府和伪维新政府及所谓在野政党参加的中央政治会议，其主要任务是通过各项法令和人事安排，成立汪伪国民政府。会议决定将有关汪日关系调整方针交汪精卫办理，通过了《“中央政府”树立大纲》《“中央政治委员会”组织条例》《“华北政务委员会”组织条例》，以及关于“新政府”的名称、“首都”、“旗帜”、成立日期、组成人员、政纲、废除“临时”及“维新”两伪政府名称及善后问题等事项，并公布了“国民政府”组成人员。

1940 年 3 月 30 日上午，汪精卫率领伪国民政府的各院部、会的部长、次长、委员长等，在原国民政府考试院大礼堂举行宣誓就职典礼。

同一天，汪伪国民政府公布了《国民政府政纲》和《还都宣言》，宣称“国民政府”当坚决执行实现和平、实施宪政两大方针，强调“与日本共同努力，本于善邻友好，共同防共，经济提携之原则，以扫除过去之纠纷，确立将来之亲善关系”。[②] 伪临时和维新政府及两政府联合委员会也在当天发表《解散宣言》。晚上，汪精卫还发表了对日广播讲话，对日本政府表示感谢。

汪伪国民政府的统治区域名义上包括除伪满统治区外的所有沦陷区，主要有江、浙、皖、鄂、粤、赣等省和南京、上海两特别市，以及原伪华北临时政府统治下的北平、天津两特别市和河北、河南、山西、山东等省，但在实际上，其“政令”不出城门，华北地区实际上仍由直接听命于侵华日军华北方面军、自成体系的伪华北政务委员会统治，他们在高度“自治”的招牌下，与南京保持着高度的“独立”，连所悬“国旗”

---

① 《根据现地谈判日本方面获得的重要成果》，《日本外交档案》（缩微胶卷），S493 号，转引自蔡德金著：《历史的怪胎——汪精卫国民政府》，广西师范大学出版社，1995，第 98 页。

② 黄美真、张云编：《汪精卫国民政府成立》，上海人民出版社，1984，第 821 页。

都不是汪伪的青天白日满地红旗，而是红黄蓝白黑的“五色旗”，即使是汪伪统治的心脏地带苏浙皖三省沦陷区，以及武汉、广州日军占领地区内，各伪省市政府也处于当地日本占领军的直接控制之下，汪伪中央无权可使。

尽管汪伪政权以“国民党”和“国民政府”正统自居，并具有一定的欺骗性，但就本质而言，汪伪政府是一个彻头彻尾的傀儡组织，一切政令均须听命于日军，出卖国家主权和民族利益，残酷镇压沦陷区人民的抗日活动，充当了日本帝国主义奴役中国人民、疯狂掠夺中国资源、进行侵略战争的工具。

第二节 奴化教育政策

日本侵略者在武装侵占中国的同时，为了达到其完全征服中国的目的，消灭中国人民的抗日意志，开始考虑在占领区内改变其残暴政策，推行奴化教育，使沦陷区人民成为“顺民”。1938 年 7 月 19 日日本内阁五相会议通过的《从内部指导中国政权的大纲》明言：“对于抗日思想泛滥的现状，必须一面以武力为后盾，打开局面，一面提高国民经济，收揽人心，恢复东方文化，确立指导精神，恩威并施，以促进一般汉民族的自发合作。”[①] 其后，又秘密颁发了《对支宣传策略纲要》。日本政府设立的专门处理侵略中国事宜的兴亚院还拨款 100 万元用于宣传方面，并制定了对华宣传教育的基本宗旨:（1）消灭民族意识，毁灭中华民族文化，彻底铲除中华民族优秀传统，排除一切抗日思想；（2）“在日满共荣、共同防共和建立东亚协同新秩序的原则下，进行文化工作”；（3）“恢复固有的文化道德，扑灭一切毁灭固有文化道德的欧化思想及普罗文学”；（4）强调反共，破坏国共合作。[②]

伪华北临时政府、伪维新政府和汪伪国民政府成立后，秉承日本侵略者的意旨，制定了适合于日本侵华政策的奴化教育的宗旨、方针和政策，并随着日本侵华战争的需要而加以改进。

一、伪华北临时政府的教育方针和政策

早在 1937 年 8 月，伪冀东自治政府即制定了推行奴化教育的宗旨及实施方针，其教育宗旨为：“冀东全区之教育，以发扬固有道德，锻炼健全体格，充实国民生计，促进东亚文化为目的。务期本此目的，以养成优美之道德，尚武之精神，社会之富庶，

---

① 日本内阁五相会议：《从内部指导中国政权的大纲》，复旦大学历史系编：《日本帝国主义对外侵略史料选编》，上海人民出版社，1975，第 272—273 页。

② 南开大学等合编：《中国现代史（1919—1949）》（下），黑龙江人民出版社，1981，第 79 页。

自治之进展”；其实施方针为：“（一）普通教育，应根据孝悌忠信礼义廉耻之古训，陶冶儿童及青年之德行，并培成其生活技能，俾成自立立人自治治人之模范人民。（二）社会教育，应使人民具备科学常识，了解东西文化，谋家庭经济之改善，自治之资格完备，并养成卫生习惯，爱护公物，服务精神，以及敬老恤贫，防灾互助守信爱群等美德。”[①] 同时将“亲日”和“防共”作为其着力点，并贯穿于中小学教学中。

伪华北临时政府成立后，根据日本“尊重汉民族固有的文化，特别尊重日华共通的文化，恢复东方精神文明，彻底禁止抗日言论，促进日华合作”及对共产党“应绝对加以排除打击”[②] 的精神，“纠正以往教育宗旨之错误，确定新教育方针，一本东方文化传统与亲仁睦邻之旨，对国民观感作正本清源之计”。[③] 为确保其教育方针的贯彻落实，伪临时政府教育部于 1938 年 4 月 15 日颁布了《关于教育方针应注意事项之训令》，对该方针“实施上切应办理或注意之事项”进行“逐条指示”，要求所属各省市教育行政机关和学校执行，其主要内容为：（1）对以往国民政府施行的“党化排日教育，亟应严加取缔”；（2）规定中小学年限（中学为三三制，小学为四二制）；（3）中学以男女分校为原则，专科以上学校得兼收女生，并强调对于女子教育应注意品格之修养；（4）“对外国人所办之学校，宜切实监督指导，务使其遵循新政府之教育方针”；（5）由编审会“根据新政府之教育方针”，另行编纂各级学校之教科书；（6）废止会考制度；（7）重新训练中小学教员，“俾得纠正以往错误之观念”。[④]1940 年 6 月，伪华北政务委员会教育总署又制定了专科以上学校实施训育方针八条，并要求所属各省市“转饬公私立中小学校一体遵办”。此 8 条内容如下：“1. 尽力提倡我国固有之美德，以领导学生之思想趋于正轨，而为建设东亚新秩序之始基；2. 根绝容共思想，以亲仁善邻之旨，谋东亚及全世界之和平；3. 善用我国固有之家族精神，以敦风纪而固国本；4. 阐发修齐治平之道，以儒家精义为依归，摒弃外来之功利主义；5. 注重人格之修养、品格之陶镕，宜使学生有以国士自许之志向，俾将来能以担负复兴东亚之重任；6. 厉行节约运动，纠正奢侈陋习，以养成勤苦耐劳之精神与习惯；7. 个人生活与团体生活宜有严格的规律，俾公私德双方得以平均发展；8. 加强竞技运动等训练，

---

① 原件藏唐山市档案馆，转引自南开大学历史系、唐山市档案馆合编：《冀东日伪政权》，档案出版社，1992，第 504 页。

②《从内部指导中国政权的大纲》（1938 年 7 月），转引自北京师范大学历史系中国现代史教研室编：《中国现代史》（下），北京师范大学出版社，1983，第 94—95 页。

③《伪华北政务委员会教育总署行政报告书》（1943 年春），中国第二历史档案馆藏伪华北教育总署档案，二〇二一／5。

④ 载伪华北临时政府教育部：《教育公报》第 2 期“公牍”，1938 年 8 月。

以锻炼强健之体格及振奋有为之精神。”[①]

为贯彻落实“亲仁善邻”的教育方针，“纠正从前教科书之缪点，并统一教材起见”，[②]伪临时政府教育部于1938年3月将前伪北京地方维持会所组织的中小学教科书改定委员会改组为编审会，直隶于伪教育部，除设会长及总副编纂外，下设中等教育、初等教育、社会教育、教育刊物及发行5股，聘请专家分任编审，并于同年5月制定并公布了《教科图书审查规程》及《审查教科图书共同标准》，规定“学校所用之教科图书未经临时政府教育部审定者不得发行或采用”，教科书的精神应“适合国情”“适合时代性”，其实质要做到“内容充实”“事理正确”“切合实用”，[③]明确规定各级各类中小学和补习、民众、聋哑等校“不得再行沿用未经修正审定之各项教科书”。[④]

1938年3月，伪华北临时政府教育部“为探讨今后教育之设施及学校制度之改善起见”，组织成立了“学制研究会”，在同年3月17日举行的首次会员会议上，伪教育部长汤尔和在讲演中就强调要对“过去党化色彩各点，予以彻底之刷新”。[⑤]伪山东省公署也于1938年3月发表训令，要求对地方教育或学校教育“以提倡固有道德，改正误谬思想为实施标准”。[⑥]

为培养贯彻执行奴化教育宗旨和方针的师资，伪华北临时政府于1938年3月成立了“教育部立中等教育师资讲肄馆”，招收高中以上学校毕业生入馆培训，学习期限第一期学制为3个月，第二期改为一年，并改馆名为“教育部立师资讲肄馆”，至1940年7月共举办了三期。1939年7月，伪华北临时政府教育部“为补充华北各省市中等学校教员之学识，并促进其教学效能起见”，举办了第一届华北各省市中等学校教员暑期讲习班，听讲学员有100人。同时通令所辖各省市自办教员暑期讲习会。伪教育部还特别制定了《中小学教员暑期补习班训话纲要》十条：“（一）善用我国固有之家族精神，以固五千年立国之本。（二）睦邻之道，以积极且诚意主张之。（三）认识东亚及世界时局。（四）民族、文化、经济各方面造成东亚集团，以建设真正新秩序。（五）了解国家远大之利害，排斥崇拜欧美观念。（六）排斥虚伪宣传，以躬

---

①《伪华北政务委员会教育总署教育行政报告书》（1943年），中国第二历史档案馆藏伪华北教育总署档案，二〇二一／5。

②《伪华北政务委员会教育总署教育行政报告书》（1943年），中国第二历史档案馆藏伪华北教育总署档案，二〇二一／5。

③《青岛教育周刊》第1卷第3期。

④《市政公报》1938年第10期。

⑤ 伪华北临时政府教育部编：《教育公报》第3期“记载”，1938年9月印行。

⑥ 中国第二历史档案馆藏伪华北政务委员会教育总署档案，二〇二一／5。

行实践为宗旨。（七）以儒家精义为依归，摒弃外来之功利主义。（八）以东方固有之美德为立身基础，尽量吸收日新科学消化而运用之。（九）青年须以国士自许，将来使能分担复兴东亚之重任。（十）纠正因循保守之积习，发皇进取努力之新气象。”①

1938年8月，伪北京市教育局为“使北京市立、私立中小学校长及中等学校首席教员认识时局，了解日本情况及其教育之现状”，特举办了两期暑假讲习会，内容有“东西之现状”（军事、外交、经济）、“日本事情”（国势、国民生活）、“关于日本之初等中等教育”、“新民精神”，由日本满铁调查部阿部勇、日军特务部少佐河野、日本教育编审院编辑官藤本以及伪新民会中央指导部部长缪斌、新民会教化部部长宋介等担任讲师。②

二、伪维新政府的教育方针和政策

伪维新政府成立后，制定了各项适应日伪统治的方针政策，在教育方面，伪维新政府为执行日本侵略者的奴化政策，消除中国人民的民族意识，废除了原国民政府所确立的教育宗旨，于1938年5月公布了所谓“维新政府”教育宗旨：“维新政府之教育，以恢宏中国固有之道德文化，广收世界之科学知识，养成理智精粹体格健全之国民为宗旨。”并于同年8月15日拟定公布了教育宗旨实施方针：“一、大学教育注重纯粹科学，提高研究对象，高等专门教育注重实用科学，养成专门知识技能，并切实陶融为国家社会服务之健全品格；二、普通教育须根据我国历代圣贤之言行，以立国民道德之基础，并培养国民之生活技能，以增进生产能力为主要目的；三、师范教育为国民教育之本，必须以最适宜之科学教育及最严格之身心训练，养成一般国民道德上学术上最健全之师资为主要之任务，于可能范围内，应使其独立设置；四、社会教育为学校教育之辅，必须使人民认识国际情况，深知亲仁善邻之道，并具备近代都市及农村生活之常识，家庭经济改善之技能，公民自治必备之资格，保护公共事业及森林园地之习惯，养老恤贫防灾互助之美德；五、男女教育机会平等，女子教育须注意陶冶健全之德性，保持良母贤妻之特质，并图建设良好之家庭生活及社会生活；六、各级学校及社会教育，应一体注重发展国民之体育，其目的在增进民族之体力，必须以锻炼强健之精神，养成服从规律之习惯为主要任务；七、中国以农立国，推广农业须由农业教育机关与产业界取得切实联络，以谋其积极设施，凡农业生产方法之改进，农民技能之增高，农村组织与农民生活之改善，农业科学知识之普及，以及农民生产

① 中国第二历史档案馆藏伪华北政务委员会教育总署档案，二〇二一／5。

② 《北京特别市政法规汇编》第3辑，1940年。

消费合作的促进，务须以全力图其推行。”[①] 实际上是就是要把中国人民培养成服从伪傀儡政权、拥护所谓中日“亲善”，并懂得基本农业知识的顺民。

为了实施其教育宗旨，1939 年 2 月 7 日，伪教育部召开了苏、浙、皖三省及宁、沪两市教育行政会议，参加会议的除三省二市教育官员外，日本顾问原田少将、管野中佐等也参加了此次会议。会议通过的决议案，也反映了日伪施行奴化教育的本质。如会议通过的为表现中日“亲善”精神的《试行学童作物互惠案》，其理由：“为求中日儿童互惠互爱起见，应设法沟通儿童幼爱精神”，办法为：“由省市教育机关组织小学儿童作物研究会，于每学期内，抽选各年级美艺作物呈部赠友邦校童，于可能范围内，更举行友邦学童联欢会，以表亲善。”再如“在教育行政上应谋促进中日文化提携以实现亲善合作案”，其理由为：“我中日两国民族，同种同文，国境又系毗邻，凡有国际眼光知识者，莫不明了我两国在文化上应互相提携，在国交上应互相亲善，以达其共荣之目的。惟是国民智识有限，所受反日抗日之矫情宣传影响，自不易一时省悟消除，此项责任，我教育行政人员应在政务上发挥能力，使中日文化互相提携，进入合作境地，俾世界人士尽知我同文同种亲善之真精神”，其办法为：“（一）各省市教育行政人员，应就政务上发挥能力，使文化提携由倡导精神达于实施表现；（二）施教人员应演绎日本民族道德与中国文化之关系与维新以来科学文化之优点，使人民模仿研习实施亲善。”[②]

为了贯彻其教育宗旨，伪维新政府教育部开始在原国立中央大学原址筹设“国立”南京大学，在上海设立维新学院，“恢复”各级中小学校，开设日语专修科和教员养成所。同时，对原国民政府编纂的教科书进行修改，并确立了三条修改标准：“1. 排斥共产主义及不纯正的三民主义；2. 坚持东方道德精神；3. 一扫排日精神，打破欧美残留的痕迹。”其修改步骤为：“（1）第一步先就各书局出版之教本加以增删；（2）第二步将小学教科书全部另编。”[③] 据档案资料记载，其修改内容主要有以下几方面：“（1）关系公然侮蔑者：如在高小历史第三册内讥评我总理‘行易知难’之学说粗浅不值一驳，初小国语第七册将‘党’字拆为‘尚’‘黑’二字；（2）关于迷糊民族意识者：如在初小国语第六册‘我们的小朋友’、‘日本人的小学生活’等课内，说明日本与我国同文化同种族，本为兄弟之邦，并鉴于民族性如何谦让，而尤富于进取精神，足为我人模范等语，廿七课譬喻孟母择邻，国家亦应择邻，须与日本互助合作。至于地

---

① 《伪维新政府 1939 年度之傀儡剧》（1940 年 3 月），中国第二历史档案馆藏国民政府教育部档案，五（2）/635。

② 《敌伪奴化教育概况》，中国第二历史档案馆藏国民政府教育部档案五② /639。

③ 中国第二历史档案馆藏国民政府教育部档案，五② /635。

理科，则竭力避免恢复旧土意识之萌发，如叙海南而不提琉球、台湾，叙威海卫而不提旅顺大连，其于东四省，则更一字不提。历史课本上于戚继光平倭寇之事实，讳言'倭寇'名称而易以'海盗'二字，并在课本之末，加具考案说明所谓倭寇并非倭人主持，抹杀事实，文词掩饰，极尽其献媚之能事；（3）关于麻醉诱惑者：如在国语第六册、第七册内'日本武尊'、'男童节和女童节'、'富士山'及'日本的东京'等课，极力叙述日本之故事及风景，'松太郎和春子'一课，竭力夸耀日本帝国臣民的强大，以引诱儿童，使其对于日本发生爱慕钦服之心。"①

为建设所谓"东亚新秩序"，伪维新政府最高顾问原田熊吉少将还于1939年5月7日致函伪维新政府行政院，要求在所有中小学开设日语教育，以"促进强化双方之协同团结"，彼此通晓国语，②并制定了《中小学日语教师任用规则》，规定小学日语教师以任用中国人为主，而中学及其同等以上学校日语教师则应"中日两国人一体任用"，"小学、中学及其同等以上学校日本人教师之监督，属于省、市、县者，由特务机关长，属于其他者，由教育部首席顾问任之"。③

三、汪伪国民政府教育方针和政策

1940年3月30日汪伪国民政府建立后，为配合日军对沦陷区的军事、政治、文化侵略和经济掠夺，消灭中国人民的抗日斗志和民族意识，秉承日本侵略者的意旨，在统治区内大肆推行奴化教育，制定了一系列奴化教育的宗旨、方针和政策，并随着日本侵略战争的变化而不断加以改进。

（一）太平洋战争爆发前的教育方针政策

汪伪国民政府是在强敌入侵、中国军民对日抗战处于极为艰难的形势下，由日本侵略者一手扶植的傀儡政权。为了适应日本侵略战争的需要，汪伪集团在1939年8月召开的伪中国国民党第六次全国代表大会上，提出了"和平、反共"的卖国纲领。1940年3月12日，在伪中央政治会议即将在南京召开之际，汪精卫公开发表《和平宣言》，称他即将成立"中央政府"，"致力于与日本调整邦交，谋和平方案之实现，以底和平运动于成功"。④汪伪国民政府成立后，为"确定和平建国的基础，而图和

①《敌伪奴化教育概况》，中国第二历史档案馆藏国民政府教育部档案，五（2）/639。

② 汪伪行政院档案，引自《中华民国史档案资料汇编》第五辑，第二编《附录》（上），江苏古籍出版社1997年版，第592—593页。

③ 汪伪行政院档案，引自《中华民国史档案资料汇编》第五辑，第二编《附录》（上），江苏古籍出版社1997年版，第592—593页。

④《中华日报》1940年3月12日。

平统一之进展”，[①]将“和平、反共、建国”作为其行动纲领，其一切工作都是围绕着“和平反共建国”的投敌政策而展开，而汪伪政权的教育方针也是与此相适应的，即积极鼓吹和宣传“和平反共建国”的汉奸理论，以泯灭中国人民的民族意识。

早在1938年底发表的投敌《艳电》中，汪精卫即表示：为“确立中日永久和平”，要“以善邻友好为教育方针”。1939年8月在上海召开的伪中国国民党第六次全国代表大会上，汪伪集团对中国国民党政纲进行了修订，其教育部分的内容为：“（1）保持并发扬民族固有之文化及道德，同时尽量吸收适于国情之外国文化；（2）铲除狭隘之排外思想，贯彻睦邻政策之精神；（3）励行纪律训练及科学研究，以养成健全公民及建国人才；（4）改订教育制度，重编教材，以适应新中国之建设。”[②]1940年1月19日，汪精卫在回答日本记者有关汪伪国民政府将如何教育中国民众，而“新中央政府”的教育方针如何时，再次宣称以确立“中日永久和平”和以“善邻友好”为教育方针。[③]1940年3月30日发表的汪伪《国民政府政纲》第十条更明确规定：“以反共和平建国为教育方针，并提倡科学教育，扫除浮嚣空泛之学风。”[④]6月22日，汪精卫在南京接见出席汪伪全国教育行政会议的代表时称：和平反共建国，为一切施政方针，亦即教育方针，教育界应谋青年心理之改进与改造，使青年的思想与行动，与“建设东亚新秩序意识吻合一致”。8月，汪精卫在对“中央大学”教职员训词时曾对所谓“浮嚣之学风”做过解释，即“喜欢参加政治活动，把学校当作个人活动的场合，……以为读书没有出息的纷纷来干组织，作活动”，要扫除这种学风，必须“纠正青年的思想行动”，“要切切实实地去求知”，“埋头读书，认识‘和平反共’建国的真意义，养成和平建国的真本领”。1941年3月汪精卫发表的《今后施政方针》明确指出要加强“亲日和平教育”。

对于汪伪国民政府的教育方针，汪伪宣传部宣传事业司司长杨鸿烈曾做过清楚的解释：“教育的目的，是要达成‘反共和平’建国，而所养成的人才，也必须负起反共建国的责任。……忠诚谋国，应有切实苦干的精神，则往日浮嚣空泛的学风，不得不为之扫除。”[⑤]

为贯彻执行并实施其教育方针，汪伪国民政府教育主管部门曾采取了一系列的措施。

---

① 汪伪宣传部编：《国民政府三年来施政概况》，1943年3月，中国第二历史档案馆藏汪伪宣传部档案。

②《申报年鉴》，申报社，1944，第941页。

③《汪精卫答记者问》，《中华日报》1940年1月20日。

④《申报年鉴》，申报社，1944年版，第941页。

⑤ 杨鸿烈：《国民政府还都后的“文化”政策》，《中日文化》（月刊）第1卷第2期。

其一，根据日军的意旨，在其统治区内强迫民众尤其是中小学生学习日语。1940年7月6日，侵华日军总司令部致函汪精卫，要求汪伪国民政府将日语列为中小学必修课，并“将日语之是否列为中小学必修课程，以觇我中日亲善程度与真诚之情势”。日本兴亚院文化局局长与驻华大使馆书记官长清水董三还先后以私人名义访问汪伪教育部部长赵正平，表达上述旨意，清水还提醒汪伪国民政府“改进各政宜采渐进，免致日方惊疑”。[①] 为此，汪伪教育部经“一再考虑，为兼筹并顾起见，拟在小学课程中，不列外国语，而于课程表中附加一条说明：‘外国语以不授为原则，但于大都市区域，依实际需要，高年级得于正课外补授外国语（日语或英语）[②]。至于初级中学以上，则列为必修科’”。[③] 同月27日，汪伪行政院指令照办。

其二，严格审定各类教科书，将宣传民族意识的内容加以删除或修改。汪伪国民政府成立后，由于编定教科书需要一定时间，汪伪教育部乃令伪国立编译馆对抗战前商务、中华、开明、世界各书局所有幼、小、中学教科书及伪维新政府所编的小学至中学等各种教科书作为补充读本，以应急需，而又恐其中不无不合之处，下令进行“审查”。[④]1940年8月，汪伪教育部公布了对幼稚园、初小、高小、初中等各种教科书的审查表，凡有所谓“妨碍中日邦交”的内容均应删除，如《高小国文读本》第一册“报国仇”字句，《初中新国语》第二册中的《王冕少年时代》《战地一日》《抗战受伤的追忆》《济南城上》，第五册之《川原中尉战毙记》，第六册之《戚继光传》《南口喋血记》等课文，一律删除。而有关反映“五四运动”“五卅惨案”“济南惨案”“九一八事变”“一二八事变”内容的课本统统都要修改。

其三，加强对中小学生的思想控制。为了实施其“和平反共建国”的教育方针，特别是对青少年进行奴化教育，1940年4月20日，汪伪教育部通令各中小学校每周必须对学生进行一个小时的“精神讲话”，宣扬“和平反共建国”的卖国理论。同年10月，汪伪教育部又颁布了《中学训育方针及实施办法大纲草案》，并“通令各省、市及国立各中学于民国二十九年度内切实试行”。该《大纲草案》规定以“训练学生反共睦邻思想，指导学生和平建国途径”为训育原则，其训育目标为养成学生“忠孝

① 《汪伪教育部为承日方旨意规定中小学教授日语原则请核示呈》（1940年7月），中国第二历史档案馆藏汪伪行政院档案。

② 汪精卫批示：“英语改为其他外国语”。

③ 《汪伪教育部为承日方旨意规定中小学教授日语原则请核示呈》（1940年7月），中国第二历史档案馆藏汪伪行政院档案。

④ 《国立编译馆第二次谈话会》（1940年6月7日），中国第二历史档案馆藏汪伪国立编译馆档案，二〇九五/9。

仁爱信义和平之德性”“创造建设好学精研之兴趣”“安分务本坚忍不挠之意志”“快乐奋勉勇于进取之情绪”“严守秩序服从纪律之生活”“活泼健康整齐清洁之习惯”“娴习礼貌敬友乐群之态度”“推己及人祛私爱物之观念”“节俭朴实刻苦耐劳之精神”“互助合作知行合一之能力”，并规定各校“每周举行周会一次，讲述和平反共建国要义，报告国内外政治概况，或举行精神讲话”。经试行一年后，汪伪教育部“经逐一审核，各于草案各项条目，多数认为尚称适合”，决定将草案正式公布施行，并根据形势的变化，将训育原则修改为“训练学生反共睦邻思想，并深切了解国父遗教及和平建国国策”。[①]

其四，利用图书、画报、戏剧、电影、歌曲等群众喜闻乐见的形式，向沦陷区民众宣传“和平反共建国”的理论。汪伪宣传部不仅大量印行汪精卫、陈公博、周佛海等汪伪集团主要人物的卖国投敌言论集，还编辑出版了诸如《“和平建国”要义》《“国民政府”还都以后的使命》《“国民政府”政纲略释》《“和平运动”与“建国”原理》《妇女与“和平运动”》《农民与“和平运动”》《青年与“和平运动”》《“和平救国”问答》《“和平”言论文选集》《何谓“东亚新秩序”》等宣传“和平反共建国”的书籍，广为散发。伪中央电台及各地电台，还经常广播汪精卫等伪国民政府要员的录音讲话。同时，还大量编写和广泛教唱《庆祝“国府”还都歌》《“建国”歌》《实施“宪政”歌》《追悼“和平运动”殉难同志歌》《“保卫东亚”之歌》《东亚民族进行曲》《庆祝“国府”还都周年纪念歌》等宣传“和平”的歌曲，并组织剧团到沦陷区各地进行巡回演出，每逢“纪念日”，还在街头巷尾甚至酒楼茶馆张贴宣扬“和平反共”的宣传画照片，举办“和平建国文献展览”等等。

为贯彻落实奴化教育政策，汪伪统治区内各伪省市教育当局也制定了一系列政策和措施。

1940 年 8 月，伪江苏省教育厅制定了《小学指导儿童及家庭推行“和平运动”办法大纲》，要求各小学组织有校长、教职员和家长代表参加的“和平运动推行委员会”，并由校长任主席。该会的任务是:“规划学校及家庭推行‘和平运动’之具体方案”，“讨论学校及家庭推行‘和平运动’之实际问题”。具体做法是：学校调查儿童家庭状况及社会环境，随时随地注意儿童日常行为，邀集家长参加学校周会、“和平运动恳亲会”、各种集会等，对学生不合于“和平运动”之行为，家长要配合学校“予以纠正”。学校各科教学应“采用与‘和平运动’有关系之材料”，阐述“和平运动”之重要，

---

① 中国第二历史档案馆编：《中华民国史档案资料汇编》，第五辑第二编附录（上），江苏古籍出版社 1997，第 603—605 页。

务使儿童对于“和平运动”认识清楚，并努力宣传。同时要求教师和家长“对于‘和平运动’应切实力行，以身作则，为儿童及各家庭表率。”[①] 伪南京市教育局根据汪伪国民政府的政纲及教育宗旨，“以‘和平反共建国’为中心目标”，拟具了中小学训育方针。其中中学的训育方针为：“A、训练学生确切认识国际环境与中国地位，以‘和平反共为建国’之基本信念。B、训育学生有科学知识与生产技能，以谋战后经济之恢复及产业之发展。C、养成学生有忠恕友爱、进取互助、礼义廉耻等德性，发扬我国固有之美德。”小学的训育方针是：“A、养成儿童有‘和平亲善、敦睦友爱’之精神。B、养成儿童有手脑并用、生产就业之技能。C、养成儿童有忠恕诚实、礼义廉耻之美德。”[②]

1940年10月，伪南京市教育局鉴于该市民众“过去从听虚伪宣传，而青年学子，又受偏激教育之熏陶，其谬误思想言行，自应立予矫正，俾便共同担当‘和平反共建国’之重责。倘令因循沿袭，匪特影响国家社会之进展与繁荣，抑且‘中日和平合作’之真谛，亦难期其实现。本局为适应环境需要，矫正市立各级学校及社教机关教职员学生及市民思想，并宣扬‘和平反共建国’国策起见”，[③] 特制订了《南京市各级学校社教机关实施思想善导办法》（以下简称《办法》）。《办法》规定：“思想善导目标依照下列各项规定行之：（1）使市民了解中日两国彻底提携合作的信念；（2）使市民咸能遵守纪律，拥护领袖，以达到‘和平反共建国’之目的；（3）使市民明白汪主席主张，实施宪政之目的，在谋民主政治之实现；（4）使市民认识共产党罪恶及第三国际对我之阴谋；（5）使市民尊重我国固有道德文化，务使咸具简单、朴素、刻苦、耐劳、重实践、有礼貌之良好习惯；（6）使市民都有克服环境忍受困难的精神”，“思想善导实施机关以市立各级学校及社教机关为推行之主体”，“思想善导之推行由南京市政府教育局每月召集市立各级学校校长及社教机关负责人员举行会议一次，讨论实施方法，交由各该机关执行之”，“市立各级学校暨社教机关负责人员应随时审察校内或馆内全体教职员学生之思想，并召集思想善导会议，每月举行两次”，“市立各级学校教职员应利用集会或上课时间实施思想善导或个别谈话”，“市立社教机关全体职员应利用施教机会或宣传工具实施思想善导”，“中等学校学生亦应分别编组为家庭思想善导活动中心，并由级任教员于每周末考查之。高级小学由级任教员择其年龄较长、思想纯正之学生分别编成之。民众学校除由校长或教员在授课时间

① 《中华日报》1940年8月7日。

② 徐公美：《一年来的南京教育》，《建国教育》第二卷第1期，1941年4月10日。

③ 《南京市政府教育部致教育部呈》（1940年10月12日），中国第二历史档案馆藏汪伪教育部档案，二〇七八/92。

内随时实施思想善导外，并于入学一个月后选择学业较优之学生分别编成之”。[①]1940年11月14日下午，伪南京市教育局即在伪南京市政府大礼堂举行了由市立各级学校校长及社教机关主管人员参加的第一次思想善导会议。[②]伪南京市教育当局还在日军的指使下，编写了《亲日歌》：“同文同种又连疆，兄弟谊重感情良。为弟贫弱兄富强，全赖我兄来帮忙。中日携手共相将，东洋和平便发光。中国百姓得安康，皇军救我恩莫忘。皇道王道整宣扬，天下太平何难望。旭日东升正堂堂，此光未艾此运长。”[③]伪湖北省政府教育厅也根据汪伪国民政府的教育宗旨，制定了本省教育宗旨三项，命令各县各校及各社会教育机关切实遵行。其宗旨如下：（1）崇尚固有道德；（2）提倡职业教育；（3）普及社会教育。[④]

1940年12月25日至27日，伪浙江省召开教育行政会议，周抱一在代表汪伪教育部长所致训词中即强调：“对于青年学生的思想和所看的书本，希望大家根据反共和平建[国]的国策，加以灌输和审查，使一般青年认识国家环境，信仰政府国策，同做一个东亚的建设者。”在会议所收提案中，关于学校训育提案第13案为“学校及社教机关应切实推行‘和平建国教育’以促成兴建大业案”，会议讨论决定：“原则通过，由全呈请教育厅参酌原提案办法拟订具体方案，通令各级学校实施。”[⑤]

伪上海市小学界为保证“和运”的实施，还精心炮制了从基本原则到具体实施的奴化教育方案，其基本原则为：“1.坚定‘和平反共建国’必成的信念，并切实奉行；2.恪守伪南京国民政府暨教育部之一切法规；3.协力谋本市小学教育界之精神团结；4.发扬和平运动，完成救国救难之任务；5.加强和平中心教育，以实现和平总动员。”其在行政方面，要求：“1.彻底遵行伪南京国民政府教育部颁行之通令暨教育界和平团体之决议；2.改进本市小学教育运动，切实谋本校之改进；3.校长教师和衷共济，全力谋行政效率之提高；4.校长得鼓励或领导教师参加本市教育界和平团体之活动；5.设法减轻儿童入学负担，使受业儿童数量增加；6.组织教育情报网，潜伏恶势力务必设法铲除，阴谋破坏之捣乱分子更要积极肃清；7.尽量节省学校行政开支及教师儿童课业用品之消耗；8.设法使教师待遇改善，生活安定；9.校长教师共同参加课余进修活动，以调剂身心，增进教学之效能；10.校长教师协力谋战后社会教育之复兴；11.全校同

---

① 《南京市立各级学校社教机关实施思想善导办法》（1940年10月），中国第二历史档案馆藏汪伪教育部档案，二〇七八/92。

② 中国第二历史档案馆藏汪伪教育部档案，二〇七八/92。

③ 崔征：《日本侵略者在沦陷区实行奴化教育》，《白下文史》第11辑，第115页。

④ 黄实光：《一年来的湖北教育》，《教育建设》，第二卷第1期，1941年4月10日。

⑤ 中国第二历史档案馆藏汪伪教育部档案，二〇七八/92。

人共同在物质生活上互助，协谋消费合作之推进。”在教学方面，要求：“1. 采用部审富有时代性之各科教科书；2. 运用各种新教学方法促进教学效率；3. 增编补充教材以补充教科书之不足；4. 指导儿童在课外多学习并使其自动阅读富有和平与科学思想的新读物；5. 增添时事教学，使儿童对现社会有充分的认识；6. 尽可能运用‘弹性格调’，使天才提拔，低能造就，以补救班级制之缺憾；7. 尽力谋教学与训育合一，使儿童在整个生活上学习；8. 增充教学设备，布置教学环境，以启发儿童学习兴趣。”在实施要目中进一步规定，编辑补充教材的内容“须适合目前和平反共的需要，并同时须顾及上海目前的客观环境”；选择儿童在课外的读物应依照以下标准：“1. 适合目前和平需要而没有消极悲观倾向的；2. 富有现实性没有空想色彩的；3. 富有社会性没有自私自利色彩的”；增添的时事教学应以“和平反共”为中心，以儿童生活为出发点，每天第一课上课时做时事报告，每周举行时事测验、时事演讲各一次；生产教育方面，要求改善各校劳动科教学内容，以养成儿童生产技能，指导儿童制造各项简易的日用品，尽量利用机会，使儿童为学校社会服务。在训育方面，则规定：“1. 恪守和平之言论与部定之训练目标，确定训育方针；2. 采取活泼与多变化的训练方式，以增进训育效率；3. 改善儿童自治组织活动，提高儿童组织能力与服务兴趣，并纠正儿童谬误思想；4. 经常采取集体与分组方式加紧训练；5. 举行‘德行’、‘健康’、‘学艺’、‘服务’的各种竞赛，与教学打成一片；6. 尽量指导儿童干部，辅助学校训育工作之开展；7. 采取‘积极鼓励’、‘环境诱导’、‘团体浸润’方法，以谋儿童顽劣因素之减少；8. 指导儿童参加各种适当的社会活动。训育的实施细目为：1. 举行精神谈话：（1）每周规定时间，集合全校儿童举行集体讲话；（2）每级每晨上课前，规定 10 分钟为分级精神谈话时间；（3）精神谈话材料如下：阐述三民主义及目前‘和平反共’建国的宗旨；讲述时事问题；讲述身心修养问题；处理偶发事项。2. 举行中心训练：（1）选定科目，如整洁、勤勉、服务、敏捷、和平等举行中心训练；（2）训导周举行时，须有具体办法，事后须有严密考察；（3）每种训练须选择适时时间举行，更须注意实践。3. 举行各项竞赛：（1）视实际情形决定竞赛项目，如演说竞赛等；（2）各竞赛前，先制定办法，确定比赛标准，切实执行；（3）奖励方面可用名誉奖、实物奖两种。4. 实行儿童自治工作，须注意下列原则：（1）要从实际生活出发；（2）要有具体工作，再有总的组织；（3）要简单而不复杂；（4）要适合各校实际环境；（5）要启发儿童自动性，教师处于辅导地位；（6）利用适当时间，令儿童参加社会服务工作；（7）举行救火救灾及防毒之基本训练。”①

① 上海市档案馆藏日伪时期上海特别市教育局档案，R048-1-16。

为“将和平反共建国之真谛灌输于小学生之脑筋中”，汪伪御用的教育团体中国教育建设协会特聘请初等教育专家顾宝梓，编辑了《小学和平反共建国周中心教育实施大纲》。该《大纲》分为“和平”“反共”“建国”三单元，各单元又分高、中、低三级，举凡教育计划、教学要点、各科教学纲要、成绩考查、训导方针、课外活动、环境布置等，均条分缕析，罗列无遗。该《大纲》先行刊载在协会会刊《教育建设》月刊上，后“为便利全国各小学采用起见，特印行单行本”，并列为该协会教育丛书第一种。①

同时，汪伪政府还加强了对广大教职员工的控制，1941年2月，伪南京市教育局制定了《教育工作人员连环保证办法》，对教师实行“连坐切结”。伪南京市教育局还“举行全市中、小学教职员思想测验，如发现尚有抗日思想者，即予停职惩办”。②在日伪统治下，广大教师没有言论自由，更不能有所谓“妨害邦交”的思想和行动，否则就要受到严厉的制裁。

（二）太平洋战争爆发后的教育方针政策

1941年12月日本向英美宣战，发动了太平洋战争，即日本所称的“大东亚战争”。就在太平洋战争爆发的当天，汪精卫就发表声明，宣称：“为实现建设东亚新秩序之共同目的，国民政府决定与日本同甘共苦，临此难局。”③汪伪国民政府开始充当反对英美、侵略东南亚各国的帮凶，为日本的侵略战争服务。1943年1月，汪伪政府宣布“对英美处于战争状态”，表示要“悉其全力，与友邦日本协力，一扫英美之残暴，以谋中国之复兴，东亚之解放”④，完全绑上了日本帝国主义对外侵略的战车。为配合“大东亚战争”，汪伪将包括教育在内的社会生活的各个方面都纳入了战时轨道，其教育方针政策也是围绕着“完成战争之使命”而制定。

太平洋战争爆发后，日军宣布所有英美教会在华所办学校均为“敌产”，予以没收。不久，日军又将教会学校移交汪伪国民政府各级教育主管部门。为此，汪伪各级教育管理部门秉承日军的旨意，制定了“打击”、“改造”教会学校及对原教会学校教职员工、学生进行改造的各项方针政策和具体办法。1941年12月8日，伪华北政务委员会教育总署电请“各省市当局与当地关系方面妥为联络，将英美系及与英美有关各

---

①《教育建设》第二卷第1期，1941年4月10日。

② 国民党战地党政委员会编印：《倭寇之奴化教育》（1942年10月31日），中国第二历史档案馆藏国民党中央宣传部档案。

③《中华日报》1941年12月8日。

④《汪伪国民政府抄发英美参战布告的训令》（1943年1月12日），转引自中国第二历史档案馆编《中华民国史档案资料汇编》，第五辑第二编附录（上），江苏古籍出版社，1997，第234页。

国之私人或团体设立的各级学校即时予以封闭”[①]，并拟定了《华北各省市封闭英美等国籍所办各级学校善后处置要纲》14条，《要纲》规定：“各省市主管教育行政机关于办理善后期间，对于已封闭之各级学校校长、重要教职员及学生，应随时调查其思想，并注意其行动”；“应限期令各该校负责人交出教职员学生名簿、财产目录及其他重要文书，并须严密考核所交各项文书簿册内容是否确实”；“已封闭之各级学校，经主管教育行政机关调查清楚后，得斟酌需要之缓急，依照《修正私立学校规程》分别另组校董会，筹划复校。学校之名称，有必要时得变更之”；“已复校之学校，应遵照教育总署之教育方针、现行各种法规及教育总署所颁各项训令办理，并须服从主管教育行政机关之指挥及监督”；“各省市主管教育行政机关，对于已复校之各级学校应负切实整理监督指导之责，不得疏忽”；“学校开学后，原有之教职员经主管教育行政机关考察之后认为称职者，得仍令其在本校服务”；“已封闭之各级学校因故不能复校时，均由主管教育行政机关斟酌情形改为公立”；“已封闭之各级学校如认为无必要时，得不准其复校”；“未能复校之各级学校，其原有学生应由主管教育行政机关令其转入公立或已立案之私立各级学校肄业”；“前项转学学生须经入学试验，转入相当年级，此项试验尤应注重于思考行动之考查，经试验及格入学之学生，仍应由该校随时监察之”；“未能复校之各级学校，其原有之中国籍教职员，经严密考查认为思想行动确属纯正时，得由主管教育行政机关设法录用，或予以职业之介绍”；“各省市教育厅局应依照本要纲拟定实施办法，呈报教育总署备案”。[②]伪北京市教育局制定了《接收英美系学校处理办法》4条，规定：“校舍校具及财产等概归市公署教育局接收”；“限无敌性行为之教职员全体留任，以固人心而免动摇，其月薪最低者可酌量各该校情形作个别之考虑”，“非经教育局令准，不得自行招收插班生”，“经费以维持原有状况为原则，但可增加不能减少”。[③]据档案记载：仅伪北京市即封闭了41校，其中中等学校8所、小学20所、幼稚园1所，其他8所，经伪北京市教育局整理、改组，至1942年4月，上述41校中，有18所学校予以立案，并有25所学校继续招生，其他16所学校由警察局“切实封闭、解散”。[④]伪北京市教育局还对改组后继续招生的学校的教育方针提出了五点要求：“（一）接收学校之教育，一切悉遵照教育总署历次颁布之教育方针办理。（二）使学校完全脱离过去英美羁绊及教会关系。（三）使教职员及学生铲除从前依赖英美之思想。（四）使教职员及学生切实

---

① 中国第二历史档案馆藏伪华北教育总署档案，二〇二一／456。

② 中国第二历史档案馆藏伪华北教育总署档案，二〇二一／456。

③ 中国第二历史档案馆藏伪华北教育总署档案，二〇二一／456。

④ 中国第二历史档案馆藏伪华北政务委员会教育总署档案，二〇二一 /441。

认清世界大势及日本实力，协力建设东亚新秩序。（五）使教职员及学生一致向华北固有之使命迈进。”[①] 原由英美教会主办的燕京大学、协和医学院也被迫停办。伪江苏省教育厅于1942年2月23日制定公布的《处理第三国系教会学校办法要纲》即规定了彻底打击、根本改造教会学校的九条方针：“1.以和平反共建国之最高国策为教育之最高方针；2.特别强调大东亚战争之意义，肃清依存英美之思想，同时渗入清乡地区之教育精神，以适应当前之工作；3.解除宗教之毒化宣传，根绝其教会之潜在关系；4.力求教职员思想之健全、素质之改进；5.要求社会人士之协助，欢迎教会关系分子之转向；6.行政系统根据教育厅对原有省立与县立学校同样办理；7.训导教育方面之实施，完全根据教育部及教育厅规定法令办理；8.经济方法采用征收学费办法，专以‘自给自足’为原则，经费不足时，依照其情况，讲求补给办法；9.因经费或其他实际迫不得已之情形，经认可后，容许保持若干特殊，暂缓依照一般省立、县立学校之标准办理。如教职员之待遇、资格以及学生之程度、事务之机构等。”[②] 根据上述方针，伪江苏省教育厅还确定了具体的实施方法，其主要内容为：“1.严格执行精神训练，如举行各种集会，以改造学生之思想；2.小学废止英语课目，中学英语课目每周时间，依照其他省立中学规定，切实纠正以英语为中心之传统，加聘日语教师，增授日语课目；3.废止宗教课目，撤除原有宗教设备；4.一律采用国定教科书；5.原有教职员之工作，予以适宜之调整，如有不服从者，即予开除，其或有重大反动者，予以严厉之处分；6.工作调整后，利用休闲时间，予以再教育，如举办讲习会、训练班、参观团等，以强化其意志与工作；7.各校可组织‘校务策进会’（假称），其任务为建议改进办法，协助学校之发展，其人选由教育厅于下列各种关系中决定之：（1）旧校董会之开明人士；（2）旧同学会之愿为母校尽力者；（3）学生家属；（4）有名之教育家；（5）与学校有深长之历史关系者；（6）中日各机关有关人员。”[③] 在此办法要纲中还特别声明：“处理第三国系教会学校，以尊重日方之指导意见，并接受其最大协助为绝对原则。”[④] 据伪江苏省教育厅调查，当时苏州共有私立成智中学暨附小、振声补习社、集才学校、仁立中学、乐群补习社、慕家花园补习社、天恩小学、天赐学校、崇道小学、萍花小学、新光私塾、益民私塾、思杜小学、尚德小学等教会学校14所，均由伪教育厅接收，

① 《北京特别市教育局处理英美系学校情形报告》（1942年4月），中国第二历史档案馆藏伪华北政务委员会教育总署档案，二〇二一/456。

② 中国第二历史档案馆藏汪伪教育部档案，二〇七八/96。

③ 中国第二历史档案馆藏汪伪教育部档案，二〇七八/96。

④ 中国第二历史档案馆藏汪伪教育部档案，二〇七八/96。

并“视其环境和性质的差异，分别予以‘废止’‘合并’‘改造’的处置”①。

太平洋战争爆发后，汪伪国民政府全面开展了1941年11月伪国民党六届四中全会上发起的“新国民运动”，并将此运动的目的由为日本侵略战争服务进一步扩大为协助日本完成“大东亚战争”，反对英美，保卫“大东亚”。12月27日在南京召开的“大东亚解放大会”发表宣言强调：“大东亚战争”是日本为解决东亚侵略势力而战，以还我东亚人之东亚，国民政府将在其统治区域内，开展“新国民运动”，予日本“建设新东亚应有之协力”。②1942年元旦，汪伪正式公布了由汪精卫手订的《新国民运动纲要》，提出了对“新国民”的八项具体要求，要求沦陷人民“把爱中国爱东亚的心打成一片”，“为保卫大东亚战争”，“去其旧染之污”，“要有勇气来承认缺点，矫正缺点，尤其是劣点，更要有勇气来扫荡廓清”，以培植适合“大东亚战争”需要的“新国民精神”。③1月16日，汪伪宣传部拟订了《全国新国民运动推进计划》，决定分三个时期大力推动：第一期为普遍宣传，“务使一般国民了解何以要做新国民之意义”；第二期为实际训练时期，“选择各学校、各机关团体优秀分子为集体训练”，第三期为推广期，“由经受训练分子扩充普遍于一般民众”。在第一时期，除通过报刊、电台广为宣传外，由伪教育部通令各学校，“以新国民运动纲要列为公民特别课程之一”，并由各地宣传教育机关派员分赴各校讲演。同时，还要举行“万众签誓”，“宣誓”奉行“新国民运动”，其誓词为：“余誓以至诚接受最高领袖之指导，服膺三民主义，厉行新国民运动，完成中国革命，实现东亚解放，尽力竭力，贡献一切于国家……如有违背誓言，愿受一切制裁。”④1942年6月，以汪精卫为委员长的“新国民运动促进委员会”成立，沦陷区各省市也纷纷成立分会。“新国民运动”初期将重点放在对青少年进行奴化教育和训练方面。1942年5月15日，汪伪教育部公布了《各级学校推行新国民运动实施方案》。同年7月4日，新国民运动促进委员会制定了《新国民运动青年训练纲要》《第一期组织计划大纲》，仿效德国组织法西斯青年挺进队和日本组织青少年团的办法，在其统治区内普遍设立“中国青年团”和“中国童子军”等青少年组织，作为对青少年实施训练的机构。7月27日—8月17日，伪新国民运动促进委员会在南京举办了由南京、上海等地各大学学生45人参加

---

① 李士群：《江苏省一年来之清乡及省政报告》（1942年7月），汪伪行政院档案，转引自中国第二历史档案馆编：《中华民国史档案资料汇编》，第五辑第二编附录（上），江苏古籍出版社，1997，第336页。

② 《大东亚解放大会宣言》，《中华日报》1941年12月28日。

③ 《新国民运动纲要》，《中华日报》1942年1月1日。

④ 《汪伪宣传部附送新国民运动推进计划呈》（1942年1月16日），转引自中国第二历史档案馆编：《中华民国史档案资料汇编》，第五辑第二编附录（上），江苏古籍出版社，1997，第558—559页。

的全国优秀大学生暑期训练班，训练内容以新国民运动为主旨，分军事训练、政治训练、社会服务三科，以使这些学生加深“对新国民运动的理解与实践”。[①]1943年1月15日，伪新国民运动促进委员会南京分会也在南京举行了国民精神总动员首都学生集训。

为进一步加强对沦陷区广大学生的控制，1942年9月汪伪行政院第130次会议审议通过的《修正中等学校训育主任公民教员工作大纲》规定，训育主任、公民教员的主要工作为：“襄助校长实施有关党义教育之法令与计划”，“协助校长充实有关新国民运动之设施”，“商承校长制订训育方案”，“商承校长于每学期开始时拟具工作实施计划书一份”；在“周会、各种纪念日及各种集会，应因时制宜讲演国父遗教、主席言论、革命史实、国际现势，并依照中央施政方针作时事报告”，“指导并鼓励学生参加课外活动，使党义教育及新运精神能渗透于学生日常生活之中”，“审查学生所阅刊物及交友种类与平时之言论行动，以便明了其思想及生活，及时设法纠正”，“用各种暗示方法警觉学生，以养成其民族意识及爱中国爱东亚之观念”，“实际参加学生团体之集会活动，以收指导实践之效”，等等。[②]

1943年1月9日对英美宣战后，汪伪统治区内的教育被纳入了战时轨道，成为为所谓“大东亚战争”服务的工具，毒化沦陷区人民特别是青年学生的思想，致力于反共、反英美的宣传。1943年2月18日，汪伪教育部制定并公布了《中国青年团童子军思想训练纲要》，要求沦陷区各省市及各“国立”学校执行。其训练方针为：“消极方面：革除个人自由主义、享乐主义、狭义的国家主义、共产主义、独裁主义、侵略主义……各种偏激的不正确思想。积极方面：养成其对于新时代的认识，激发其纯正的爱国家爱东亚思想，使其得到正当的发展，期于一个国家、一个领袖、一个主义原则之下，造成一个中心势力之青少年集团。”并在实施办法中规定“思想测验拟定表格，按时发给青少年填答，以觇其思想正确与否，至学期结束时，应举行思想总测验。”[③]2月20日，汪伪国民政府发布训令：“以三民主义、大亚洲主义、领袖言论、新国民运动纲要为公民教育的主要内容。”[④]2月25日，为适应建立战时教育体制的需要，汪伪教育部又将中国青年团与中国童子军合并改组为中国青少年团，并确定该团设立的宗旨为：“在使全国青少年有严密之组织，受严格之训练，发展作事能力，培育服务精神，养成良好习惯，使其人格高尚，思想纯正，常识丰富，体魄健全，成为智仁勇兼备之

① 《中华日报》1942年7月28日。

② 《汪伪行政院第130次会议录》，中国第二历史档案馆馆藏汪伪行政院档案，二〇〇三/7035。

③ 汪伪国民政府公报事务处编：《国民政府公报》，第458号，1943年3月15日。

④《汪伪国民政府抄发以大亚洲主义及党义为公民教育主要内容提案及建议的训令》(1943年2月20日)，中国第二历史档案馆藏汪伪行政院档案，二〇〇二/496。

中国青少年，俾能共同负荷兴复中华保卫东亚之划时代之责任，以建设三民主义之中国与共存共荣之东亚。”[①]同年6月10日，汪伪最高国防会议第17次会议通过了《战时文化宣传政策基本纲要》（以下简称《纲要》），成为汪伪文化宣传的指导纲领。《纲要》规定战时文化宣传的基本方针为：“动员文化宣传之总力，担负大东亚战争中文化、思想战之任务。”为贯彻这一方针，“首须激扬举国一致之战时意识，根据国情，适应战时需要，从事于体制之创立，力量之集中，思想之清厘，观念之肃整，与科学技术之发展”。[②]《纲要》提出了战时文化宣传政策的7项要领及11项实施办法。

根据《纲要》的要求，1943年11月30日，汪伪教育部制定并公布了《战时社会教育实施纲要》。此《纲要》强调社会教育的重心，是要“加强民众参战意识”，其内容包括一般社教、生计教育、语文教育、健康教育、公民教育、休闲教育、家事教育等七个方面，其主要内容为：1. 指导民众增加农工业生产知识和技能，增加农工业产品，以充实物资，为日本发动的“大东亚战争”提供军需品；2. 励行新国民运动以促成国民精神总动员，强化占领区民众参战意识，发挥“总力战”；3. 运用保甲制度，推广自卫自治运动，配合“反共清乡”，强化对占领区人民的法西斯统治；4. 训练青少年团，向妇女灌输各项战时救护知识，为日本发动的侵略战争提供后备兵员，适应战时后方救护需要。[③]

与之相适应，汪伪各地方政府也制定了配合日军“大东亚战争”的教育政策。伪华北政务委员会教育总署制定的1943年度《华北教育施策要纲及其实施方案》规定，1943年度华北教育的主要任务为：（一）协力食粮增产运动。动员各级学校学生参加食粮增产，以支撑日本的侵略战争；（二）实施集团训练。对大中小学生实施严格的训练，“清除一切不良思想”；（三）肃正思想，革新生活。各级学校及社会教育机关要加强宣传，“确立中日共存共荣之信念”，担当“复兴中国”之重任，等等。[④]伪冀东特别区行政公署根据伪华北教育总署的教育施策，“斟酌地方实情，以反共建国协力圣战为目标”，制定了1945年度教育实施方针：“推行决战体制教育：（一）树立中心思想。本东方道义精神，发扬孔孟思想，排除共产邪说，沟通中日文化，以纳人民思想于正轨，而昂扬其参战意识。（二）实施集团训练。调整青少年之训练机构，强化施行集团训练，以养成其忠国家、爱东亚、团结互助之精神及健全之体格，而促

---

① 汪伪国民政府公报事务处编：《国民政府公报》，第458号，1943年3月15日。

② 《战时文化宣传政策基本纲要》，1943年6月10日公布，中国第二历史档案馆藏汪伪宣传部档案，二〇四〇/29。

③ 汪伪国民政府公报事务处编：《国民政府公报》，第578号，1943年12月20日。

④ 中国第二历史档案馆藏伪华北政务委员会教育总署档案，二〇二一/573。

动青少年之奋起，裨发扬教育之真实性。（三）协力食粮增产。藉团体训练之方式，广辟校馆隙地栽种作物，以举增产报国之实，而增强战时物力。（四）提倡勤劳服务。励行勤劳奉公暨社会服务，以养成学生勤苦耐劳之习惯，而补充后方劳动。”①

此外，为了吸引沦陷区内青少年特别是家境贫寒的学子进入汪伪所办各级各类学校读书，汪伪教育部还制定有给予清寒优秀学生予以补助的政策，并曾制定了《教育部补助清寒优秀学生办法》，决定由汪伪教育部给予汪伪中央直辖的公“公”私立学校优秀大中清寒学生的每人每月 20—30 元的补助，但在汪伪统治初期这一政策并未实行。1943 年，汪伪国民党中央执委樊仲云向伪国民党六届五中全会递交了“提请由国库酌拨款项于各级学校，设优秀学生免费名额，以津助青年有为学生”的提案，经伪国民党中央执委会决议交伪国民政府办理。汪伪教育部、财政部共同商议后，重新修改公布了《教育部补助清寒优秀学生办法》，并经 1943 年 6 月 1 日召开的汪伪行政院第 164 次会议讨论表决通过，从 1943 年 7 月 1 日起开始实施。按上述《办法》，补助名额暂定为 180 名，其中大学生 100 名、中学生 60 名、小学生 20 名；补助费数目暂定为大学生每名每月 60 元，中学生每名每月 50 元，小学生每名每月 20 元，一律以六个月为限；申请条件为“国立”各级学校及曾经汪伪教育部立案之私立专科以上学校在校学生中家境确系贫寒，最近一学期学业成绩在 80 分以上、操行列甲等的学生。汪伪行政院第 164 次会议还通过了清寒学生补助费预算，计自 1943 年 7 月 1 日至 12 月 31 日共需 56400 元，由财政部以专项形式拔交教育部。②至 1944 年，接受补助的学生名额及金额有了较大的增加，仅 1944 年下学期，接受补助的专科以上学校学生就有 255 名，每名每月补助金额为 500 元。③1945 年 5 月 19 日下午，汪伪教育部高等教育司司长朱钰在接受记者采访时表示，汪伪教育部拟自 1945 年 7 月起，将清寒优秀学生补助费总额在原预算基础上提高 20 倍，为每月 390 万元。④但不久，汪伪国民政府即随日本宣布无条件投降而垮台，该项计划也告结束。

第三节　教育行政管理机构

为使奴化教育的方针政策得到切实的执行，伪华北临时政府、伪维新政府和汪伪

---

① 中国第二历史档案馆藏伪华北政务委员会教育总署档案，二〇二一 /573。

②《汪伪行政院第 164 次会议记录附件“财政部教育部原会呈”》，中国第二历史档案馆藏汪伪行政院档案，二〇〇三 /7065。

③《中华日报》1945 年 3 月 17 日，第 1 页。

④《中华日报》1945 年 5 月 20 日，第 1 页。

国民政府从中央到地方均设有管理教育的专门机构，在中央的称“教育部”，各省市为“教育厅”、“教育局”，县为“教育局”。

一、伪中央教育行政管理机构

（一）伪华北临时政府中央教育行政管理机构

早在1935年11月伪冀东防共自治政府成立时，即在其“政府”中设有伪教育厅，并由王厦材兼任厅长，其后又由刘云笙、武学易相继接任。伪华北临时政府成立后，以伪教育部作为其最高教育行政领导机关，由伪临时政府委员汤尔和兼任伪教育部总长，黎世衡、方宗鳌先后任次长。根据1938年1月伪华北临时政府公布的《教育部组织大纲》，伪教育部内设伪总务局、文化局、教育局，刘士元任伪总务局长，张心沛任伪文化局兼教育局局长，梁亚平、赵之成等任参事。同时，“为视察及指导全国教育事宜”，伪教育部还设有督学若干人，主要负责视察和指导下列有关事项：“教育法令之推行”、“学校教育”、“社会教育”、“地方教育行政”以及“部令持命视察或指导”等。①

伪华北临时政府教育部还设有学制研究会、直辖编审会、“教育法规编审会”等直属机构。学制研究会系伪教育部“为商讨今后教育之设施及学校制度之改善”而设立，会长由伪教育部总长汤尔和兼任，会员由汤尔和“聘定各教育专家、各省市主管教育机关首脑人员及各级学校校长等担任”，共19人，下设高等教育、普通教育及一般中小学两组，分由周作人、张心沛和韩秋圃、赵祖欣负责。②“教育部直辖编审会”直隶于伪教育部，设有会长、总编纂各1人，副编纂1—2人，编审、特约编审若干人。“教育法规编审会”设会长、总编审各1人，分由伪教育部部长、次长充任，编审、特约编审若干人，“掌理关于中小学及示范职业各级学校任用教科图书与各种教育刊物之编辑、审查及发行等事宜”。③下设教育行政、学校教育、社会教育、文化事业4组，其任务为：“一、检讨旧有各类教育法规与临时政府宣言之主旨有无抵触；二、审检旧有各种教育法规是否完备并是否适合现实之需要；三、起草各种教育法规。”④

1940年汪伪国民政府成立后，伪华北临时政府改组为伪华北政务委员会，名义上属汪伪国民政府领导，原有各部名称也相应地降格为“总署”。按照《华北政务委员会组织条例》规定，“总署”设“督办”、“署长”各1人。伪教育总署督办先后由伪华北政务委员会常务委员汤尔和（1940年3月30日—11月10日）、周作人（1940

① 伪华北临时政府教育部编：《教育公报》第1期，“法规”。

② 伪华北临时政府教育部编：《教育公报》第3期，“记载”，1938年9月。

③ 伪华北临时政府教育部编：《教育公报》第9期。

④ 伪华北政务委员会编：《华北政务委员会法规汇编》“六、教育”。

年12月19日—1943年2月8日)、苏体仁(1943年2月8日—11月10日)、王谟(1943年11月10日—1945年2月18日)、文元谟(1945年2月18日—8月日本投降)兼任，伪教育总署署长则先后由方宗鳌(1940年3月30日—1941年5月)、张心沛(1941年5月—1943年2月11日)、文元谟(1943年2月11日—5月10日)、王录勋(1943年5月10日—1944年2月)、王竹屯(1944年2月—1945年8月日本投降)担任。“总署”内初设教育、文化、总务三局及参事、督学各若干人。1943年11月，为“策应参战体制”，伪华北政务委员会及所属各总署进行改组，伪教育总署内，又增设了保健局。伪教育局下设高等、普通、社会教育及体育等科，伪文化局下设管理、计划、检查三科，伪总务局下设文书、人事、统计、事务等科。此外，伪华北教育总署还设有教育时报编辑委员会、农事教育设计委员会、“国立”专科以上学校学生生活指导委员会、中国留日学生选拔委员会、日本语文鉴定试验委员会、驻日办理留学事务专员办事处等专门机构。

（二）伪维新政府中央教育行政管理机构

伪维新政府中央教育行政管理机构亦为“教育部”。伪教育部部长先后由陈则民、陈群、顾澄担任或兼署，次长先后由顾澄、王修担任。伪维新政府虽名义上为“中央”政权，其实际管辖范围仅为江苏、浙江、安徽及上海、南京等地，因而机构也较为简单。伪教育部内仅设司长1人，参事4—5人。先后担任司长的有王百平(1938年4月1日—5月24日)、张秉辉(1938年5月24日—6月3日)、王修(1938年6月3日—10月22日)、吴维中(1938年10月22日—1939年4月6日)、余祥森(1939年4月6日—7月4日)、朱钰(1939年4月13日—9月16日)、徐玉美(1939年9月16日—1940年3月)，先后担任参事的则有王钺、汪郁年、江磐、施文治、徐蕴如、吴复生等人。

1940年3月，随着伪维新政府并入汪伪国民政府，伪维新政府教育部也寿终正寝。

（三）汪伪中央教育行政管理机构

汪伪国民政府主管教育的最高行政机关为伪教育部，1940年3月30日成立，直隶于伪行政院。据1940年7月6日汪伪国民政府修正公布的《教育部组织法》的规定：“教育部管理全国学术及教育行政事宜”；“教育部对于各地方最高行政长官执行本部主管事务有指示监督之责”；“教育部就主管事务对于各地方最高级行政长官之命令或处分认为有违背法令或逾越权限者，得提经行政院会议议决后停止或撤销之”。[①]

① 汪伪国民政府公报事务处编：《国民政府公报》，第44号，汪伪国民政府文官处印铸局1940年7月10日印行。

伪教育部设部长1人，综理部务并监督指挥所属职员及各机关；设政务次长、常务次长各1人，辅助部长处理部务；设参事、秘书、督学、视察、专员各若干人，承长官之命，办理有关事务。1943年7月，又增设咨询委员若干人，专备咨询及建议有关事宜。

伪教育部内设总务、高等教育、普通教育、社会教育、边疆教育5司及秘书、参事、会计、统计4室。各司、室机构设置及职掌如下：

总务司：下设第1—3科，主要负责公布部令和编制报告，文件撰拟及收发、保管，职员任免、奖惩之记录，经费出纳，典守印信，编印和发行公报，官产官物之保管，庶务及其他不属各司事项。

高等教育司：下设第1—3科，主要负责大学教育及专门教育、国外留学、各种学术机关之指导，学位授予及其他高等教育事项。

普通教育司：下设第1—4科，主要负责中等教育、小学教育、幼稚教育、师范教育、职业教育、地方教育机关的设立及变更，以及其他普通教育事项。

社会教育司：下设第1—3科，主要负责民众教育及识字运动、补习教育、低能及残废者之教育、美化教育、公共教育、图书与保存文献及其他社会教育事项。

边疆教育司：主要负责蒙藏地方教育之调查、蒙藏地方各种教育事业之兴办、蒙藏教育师资之培养、蒙藏子弟入学之奖励、蒙藏教育经费之计划及其他边疆教育事项。

秘书室：设秘书若干人，主要负责部务会议及长官交办事项。

参事室：设参事若干人，负责撰拟、审核教育部之法案、命令。

会计室：设会计主任1人，办理岁计、会计事项。

统计室：设统计主任1人，办理统计事项。

汪伪教育部还设有下列附属机构：

大学委员会：1940年3月30日成立，负责议决教育及学术上重要事项。

华侨设计委员会：1940年3月30日成立，掌理华侨教育设计事项。

编审委员会：1940年3月30日成立，掌理各种学校之图书编辑及审订事项。

学制及课程标准研究委员会：该委员会系根据汪伪第三次全国教育行政会议决议，为“谋现行学制及课程标准适合时代需要”而设立。该委员会下设学制和课程标准两组，每组由35—45人组成，其中四分之一由伪教育部长指派该部各司、室、会高级职员担任，四分之三由伪教育部长聘请国内各地教育专家担任。每组设常务委员3人，处理日常会务，并得设干事2人至3人助理之。该会的主要研究任务为：“甲、关于学制者：（一）现行学制与本国国情之关系；（二）现行学制与国民经济之关系；（三）现行学制与社会进化之关系；（四）现行学制与三民主义及新国民运动之关系；（五）关于现行学制之优点、缺点及其应兴应革事项。乙、关于课程标准者：（一）课程标准应有之原则；（二）课程标准必备之条件；（三）课程标准之质量及进度；（四）课程标准之教学及自习时间；（五）关于现行课程标准之优点、缺点及其应兴应革事项。”[①]

此外，汪伪教育部还附设有：社会教育实施委员会、留学生考选委员会、驻日学务专员办事处、编历委员会、体育委员会、中小学训育实施委员会、中国青少年团事业委员会、义务教育委员会、留日学生津贴委员会、教育统计委员会、补助清寒学生审查委员会、童子军事务委员会等。

1942 年 1 月 28 日，汪伪教育部以上海“学校荟萃，教育事务极为繁重”，特别是太平洋战争爆发后，原租界内各学校由日伪接收，“为期租界内教育事务之联络推进暨其他临时发生事件之处理便利起见，拟予设置教育部驻沪办事处”。[②]经同年 2 月 3 日汪伪行政院第 97 次会议讨论通过，正式设立了伪教育部驻沪办事处，由伪教育部高等教育司司长严恩柞代理处长，后由赵润丰接任。该办事处的主要职掌为：“（1）关于国有学产之调查、保管及整顿事项；（2）关于有关教育工作之联络及推进事项；（3）关于教育事业之改进及建议计划事项；（4）关于教育部交办事项；（5）关于临时发生案件之调查处理事项；（6）关于教育部部长咨询事项。”[③]1944 年 5 月底，该处结束。

从 1940 年 3 月 20 日成立至 1945 年 8 月覆亡，汪伪教育部历任部长、次长如下：

部长：赵正平（1940 年 3 月 30 日至 1941 年 8 月 16 日）、李圣五（1941 年 8 月 16 日至 1945 年 8 月）。

政务次长：樊仲云（1940 年 3 月 30 日至 1940 年 8 月 13 日）、戴英夫（1940 年 8 月 13 日至 1942 年 8 月 28 日）、刘仰山（1942 年 8 月 28 日至 1943 年 2 月 1 日）。

常务次长：戴英夫（1940 年 3 月 30 日至 1940 年 8 月 13 日）、王敏中（1940 年 8 月 13 日至 1941 年 8 月 22 日）、薛典曾（1941 年 8 月 22 日至 1942 年 8 月 28 日）、杨为桢（1942 年 10 月 19 日至 1943 年 2 月 1 日）。

次长：杨为桢（1943 年 2 月 1 日至 1944 年 1 月 27 日）、赵润丰（1944 年 1 月 27 日至 1945 年 7 月 31 日）、戴策（1945 年 7 月 31 日至 1945 年 8 月）。

先后担任各司司长的有：总务司司长段庆平、王振纲、赵善铭、张寄岫，高等教育司司长钱慰宗、严恩柞、朱钰，普通教育司司长徐季敦、沈绂、薛荫曾，社会教育

---

① 《教育部学制及课程标准研究委员会组织规程草案》（1943 年 7 月 6 日），中国第二历史档案馆藏汪伪行政院档案，二〇〇三 /7078。

② 《教育部呈》（1942 年 1 月 28 日），《汪伪行政院第 97 次会议记录附件》，中国第二历史档案馆藏汪伪行政院档案，二〇〇三 /7225。

③ 《教育部驻沪办事处组织规程》（1942 年 2 月 3 日），《汪伪行政院第 97 次会议记录附件》，中国第二历史档案馆藏。

司司长严恩柞、赵如珩、王一方等。

汪伪教育部成立伊始，即通令沦陷区各伪省市教育行政主管部门“切实整理学风，扩充学校，设法恢复二十六年事变前之旧”。[①]为整顿沦陷区地方教育，于1940年5月，特派伪教育部督学吴家煦、孙泽民、赵如珩、李公锋、薛邦迈分别赴南京、上海、江苏、浙江、安徽等地视察，历时约一个月，其视察要点为：（1）各地教育实施状况；（2）各地教育上困难问题；（3）各地教育经费状况；（4）国库补助费分配情形等。他们还将视察所了解的各地教育实施状况向伪教育部做了详细汇报，并提出了修改意见多项，由伪教育部分令各省市切实改进，同时编印有各省市教育视察报告录，以作教育实施之参考。[②]

汪伪教育部在“恢复”各级学校、社会教育机构、派遣留日学生、创办“国立”师范学校、开办“国立”模范中学及“国立”模范女中、设立“国立”职业学校、设立“国立”中等学校理科实验所（1940年8月在南京设立）的同时，还倡议“恢复”“国立”编译馆、“国立”中央图书馆等学术机构。

“恢复”“国立”编译馆系经1940年4月23日汪伪行政院第4次会议审议通过。该馆的主要任务为：“掌理关于各种学校之图书编译事务。”主要编译下列各种图书：“（1）关于阐明文化及高深学术者；（2）关于世界专门学者所公认具有学术之权威者；（3）关于内容渊博、卷帙浩繁非私人短时间所能完成者；（4）关于教育上必要之图书；（5）关于学术上名辞（词）。”该馆还“承教育部之命得审查关于学校用之图书、标本、仪器暨其他教育用品”。[③]馆长初由汪伪教育部长赵正平兼任，1941年7月30日，汪伪教育部任命段庆平为馆长。该馆设立后，其初期主要工作为协同伪教育部编审委员会编辑审订“国定”教科书。曾编辑出版文化汇刊，编印现代丛书等。

“国立”中央图书馆，其前身是江苏省立图书馆，伪维新政府时期改称南京市国学图书馆。汪伪国民政府成立后，由汪伪教育部提请伪行政院会议通过，改称“国立”中央图书馆。馆长初由伪教育部部长兼任，旋派伍崇明担任。

汪伪教育部成立之初，一项重要的工作就是编印各类“国定教科书”，在1940年6月召开的第一次教育行政会议上，沦陷区各省市伪教育当局即吁请迅速编印“国定”教科书，汪伪教育部乃“一面将从前各大书局发行之中小学各种教科书分别审查，

---

① 汪伪宣传部编印：《国民政府三年来施政概况》，1943年3月，中国第二历史档案馆藏汪伪中央政治委员会最高国防会议档案，二〇〇六/343。

② 《教育部工作报告》，1940年10月，中国第二历史档案馆藏汪伪教育部档案，二〇七八/29。

③ 《国立编译馆组织规程》，1940年4月23日汪伪行政院第4次会议通过，中国第二历史档案馆藏《行政院第4次会议录》。

其有不合时宜或不臻完善之处，用最简明之评定，标明‘适用’、‘不适用’、‘修改后适用’列表分发外，一面并责成编审委员会及国立编译馆，切实编撰各级学校教科书”。[①] 至 1940 年秋季开学时，初小之国语、常识、算术及高小之国语、历史、地理、算术、自然、公民等科均陆续出版，并分发沦陷区各地使用。1941 年春天，“国定”初中教科书也正式出版。

汪伪教育部为加强对民众读物的审核，制定了《取缔不良民众读物暂行办法》及实施细则，并于 1942 年 3 月 28 日呈准伪行政院备案后，令各伪省市教育厅局遵照。

汪伪教育部还召开了多次全国教育行政会议，对沦陷区奴化教育进行讨论、研究。

第一次全国教育行政会议于 1940 年 6 月 20 日至 22 日在南京举行，出席会议的代表有汪伪教育部官员及特别指派人员 27 人，汪伪统治区内安徽、湖北、江苏、浙江、南京、上海、武汉、杭州等省市教育厅局官员 25 人，另有列席会议代表 4 人（其中伪中国教育建设协会代表 3 人，编审会 1 人），共计 56 人。汪精卫曾接见与会代表。会议共审议通过议案 75 件，其中高等教育组 5 件，普通教育组 49 件，社会教育组 21 件。

第二次教育行政会议于 1941 年 6 月 3 日至 5 日在南京举行，按照《会议规程》，出席此次会议人员为：各省伪教育厅长，各市伪教育局长或社会局长，各省伪教育厅、各市教育局或社会局秘书或科长 1 人（由各厅局自行指定），伪教育部部长、次长暨参事、各司司长、督学及特别指派人员。除汪伪伪教育部部长赵正平、次长戴英夫、王敏中外，其名单如下：樊仲云、陈端志、卜愈、王钟麒、杨正宇、王震生、吴图南、张见庵、胡道维、齐树芸、俞梅逊、孙季瑶、沈承怡、张仲寰、徐季敦、黄实光、高伯勋、林炯庵、徐公美、钟复、沈玉光、徐锡璜、马洪骥、沈近礼、邬纯一、陈年新、孙贞敏、李镜涵、徐震、程翔、张嘉箴、葛龙玉、瞿越、岳朝阳、严厚贻、雷驾先、周抱一、钟福庆、段庆平、严恩柞、沈绂、赵如珩、李公铎、林宾鸿、洪光华、邵鸣九、仲子明、俞义范、张萍、吴家煦、王庆涛、李纯圭、汪特璋、陈士先、朱炳青、商政、章学海、程豹文、冯樾君、施士则、喻毓秀、徐良裘、汪冬心、关宗瓒、蔡嘉禾。汪伪行政院秘书长陈春圃、内政部长陈群、社会部长丁默邨、立法院代表周学昌等出席了开幕式。陈春圃在代表伪行政院致辞时强调此次会议应以汪伪“反共和平建国”教育方针为准则，“尤应特别注重肃清共产思想，以谋民族生命之延续，东亚永久和平之实现”。[②] 会议共收到提案 107 件，并分由教育行政、高等教育、社会教育、普通教育 4 组进行审议。

---

① 《申报年鉴》，第 944 年，申报社，1944。

② 《教育建设》第二卷第 4 期，第 72 页，1941 年 7 月 10 日。

汪伪第三次全国教育行政会议于1942年2月26日至28日在南京举行，出席会议的代表有伪教育部长官、直属各校校长、华北教育总署代表和伪江苏、浙江、安徽、湖北、汉口、上海、南京各省市教育厅局长及专家代表共102人。会议由伪教育部部长李圣五担任议长，伪华北政务委员会委员苏体仁任副议长，共收到提案220件，就学制、教育经费、教科书等问题进行了讨论，并做出了一系列决议，其重要决议有：（一）关于改革学制及课程标准问题，由教育部延聘专家组织学制研究委员会研究，并组织课程标准研究委员会相辅而行。（二）关于增加教育经费问题，议决如下：1.请中央及各省市县增加教育经费；2.所增数目应各在总预算内规定成数；3.中央对各省市教育经费，应定统筹办法，以免盈亏不均；4.从事教育人员之食粮，如政府采取配给办法，应以廉价从优配给。（三）继续办理民众教育馆，并尽量设立青年学校。（四）关于教科书问题，由伪教育部呈请伪行政院设立国营印刷公司，且于教科书编审后，准许各书局自由印行，辗转翻印，以应需要。此外，会议对扩充职业教育及女子师范教育、中小学训育、义务教育、教科书与教授法、中小教材、体育以及恢复武汉大学、天津北洋工学院、山东大学、暨南大学等均有决定。①

为了加强与教育界的沟通与联系，为日本建设所谓东亚新秩序服务，汪伪教育部还多次组团赴日本参加所谓“东亚教育大会”，进行考察等。汪伪国民政府成立不久，为庆祝日本立国纪元二千六百年纪念，日本东京市帝国教育会和东京市政府于1940年7月发起召开东亚教育大会，此即第一次东亚教育大会，刚刚成立不久的汪伪国民政府派出了以伪教育部次长戴英夫为团长的教育代表团，出席了此次大会。会议于7月8日至11日在东京举行，日本人永田秀次郎任大会主席。会议主要讨论了所谓“建设东亚新秩序教育上之协力，强化东亚教育界之亲善联络，及关于初等教育、教育团体及中等教育等各项问题”。②1942年7月汪伪教育部又组团出席了在伪满洲国举办的第二次东亚教育大会。此次大会于1942年7月22日至24日在伪满洲国“首都”“新京”举行，伪满洲国国务总理张景惠任总裁。出席会议的有日本、伪满、汪伪及泰国代表共408人。汪伪国民政府及伪华北政务委员会、伪蒙疆政府共派出36人参加，由汪伪教育部政务次长、中国教育建设协会理事长戴英夫任团长，伪华北教育总署参事孙季瑶任副团长，华南方面原决定派5名代表参加，即广东省2名，广州市、厦门市、汕头市各1人，但并未与会。此次大会主要讨论了所谓“兴亚教育”的推进方策，以及教育行政、政治教育、语言教育、科学技术教育、初等教育等。

---

①《申报年鉴》，申报社，1944，第963页。

②《申报年鉴》，申报社，1944，第963页。

二、伪省市教育行政管理机关

日伪在其统治下的各省和特别市的教育行政主管机关为省教育厅和市教育局。

无论是伪华北临时政府、维新政府还是汪伪国民政府，各伪省教育厅均为伪省政府的组成部门，并受伪中央教育部的指导，主要负责全省教育事务的规划，地方教育法规的制定，教育经费的筹措、管理，公立各级各类学校的筹设、管理，私立学校的立案、管理、审核，社会教育机构的筹设、管理，师资的培养、管理，学生的管理，毕业生的分派，留学生的选派，以及对各县教育的指导、督察等。

兹以伪华北临时政府统治时期的伪山东省和汪伪统治下的伪安徽省教育厅为例，以明了日伪省教育行政机关的各项职能及办事细则。据1938年公布的《山东省公署教育厅组织暂行规则》的规定，伪山东省教育厅“直隶省公署掌理全省教育事宜”，设厅长1人，“承省长之命综理全厅事务，并指挥监督所属职员及所辖各机关”。厅内设秘书室、第一、二、三科及督学室。第一科下设人事、文书、庶务、会计4股，第二科下设初等教育、中等专门教育2股，第三科下设社会教育、礼教2股。《山东省公署教育厅办事细则》则对各室、科及各股的职掌做了详细的规定：秘书室主要负责综核各科稿件及撰拟审查章则，撰译机要函电文稿及保管密电，汇集本厅工作报告及编纂出版物品，掌管会议记录，公布法令及管理书报等事项。第一科人事股负责掌理本厅及所属机关人员之进退及铨叙奖惩，记录本厅职员之考勤及请假，铨叙捐资兴学，办理所属各机关之设置，变更、废止及纠纷等事项；文书股负责收发分配缮校文件，典守印信，撰拟文电，颁发所属机关钤记，保管卷宗等事项；庶务股负责管理及备办本厅一切应用物品，管理本厅勤务之进退及分配工作，保管本厅房舍及器具，掌管本厅房舍修缮等事项；会计股负责经理本厅用度及编制预算决算，办理所属机关之经费统计报告，保管公产公物以及其他有关教育款产事项。第二科初等教育股负责掌理小学幼稚园及同等之各种学校，调查学龄儿童就学、失学，办理考核及训练小学教员及其他有关初等教育事项；中等专门教育股负责办理中学、师范、职业、专门教育、留学及考核、训练中等以上教职员，审核译著及出版物品等事项。第三科社会教育股负责办理民众教育，补习及特殊教育，管理博物馆、体育场及各种运动，审核和指导学术团体以及其他有关社会教育事项；礼教股负责管理图书馆及保存文献、古物，办理宗教礼俗等事项。督学室主要负责督察或指导学校教育、社会教育之进行，指导宗教、礼俗之改善，调查所属机关之纠纷等事项。[①] 此外，伪山东省教育厅为“发展教

---

① 伪山东省教育厅编印：《山东省公署教育厅二十七年工作报告（附：二十八年工作计划）》，丙编，1939年1月。

育促进东方文化起见，特设山东文化教育委员会”，该会“由教育厅主要职员及厅外富有教育经验者组织之”，其职权如下：“一、讨论或审查教育厅交办事项；二、纠察或指导山东礼俗、宗教事项；三、提倡东方文化，发扬圣道；四、发表教育理论；五、计划实施教育方案；六、建议改良教育方案。”①“为检定各级学校教员”，伪山东省教育厅又设立了检定教员委员会。该会由教育厅主要职员及曾任或现任学校校长、教员组织之，下设中学师范教员部、日语教员部、小学教员部、职业教员部，其职权为：“一、审查教员证明文件；二、核定教员资格；三、拟定试验规则；四、检定试验成绩；五、其他关于检定教员事项。”②

据伪安徽省1940年11月公布的《安徽省政府教育厅办事细则》，伪教育厅设厅长1人，简任，承伪省政府主席之命，“综理全厅事务，指导监督所属职员及所辖各机关”。③伪安徽省教育厅内设4科及秘书、督学、技术、编审4室。各科室主要职掌如下：第一科下设4股，分别办理文件之收发及文稿之撰拟、文件之缮校及管理档案、典守印信、工作报告之编制；款项之出纳、账目之登记，预决算之编造，直辖校、局、场所、馆、院经费之规定领发及稽核；公用物品之购置、支配及保管，出版刊物之发行，公役工作之管理及指导；直辖及所属校、局、场所、馆、院补助费之规定、支配及审核，本厅教育款产之调查、整理、征收、保管，本厅职员及直辖各机关人员之任免、升降、考核、奖惩及请假等事项。第二科下设4股，分别办理“省立”专科、独立学院及大学之筹设，“公”私立专科以上学校之管理及审核，公私立专科以上学校教职员资格之审核、登记，“公”私立专科以上学校学生入学、转学、辍学、退学、毕业之登记及毕业试验之审查暨监督，留学生之选派、管理及补助，专门以上人才之登记及文化事业之考核；中等学校之筹设，“公”私立中等学校之立案、编制课程暨管理，“公”私立中等学校教职员资格之审核及登记，“公”私立中等学校学生入学、转学、辍学、毕业之登记及毕业试验之审查及监督；小学教育及简易小学之筹设，“公”私立小学和幼稚园立案、编制课程暨管理，“公”私立小学校等学生入学、转学、辍学、毕业之登记和毕业试验之审查及监督，私塾之登记、管理、改良及取缔等；师范学校及乡村师范之筹设，师范学校教职员资格之审核及登记，师资之培植及训练，公私立师范学校学生入学、辍学、毕业之登记及毕业试验之审查与监督。第三科下设3股，

---

① 伪山东省教育厅编印：《山东省公署教育厅二十七年工作报告（附：二十八年工作计划）》，丙编，1939年1月。

② 伪山东省教育厅编印：《山东省公署教育厅二十七年工作报告（附：二十八年工作计划）》，丙编，1939年1月。

③ 中国第二历史档案馆藏汪伪教育部档案，二〇七八/92。

分别办理民众教育馆、民众图书馆、民众学校之筹设及管理，其他民众教育推广事项；公共体育场及游泳场所筹设、改进及管理，电影教育之推进、通俗讲演之改良及民众娱乐之设施，家庭之访问及联络，其他有益于民众生活之文艺教育及休闲教育；特种学校之筹设、改良及编制课程等，残废及低能儿童之智力测试，生活训练、体格锻炼等，残废及低能民众之补习教育及休闲教育之设计等。第四科下设 3 股，分别办理农业、工业和商业职业学校之筹设、管理、改良及编制课程等，以及各种职业学校毕业生之成绩考核及职业介绍；青年学校之筹设、管理、改良及编制课程，青年学校学生之成绩考查及发给证件等，青年学校毕业生之职业介绍及就业后之考查等；家事学校之筹设、管理、改良及课程编制，家庭生活之分析研究及指导，家庭经济之调查、设计及指导，家庭职业之研究、改良及指导等。秘书室主要负责省府会议提案之备办及本厅会议之记录、重要文件之撰拟及保管、文件分配、各科室所拟文稿之审核、单行法规之拟订及每月行政报告之汇编，以及厅长交办的各种事项等。督学室主要负责全省学务之调查、视察及指导、教育方案之规划及审核、建议教育兴革等。技术室主要负责一切学校工程之设计、教育研究测试和调查统计、编制各种图表、仪器教具之改良等。编审室负责书籍、刊物之出版、编审和图书、刊物、表册之搜集、保管。①

对于各伪特别市教育局的职掌等情况，则以伪上海市教育局为例。按照汪伪国民政府 1941 年 2 月 17 日准予备案的《上海市政府组织规则》的规定，伪上海市教育局主要职掌为：1. 关于筹办管理市立学校划分及变更市内学区事项；2. 关于教职员之甄别、检定及待遇事项；3. 关于筹办义务教育、幼稚教育及学龄儿童之调查统计事项；4. 关于私立学校之立案、奖励、私塾改良及取缔事项；5. 关于教材之审查及编辑事项；6. 关于国外留学事项；7. 关于市有学产之调查整理及保管事项；8. 关于中小学课程之研究及初等、中等教育实验事项；9. 关于社会教育、补习教育之计划实施指导事项；10. 关于市民体育及美育之训练、提倡、指导、奖励事项；11. 关于社会文化事业之筹办、管理、提倡、奖励及监督事项；12. 关于通俗演讲及娱乐之提倡、指导、审查、取缔事项；13. 关于民众读物之编辑、审查及取缔事项；14. 关于其他教育事项。② 除设局长外，还设有督学 2—3 人、专员 1—2 人，下设各科办事，各科所办事宜与各省教育厅各科事务基本相似，不再详述。

为进一步了解日伪统制时期各伪省市教育行政机关情况，现将 1938 年—1945 年 8 月 15 日抗日战争胜利间汪伪统治区各省市历任汪伪教育厅（局）长更迭情况简述

---

① 中国第二历史档案馆藏汪伪教育部档案，二〇七八 /92。

② 汪伪《国民政府公报》，第 139 号，汪伪国民政府文官处印铸局 1941 年 2 月 21 日印行。

如下：

伪江苏省教育厅厅长：潘振霄（1938年6月7日至8月19日）、秦冕钧（1938年8月19日至1940年6月20日）、张仲寰（1940年6月20日至1944年）、袁殊（1944年至1945年6月22日）、章曙（1945年6月22日至8月）；伪浙江省教育厅厅长：江磐（1938年7月26日至1940年10月5日）、徐季敦（1940年10月5日至1944年10月31日）、张崇基（1944年10月31日至1945年1月16日）、曾广炎（1945年1月16日至5月22日）、谢仲复（1945年5月22日至8月）；伪安徽省教育厅厅长：汪吟龙（1938年12月8日至1939年7月27日）、吴文（1939年7月27日至11月18日）、谢学霖（1939年11月18日至1940年9月20日）、钱慰宗（1940年9月20日至1943年10月14日）、严恩柞（1943年10月14日至1945年1月18日）、许惕生（1945年1月18日至8月）；伪江西省教育厅厅长：赵宝芝（1943年5月7日至1945年）、谭希吕；伪湖北省教育厅厅长：徐慎五（1939年11月5日至1940年10月5日）、黄实光（1940年10月5日至1942年5月19日）、何庭流（1942年5月19日至1943年3月5日）、黄大中（1943年3月5日至1945年7月24日）、王知生（1945年7月24日至8月）；伪广东省教育厅厅长：林汝珩（1940年4月23日至1945年8月）；伪淮海省教育厅厅长：曾广炎（1944年1月31日至12月7日）、张江裁（1944年12月7日至1945年8月）；伪山东省教育厅厅长：周履安（1938年3月5日至11月12日）、郝书暄（1938年11月12日至1942年11月30日）、俞康德（1942年11月30日至1945年8月）；伪河北省教育厅厅长：陶尚铭（1938年1月6日至1939年6月）、孙今善（1939年6月至1945年8月）；伪河南省教育厅厅长：王幼侨（1938年4月至11月26日）、吕东荃（1938年11月26日至1939年3月）、王大经（1939年3月至1942年9月）、孙晶清（1942年9月4日至1945年8月）；伪山西省教育厅厅长：裴涧泉（1938年4月20日至1943年4月22日）、王骧（1943年4月22日至1945年8月）；伪南京特别市教育局局长：杨九鸣（1939年3月25日至1940年7月）、徐公美（1940年7月12日至1941年6月5日）、杨正宇（1941年6月5日至1945年3月1日）；伪上海特别市教育局局长：陈修夫（1938年10月14日至1940年11月）、林炯庵（1940年11月19日至1945年8月）；伪北京特别市教育局局长：王养怡（1938年8月17日至1943年）、孙世庆（1943年至1944年8月5日）、刘玉书（1944年8月5日至1945年8月）；伪天津特别市教育局局长：何庆元（1941年至1945年8月）；伪广州特别市教育局局长：何惺常（1940年10月25日—1941年3月15日）；伪武汉（汉口）特别市教育局局长：高伯勋（1939年至1942年11月23日）、萧治平（1943年2月6日至1945年8月）；伪青岛特别市教育局局长：韩鹏九、陈命凡（1940 年至 1942 年 7 月 3 日）、谢祖元（1942 年 7 月 31 日至 1943 年 7 月 31 日）、尹援一、伊里布；伪厦门特别市教育局局长：张晋（1943 年 3 月至 1945 年 8 月）。[①]

汪伪国民政府建立后，为了筹设教育经费，伪教育部还通令各省市成立教育经费委员会，“规定以教部督学 1 人为各该省市教育经委会当然委员，俾可随时监督，并协助进行”，并派吴家煦、李公铎、吴秉衡、沈立、孙泽民分任江苏、浙江、安徽三省及南京、上海二市教育经费委员。[②]

为贯彻奴化教育的方针政策，解决奴化教育实施过程中存在的问题，听取教育界的意见，各伪省市教育厅局还多次召开教育行政会议及中小学校长会议等。如伪浙江省即于 1940 年 12 月 25 日至 27 日在杭州召开了第一次教育行政会议，“听取各县市报告，并商讨今后兴革事宜”，出席会议的有伪浙江省各县市长 15 人，县市教育科长、督学 21 人，省县市社教机关主持人员及中等学校校长 26 人，大会共收到提案 130 余件。[③] 伪江苏省教育厅为“明了本省各中等学校对于‘和平反共建国’教育之训教实施状况，并谋中等教育之改进起见”[④]，于 1940 年 10 月 28 日至 29 日召开了有伪教育厅官员、各省县立中等学校校长及其他有关人员共 50 余人参加的江苏省省、县、私立中等学校校长会议，大会共收到议案 80 件，经讨论决议的有 44 件。伪浙江省教育厅也于 1941 年 2 月 10 日，召开了中等学校校长座谈会，对中等教育做出进一步的研讨。会议共收到议案 21 件，临时动议 1 件。

三、伪县级教育管理机构

日伪政权在各县的教育行政领导机关为教育局。沦陷初期，各地在日伪扶植下成立的伪地方治安维持会下，一般均设有教育科，伪华北临时政府、伪维新政府成立后，一些县也开始设教育局，主管地方教育行政事宜。汪伪国民政府成立后，为健全地方教育行政机关，根据 1940 年 6 月召开的汪伪各省市教育行政会议议决案和汪伪教育部的指示，沦陷区各省按照“恢复”各县教育局办法，开始“恢复”各县教育局。为此，各省均制定了“恢复”各县教育局办法。安徽省规定：“就已恢复之县份，参酌各县财政及教育情形，分别缓急，次第恢复各县教育局，掌理全县学校教育及民众教育馆、图书馆、博物馆、公共体育场、民众乐园、儿童乐园等事项及其他文化、社会事业”，

---

① 根据刘寿林、万仁元等编：《民国职官年表》（中华书局 1995 年版）第 1103—1146 页整理而成。

②《教育部工作报告》，1940 年 10 月，中国第二历史档案馆藏汪伪教育部档案，二〇七八 /29。

③ 徐季敦：《一年来的浙江教育》，载《教育建设》第二卷第 1 期，1941 年 4 月 10 日。

④《江苏省省县私立中等学校校长会议报告》(1940 年 12 月 12 日)，中国第二历史档案馆藏汪伪教育部档案，二〇七八 /92。

安徽各县呈请“恢复”县教育局的条件是：“每年教育经费收入在5万元以上者”，“各校学生总数达4000人以上者”，或“各校学级总数在100级以上者”。[①]伪江苏省最早“恢复”县教育局的有吴县、常熟、昆山、吴江、武进、无锡、太仓、丹徒、青浦、江都、南通等11县。[②]同时各省还制定并公布了各县教育局组织暂行规程暨各县教育局分级标准及月支经费表。兹以伪江苏省为例。汪伪江苏省政府及各县政府相继建立后，伪江苏省政府即拟定公布了《江苏省各县教育局组织暂行规程》及《江苏省各县教育局分级标准及月支经费表》。1941年伪江苏省教育厅举行各县地方教育行政会议时，教育行政组提请对上述规程进行修订，“使县属各局行政组织统归一律”。1941年7月23日，伪江苏省政府第46次会议通过了《修正江苏省各县教育局组织暂行规程》，并公布施行，同时报伪教育部备案。《暂行规程》规定：1. 县教育局以教育局长、县督学、教育委员及课长、课员等若干人组织之。2. 县教育局依照县教育经费的多寡分为六级（年经费在55万元以上者为一级，年经费在45万元以上者为二级，年经费在35万元以上者为三级，年经费在25万元以上者为四级，年经费在15万元以上者为五级，年经费在8万元以上者为六级）。3. 县教育局掌理全县学校教育、社会教育及其他文化事业。4. 县教育局长受教育厅长及县长之指挥监督，综理局务，并指挥监督所辖教育机关。5. 县教育局长以人格高尚、思想纯正并合于下列资格之一者，由教育厅遴选2人至3人，呈由教育厅核选1人，提请省政府委任：（1）国内外大学教育学院、师范大学或高等师范毕业，曾任教育职务一年以上者；（2）师范专修毕业，曾任教育职务二以上者；（3）师范学校本科或高中师范科毕业，曾任教育职务三年以上者；（4）专门以上学校毕业，曾任教育职务三年以上确有成绩者。6. 县督学承教育局长之命，视察并指导全县教育事宜，由局长遴员，呈经县政府转请教育厅核准委任。7. 县教育局应根据现在学校数目暨学校分布情形，划分全县为若干学区，呈由县政府转呈教育厅核定，各学区设置教育委员1人，受局长之指挥监督，办理全区教育事务，教育委员由局长遴员，呈经县政府转请教育厅核准委任。8. 县教育局得视事务之繁简，分设总务、学校教育、社会教育三课，或总务、教育二课，每课设课长1人，秉承局长分掌各课事务，由局长遴员呈经县政府转请教育厅核准委任，课员若干人，由局长遴员呈请县政府核准委任，并呈报教育厅备案。9. 县教育局得视事务之需要，酌设雇员。10. 县教育局经费由县教育经费项下支给之。暂行规程还规定各县教育局应设立教育

① 《修正安徽省恢复各县教育局办法》（1940年10月），中国第二历史档案馆藏汪伪教育部档案，二〇七八/75。

② 中国第二历史档案馆藏汪伪教育部档案，二〇七八/75。

行政委员会和教育经费委员会。[①]

根据《伪安徽省县教育局暂行规程》，县教育局下设三课，其职掌如下：1. 总务课，主要掌理文书之收发、撰拟、缮校及印信、卷宗、图书之保管，学校之建筑及设备，全县教育经费之出纳、稽核及预决算，教育统计、调查及刊物编辑、庶务、会计及不属于其他各课事项；2. 学校教育课，主要掌理初等教员教育，县立中学，职业教育，师资培养训练及进修，学龄儿童调查及就学，私塾取缔及改良，学区划分及学校设立等学校教育事项；3. 社会教育课，主要掌理补习教育，推行识字运动，公共体育、博物馆、科学教育馆、民众教育馆及图书馆，改良风化及民众娱乐，学术团体文化事业，特殊教育，以及其他社会教育事项。[②]

至于江苏等省各县所设教育委员的任职须符合下述条件之一："1. 普通考试教育行政人员考试及格者; 2. 大学教育系或高等师范毕业者; 3. 高中师范科或师范本科毕业、曾任教育职务二年以上者；4. 中等以上学校毕业曾任小学校长三年以上或正教员四年以上著有成绩者。"[③] 教育委员除视察指导区内教育机关外，并应秉承县长或教育局长之令办理下列各事宜："1. 拟定本区应设小学校、社会教育机关及改良私塾之数量与地点，并规划其分年推广或改进办法；2. 调查学龄儿童数及成年识字与不识字人数，督促学龄儿童或年长失学者入学，并许可其免学或缓学；3. 考核小学校、民众学校之学级，组织课程编制及教员资格；4. 审核各校各级学生人数及升级、留级、毕业、停学、转学事项；5. 审核本区各学校及社教机关经费用途与经济公开事项；6. 调查并视察本区私塾设立状况，并办理塾师登记及取缔事项；7. 规定教育机关应用表簿，选定适用教科书及补充教材，指导各校及改良私塾于开课前置备；8. 指导区内学校及社教机关组织教育事业合作团体，主办本区教育人员进修事项及各种教育研究集会，并考核其成绩；9. 稽核本区各学校及社教机关教职员请假事宜；10. 调制本区教育上各种统计报告，办理县长或教育局长委托事项及与县督学协同主持之事项。"同时规定教育委员不得兼任其他有给职务，每学期至少视察本学区内学校及社教机关两次、私塾一次以上，并应将视察报告呈由县教育局或县政府加具奖惩及改进意见列表呈报教育厅察

---

① 《江苏省政府咨送修正江苏省各县教育局组织暂行规程暨各县教育局分级标准及月支经费表》（1941年8月2日），中国第二历史档案馆藏汪伪教育部档案，二〇七八/73。

② 《安徽省县教育局暂行规程》（1940年10月），中国第二历史档案馆藏汪伪教育部档案，二〇七八/75。

③ 《修正江苏省各县教育委员暂行规程》，1940年8月伪江苏省第八次省政府会议议决通过，中国第二历史档案馆藏汪伪教育部档案，二〇七八/92。

核；各学区教育委员每学期须开联席会议两次，讨论改进事宜。[①]

第四节　日伪御用教育团体

除各级教育行政机关外，日伪政权还指使一些追随投敌的教育界人士组织了一些教育团体，以协助其奴化教育方针政策的执行与实施，这些教育团体实际上是日伪政权的御用工具。

一、伪中国教育建设协会

1940年3月汪伪国民政府成立后，一些追随汪伪叛国投敌的教育界人士为了协助汪伪"和平反共建国国策的实现，与夫新中国教育建设的成功"[②]，乃发起组织所谓"中国教育建设协会"，并发表了组织缘起声明。经过几个月的筹备，1940年6月9日，伪中国教育建设协会在南京建邺路前伪维新政府教员养成所举行成立典礼，出席会议的有汪伪国民政府有关机关的长官、协会会员、记者、来宾共500余人。会议由戴英夫、莫国康、卜愈、张仲寰、钱慰宗5人组成的主席团主持，汪伪教育部部长赵正平、宣传部部长林柏生、边疆委员会委员长罗君强、社会部次长彭年等出席会议并训话。会议决定"以大会名义电汪主席致敬，并以大会名义呈请教育部转呈行政院提高教职员待遇，呈请教育部从速制定教职员保障条例"。会议通过了《中国教育建设协会章程》，推选了理监事，并发表了宣言。

伪中国教育建设协会以"联络教育界同志，研究教育问题，努力教育事业，以建设新中国教育，并与东亚各国教育界人士互通声气，以谋东亚教育之发展"[③]为宗旨。该协会名义是民间团体，实际上是汪伪政权加强对教育界统制的工具。其最高领导机关理、监事会的成员多为汪伪国民政府各部委及汪伪教育部、各省教育厅的重要官员，陈公博、赵正平、褚民谊、周佛海、缪斌、梅思平、林柏生、丁默邨、李士群、李圣五、诸青来、傅式说、罗君强、陈济成、樊仲云等任名誉理事长，汪伪教育部次长戴英夫任理事长，王敏中、张仲寰、钱慰宗、严恩柞任副理事长，常务理事有卜愈、金雄白、凌宪文、徐季敦、吕学文、陈端志、王肖坡、邵鸣九、赵如珩、莫国康、薛邦迈、徐公美，理事有冯节、杨鸿烈、张素民、王知生、周抱一、古泳今、吕绍光、颜加保、庞声钟、滕树谷、夏保罗、潘国俊，候补理事有屠哲隐、喻毓秀、徐良裘、汪榕、仲

---

① 《修正江苏省各县教育委员暂行规程》，中国第二历史档案馆藏汪伪教育部档案，二〇七八/92。

② 《一年来的中国教育建设协会》，载《教育建设》第二卷第1期，1941年4月10日出版。

③ 《申报年鉴》，申报社1944年版，第964页。

子明、朱炳青、陈秋实、魏荔洲、顾天赞，秘书长沈绂。理事会下设总务、组织、调查、研究、设计、出版等6组，分由严恩柞、王肖坡、金雄白、杨正宇、颜加保、陈端志任组长，并设有职业介绍、识字运动、国语普及运动、生产教育研究、简易小学实施等5个委员会。该协会还设有监事会，常务监事有：刘星辰、奚则文、段庆平、徐汉，监事有黎世衡、林汝珩、吴文蔚、钟有材、方焕如、时维镛、张一声、何仲英、周正己、刘万选，候补监事有陈中行、刘存朴、汪特璋、陈伯华、徐震、欧季抚、唐有樑。除伪华北政务委员会统辖范围外，该协会在汪伪统治下的各省市均先后设立了分会，各县则设有支会。至1943年，各分会成立时间如下：江苏省分会，1940年9月15日成立；安徽省分会，1940年11月5日成立；浙江省分会，1940年12月8日成立；汉口市分会，1941年1月17日成立；上海市分会，1941年5月31日成立；广东省分会，1942年8月成立；湖北省分会，1942年12月13日成立；苏北分会，1943年1月4日成立。

伪中国教育建设协会的主要任务“在协助政府，推进教育建设，在教育建设的推进中，完成和平反共建国的使命，同时也可使我们教育界同人，生活能够得到改善，幸福也力谋增进”。[①] 该协会成立后，多方拉拢沦陷区内教育界人士特别是各级各类学校的教职员工，为日伪推行奴化教育、协助汪伪所谓“和平反共建国的使命”而鼓噪，并依靠日伪政权的支持，成为汪伪统治区内参加人数最多、影响力最大的教育团体。该协会在其存在的五年多时间内，主要做了以下一些工作。

（一）倡设简易小学。伪中国教育建设协会成立后，为了“普及教育”，解决沦陷区各地儿童无学可上的问题，决定将创办简易小学作为该协会的一项重要工作。1940年9月29日，协会理事长戴英夫在南京出版的《中报》上发表了《对于救济京市失学儿童的一个紧急建议》，呼吁社会各界“大家一致奋起，多多设立简易小学，尽量救济失学儿童”。[②]1941年3月16日在伪中国教育建设协会举办的简易小学教育实施座谈会上，戴英夫对创设简易小学的目的做了更进一步的说明：“我们为什么不办普通小学而办简易小学呢？这也是重要的一端。如果每个儿童，都能够进普通的小学，受完全的教育，而且地方上也有足够的学校来容纳全部儿童，那当然再好没有，不消再办简易小学了。可是现在却不然，政府方面，既无充足之人力财力，来使全部儿童入学；儿童方面，也因特殊的家庭状况，而不能进普通学校。譬如本会各简小中的儿童，有一部分是拾荒的，叫其进普通学校，不能拾荒，影响生活。简易小学却是应用二部教学的，只上半天课，另有半天，仍可去拾荒，就非常方便了。所以简易小

① 戴英夫：《中国教育建设协会的过去和将来》，1941年6月9日在伪中央电台广播稿。

② 戴英夫：《一年来的中国教育建设协会》，《教育建设》第二卷第1期。

学，实在是一种极经济、极适合都市推广义教的好制度。”[①] 该协会计划先在南京设立 10 所简易小学，然后再推广到所有汪伪统治区。至 1941 年 6 月，该协会已在南京设立了 7 所简易小学。伪中国教育建设协会举办简易小学的建议，也得到了各地分会及有关部门的响应，如苏北地区日伪当局计划筹设 500 所简易小学，伪南京市教育局将原设的 4 所短期小学改为简易小学。伪国民党南京特别市党部、南京市商整会各创办简易小学 1 所，伪江苏省社教实施委员会在苏州设立了 6 所简易小学，江苏无锡创设 6 所简易小学，伪汉口市教育局设立了 5 所简易小学。

（二）举办国语注音符号讲习会。为提倡国语，推行注音符号，伪中国教育建设协会与伪南京市教育局联合举办国语注音符号讲习会，推定伪南京市教育局局长徐公美为主任，聘请专家马国英为首席讲师，指派协会会员及南京市小学教员前往听讲。仅半年多时间，即举办了三届。

（三）举办各种座谈会。协会为讨论教育上实际问题，曾多次举办有关教育的座谈会，如 1940 年 11 月 19 日即举办了题为“如何扫除浮嚣空泛之学风”的座谈会。同时该协会还积极为日伪的所谓“中日和平”服务，举办了“欢迎日本众议院东亚联盟促进议员联盟代表团座谈会”“大东亚教育座谈会”“国府还都二周纪念教育界座谈会”等座谈会。

（四）举办“教育建设资料展览会”。为了检阅汪伪统治区奴化教育建设的“成果”，1941 年 3 月，伪中国教育建设协会决定假该协会成立周年之际在南京举办“教育建设资料展览会”，并分函伪教育部、各省市教育厅局、各教育文化团体、“国立”各校及该协会各省市分会分别征集材料。至 1941 年 6 月 4 日止，共收到 26 个单位的展览资料 7603 件，内容分为统计图表、概况报告、活动照片、行政成绩、学生成绩、教师成绩、出版物、摄影、模型、社会教育成绩等。展览会于 1941 年 6 月 8 日至 10 日在南京举办（共分两个会场，第一会场在江苏路 24 号伪中国教育建协会会所；第二会场在汪伪教育部大礼堂，主要陈列伪教育部和浙江省展品）。

（五）出版书刊。伪中国教育建设协会创办有会刊《教育建设》月刊和《教育周刊》。其中《教育建设》是汪伪统治区出版的宣传奴化教育的杂志中影响最大、发行量最多的。《教育建设》“以指导理论、介绍方法为目标的全国教育界中心刊物”。每期约 12 万字。汪伪教育部次长、伪中国教育建设协会理事长戴英夫在创刊号的献辞中，阐明了出版该月刊的目的和作用：“本刊的发行是本会业务之一，其目的为根据国策，建设本位的统一的新教育，以事实证理论，以方法求原则，打破过去专事空论，不求

① 戴英夫：《一年来的中国教育建设协会》，《教育建设》第二卷第 1 期。

实务，偏重枝叶，而忘根本的通病。要完成这个重大任务，不是本会同人所可肩负得起的，所以我们除了邀请各地教育专家，及对于各科有专门研究和有实地经验的作家，聘为本刊特约撰述外，希望全国教育界人士不断地予以指导与协助，使本刊成为全国教育界的中心刊物。一方面将专门的研究，化为实际的试验；一方面证诸实际的经验，供作专门研究的判断。那就不啻使办理教育行政的，研究教育理论的，与实施教育的人员，都藉本刊作为沟通交换的总汇，而本刊即成为全国教育界公开研究的园地。”① 该刊创刊后，“曾邀集专家，讨论学风问题；又曾征求八十余位社会领袖发表对建设新中国教育的意见；更曾划拨巨资举行中日条约中关于教育部分的征文；还曾聘请初等教育专家编辑小学和平反共建国周中心教育实施大纲，供其实用”。② 该刊设有论著（有关教育政策、教育方针、教育制度暨学制、学系、学科、教材以及教育上一切问题之研究与讨论）、研究与实验、特稿、教育消息、中国教育建设协会大事记等专栏。其主要撰稿人有戴英夫、陈端志、钱慰宗、徐季敦、陈际云、章大年等。日本东京远东月报社 1941 年 1 月 1 日出版的《远东》杂志第四卷第一号上曾刊文对《教育建设》月刊予以介绍和推荐，称该刊“是一种教育的贡献……对于教育的建设和发挥是很详尽的，撰述者都是一辈新兴的教育专家，如戴英夫、徐公美、卜愈、钱慰宗、赵如珩等，他们担负着新中国复兴教育的重任”。③ 该刊行销上海、南京、江苏、浙江、安徽、北平、河北、天津、蒙疆、汉口、广东、江西、山东、山西、湖北等沦陷区。为了扩大影响，汪伪国民政府成立一周年时，该刊还发起了一个所谓“征求纪念定户一万的运动”。该刊于 1943 年 4 月出版第 5 卷第 6 期后，因纸张缺乏而停刊。

此外，该协会出版有教育丛书5种:《小学和平反共建国周中心教育实施大纲》《儿童教育问题讨论集》《戴英夫教育论丛》《大东亚解放设计单元教学纲要》《东亚解放与教育》等。

二、伪全国大学教授协会

汪伪全国大学教授协会于 1941 年 3 月 2 日在南京成立，系由沦陷区内负责高等教育的伪政府官员和各高等学校教授组织。初有会员 60 余人，后增至百余人，其最高领导机关为理事会，理事有严恩柞、卜愈、陈端志、王钟、杨正宇、刘星辰、王震生（以上为常务理事）、张素民、王德言、黄庆中、谭书奎、张恩麟、陆锡君、陈中行、章学海、成宅西、刘存朴、张文、何嘉、陆善炽、杨景斌等 21 人，监事有段庆

① 戴英夫：《一年来的中国教育建设协会》，《教育建设》第二卷第 1 期。

② 戴英夫：《一年来的中国教育建设协会》，《教育建设》第二卷第 1 期。

③ 戴英夫：《一年来的中国教育建设协会》，《教育建设》第二卷第 1 期。

平、赵文涛、金其武（以上为常务监事）、钱慰宗、杨鸿烈、傅彦长、杨伟昌、吴文蔚、溥弼、李公铎、孙振、唐有樑、纪国宣等13人。下设总务、组织、研究、出版4组及大学丛书编审委员会、高等教育研究会、心理建设研究委员会、社会建设研究委员会、经济建设研究委员会、政治问题研究委员会等。该会的主要任务，在其成立宣言中曾有详细的说明，兹抄录如下：

1. 创造本位文化。文化之于国民，如水之于鱼，息息相关，现阶段的中国文化，是处于一个混乱黑暗的时期，近代各种思想，各派学说，纷然杂陈。旧的典型已经打破了，新的准则尚未建立，所以由大学教授来领导，发动一个新文化运动，是必要的。新文化运动的内容固极繁复，但其本质必须适应此时此地的需要，不迷恋旧骸骨，也不盲从新思潮，有计划的保存旧文化，也有计划的吸收新文化，先谋中国本位文化的建设，更在文化沟通的前提下，与友邦携手协力，共同创造东亚本位的新文化。这种选择整理沟通和发扬的工作，是本会同人所乐于负担的。

2. 树立中心思想。政治建设，必须基于心理建设，否则立脚不稳，立志不坚，任何主义，任何制度，皆不足以振衰起敝。过去康梁维新与五四运动的失败者以此，辛亥革命与国民革命的失败者亦以此。因为没有中心思想，便没有中心信仰，没有中心信仰，便无中心力量，一国政治而无中心力量，便足以亡国灭族而有余。故此次和平运动，必须以心理建设为第一要着。大学是学术的重心，大学教授是群伦的表率，所以树立中心思想，必须从大学中做起，更须从大学教授本身做起。然后领导全国民众，使能彻底明了国家紊乱的根源，个人责任的重大，坚定意志，奋斗不懈，打开难局，步入康庄。至于建设方案与实施步骤，本会愿集全国专家，共同计划，这不仅是建国的基础工作，并且是立国的百年大计。

3. 改进生产技术。国家的盛衰，倚靠于经济基础的强弱，而经济基础的强弱，又根据于生产技术的良窳。我国的贫穷，并不是资源问题，而是技术问题，中国是一个农业国，农村的破产，就是国本的动摇，要挽救今日农村危险破产的厄运，必自改进农业生产技术始，其次，则及于轻工业与重工业的发展。过去我国因为生产技术的落后，使泱泱大国成为列强推销剩余商品的尾闾，良可痛心。最近有倡议中日经济合作的，但合作决不是附庸，必须我们自己也有力量，而后在平等互惠的原则下，谋共存共荣。关于生产技术的改良和研究，日本精进，使我国经济基础日臻强固，国民富力日渐增加，这也是本会同人的中心工作。

4. 提倡科学方法。在今日的人类社会中，科学方法，是成功之钥，是幸福之门。与东西各国相比，我国的科学水平，实在落后得可怕，今后实有迎头赶上去的必要。在量的方面，须养成全民的科学精神，使生活合理化、现代化；在实的方面，更须造就若干杰出人才，于学术上有所发明和贡献，以增进全社会的福利，并充实全民族生存竞争的力量。不过科学方法的提倡，决非空言所能致，也非皮毛的探求，所能成功，必须在专科以上学校中培植基础，广育人才，尤贵大学教授自己以身作则，庶几养成良好风气，开中国学术界上灿烂的曙光。①

从该《成立宣言》，我们不难看出，伪全国大学教授协会的主要任务就是要与日本侵略者“携手协力，共同创造东亚本位的新文化”，并将“心理建设”作为其工作的中心，其实质就是要使沦陷区民众能够心甘情愿地接受日伪的统治。

该协会成立后，曾通过了“编辑大学”丛书、“呈请伪教育部设立中央研究院”、“聘请专家修正学制”、“核议大学教授优待条例”等提案，并送交伪教育部。

三、伪中国儿童教育协会

汪伪中国儿童教育协会系由沦陷区从事初等教育的一些人士组织成立，初设上海，1940 年 3 月汪伪国民政府成立后迁南京。该协会主要从事了以下几方面的工作：1. 从 1940 年 10 月起，先后设立报童学校 5 所；2.1941 年 11 月在沦陷区内举办了所谓“全国小学教师征文”；3.1942 年 4 月发起组织了全国儿童和平征文竞赛；4. 编辑出版书刊，主要有《全国儿童和平征文选集》《儿童游览手册》等书籍，及《儿童画刊》《儿童月刊》《小学教师》等定期刊物。

① 严恩祚：《一年来的高等教育》，《教育建设》第二卷第 1 期。

第三章　中小学教育

中小教育是国民教育的起点，对儿童的培养关系一个国家今后的命运，日伪统治者深知控制广大未成年儿童的思想，是稳固其殖民统治的基础。因此，日伪教育当局对沦陷区中小学教育极为重视。七七事变后不久，日寇就命令各伪政权恢复各类小学，并组织人力迅速编定了符合奴化教育宗旨的小学教科书，对小学的课程教学安排强加干涉，同时对负有启蒙儿童职责的小学教师也进行强制洗脑，实施严格的思想检定，意欲将奴化教育控制在识字启蒙阶段，从而达到蒙蔽少年儿童的思想认识，使他们丧失民族意识和反抗侵略斗志的险恶目的。

出于为日本侵略者培养低端的体力劳动者考虑，日伪教育当局对中等教育，特别是高级中学不甚重视，一方面中学数量的急剧减少，大量小学生毕业即失学；另一方面对中学生的思想控制却更胜一筹，日语、修身、公民及训育教育成为中学课程中最重要的部分。中学生频繁地被要求参加各种亲日活动，更占用了大量学习时间。

第一节　中小学教育概况

日军占领华北、华东、华中及华南各地后，对沦陷区各地进行惨无人道的烧杀掠夺，尤其对我沦陷区的教育事业施行野蛮的摧毁政策，各级学校均惨遭破坏。各地沦陷初期，中小学校几乎全部陷于停顿状态。日伪政权建立后，其控下的各沦陷区各级教育有了一定的发展，但与战前相比较，仍有很大差距，根本未能恢复战前的规模与水平。

一、华北沦陷区的教育状况

据统计，我国战前已有初级教育机构 32 万余所。抗战全面爆发后，日本侵略者不仅对沦陷区的教育机构实施狂轰滥炸，而且还疯狂地掠夺各级学校的图书典籍和仪器设备，甚至占领校区作为军事机关。至 1938 年 10 月，全国有 129700 余校因战争原因不得不中断教学活动，25 万教职员及 648 万余小学生失业、失学。

有鉴于此，1938 年起，日寇即令各伪政权立即着手开办各类小学校，先后出台了一些相应的法令与规章，如《北京特别市简易小学及短期小学教职员请假暂行办法》（1938 年）、《青岛治安维持会会立小学教职员任免奖惩及待遇暂行规程》（1938 年）、《山东小学教职员讲习所组织大纲》（1938 年）、《北京市立简易小学修正暂行规程、课程标准及发放经费暂行标准》（1939 年）等，以期尽快建立起沦陷区的奴化教育体制。

日军占领北平后，鉴于市内各初级学校损毁严重，伪治安维持会首先大力扶持办学简陋的短期小学，并对短期小学进行了一定程度的整顿。1938 度开始时，先将短期小学一年制改为二年制。后又于 1938 年 4 月拟定整顿义务教育方案，规定："（一）原有简短小距离相近，及学生数少之学校，分别予以归并。（二）市小附设之短小，尽量分立。（三）所有市区城内之短小一律改为简小，施行四年半日授课制。（四）制定简易小学规程，并规定授课标准，教学科目为：修身、国语、读书、作文、写字、笔算、唱歌、体育。并于三四年级加授劳作美术，俾四年所学，得与普遍初小程度相埒。（五）各校一律派定校长，雇用差役。（六）划一经费发放标准。经此次整顿后，计原有学校 249 处改为 130 处。原有学生数 21488 人，增为 22617 人。"[①] 随后，伪教育当局将因战火而停办的私立学校全盘接收，利用原有庭舍，改为公立小学，以应急需。据伪北平市教育当局统计："其已经实现者，计在二十八年第一次为：接收私立三基中小学校，中学部分并入市立二中，小学部分改为市立史家胡同小学校，并收回私立两吉女子中学校东皇城根校址，改作市立第二女中校舍。在二十九年第二次为：收买私立华北中学校，改办市立第六中学校。第三次为：接管私立镜湖中小学校西城王府仓，及大小车胡同全部校产教具校具，改办市立第七中学校，及市立大水车胡同小学校。第四次为：接收私立东北小学校，改办市立四根柏小学校，最近并拟接收私立香山慈幼院女子中学校，改为市立第三女子中学校。接收教育分会附设小学校改办市立北长街小学校。"[②] 至于各校名称，日伪当局认为以往"京市各学校名称往往冠以刺激邦交之名称，以期号召。兹当中日真正亲善之际，尤为不宜。如五三中学经本会更定为明德中学，念一中学更定为定一中学，省党部小学更为司法部街小学之类是也"。[③]

1940 年后，由于日伪在北平的统治渐趋稳定，市内人口增多，已届学龄儿童也随之增多，于是伪教育当局乃就市立新鲜胡同小学等 19 校，增设初高级共 25 班，又将西四北大街及东高房两所简易小学改为普通完全小学校，各设 6 班。并拟在 1941 年

① 《三年来之北京市教育》，载《教育时报》1941 年 2 期。

② 《三年来之北京市教育》，载《教育时报》1941 年 2 期。

③ 伪北京地方维持会编印：《北京地方维持会报告书》（下），1938 年。

度内增设初高级共40余班，以增加学龄儿童入学之机会。

山东省自事变后，经伪治安维持会竭力筹划，先就省会济南成立制锦市小学校、南城根小学校、全胜街女子小学校等校9处，每月经费均由伪治安维持会接济。随即举行教员考试，“以慎重师资”，计取合格者三百余人。1938年3月，伪山东省公署教育厅正式成立，认为：“为整顿小学纠正错误之思想，并予以适合时代之教育正规计，确有训练师资之必要。”爰仿照京津训练师资办法，拟定了《省立小学教职员讲习所组织大纲及预算草案》，设立省立小学教职员讲习所，函聘贾资厚充任所长，指定该市西门大街前维持会地址为该所所址，于5月二十三日编级上课。与此同时，又将原各小学校中择其规模较大者，先后改设了“山东模范小学”第一至第四学校，计第一模范小学校共分8班，教职员17人，学生391人。第二师范小学校共分8班，教职员18人，学生480人。第三模范小学校共分8班，教职员17人，学生450人。第四模范小学校共分4班，教职员9人，学生211人。综合四校共计28班，教职员61人，学生1532人。①

在河北，伪冀东防共自治政府成立后，曾在乡间开设了数量较多的小学校，招收年龄幼小的儿童，实施奴化教育。

其他各沦陷区中，日伪当局在建立统治政权之后，也都较快地提出恢复初级学校的要求。如：1938年1月，伪青岛市治安维持会在成立之际，就下令小学教师前去登记，准备复课。伪河南省政权建立后，即在开封设立了市立第一至第五小学校，等等。

由于初等教育所需设备、师资水平等要求较低，加上日伪政权的大力扶持，华北地区的小学教育呈现出一种增长的态势，至1939年，整个华北敌占区恢复完小1248所，初小20356所，幼稚园25所，合计21629所，约占战前的1/5。

事变前后华北各省市初等教育概况比较表②

	校数		学生数		教职员数		全年经费数	
	事变前	事变后	事变前	事变后	事变前	事变后	事变前	事变后
河北省	29039	8273	1152024	328810	34233	15764	7823781.00	3171584.00
山东省	35068	8357	988298	332189		13905		2867700.00
河南省	21043	1069	974073	51477	39379	2355	5201595.00	384445.00
山西省	22030	4418	780621	157494	27685	5688	3397679.00	70620.75

① 录自伪山东省教育厅编印：《山东省公署教育厅二十七年工作报告（附：二十八年工作计划）》“已编”，1939年1月。

② 《二十八学年度华北教育统计》（1940年10月），中国第二历史档案馆藏伪华北教育总署档案，二〇二一（2）/21。

续表

	校数		学生数		教职员数		全年经费数	
	事变前	事变后	事变前	事变后	事变前	事变后	事变前	事变后
北京市	424	312	61405	68720	2039	2201	1122257.96	1245367.73
天津市	204	316	46245	58186	1173	2075	1019616.20	1144925.64
青岛市	127	85	38461	27569	1050	919	485105.00	403534.51
总计	107935	22830	4041127	1024445	105559	42907	19050024.16	9288177.63

最近历年初等教育概况比较表①

		二十七学年度	二十八学年度	二十九学年度
总计	学校数	8217	22832	31467
	学生数	448332	1024445	1586162
	全年经费数	5234612.00	9288177.63	18179463.03
河北省	学校数	3426	8273	10604
	学生数	149500	328810	551787
	全年经费数	1695914.00	3171584.00	7699810.00
山东省	学校数	3614	8359	12787
	学生数	147752	332189	558950
	全年经费数	1254168.00	2867700.00	4556978.00
河南省	学校数	106	1069	1537
	学生数	6266	51477	77206
	全年经费数	71088.00	384445.00	687640.00
山西省	学校数	346	4418	5588
	学生数	15866	157494	205513
	全年经费数	151466.00	70620.75	1221358.00
北京市	学校数	374	312	297
	学生数	55784	68720	72493
	全年经费数	733237.00	1245367.73	1230097.35
天津市	学校数	285	316	313
	学生数	52647	58186	74821
	全年经费数	983103.00	1144925.64	1755403.68
青岛市	学校数	66	85	341
	学生数	20517	27569	45392
	全年经费数	345636.00	403534.51	1028176.00

① 《二十九学年度华北教育统计》（1941年12月），中国第二历史档案馆藏伪华北教育总署档案，二〇二一（2）/21。

从以上两表可见，日伪当局基于为了使沦陷区儿童从小浸染于“大东亚共荣圈”的奴化教育之中的目的，对华北沦陷区的初级教育投入了较大的人力、物力，因此小学教育的数量在日伪统治的几年中增长迅速，如山西省 1939 年度小学校有 4418 所，其中完全小学 66 所，学生 157494 人，教职员 5688 名；1940 年小学校数增长为 5588 所，其中高级小学 85 所，学生数 205513 人，教职员 7251 名；[①]1945 年 6 月时，该省已有小学校数 8643 所，其中完全小学 494 所，初级小学 8149 所，短期小学 9 所，简易小学 3 所，幼稚园 6 所。[②]

即便如此，由于各级教育机构受损严重，已恢复的学校远远不能满足广大适龄儿童的入学需要，儿童失学问题日趋加重。据 1940 年 10 月伪华北教育总署统计，至 1940 年上半年止，北京、天津、青岛三市已就学儿童有 151，968 人，未就学的学龄儿童达 193，308 人，失学儿童高达 55.98%，而且广大乡村的失学儿童比例远远大于城市，以 1940 年春的北平为例，内城区就学儿童 36651 人，未就学儿童 17979 人；外城区就学儿童 21498 人，未就学儿童 18931 人；郊区就学儿童 19535 人，未就学儿童 22602 人[③]，郊区教育不振，伪教育当局也无计可施。

北京天津青岛三市学龄儿童统计表（1940 年 10 月）[④]

			已就学学龄儿童	未就学学龄儿童	总计
北京市	男	实数	48919	30706	79625
		百分数	61.44	38.56	100.00
	女	实数	28765	29092	57857
		百分数	49.72	50.28	100.00
	计	实数	77684	59798	137482
		百分数	56.50	43.50	100.00
天津市	男	实数	35887	43259	79146
		百分数	45.34	54.66	100.00
	女	实数	19928	49111	69039
		百分数	28.86	71.14	100.00
	计	实数	55815	92370	148185
		百分数	37.67	62.33	100.00

① 《二十八学年度华北教育统计》（1940 年 10 月），《二十九学年度华北教育统计》（1941 年 12 月），中国第二历史档案馆藏伪华北教育总署档案，二〇二一（2）/21。

② 《第五次教育行政会议山西省教育状况报告书》（1945 年 6 月），中国第二历史档案馆藏伪华北教育总署档案，二〇二一（2）/51。

③ 《郊区教育不振，教局应谋办法》，《新民报》1940 年 3 月 25 日。

④ 《二十八学年度华北教育统计》（1940 年 10 月），中国第二历史档案馆藏伪华北教育总署档案，二〇二一（2）/21。

续表

			已就学学龄儿童	未就学学龄儿童	总计
青岛市	男	实数	12005	20465	32470
		百分数	36.97	63.03	100.00
	女	实数	6464	20675	27139
		百分数	23.82	76.18	100.00
	计	实数	18469	41140	59609
		百分数	30.98	69.02	100.00
总计	男	实数	96811	94430	191241
		百分数	50.62	49.38	100.00
	女	实数	55.157	98878	154035
		百分数	35.81	64.19	100.00
	计	实数	151.968	193308	345276
		百分数	44.02	55.98	100.00

附注：学龄儿童按实足年龄6岁至12岁计。

为了尽快恢复华北沦陷区的初级教育，1939年5月伪华北政权还在北平举行的“第一次教育行政会议”上提出了推行义务教育方案，并于1940年1月制定学龄儿童调查表，通令各省市教育厅局查填具报，复于是年5月通饬各省市教育厅局拟定扩充计划及改进办法，更于1941年5月第二次华北教育行政会议议决办法六项，1942年4月伪教育公署又通饬各省市教育厅局“斟酌地方财政情形积极办理，并于本年度内尽先成立义务教育委员会，计划推行”。[①]然而，1942年以后，日伪在华统治已由盛转衰，各沦陷区均陷于民生凋敝、经济困顿之境地，应付日本侵略者的政治军事需求尚且不暇，更无法顾及义务教育问题。因此，尽管伪华北教育总署一再通令，但各地于义务教育的实施并未有所行动，不少地方甚至连组织形式上的“义务教育委员会”也迟迟未能成立。在日伪统治时间最长的冀东，直到1945年才开始制定义务教育推广办法。可见，日伪教育当局所谓恢复初级教育的各项政策在各地实施时，或多或少都会打些折扣，他们更多的是关心如何利用现有的初等教育机构，对沦陷区儿童实施殖民奴化教育，使其从小就置身于毁灭身心的奴化教育氛围之中。

七七事变后，华北的中等教育与初等教育一样，被日军的战火损毁大半，整个中等教育被迫停顿下来。日伪当局基于奴化中国青少年的思想，对于中等学校的恢复并不在意，伪临时政府制定了“关于事变后学校之恢复，应从小学着手，次及中学”的

① 《华北政务委员会教育总署教育行政报告书》（1943年2月），中国第二历史档案馆藏伪华北教育总署档案，二〇二一/640。

原则[①]，各地区中等学校的恢复，较初级学校为缓。以沦陷较早的冀东地区为例，在战前，该地区已有3处省立中学，各县都设有县立中学，并有私立中学十余处，办学规模都很可观。但日军占领该地区后，各县原有中学几乎全部停办，直至七七事变后，伪冀东政权才“恢复”对中等学校的办理，经过“各方面”的努力，也只有中学15所，其中由“政府直辖者”4所，“县立者”11所。[②]

伪北平地方治安维持会成立后，首先由伪社会局出面强令在京各校于9月21日“复课”，紧接着，于8月17日成立“中小学教科书审定委员会”，对原有课本进行删改，以符合奴化教育宗旨的需要。9月16日，伪北平社会局召开中小学教科书用书审查委员会中学组第三次全体审查委员会会议，决定将中学课程中的公民科改为修身科，并增加经学课程，规定初级中学修习《大学》《中庸》《诗经》，高中选修《礼记》《左传》，并指定使用“万国道德总会”的印行本。但各校直至10月中旬以后，才陆续复课，且数量远远低于战前。

战火造成另一个问题：华北沦陷区内各公立中等学校的高年级学生由于本校遭受严重破坏，纷纷转入相关的私立中学借读，以完成学业。于是各相关私立中学中就出现了一批“最后年级编级生”，以北平为最多。1938年初，伪北京特别市社会局就此现象呈请伪教育部：“案查本市私立各中学，前以招收最后年级编级生率多冒滥，职局为维护教育及整齐学生学业计，曾经限制各校最后年级第二学期不得招收编级生。又查《修正中学规程》第七十四条内载，中学收受插班，须有其他中学学期衔接之转学证书或成绩单之规定，历经各校遵办在案。本学期业已开始，各校招收插班生，不免有已届毕业年限之学生，其肄业原校因事变停办暨辍学请求转学，或因前情而未取得转学证件者，若依照旧章，则此项学生当有失学之虞，若从宽办理，是其学历又无从证实，应如何酌予变通办法，以资补救之处。”对此，伪临时政府教育部制定了《暂行救济办法》，以一年为度，举办检定试验，并制定了《检定试验办法三则》，规定：“（一）检定机关应以各省市主管教育行政官厅组织之，冠以某省市公私立中等学校最后年级编级生检定委员会名称；（二）检定期限暂以一年为度，定于二十七年五月底以前为第一次检定试验，以后每满三百人即举行一次；（三）试验范围应依据上学年第二学期课程为标准，务须杜绝躐等取巧之弊，以昭慎重。”[③]

由于各中等学校的广大师生对日伪当局的奴化教育政策极其不满，经常有抵触情

① 《临时政府教育部关于教育方针应注意事项之训令》（1938年4月15日），伪临时政府教育部《教育公报》第2期“公牍”，1938年8月。

② 《冀东地区之历史·内政改善之现状》，《盛京时报》1937年7月10日。

③ 载伪临时政府教育部《教育公报》第3期“公牍”，1938年9月。

绪，特别是在私立学校中，更是采用阳奉阴违的办法，使日伪的奴化政策无法执行。因此，日伪教育部门想方设法对沦陷区的私立中学进行整顿。1938 年 2 月，伪华北临时政府教育部即以北平为中心，认为“市面上公私立中小学校鳞次栉比”，其中“办理不善者恐亦难免”，饬令伪北京市社会局派员彻查，“对于办理不善及设备不完者，从严整顿，切实取缔”。[①] 仅北平一地，就有 16 所私立中学被取缔。1941 年 6 月，伪华北教育总署又制定了《整理华北各级私立学校纲领及其实施方法》，将这种“整顿”与“取缔”扩大化，在整个华北地区推行。太平洋战争爆发后，日伪当局电令所属“形势趋紧对于英美及其他各国所有学校即予封锁”，在沦陷区内的教会中学被全部取缔停办。随后，日伪教育部颁布了《华北各省市封闭英美等国籍人所办各级学校善后处置纲要》，规定：“对于已封闭之各级学校校长、重要教职员及学生，应随时调查其思想，并注意其行动”；“已封闭之各级学校因故不能复校时，均由主管教育行政机关斟酌情形改为公立”；“已封闭之各级学校如认为无必要时，得不准其复校”；“未能复校之各级学校，其原有学生应由主管教育行政机关令其转入公立或已立案之私立各级学校肄业”。[②] 因此，在日伪统治的中后期，沦陷区的私立中学数量已明显减少，而“公立”中学有了相应的增添。

伪临时政府成立后，认为：“女子自有其在家庭社会之天职，其所应受之教育，自与男子所受之教育不尽相同，切宜顾虑其本身之需要，施以适当之教育，尤应注重品格之修养。”对女子教育极其压制，规定“中学以男女分校为原则”，并强制执行。1939 年 4 月，日伪教育当局发现在私立中学中仍有男女学生同校同班上课的现象，极为恼怒，要求从严取缔，“令行各男子中学，如有女生，应即转送女校上课。其无女生者，不得招收，并饬督学随时严查，以资整顿”，“尤不许暗自招收女生随同男生同班上课”。[③] 从下列两表中可以详见华北沦陷区的中等教育概况。[④]

---

① 《华北政务委员会教育总署教育行政报告书》（1943 年 2 月），中国第二历史档案馆藏伪华北教育总署档案，二〇二一 /640。

② 《华北各省市封闭英美等国籍人所办各级学校善后处置纲要》，中国第二历史档案馆藏伪华北政务委员会教育总署档案，二〇二一 /456。

③ 伪北京特别市教育局编印：《北平特别市教育局施政述要》，1939 年。

④ 《二十八学年度华北教育统计 · 公私立中概况统计总表》（1940 年 10 月），《二十九学年度华北教育统计 · 公私立中概况统计总表》（1941 年 12 月），中国第二历史档案馆藏伪华北教育总署档案，二〇二 1（2）/21。

1939年度华北沦陷区中等教育概况统计总表

项目		中学校				师范学校				职业学校				总计		
		特别市立国立省立	县立市立	私立	合计	特别市立国立省立	县立市立	私立	合计	特别市立国立省立	县立市立	私立	合计	特别市立国立省立	县立市立	私立
学校数	男	17	7	74	98	15	21		36	7	1	9	17	39	29	83
	女	5		31	36	4	2	1	7	1		2	3	10	2	34
	计	22	7	105	134	19	23	1	43	8	1	11	20	49	31	117
学生数	男	5944	1348	21048	28340	2768	1652		4420	914	23	1933	2870	9626	3023	22981
	女	2266	80	9181	11527	1925	159	307	2391	306	1	108	415	4497	240	9596
	计	8210	1428	30229	39867	4693	1811	307	6811	1220	24	2041	3285	14123	3263	32577
教职员数	男	670	114	1966	2750	485	199	21	705	180	5	232	417	1335	318	2219
	女	128	5	457	590	59		7	66	30		21	51	217	5	485
	计	798	119	2423	3340	544	199	28	771	210	5	253	468	1552	323	2704
学级数	男	156	37	504	697	70	45		115	31	1	54	86	257	83	558
	女	60		260	320	50	8	8	66	9		9	18	119	8	277
	计	216	37	764	1017	120	53	8	181	40	1	63	104	376	91	835
全年经费数	男	765017.10	116493.00	1643962.45	2525472.55	732725.20	105605.00		838330.20	240484.20	2760.00	256378.00	499622.20	1738226.50	224858.00	1900340.45
	女	256385.53		620171.19	876556.72	146430.00	15241.00	13070.00	174741.00	39775.00		16524.00	36299.00	442590.53	15241.00	649765.19
	计	1021402.63	116493.00	2264133.64	3402029.27	879155.20	120846.00	13070.00	1013071.20	280259.20	2760.00	272902.00	555921.20	2180817.03	240099.00	2550105.64

1940 年度华北沦陷区中等教育概况统计总表

项目			学校数			学级数			学生数			教职员数			全年经费数	
			计	男	女	计	男	女	计	男	女	计	男	女	岁入	岁出
总计			218	178	40	1522	1144	378	59319	42310	17009	4995	4200	795	7049777.25	7033899.21
国立	中学校	合计	2	1	1	31	16	15	1155	558	597	144	111	33	206161.29	206161.29
		中学校	2	1	1	31	16	15	1155	558	597	144	111	33	206161.29	206161.29
		初级中学校	—	—	—	—	—	—	—	—	—	—	—	—	—	—
省（特别市）立	中学校	合计	28	23	5	275	202	73	10433	7286	3147	770	679	91	1064218.52	1063870.02
		中学校	18	13	5	111	79	32	3778	2624	1154	644	568	76	885045.52	884697.02
		初级中学校	10	10	—	164	123	41	6655	4662	1993	126	111	15	179173.00	179173.00
	师范学校	合计	25	21	4	134	107	27	4927	3321	1606	631	567	64	1605277.00	1594108.65
		师范学校	19	15	4	106	80	26	3954	2361	1593	548	484	64	1390089.40	1378920.65
		简易师范学校	6	6	—	28	27	1	973	960	13	83	83	—	215188.00	215188.00
	职业学校	合计	13	12	1	70	60	10	1847	1655	192	287	261	26	484850.80	483265.01
		高级职业学校	3	2	1	20	18	2	418	390	28	122	97	25	90704.20	89118.41
		初级职业学校	10	10	—	50	42	8	1429	1265	164	165	164	1	394146.60	394146.60

续表

项目			学校数			学级数			学生数			教职员数			全年经费数	
			计	男	女	计	男	女	计	男	女	计	男	女	岁入	岁出
县（市）立	中学校	合计	16	15	1	65	62	3	2396	1973	423	213	193	20	181899.00	181899.00
		中学校	3	3	—	8	8	—	247	233	14	41	41	—	62254.00	62254.00
		初级中学校	13	12	1	57	54	3	2149	1740	409	172	152	20	119645.00	119645.00
县（市）立	师范学校	合计	26	24	2	39	37	2	1075	801	274	197	179	18	149592.00	149592.00
		师范学校	—	—	—	—	—	—	—	—	—	—	—	—	—	—
		简易师范学校	26	24	2	39	37	2	1075	801	274	197	179	18	149592.00	149592.00
	职业学校	合计	2	2	—	7	6	1	188	166	22	17	17	—	15120.00	15120.00
		高级职业学校	—	—	—	—	—	—	—	—	—	—	—	—	—	—
		初级职业学校	2	2	—	7	6	1	188	166	22	17	17	—	15120.00	15120.00
私立	中学校	合计	95	74	21	841	613	228	33729	23353	10376	2545	2041	504	2993170.64	2990395.64
		中学校	57	43	14	295	205	90	10652	7468	3184	1915	1536	379	2658752.64	2655977.64
		初级中学校	38	31	7	546	408	138	23077	15885	7192	630	505	125	334418.00	334418.00
	职业学校	合计	11	6	5	60	41	19	3569	3197	372	191	152	39	349487.60	349487.60
		高级职业学校	9	5	4	33	18	15	748	572	176	152	117	35	280576.00	280576.00
		初级职业学校	2	1	1	27	23	4	2821	2625	196	39	35	4	68911.60	68911.60

二、汪伪沦陷区中小学教育的恢复与发展

1. 小学教育的艰难发展

1938年3月28日在日军的扶持下，梁鸿志等人在南京成立了伪中华民国维新政府，同年4月，伪南京市教育局成立，负责南京市的中小学教育和民众社会教育事宜。

劫后的南京，满目疮痍，学校教育一片空白。伪南京市教育局成立后，先就市内学龄儿童及失学情况做了一番调查，计第一区公所辖区内有学龄男童（7—14周岁）5498人，女童5108人；第二区公所辖区内有学龄男童6883人，女童6241人；第三区公所辖内有男童2125人，女童1987人；第四区公所辖内有男童3992人，女童3838人；第五区公所及各郊县的学龄儿童未有统计。但此时南京市的小学校却寥寥无几，第一区公所内仅有马道街小学、八府塘小学，及私立育才小学三所，入学人数仅431人[①]；第五区公所仅有简易小学一所；第四区公所内的"小学教育几乎完全陷于停顿，失学儿童为数当可惊人"；而属郊区的燕子矶区公所则无可奈何地表示："职区原有公私立小学30余所，自兵灾之后，迄今无一校设立，致使全区儿童荒废学业。"[②]

有鉴于此，伪教育局决定首先在市内开设完全小学和初级小学各10所，用以收容约3700名学龄儿童，暂时缓和过于严重的失学现象。"关于学校之规程章则，均沿用以前校址，招收学生，借以救济失学儿童而已。日需经费，备用低微"。[③]1938年9月，新学期开始时，全市有市立初级小学12所，学生1698人，教职员685名；完全小学13所，学生3295人，教职员112名。[④]随后，伪南京市教育局又先后颁布了《南京市小学应行注意事项》（1938年10月15日）、《南京市短期小学组织暂行简则》（1938年10月31日）、《南京市管理私塾暂行办法》（1938年5月20日第一次颁布，次年2月24日修正颁布）等，对该市的初级教育做了较详细的规定。由于当时的小学数量仍远远不能满足学龄儿童的需求，且费用较高，因此，私塾这一古老的教育形式在该时期得到较大发展，至1938年11月，全市经伪教育部门核准发给许可证的私塾已达106所。与之相反，私立小学则发展缓慢，截至1939年10月才有私立龙江小学、私立定淮小学、私立崇实小学和私立安徽小学四所。

浙江省是伪维新政府时期初级教育实施最整齐的省份，全省先后设立初等教育机构约700余所。1938年3月1日，伪杭州市自治委员会成立后，由教育科负责兴办教

---

① 南京市档案馆藏汪伪南京市教育局档案，1002-7-82。

② 南京市档案馆藏汪伪南京市教育局档案，1002-7-68。

③《南京市政概况》（中华民国二十七年度），1939，第73页。

④ 南京市档案馆藏汪伪南京市教育局档案，1002-7-13。

育事业。其初期计划为先从基本国民教育入手，“分市内为上中下三区及市区近郊拱埠大关湖墅、天竺灵隐等处，斟酌实际情形、经费限度，以为设立之标准，务期以有限之财力推行实质有效之工作”。计全市仅有完全小学两所，招收学生约四、五百人，地址在城内上中两区。不久，伪自治会增设了下城东清巷小学及湖墅胜桥小学校2所。杭州市的私立小学较其他城市为多，上城有培德小学校、第一贫儿所初级小学校；中城有临时小学校、紫阳小学校、圣经学校；下城有淇园小学校第一部和第三部、第二贫儿所初级小学校、养正小学校、怀幼小学校、观成小学校；近郊有白石庙小学校；湖墅有辅仁小学校、城北小学校；拱埠有拱宸小学。① 其中，有相当数量为外人设立之小学。私塾在杭州市也很普及，1938年7月，伪杭州市自治委员会特颁《管理私塾办法》，规定塾址“须在地方偏僻四周一里内无学校，或本地学童过多学校无法容纳之处”②。以免与日伪学校争夺生源，影响其奴化教育的实施。

浙江省其他县市的初等教育机构还有：

嘉兴县：模范小学（教师9人、学生420人）、广志小学（教师12人、学生511人）、宏文小学（教师8人、学生250人）、闸前小学（教师8人、学生340人）、梅湾小学（教师5人、学生160人）、芝桥小学（教师3人、学生87人）、明德小学（教师12人、学生430人）、中心小学（学生500人）。

吴兴县：第一、第二、第三、第四、第五、第六、第七小学。

长兴县：3所，校名、班级不详。

海宁：4所，校名、班级不详。

崇德：公立小学（分高级、初级和特务班，学生100余人），区立小学。

平湖：第一小学（教师8人、学生70余人），第二小学（教师7人、学生130人）。

余杭：县立模范小学（教师4人、学生169人），区立属杭初级小学（教师2人、学生40人）、区立车关初级小学（教师2人、学生60人）、区立仓前小学（教师3人、学生100人）、区立林埠初级小学。③

1938年12月26日，伪教育部公布了《小学暂行规程》，规定小学为施行国义务教育之场所，原则上不收学费，招收6至12岁儿童，修业年龄为6年，并对小学的设置管理、经费、编制、课程、训育、设备、成绩考查、教职员等都做了详细规定。此后，苏浙皖沦陷区的初级教育才逐步走上正轨。1939年9月30日，伪维新政府教

① 《新浙江日报》1938年5月14日。

② 《新浙江日报》1938年7月7日。

③ 《第二次中国教育年鉴》，商务印书馆，1948年，第1635页。

育部又公布《简易小学暂行规程》《短期小学暂行规程》《模范小学暂行办法大纲》等，规定于缺乏小学地方或无力受普通教育之清寒儿童较多区域，都可设立短期小学或简易小学，前者招收 9 至 12 足岁儿童，修业 1 至 2 年，每次招收 2 个班，每日授课 3 至 4 小时，每小时以 45 分钟计算，课程包括修身、国语、算术、常识、体育 5 种；后者招收 9 至 13 足岁儿童，修业年限为 4 年，课程除上述 5 种外，还有劳作、美术、音乐、简易职业科目等，较短期小学为正规。两者皆采用半日二部制，分上下午轮流入学，或全日二部制，间时教学，免收学费，课本由学校供给。

1939 年起，江浙两省沦陷区的初级学校有一定发展。是年，江苏省武进、无锡、常熟、松江、吴县、嘉定、句容、青浦、太仓、吴江、江宁、丹徒、昆山、金坛、江都、江浦等 16 县，先后办起小学 436 所，有学生 42612 人。安徽省凤阳、嘉山、宿县、滁县、巢县、合肥、怀远等县市还各新设了一所“模范小学”。上海市伪教育局于 1939 年也已设立小学 78 所。[①]

到 1939 年底至 1940 年初，沦陷区各地的日伪统治渐趋稳定，部分逃亡人口返回城市，城内学龄儿童数量激增，儿童失学问题更为突出。伪维新政府不得已采用增加学级的办法，争取多收容学龄儿童，1939 年 11 月伪教育部颁布了《各省市县区推广小学教育办法》《城市小学扩充儿童学额办法》《乡村小学扩充儿童学额办法》等，略谓：“现有小学每三教室儿童名额均应达于 40 人之标准，如因环境需要，得酌量增加儿童名额，初级每一教室扩充至 60 人，高级每一教室扩充至 50 人。”“现有小学儿童名额之容纳不足者，应督令充实之，其不敷容纳者，并须酌量增设学校或学级。”“各省市县区主管教育行政机关得呈请主管政府劝令建筑大宗房屋之私人或团体依照小学校舍建筑最低限度标准建筑小学校舍，以便公私立小学赁用，以每满 60 户建筑小学校舍一教室为原则。”“小学校舍如不敷用而又不及或无力建筑时，得商借庙宇、公所、宗祠之余屋供用。”“现有小学儿童名额不足之学级，应督促酌量采用复式划二部编制，幼稚园及一二年级于必要时并得采用上下午半日学校制，以期多收入学儿童。”[②]

此时的伪维新政府正忙于向即将成立的汪精卫政权过渡，为能在新政府中多分一杯羹，各大汉奸争权夺利尚顾不暇，所谓推广小学教育办法原本就是治标的应急措施，对于数目庞大的适龄学童来说，无异于杯水车薪，无济于事，何况并无实际推行。

---

① 齐红深主编：《日本侵华教育史》，人民教育出版社，2002，第 375 页。

② 上海市档案馆藏日伪时期上海特别市教育局档案，R048-01-6。

由于伪维新政府所辖范围仅限于苏浙皖三省，对华中、华南缺乏有效的行政管理，各沦陷区教育基本上处于各自为政的混乱状态。

武汉沦陷后，在汉口日军特务部的策划下，建立了伪武汉治安维持会，会长计国桢。维持会下设有警察总监部及财政、建设、社会三局，社会局下设有教育科，科长芮道一，负责主管教育行政事宜。考虑到其时武汉市内所有公立学校已全部关闭，教育科成立后首先设立教员训练所，招考学员 60 余人，第一期仅一个月即毕业，分发建立小学。当时，整个武汉（包括汉口、武昌及汉阳在内）总共设立小学不过 20 余校，中学一所也没有。[①]

1939 年 4 月，伪武汉特别市政府成立，原维持会社会局教育科扩建为教育局，下设总务、学务、教育行政、编审四科及督学室，未几改为总务、小学、中学、社教四科，后又改称一、二、三、四科及督学室，但各科职掌未变。这样，武汉市的初级教育有了一定发展，在沦陷后第一年内，曾成立小学 50 所，及武昌、汉阳两铁道村小学，总计武、阳、汉三镇，共有小学 52 所，班次 346 班，学生 11610 人，教职员 399 人。不久，武昌、汉阳两区划归伪湖北省政府管辖，武昌的 9 所小学和汉阳的 6 所学校同时移转管辖，这样，汉口市仅存 35 所小学校[②]。其后又有发展，据不完全统计，“汉口全市计有公立完全小学 62 所，另有简易小学及短期小学各二、三所”。完全小学一般有一至六年级。简易小学相当于初小，四年即可毕业。短期小学则以收 10 足岁以上的儿童为主，每所只设两个学级，采用半日二部制，各设教员一人，主要学科为公民训练、国语、常识、算术、体育等，学生书籍及课业用品均由学校免费提供，一年毕业。后两者大抵办在离市中心较远之处。幼稚园全汉口市有三四十班，招收幼儿约 200 余人，且全部附设于完全小学，无单独设立者。[③]

1940 年 3 月 30 日汪伪南京国民政府成立，拟定了一系列教育计划，通令各省市拟具扩充初等教育计划、“设法救济”失学儿童、令行各省市教育局将无法维持之各私立小学收归公立、调查学龄儿童、制定小学公民训练标准等，推行较为统一的教育管理体制，使华东、华南、华中地区的初级教育有了一定发展。

1940 年度起，汪伪教育部先将维新政府时期各县设立的模范小学改为县立实验小学，并组织各省省立实验小学区教育协进会，以资联系省县实验小学，并辅导地方小学。

---

① 程华：《沦陷时期的武汉教育》，《武汉文史资料》1985 年第四期。

② 高伯勋：《一年来的汉口教育》，中国教育建设协会编：《教育建设》第二卷第一期，1941 年 4 月 10 日。

③ 程华：《沦陷时期的武汉教育》，《武汉文史资料》1985 年第 4 期。

1940年6月，南京市共有完全小学20校、225学级、12714人，初级小学25校、124学级、7379人，短期小学5校、32学级、1644人，共50校、381学级、21737人。[①]8月，市教育局将原市立第一至第二十五初级小学，除第二十一初级小学未开办外，先后增加高级班，改为完全小学，并改以数字命名小学的做法为所在地命名。如渊声巷小学、五台山小学等。

同期江苏省共有小学950所，浙江省有小学214所，安徽省有小学132所，上海市有小学241所。[②]

到1941年底，南京市初等教育情况如下：[③]

	学校数目	学级	教师人数	职员人数	在校学生数
市立完全小学	30	368	5789	34	23942
市立初级小学	25	112	1405	34	6318
简易小学	7	34	445	10	2390
私立小学	5	22	30	6	1441

其他各省沦陷区的初等学校也略有增加，其时浙江省各级小学共有249所；江西省之南昌有小学8所，靖安、九江、庐山、德安等县有小学13所，共21所，学生2869人，教师81人；湖北省之武昌有省立小学12所，另有省立武昌师范附属小学共13所；福建厦门有小学24所，市教育局主办之幼稚园2所；[④]汉口市有小学58所，内高初班次完全者21所，只设有初级者37所，教职员804人，学生23500人。[⑤]

由于各县之实验小学名不符实，不仅缺乏实验教育经验与人才，而且连对地方小学的辅导工作也无从谈起，1942年第二学期起，汪伪教育部下令撤废各县实验小学，同时分区设立中心小学，而将原有实验小学区协进会加以调整。根据这一规定，江苏省首先制定了《修正江苏省各县中心小学设立办法大纲》及《江苏省各县中心小学辅导实施办法》，进一步规定："各县设立中心小学应以原有小学协进团首席学校改设为原则；中心小学至少须有三学级，并为适合地方需要，应多办半日制及二部制，以

① 南京市档案馆藏汪伪南京市教育局档案，1002-7-33。

② 中国第二历史档案馆藏汪伪教育部档案，二〇七八/24。

③ 南京市档案馆藏南京市教育局档案，1002-7-34。

④《第二次中国教育年鉴》，第1636页。

⑤ 汉口特别市政府秘书处编：《汉口特别市政府三周年市政概况》，1942年。

便多容学龄儿童，并得设复式或单级编制之学级，以供区内小学及私塾教员之参观仿效。”① 这种换汤不换药的做法，并未使沦陷区的小学教育有多少提高。

据汪伪教育部统计室统计，1942 年末其所辖区初等教育概况如下：②

项别 省市立别		学校数	学级数	学生数			教职员数			支出经常费（元）
				计	男	女	计	男	女	
立别总计	计	9255	23277	945745	636030	309715	30918	20184	10734	122202109
	国立	3	29	1166	730	436	61	10	42	196920
	省立	41	337	13365	8227	5128	600	317	283	3247212
	市立	268	2044	110186	71842	38344	3208	1647	1561	8857938
	县（市）立	3544	9982	430248	276622	153626	13325	8117	5208	95502867
	区（公）立	1832	4813	191412	147390	44022	6398	4802	1596	6167112
	私立	3567	6072	199368	131219	68149	7326	5282	2044	8230060
省（市）别总计	计	9255	23277	945745	636030	309715	30918	20184	10734	122202109
	江苏	2174	5856	301891	203195	28696	8377	5181	3196	16615328
	浙江	608	1875	75279	51301	23978	2781	1557	1224	2332636
	安徽	433	1166	46602	34076	12526	1749	1345	404	1454716
	湖北	3825	5695	159832	95727	64105	6157	4773	1384	72452410
	广东	1138	4491	141869	95653	46216	5701	3838	1863	13887842
	南京	80	651	38665	22976	15689	1115	443	672	2297687
	上海	913	2870	149903	114047	35856	4051	2528	1528	9309095
	汉口	84	673	31704	19055	12649	987	524	468	3352395

由上表可见，汪伪国民政府时期初等教育较伪维新政府时期有较大发展，无论是小学数量还是入学人数，都有一定增加。但是，与战前比较，仍有很大差距，详见下表：

1936 年度国统区与 1942 年度沦陷区初级教育比较表

省别	学校数		学生数	
	1936 年	1942 年	1936 年	1942 年
江苏	11182	2174	1167538	301891
浙江	17573	608	1207597	75279
安徽	5921	433	384214	46602
湖北	6178	3825	397973	159832
广东	25355	1138	1718452	141869
南京	210	80	59162	38665
上海	1040	913	188177	149903

① 伪江苏省政府教育厅编审室编：《两年来之江苏教育》，1944 年 10 月，第 31 页。

② 汪伪教育部统计室编印：《全国教育统计》（第五集）。

除上海市外，1942 年各省学校数量仅为 1936 年的三分之一至十二分之一，学生数量也有类似的差额。若将上海市 913 所学校中不被日伪当局控制的租界内 600 余所学校除去不算，那么，上海市在 1942 年的初级学校数量较 1936 年也减少了六七成。

究其原因，一方面，这是由于日本侵略者无意在中国大力发展教育事业，设立各级学校仅仅是为其进行奴化殖民教育服务，因此沦陷区教育经费分配极少。汪伪政府秉承其意旨，又限于财政经费竭蹶，初等教育机构的设立只能敷衍一时。以浙江省为例，1943 年 10 月份该省教育厅经费收支报告中经费项目分为部款补助费、省款经常费和部款增薪三种，该月结余数为部款补助费余 41695.00 元，省款经常费透支 34700.00 元，部款增薪余 34169.56 元；11 月结余数为部款补助费余 48318.00 元，省款经常费透支 141396.00 元，部款增薪余 41585.20 元。[①] 伪安徽省教育厅统计，该省 1940 年第二学期初级学校的经费支出总计在 316839.36 元，而省库补助仅 27000 元，占 8%，部款补助费为 118620 元，占 37%，其余完全依赖于各县及各校自筹。可见教育欠款在沦陷区各地不仅普遍，而且数额巨大。

汪伪政府虽冠冕堂皇地表示义务教育阶段的公立小学校免收各种费用，但实际上各省都存在收费现象。汪伪教育部曾于 1940 年 4 月通令各省市教育厅，“转饬各地小学，尽量设置免费学额，以资奖助清寒生”，规定：“自下学期起，各地小学免费额至少应设置百分之二十，其有经济充裕学生发达之校，并应酌量情形增设至百分之四十”。[②]1942 年以后，公立小学校征收的各种费用越来越多。是年初，伪南京市教育局以“教育经费有限，于教育进展影响至巨”为由，公然向中小学生征收学费，半日制初级小学每人每学期 2 元，全日制 4 元，高级小学 5 元；幼稚园与初小相同。同时又公布《南京特别市立中小学征收建设费暂行办法》，要求含幼稚园在内的小学校每生每学期交 1 元钱，作为各该校建筑修缮及添置设备之用。[③] 饱受战乱之苦的中国百姓生存尚未解决，如何承担额外的教育开支？失学儿童自然有增无减。为此，伪教育当局曾制定了所谓清寒学生补助办法，减免少数学生的部分学费。伪南京市教育局曾做出相应规定，小学阶段的免费学额分为五种，最少为 10%，最多 50%。但同时宣布“市立各级学校学生均应缴纳建设费，概不免除。”[④] 学生负担并未减轻多少。伪汉口市教育局曾对“家境贫苦学生按期饬由教育局津贴书籍文具等费，以示体恤”。[⑤]

---

① 中国第二历史档案馆藏汪伪行政院档案，二〇〇三 /24。

② 《教育部三十年施政概况》，中国第二历史档案馆藏汪伪教育部档案。

③ 南京市档案馆藏汪伪南京特别市政府档案，1002-1-645。

④ 南京市档案馆藏汪伪南京特别市政府档案，1002-1-645。

⑤ 汉口特别市政府秘书处编：《汉口特别市政府三周年市政概况》，1942 年 4 月。

太平洋战争爆发后，日伪当局为支付不断扩大的战争费用，一面紧缩包括教育经费在内的政府各项开支，一面加强对沦陷区的掠夺，使沦陷区经济日趋恶化。1943年6月，伪江苏省教育厅修正公私立小学征收学费标准，规定收费项目包括学习材料费、讲义费、杂费等几种，省立幼稚园每生每学期应缴费为36元、低级小学为18元、中级小学为22元、高级小学为28元，此外，高级小学的学生还有制服费，规定每套180元；县立初级学校中幼稚园收费为每生每学期31元、低级小学为12元、中级小学为17元、高级小学为22元、义务学校为11元。[①]1943年年底，浙江省各县的教师薪水无法发出，"不足维持生活，爰特制定征收学米办法"，伪教育当局不谋改革办法，却向学生征收实物，以资补助，造成学生家庭负担更重。在汪伪统治的中后期，物价飞涨，商品奇缺，沦陷区人民连日常生活都无以为继，根本无法支付不断上涨的各项教育费用，不少适龄儿童不得不辍学在家，儿童失学问题再次尖锐起来。

1945年7月日本投降前夕，沦陷区中小学收费更为混乱，为做最后挣扎，伪上海特别市政府颁布了《私立中小学校征收学生费用暨教职员待遇暂行办法》，再三重申"各校每学期征收学生费用之数额应斟酌上一学期收费情形及各该校多数学生家庭经济状况，暂准由校长商承校董决定，并制定分期缴费办法"，"各校征收学费应遵照教育部令不得收取食米或以食米折款作为学费"，"各校校董会应切实负责筹划经费，不得纯以学费收入为各该校全部之经常费用"，"各校对家境清寒学生及教育文化界服务人员或委任职以下公务人员之子弟，应遵照教育部令设置免费学额，上项学额自三十四年度起中等学校不得少于全校学生数百分之十五、小学不得少于全校学生数百分之二十"[②]等等。从这份文件中可以推断：在日伪政权垮台前，即便是经济较为发达的上海，各中小学校的经费来源多为征收学生的学费，这学费又多半为食米或食米折款，这种情况下，学校无以为继，学生无以为学，各沦陷区小学校与学生数量急剧减少是为必然。

另一方面，沦陷区人民对伪政府的奴化教育采取抵制的态度，不愿送子女入学，如岳阳冷水铺伪维持会筹办了一所新民小学，勒令附近各伪保、甲长派送儿童入校授课，每甲限定三名。缺乏儿童之保甲"多以金钱收买孤儿送往替代"。江西九江第一小学开办后又扩充班次，但"投考者多存观望"，日伪当局只好"勒令各保保送"。[③]造成各地初级学校常常冷冷清清，无多少学生的状况，从1942年汪伪教育部的调查

---

① 《两年来之江苏教育》，第143页。

② 上海市档案馆藏日伪时期上海特别市教育局档案，R048-1-1-24。

③ 国民党战地党政委员会编印：《倭寇之奴化教育》，中国第二历史档案馆藏国民党中央宣传部档案。

统计表中可以看出一斑：[①]

省别	学校数	学级数	学生数	每校平均学级数	每学级平均学生数
江苏	2174	5856	301891	2.7	51.5
浙江	609	1875	75279	3.1	40.1
安徽	433	1166	46602	2.7	40.1
湖北	3825	5695	159832	1.5	28.1
广东	1138	4491	141869	3.1	31.6
南京	80	651	38665	8.1	59.4
上海	913	2870	149903	3.1	52.2
汉口	84	673	31704	8.0	47.0

总的平均起来，每校仅有 2.5 个学级，每学级仅有 40.6 人，即每所小学校只有两三个年级，每个年级只有一个班。根据当时的学制，完全小学修业年限为 6 年，前 4 年为初级小学，后 2 年为高级小学，高级小学不得单独设立；初级小学可单独设立；简易小学为推行义务教育而办，分全日制、半日制、分班补习制三种，前两种 4 年毕业，后一种至少修足 2800 小时，始得毕业；短期小学招收 10 至 16 岁年长之失学儿童，修业年限为 1 或 2 年。而汪伪沦陷区的小学机构平均数连简易小学的标准都无法达到，办得不伦不类，更不可能满足整个华东、华南和华中沦陷区学龄儿童的需求。

1944 年下半年开始，各沦陷区内的初级学校数量有明显下降。据调查，20 世纪 40 年代初伪政府在厦门、金门等地设有中小学 30 余所，到 1944 年 10 月，“因市面冷落，收入锐减，教育经费尤见短少，乃不得不出于裁校并班一途，查本学期男女中学由四校并为二校，各小学亦实行缩减班数，且将禾山各简易小学五校全部停办”。[②] 华东、华中等各沦陷区的初级学校也面临同样的政治、军事、经济形势，难以为继。即使是继续开办的小学校，因战争影响、经费短缺等各种原因的限制，学校状况不堪入目。《中华日报》曾有评论：“今日之小学教育状况如何？除少数经费充足，且不以办学为牟利者外，其余大多数之小教[学]，均陷于极度贫困而不得不因陋就简之状态。……目前小学教育设备之简陋，几乎出人想象之外。课室狭隘而拥挤，光线黑暗，缺乏卫生设备，有之亦肮脏不堪。运动场地，百不得一。学生饮水，亦无供应。实验仪器之类，

① 汪伪教育部统计室编印：《全国教育统计》（第五集）。

② 中国第二历史档案馆藏国民政府教育部档案，五 /13813。

更毋庸论矣。”[①]

日伪政权建立初期，沦陷区的小学数量远远不能满足学龄儿童的需求，且奴化性质强烈、费用较高，因此，私塾这一古老的教育形式由于它的办学灵活、费用较少、游离于日伪奴化教育之外，在日伪时期得到较大发展。据不完全统计，至1938年11月，南京市经伪教育部门核准发给许可证的私塾已达106所，12月底止已登记的私塾更达146所之多。

由于不受日伪当局的控制，这些私塾教授内容十分混乱，有的是教授四书五经、有的是传播抗日言论。日伪政府认为：“自事变以还，（私塾）宛如雨后春笋，其中办理优良者固多，但设备简陋，教学不善者，亦复不少，盖以私塾原可补助目前小学教育之不足，兼可救济失学儿童，举凡训导管理尤宜符合现代环境，必使儿童身心均能平均发展，养成德智体三育之良好习惯。”[②]

为加强对私塾的管理，伪维新政府南京市教育当局于1938年5月20日第一次颁布了《南京市管理私塾暂行办法》，次年2月24日又做了修正，对课程、教学、思想控制等方面都做了详细规定。

1938年7月浙江省颁布了《私塾管理办法》，内容包括以下几点：“教学须注意下列各点：甲、课程至少设国语（包括常识）、算术（珠算或笔算）二科；乙、用书应用审定教科书并须与年级符合；丙、教学时间，制定教学时间表揭示于教室，按时上课；丁、教学方法，教师须置备教授书，参照教学法多用问答及启发式，少用注入式，课文宜使学生彻底了解内容，勿仅教诵读，直接教授一组或一生时，其余各生均须先为配置相当工作；戊、成绩考查，学生须备作文、算术、默书、札记等练习簿，教师应随时考查学生各科成绩，酌给分数记入分数薄。”并强调私塾中的训导工作，要求：“甲、注意道德教育，根据古圣遗训，将中国古有道德如孝悌忠信礼义廉耻等定为塾训，书成斗方悬于教室，并实地训练学生；乙、促进中日亲善，使儿童切实认识中日系同文同种之邦，用历史上字体上及音读竺以证明之，采集日本名人史略、名胜古迹、风俗习惯及种种优良各点，介绍与学生，并撰拟中日亲善之故事，随时向学生讲述，使学生深印脑中，以引起其对日之同情。”[③]

伪汉口市教育局于1940年秋分三步对全市私塾加以整理：一、调查，“联络本市警察与自治机关，以联保为单位，将市区以内私塾调查完竣”；二、登记，“令市

① 《小学教育》，《中华日报》1945年3月16日。

② 徐公美：《一年来的南京教育》，载《教育建设》第二卷第一期，1941年4月。

③ 《新浙江日报》1938年7月7日。

内私塾依照登记规程，均须向本局请求登记，经派员视察认为合格者，由本局发给许可证方得设塾”；三、训练与辅导，“拟于寒暑假期间分区举行塾师训练班或讲习班，予以学科及教学法之实际研究，平时则随时加以辅导”。[①]1941年汉口市成立私塾塾师检定委员会，严密审查各塾师呈缴的证件，并在暑期讲习会中特设私塾组四班，强制入会接受奴化教育的塾师有155人，以各塾师暑期学习的成绩为检定标准，计受检定者194所，检定合格者158所，其余36所“暂准试办一年，随时派员视察指导”。同时伪汉口市教育部门又制定了改良私塾实施方案，“俾能改良全市私塾，以期补助教育之发展”，将为数众多的私塾也纳入了日伪奴化教育的体系。

伪河南省教育厅也于1940年2月制定了“整顿私塾实施方案”，举办私塾及塾师登记，规定“服膺新民主义”为塾师必须遵行的首要条件，私塾内须悬中日国旗，并拟“通令各市县教育科股，利用假期，或相当时间，举行塾师讲习会，授以教学及训育上一切应知事项”。[②]

日伪统治的后期，由于政治、经济、军事等因素的影响，沦陷区内的公立初级学校不断萎缩，私塾有了更进一步的发展空间，特别是在离日伪统治中心稍远的地区，私塾甚至由爱国民主人士开设，成为与日伪争夺下一代的场所。1944年10月，国民政府教育部曾就日伪统治下的厦门地区的私塾做过一次调查，称：“（伪政府）原只准十分奴性之腐儒充塾师者，今则公正而未退出教育界人士亦得设立私塾，如前我市立竞存小学校长李禧之私塾学生已达百余名。李系敌伪叠经威胁利诱而不下水者。”[③]

2. 中等教育的举步维艰

日军侵占华北、华东各地后，出于其培养低端劳动者为日本殖民者服务的险恶用心，对沦陷区内的中等教育几乎未采取任何恢复措施，沦陷区内中等学校恢复缓慢。

1938年5月，伪南京市政公署下令将原位于大香炉街的成美中学改为南京市立第一初级中学，首批招生6个班共257人。不久，伪南京市教育局又选中鼓楼渊声巷原华南中学旧址开办了市立第二中学。此二校为伪维新政府时期成立较早的中等学校。

1939年后，沦陷区内人口逐渐增多，而此时中学尚未全面恢复，数量极少，大量适龄学生小学毕业即面临失学。伪维新政府开始考虑所辖区域内中等学校的扩充与改组。伪南京市教育当局秉承意旨，一面决定在市立第二中学增设一年级新生一级，一面因为“本市女子教育亟待振兴”，决定设立市立女子中学，择原督粮厅小学校址新

① 伪汉口市政府教育局1941年编：《汉口市社会教育概览》。

② 新民会开封市教育分会编：《开封教育》第12期“教育行政”，1941年3月24日。

③ 中国第二历史档案馆藏国民政府教育部档案，五/13813。

建女子中学校舍，于 1940 年 1 月正式成立，校长由伪教育局局长代理。

其他各省市沦陷区的中等学校也恢复很慢，据统计，伪维新政府时期江苏省的中学学校仅有：吴县县立中学、无锡县立中学、武进县立中学、南通公立中学和靖江公立中学等 5 所；安徽省仅有芜湖县立中学校一所；教育发展较完善的浙江省的中等学校略多，杭州市有市立中学、中等实习学校、日语学校、希甫中学、省立模范中学、省立实业中学 6 所，嘉兴有县立嘉兴中学、中日文化统一语授受班、省立嘉兴中学 3 所，吴兴、海宁、嘉善各有县立中学一所[①]；上海市日伪当局则在原三林职业学校旧址设立中学一所，由于上海文化孤岛的特殊性，大量的中等学校在上海沦陷后纷纷迁入租界内，致使租界内的中等学校数量急剧增加。

武汉沦陷后，在伪维持会阶段，全市未办一所中学。1939 年伪武汉市政府成立后，才逐渐开办，到汪伪政府成立统一、管辖之前，武汉市仅成立市立第一中学、市立第一女子中学各一所，并只有初中部，1941 年后才开设高中部[②]。其时湖北省公立中学数量也极少，据 1940 年统计，湖北信阳、岳阳、孝感、黄陂、沔阳、蒲圻、天门各有县立中学一所，安陆有县立中学 2 所，汉川有私立中学一所，合计共有县立中学 9 所、私立中学 1 所，学生共 743 人。[③]

相对于庞大的学龄儿童数目而言，几乎每县才一所中等学校的状况，无异于杯水车薪，根本无法解决儿童入学问题，这是奴化教育政策下日伪当局不重视中高级教育的必然结果。

1939 年 8 月 24 日伪维新政府教育部颁布了《中学暂行规程》，首先更改学制："普通中学依课程进度分为一年级、二年级、三年级、四年级及五年级"，将原来中学教育的六年制改为五年制，并阐述其理由："过去三三制中学最大缺陷一方在延长我国昔时中等教育之年限（中等教育开始年龄已较英德法意奥等国均较迟），一方因三三制之划分，以致高初级各种中等学校往往有重复学习原习课程之浪费，此就国民经济及学习经济之关系言，实有不适之处，故拟将一切中等学校之修业年限不分初高两级改为五年。"实为日伪政府有目的地缩短我国青少年的受教育年限，降低教育水平。伪维新政府颁布的中学五年制学制与此前伪华北临时政府颁布的三三制显然不同，日伪当局也感到此举甚为不妥："夫在同一国内，教育制度大相庭径，将来中央政府成立，举行官吏交流之场合，非常感到不便。"[④]

---

① 《第二次中国教育年鉴》，第 1638—1639 页。

② 程华：《沦陷时期的武汉教育》，《武汉文史资料》1985 年第 4 期。

③ 《湖北省各县中学教育统计表》（1940 年），湖北省档案馆馆藏档案。

④ 《盛京时报》1939 年 6 月 7 日。

其次，规定普通中学的编制为每学级学生以 50 人为度，实业中学每学级学生人数视实习设备之容量而定，得以 40 人为度；新开办之中学第一年不得招收二年级以上学生，第二年不得招收三年级以上学生，第三年不得招收四年级以上学生，第四年不得招收五年级学生，但呈经主管教育行政机关核准者不在此限。该条文对于中学年级人数的过度限制，造成各沦陷区中等学校在伪维新政府时期无法大力发展、大量适龄青少年小学毕业即失学、被迫从事低级劳动的局面，这无疑也是日伪当局的愚民手段之一。

再次，在课程安排上，规定男子普通中学的必修科为：修身、公民、体育、国文、日语、第二外国语、历史、地理、数学、理科、劳作、图画、音乐；女子普通中学为：修身、公民、体育、国文、日语、历史、地理、数学、理科、家政、手工、图画、音乐；农业中学为：修身、公民、体育、国文、日语、历史、地理、数学、理科、图画、音乐、实业（理论及实习）；工业中学为：修身、公民、体育、国文、日语、第二外国语、历史、地理、数学、理科、图画、音乐、实业（理论及实习）；商业中学为：修身、公民、体育、国文、日语、第二外国语、历史、地理、数学、理科、图画、音乐、实业（理论及实习）。修身、公民、体育、日语成为各学校的必修课，并列于数学、理科、历史地理甚至于国文之前，日语课的课时每周四至五小时，仅次于国文，以男子中学为例，各学科的课时安排如下：

五年制男子普通中学暂行教学科目及各学年每周各科教学时数表

		第一学年		第二学年		第三学年		第四学年		第五学年		备注
		第一学期	第二学期	第一学期	第二学期	第一学期	第二学期	第一学期	第二学期	第一学期	第二学期	
必修科目	修身	1	1	1	1	1	1	1	1	1	1	
	公民							2	2	2	2	
	体育	4	4	4	4	4	4	3	3	3	3	
	国文	6	6	6	6	6	6	5	5	5	5	
	日语	5	5	5	5	5	5	4	4	4	4	
	第二外国语	3	3	3	3	3	3	3	3	3	3	
	历史	2	2	2	2	2	2	2	2	2	2	
	地理	2	2	2	2	2	2	2	2	2	2	
	数学	3	3	3	3	4	4	4	4	4	4	
	理科	3	3	3	3	4	4	4	4	4	4	
	劳作	1	1	1	1	2	2	2	2	2	2	
	图画	1	1	1	1	1	1	1	1	1	1	
	音乐	1	1	1	1							
每周必修科目总时数		32	32	32	32	34	34	33	33	33	33	
选修科目	教育							2	2	2	2	
	实业							2	2	2	2	

附注：1. 第二外国语为英德法义四国语言选授一种；

2. 选修科目得选修一种或竟不选。[①]

在中学规程中，特别强调了“训育教育”，在对中学生实施军事化管理的同时，还强迫学生参加各项公共劳动，占用原本就不多的教学时间。

1940 年 5 月，汪精卫集团以“还都”为名，在南京建立伪国民政府，标榜自己是孙中山先生的忠实信徒，是正宗的三民主义国民党，因此，汪伪国民政府的许多法规都沿用抗战前国民政府颁布的法规条例，以示其与孙中山建立的中华民国国民政府一脉相承，而不是日本扶持的傀儡政府。在教育政策上，只要符合“反共和平建国”的教育方针，原国民政府颁布的一系列教育法规，汪伪政府都表示继续适用。据此，汪伪政权在建立后对伪维新政府时期中等教育体系进行了若干调整。

伪教育部成立之初，首先通令各地中学一律恢复三三制，初、高中学制各为三年，分初级中学、高级中学或高初中合设之中学三种，“凡修毕五年制中学三年级之学业者，经考试及格而欲停学或转入他校者，得给予修业证明书”，“凡本年度修毕五年制中学五年级之学业者，经考试及格，准予毕业，得投考大学先修班，其程度优秀者，得投考大学生一年级”[②]。随后又下令改变中小学最高年级不得转学的规定，使中等学校办学较为灵活。

1940 年 6 月，汪伪政府的首都南京市有市立第一中学，10 个学级，460 名学生；第二中学，6 个学级，250 名学生；女子中学，4 个学级，210 名学生，共 3 校，920 人。而此时全市学龄儿童已达 10.1 万余人，其中 13 至 15 周岁者有 2 万余人，中学在校生在适龄儿童中所占比例连 5% 都不到。经过所谓改组与扩大，到 1941 年底，南京市中学计有市立中学 4 所、37 学级、87 名教师、52 名职员、2035 名在校生；私立中学有 3 所、23 学级、78 名老师、9 名职员、1127 名在校生。[③]

据《第二次中国教育年鉴》调查统计，汪伪政权时期中等学校有：

江苏省计有：国立模范男子中学、国立模范女子中学、国立师范学校、国立第一职业学校、国立第二职业学校、中央大学附属实验学校、华侨子弟预备学校 7 校，及为便利和中学实习计而设立的国立南京中等学校理科实验所 1 所。

安徽省计有安徽省立怀宁中学、芜湖中学 2 校。

---

① 《中学暂行规程》，《维新政府公报》第 71 号。

② 上海市档案馆藏日伪时期上海特别市政府教育部档案，R048-1-7。

③ 伪南京市教育局编:《南京市中等教育概况统计》(1941 年 11 月), 南京市档案馆藏伪南京市教育局档案，1002-7-34。

江西省计有：南昌中学（3 个班）、九江中学（3 个班）、庐山中学（6 个班）。

浙江省中等中学与伪维新政府时期无太大变化，共有 10 所中学。如表：①

立别	校名	校长姓名	编制	学生数	教职员数	每月经费（元）
省立	模范中学	崔宇明	高、初中	20227	26	3150
省立	湖州中学	张体刚	初中	171	25	2950
省立	嘉兴中学	曾文隽	初中	140	26	2950
省立	杭州女子中学	夏岂之	高、初中	6120	23	2240
市立	杭州市立中学	王宇澄	高、初中	81534	54	6922
县立	海宁县立中学	谭裕卿	初中	58	17	850
县立	嘉善县立中学	夏昌庭	初中	109	8	750
私立	中山中学	屠忆清	初中	78	19	3000
私立	中日语学校	小山寅之助	初中	150	10	1500
私立	兴亚中学	小山寅之助	初中	76	20	2000
合计				1960	328	26312

上海市的公立中等学校有较大发展，共有：市立第一中学、市立第二中学、市立模范中学、市立格致中学、市立育才中学、市立缉规中学、市立第一师范、市立第二师范、市立第一女子中学、市立雷米路西侨学校、市立迪化路西侨男子中学、市立愚园路西侨男子中学、华德中学等 13 所。

《年鉴》中未有华中和华南沦陷区中等学校的数字统计。据有关资料显示，其时，武汉市公立中等学校在该时期有一定发展，除原有的市立第一中学和第一女子中学外，1940 年成立了市立高级职业学校，1941 年湖北省政府教育厅在武昌开办了省立师范及省立一中，1942 年伪市政府又先后设立市立第二中学（有初高中学生 10 个班，约 600 人）、市立第二女子中学（有初中 6 个班，学生约 300 人）、市立师范学校（有学生 3 个班，约 300 人）。其时在汉口之私立中等学校共 7 所，其中广雅中学（1942 年改为市立第二中学）、江汉中学圣若瑟女子中学与汉口红十字会高级助产职业学校 4 所曾在伪教育局或伪教育部立案；未立案者计有：法汉中学、上智中学与圣德肋撒女子中学 3 所。②

① 《第二次中国教育年鉴》，第 1639 页。

② 程华：《沦陷时期的武汉教育》，《武汉文史资料》1985 年第 4 期。

伪广东省教育厅成立之初，除命令积极修葺校舍、购置校具、准备开学复课外，并利用暑假期间筹办暑期夏令班，以收容失学青年儿童。在日伪当局的严令下，计有广东大学附中部、多宝路尾省立第一中学、文德路省立第一女子师范等3校先后筹办了暑期夏令班，根据伪当局的命令，所有学杂各费一概免收，由伪教育厅分配教师，编订讲义，统一印刷，分发各校应用。自1940年7月15日起至8月底止，共授课6个星期，办理大学预备班1班40人，高中各年级共6班120人，初中各年级共22班1034人。1941年后，各中学陆续开学，首先开课的有广东省立广东大学附属中学，省立第一、第二中学，省立第一女子师范。次年又于汕头市设立省立第三中学，在江门设立省立第四中学，广州市还有市立第一中学、市立第一女子中学。其他县立各中学有：南海县立中学、番禺县立中学、顺德县立中学、新会县立中学、中山县立中学、中山第二区立初级中学、中山第三区区立初级中学等。至于私立中学仅有八桂、复兴、中华、明德、岭峤、执信等校，全部位于广州市内，其中为纪念汉奸曾仲鸣、沈崧而办的鸣崧学校，校址设在中山纪念堂附近，规模最大。[①]

从上述资料可以看出，当时华东、华南、华中各沦陷区的中等教育恢复缓慢，公立中学为数甚少，除上海、南京、广州、汉口几座大城市外，其他各市县的公立中等学校可以说是凤毛麟角，屈指可数，如厦门在战前有省立中学一所、私立中学11所，在校生约3000人，根本无法满足广大失学青少年的入学需求。

1943年汪伪教育当局调查编制了《全国教育统计》，对1942年底汪伪统治区各级各类教育状况进行了综合统计。根据该表显示，至1942年底，汪伪统治下的华东、华中、华南地区共有中等学校240所，教师5153人，学生54250人。详见下表：

中等教育概况统计总表

省市	学校性质	学校数	学级数	学生数			教职员数			支出经常费（元）
				计	男	女	计	男	女	
总计	计	240	1333	54250	35860	18370	5153	4283	870	26119783
	初级中学	67	258	10513	6969	3544	986	838	148	3609942
	中学	134	862	36960	24501	12459	3164	2610	554	15780560
	师范学校	13	82	2743	1466	1277	420	350	70	4177938
	职业学校	26	131	4034	2944	1090	583	485	98	2551343

① 林汝珩：《广东省教育厅一年来各项教育工作实施状况》，《复兴的广东》，第115—116页。

续表

省市	学校性质	学校数	学级数	学生数			教职员数			支出经常费（元）
				计	男	女	计	男	女	
江苏	计	90	469	20314	13163	7151	1662	1434	228	4275051
	初级中学	27	116	5304	3159	2145	422	367	55	1033150
	中学	52	293	13135	8666	4469	977	843	134	2251343
	师范学校	2	13	444	288	156	58	54	4	551940
	职业学校	9	47	1431	1050	381	205	170	35	438618
浙江	计	17	98	4197	2850	1347	393	299	94	1252380
	初级中学	5	27	1405	981	424	103	81	22	326640
	中学	8	54	2364	1594	770	198	144	54	540888
	师范学校	1	7	186	85	101	33	26	7	197832
	职业学校	3	10	242	190	52	59	48	11	187020
安徽	计	19	88	3299	2348	951	379	319	60	1067036
	初级中学	4	9	502	372	130	51	40	11	85280
	中学	8	52	1930	1313	617	209	173	36	522364
	师范学校	3	7	269	191	78	43	38	5	222360
	职业学校	4	20	598	472	126	76	68	8	237032
湖北	计	16	78	2382	1847	535	253	205	48	1865957
	初级中学	9	34	906	725	181	99	74	25	810960
	中学	6	35	1160	818	342	116	95	21	521608
	师范学校	1	9	316	304	12	38	36	2	533389
广东	计	35	233	7927	5211	2716	980	822	158	8084669
	初级中学	12	39	1205	842	363	180	162	18	960852
	中学	16	137	5148	3780	1368	561	474	87	5216034
	师范学校	2	27	740	136	604	108	78	30	1093494
	职业学校	5	30	834	453	381	131	108	23	814289

续表

省市	学校性质	学校数	学级数	学生数			教职员数			支出经常费（元）
				计	男	女	计	男	女	
南京	计	15	126	5996	4024	1972	569	464	105	2083786
	初级中学	2	10	382	276	106	50	44	6	126928
	中学	9	99	4865	3258	1607	399	323	76	1424532
	师范学校	1	5	317	160	157	60	50	10	202110
	职业学校	3	12	432	330	102	60	47	13	330216
上海	计	39	143	5967	4169	1798	622	498	124	3871741
	初级中学	8	23	809	614	195	81	70	11	266132
	中学	29	112	4859	3415	1444	488	384	104	2998949
	师范学校	2	8	299	140	159	53	44	9	606660
汉口	计	9	98	4168	2268	1900	295	242	53	3619163
	中学	6	80	3499	1657	1842	216	174	42	2304842
	师范学校	1	6	172	162	10	27	24	3	770153
	职业学校	2	12	497	449	48	52	44	8	544168

该项统计数据明显高于重庆国民政府资料所显示的数目，这一方面可能是由于国民党政府受多种因素制约，统计不完全，另一方面，汪伪当局为粉饰太平，制造教育繁荣的虚假和平景象，在统计中故意提高各级学校数字，也是极有可能的。

即便以该统计为标准，对比战前中等教育水平，差距之大仍然惊人。抗日战争爆发前的1936年，国民政府经过近十年的发展，国内经济、文化、教育状况都达到一定的水平，中等教育也有长足发展，是年全国中等学校已达3264校，其中中学1956校、师范学校814校、职业学校494校，与汪伪统治区相对应的各省市更是教育发达地区，1936年度江苏省有中等学校212校、学生42826人，浙江省有114校、学生30821人，安徽省有89校、学生14918人，江西省有68校、学生13231人，湖北省有113校、学生22527人，福建省有114校、学生19519人，广东省有333校、学生75774人，南京市有37校、学生9155人，上海市有144校、学生42357人。[①] 而汪伪政府统治

①《第二次中国教育年鉴》，第1429、1441、1442页。

下的中等学校数量直至1942年尚未恢复到战前水平的十分之一，毕业学生数量更少。

中等学校1941年度毕业学生统计表

立别	性质	初级			高级			合计		
		男	女	计	男	女	计	男	女	计
总计	计	2693	1414	4107	233	183	416	2926	1597	4523
	中学	2399	1247	3646	217	154	371	2616	1401	4017
	师范学校	28	23	51	16	29	45	44	52	96
	职业学校	266	144	410	0	0	0	266	144	410
国立	中学	88	89	177	11	15	26	99	104	203
	师范学校	0	0	0	0	0	0	0	0	0
	职业学校	20	0	20	0	0	0	20	0	20
省立	中学	505	230	735	88	18	106	593	248	841
	师范学校	0	16	16	16	29	45	16	45	61
	职业学校	178	82	260	0	0	0	178	82	260
市立	中学	491	207	698	35	0	35	526	207	733
	师范学校	0	0	0	0	0	0	0	0	0
	职业学校	0	0	0	0	0	0	0	0	0
县（市）立	中学	682	333	1015	29	15	44	711	348	1059
	师范学校	28	7	35	0	0	0	28	7	35
	职业学校	0	0	0	0	0	0	0	0	0
区（公）立	中学	26	11	37	0	0	0	26	11	37
	师范学校	0	0	0	0	0	0	0	0	0
	职业学校	0	0	0	0	0	0	0	0	0
私立	中学	607	377	984	54	106	160	661	483	1144
	师范学校	0	0	0	0	0	0	0	0	0
	职业学校	68	62	130	0	0	0	68	62	130

战争固然是重要影响因素之一，伪政权秉承日本侵略者的意旨，仅注意加强对学校的思想控制，强化奴化教育，对沦陷区中等以上学校的教育采取不鼓励、不发展的政策，从而造成日伪沦陷区中等教育的落后，学校数量、教学质量、学生人数等无法与战前相比的状况。

第二节　教材编纂与课程设置

教科书是教育方针的重要载体，是实施教育政策的主要工具，因此日伪教育当局特别重视教科书的编定，日伪沦陷区初等教育的奴化特征也主要体现在奴化教材的编纂和教学活动的安排上。伪临时政府教育部成立伊始，即急于改变原国民政府的教科书，倡言“反共亲日”。伪维新政府教育当局着手删改了初等学校的教科书，删除一切含有抗日字眼或有民族意识的文字，添加有关亲日的内容。汪精卫上台后，更将奴化亲日思想作为编写小学教科书宗旨。在课程安排上，日语课纳入了中小学生的课程表中，在有些地区，日语课时甚至超过国语；同时日伪当局还强迫中小学生频繁参加“亲日反共”文化宣传活动。

一、删改与编纂教科书

抗战爆发初期，华北、华东各沦陷区伪政权尚未建立，初级学校虽陆续复课，但所用教材有的是抗战前的教材，有的是自编讲义，有的是四书五经，有的则是日语教材，五花八门，无奇不有。伪当局也承认：“事变后，因环境变易，原有坊间出版之教科书内容多有未合，仓促又不能编印新教科书，以是各地学校各行其是，多半则以昔日私塾所用之三字经、千字文、四书等为过渡。”[①] 伪北京市地方维持会在成立之初就通令各中小学校添《论语》《孝经》《礼记》《左传》诸课，随后又将万国道德总会印行的《四书》训饬所属中小学校一体采用。[②] 因此，各伪政权在成立之初，都将制定符合“中日亲善”的奴化教育思想体系的教科书作为首要任务。

早在七七事变之前，在殷汝耕伪组织和冀察“政府”治下，就由所谓“日满文化协会”主持，对原有教科书实施了大规模之修改。其目的在于灌输中国人民以“大亚细亚主义”和中日“满”必须亲善的思想，淡薄甚至抹杀国家概念。所以，在初级学校课本内，“五三济南惨案”、“五九”、“国耻”、“提倡国货”、“国旗史”、“孙中山伦敦逃难”、“中国气候”、“中国地理”、“国防和飞机”等均被删去，即稍涉及国粹、斗争、爱国、中国历史的阶段与变迁亦无不被删改。书内的“我国”二字则以“支那”代之。对于“冀东政府”大吹大擂，颂之为“为人民谋幸福”的政府。在“常识”课本上，将原第二册第十课“纪念孙中山”，改为“课堂的清洁”；书内印有南京通讯地址改为“天津”与“北平”；第六册上之“中国国货与爱国”，改为“增加生产”，“华侨”一课改为“地方生产品”；第八册上之“以和平斗争

---

① 《申报年鉴》，申报出版社，1944 年，第 944 页。

② 《世界日报》1937 年 10 月 21 日。

去救国”改为“通商口岸与租界地”，“中国之将来”那一课因提到不平等条约，删改为“科学家爱迪生之生平”；第八册第三十三课“选举与罢官”改为“冀东防共自治政府”。甚至胡说中国万里长城的建筑是为预防共产主义之侵入中国，运河之开掘，是为“冀东自治政府”的便利。①

七七事变后，伪北京地方维持会称：“北京各中小学校于事变即平，因急于开学，而原用之教科书又不尽适用，当由本会拟订标准，督令社会局选定审定委员，将中小学及短小、简易、社会教育各级所用教科书详加审核删定，送由本会决定。”②并于1937年8月16日提出并通过了《各级学校教科书改订案》，成立“临时教科书审定委员会”，制定“审定标准”，包括：一、“关于妨害邦交者”；二、“关于义务教育者”；三“关于隐含共产主义者”；四、“地理历史上有虚构者”。对所有小学教科书，如国语、自然、卫生、地理、历史等类分别审查，其中涉有“妨碍中日邦交及赤化意义者”，分别删去修正，且每次会议均由日军多喜顾问及长领特务机关长列席参加。至9月中旬，小学组匆匆完成，决定即日将审定的课本付印，最终赶在10月中旬各小学开学之时将“新”教科书发到学生手中。

由于这一套临时课本匆匆而就，错误颇多，如《中国地理》一书，因有不同版本之别，以致内容虽属相同，而章节先后颠倒者，往往有之③。因此，11月21日伪京津地方治安维持会联合会在北平居仁堂再次协商教科书改定事宜，兹将议决如下：“（一）天津负责审定普通小学教本（高小、初小）、短期小学课本（一二年制）、民众学校课本；北平负责审定初高中、师范、简师、乡师课本。（二）双方组织小组审委会审定后，津方应由冈部顾问转京编审局复审后，再交审定委员会通过，送京津治安联合会做最后决定。（三）小学用书，除初小改用中华出版之自然卫生、商务出版之常识外，另添修身一科。高小改卫生为修身，并应普遍加添日语。其余仍照天津前审用书再加复审呈会通过后即令一体采用。（四）读经一科，指定选读论语。自高小一年级起采用由编审局选择教材。（五）修身课本由编审局编纂教本。（六）短期小学一二年用书，可依据津市原本加以复审。（七）民众教本，可依据京方用书加以复审。（八）教员参考书籍暂不删审，仍用旧书。”④

1938年1月，伪临时政府教育部组成初等教育研究会与中等教育研究会，继续编纂中小学及师范学校春季用的教科书。3月1日，伪教育部成立了“教科书编审会”，

---

① 《日寇在华北实施奴化教育之狠毒与荒唐》，《救国时报》1936年6月5日。

② 《北京地方维持会报告书（下）》，转引自邓菊英、高莹编：《北京近代教育行政史料》，第162页。

③ 《北平市市政公报》1937年417期。

④ 天津特别市教育局编：《教育公报》第2期“公令”，1938年1月1日。

汤尔和任委员长，汪怡、周作人等26人为委员，日本文部省图书编纂官藤本万治等具体负责领导教科书的编纂事宜。其编纂方针为："一、排日材料、否认满洲国的材料、三民主义和亲苏容苏等材料，一律削去；二、应依据中国固有之道义，顺应时代趋势，实现中日'满'三国亲善合作，促进东亚各国安定和东方文化的发展，为新中国培养善良有为的国民"等[①]。是年8月，该编审会完成小学、中学及师范学校所有教科书共155种的编纂，其中新编的小学课本包括：初级小学（4年制）——修身、国语、常识、算术；高级小学（2年制）——修身、国语、历史、地理、理科（自然）、算术。《孝经》《论语》《孟子》等四书五经重新成为小学生的必读课本，同时以所谓的"新民主义"取代原有的三民主义，禁止近代国民教育，规定凡有中国国旗标记的读物、有三民主义内容的书籍均列为禁书，企图泯灭沦陷区儿童的民族意识。

伪华北政务委员会教育总署成立后，为强制推行该套奴化教材，训令所属各中小学"务必按照目标内所列书名分别采择购用，不得再行沿用未经修正审定之各项教科书"。1938年5月，伪华北教育总署又颁布了教科图书审查规程，规定学校所用之教科图书未经审定不得发行或采用。然而，广大沦陷区人民对这些充斥奴化思想的教材并不接受，常常找出很多借口推托，拒不使用官方的教材。以致到1940年7月时，伪教育总署不得不再次训令各省公署教育厅局，略谓："为令遵事。案查修正各级学校课程标准及编审会新编行之各种应用教科书，迭经通令实施采用各在案，兹值学年开始，特再重申前令，仰该厅局迅饬所属公私立各级中小学校，务各厉行采用编审会所编行之新教科书，并应遵照前临时政府教育部公布之课程标准及教学时数表设置日语课程，切实奉行。至普通私立中小学以及外籍人所经营之学校，尤应随时派员勤加视察，照章严行监督为要。此令。"[②]

在华东、华南等地，以初等教育恢复较早之浙江省为例，1937年11月日军侵占湖州后，在湖州大力推行奴化教育，宣传"八纮一宇"、"同种同文"、"大东亚共荣圈"等奴化思想，并按此改编了学校教材，如小学国语教材中第一册第一课题为"太阳、雪人"，将日本比作太阳，中国比为雪人，太阳一出，雪人就融化了，让中国青少年心甘情愿地屈服于日本的殖民统治之下。1938年初伪杭州市自治会成立后，十分重视初级教育的恢复，由伪自治会教育科第三股主持，聘请专家编制小学课本，"务于时代环境以及日华提携后教育事业之标准，暨现时小学生应灌输之思想常识并小学毕业后切合实用诸点，均颇注重，俟全部编竣后（约需一二月时间），再送日华最高

① 宋恩荣、余子侠主编：《日本侵华教育全史》（第二卷），人民教育出版社，2005，第379页。
②《华北政务委员会公报》第13期至第18期，"教署·公牍"，1940年8月9日。

当局加以审定。至目下急须（需）恢复各小学课本，即拟如青年会之暂采用开明本，将不适合于环境暨与日华亲善政策有抵触者，酌予删除云”。[①]

伪维新政府成立后，即组织一批汉奸文人对原有教材进行删改，删除其中有关国家民族思想部分，尤其是史地教材中的国耻教育章节，更是删改得面目全非，以合乎日本侵略者的奴化政策需要。如小学国语课本第一册第三课课文定为“风雨同舟”，其意显然是指所谓“日华提携”而言；第六册中有“我们的小朋友”、“日本人的小学生活”等课，大肆宣扬日本与中国是同文同种，日本之民族性如何谦让，“而尤富于进取精神，足为我人模范”等语；第二十七课“孟母择邻”，则称国家亦须择邻，须“与日本互助合作”；第七册内更有“日本武尊”、“男童节与女童节”、“富士山”、“日本的东京”等课文，极力叙述日本的风景和掌故，夸大日本之强大，麻醉中国儿童的心理。至于维新政府所编的高小历史教科书中，更是胡编乱造，曲解史实，为日本侵略者脸上贴金。如第三册第七课“戚继光平定闽浙倭寇”一文中，不仅全篇抹去“倭”字，而且还不顾历史事实，将长期骚扰中国东南沿海的倭寇改为中国海盗，课文中写道：“查明史所称倭寇，实系中国海盗，纵有日人在内，亦极居少数，否则何以每次所摧巨匪，皆系华名。……中日两国……实则兄弟，乃不应以莫须有之事，故意毁谤兄弟，不但有亏人格，且大悖其祖宗遗训。”[②]竟恬不知耻地将抗击日本侵略说成是“有亏人格”、“大悖祖宗遗训”。地理课则竭力避免恢复中国领土意识，如叙海南岛而不提琉球、台湾；叙威海卫，而不提旅顺、大连，至于东三省，则更只字不提。以这样的课本教育中国沦陷区的儿童，其殖民奴化性质显而易见。

伪维新政府教育部所编的这套教材，大抵系从抗战前各书店所出的课本中选取一部分，略加删改而成，因找不到印刷厂家，一部分送到日本印刷，1939 年 12 月伪教育部函请财政部转函天津海关，对由日运津之小学教科书免验放行，函曰：“据本部直辖编审会呈称，兹据新民印书馆声称，现在日本东京所印明年春季应用之小学教科书四百万册，约装八千箱，已由日本陆续装船运往天津，因备明春开学之用，亟待分发各省市，拟请钧部转函天津海关准予免验放行，以省时日。”[③]伪维新政府赶制的这批教科书“惟功成仓卒，殊未尽善，且号令不远，通行不广”。

汪伪国民政府成立后，各沦陷区的教育有一定的恢复发展，教科书问题乃更显突出。汪伪第一届全国教育行政会议召开时，就将迅速编印符合卖国理论的中小学教材

① 《新浙江日报》1938 年 3 月 15 日。

② 《第二次中国教育年鉴》，第 1633 页。

③ 伪维新政府教育部编：《教育公报》第 19 期，1940 年 1 月。

提上了议事日程，汪伪教育部乃命令：“一面将从前各大书局发行之中小学各种教科书分别审查，其有不合时宜或不臻完善之处，用最简明之评定，标明‘适用’‘不适用’‘修改后适用’列表分发外，一面并责成编审委员会及国立编译馆，切实编撰各级学校教科书。”①

1940 年 8 月，伪教育部开始重新编订修改中小学教科书，删除所谓不适当内容，删除原则是：“教育方针既确定在于反共，则凡各级学校的教科书上含有阶级斗争，或足以引起阶级斗争的一切思想，皆当全部删除。”“又教育方针既确定在于和平，则凡各级学校的教科书上，含有民族国家间的仇恨，或足以引起将来的民族国家间的仇恨的思想，亦当加以适当的修正。”②

即便如此，日方仍不满足，特别雇用汉奸文人在日本的《大阪每日》报上撰文，公开强调中国的教育一定要选用“亲日教材”，并提出选辑“亲日教材”的办法有四：一、审查旧有的教材；二、编辑新需要的教材；三、译述“友邦”的教材；四、征求各地的教材。同时拟定出“亲日”教材的标准，包括：“激动中日亲善情绪的诗歌、小说；感发中日亲善思想的言论；描写中日亲善事实的记载；涵养中日亲善意趣的艺术；中日两国有关的历史；中日两国有关的风俗习惯；中日两国有关的共同理想；中日两国过去的共同危维；欧美帝国主义者对中日两国的阴谋；有关日本的各种知识；日本能供我国借鉴的各种优点和资料；建设东亚新秩序的各种知识；东亚联盟运动的各种知识；中日合作的各种知识；中日两国的时事新闻或情报；日本古代今代各名人的介绍；日本新兴事业的介绍；日本政治经济上的各种新动态；日本的各种教育状况；中日两国已往的误谬思想和行动；其他有助于亲日教育的教材”等等③。

根据这一原则，伪教育部删除了原有课本中所有有关爱国主义和反侵略斗争的内容，甚至连王冕少时刻苦读书的故事也未获保留。

日本上海总力报国会顾问小川爱次郎在向日本驻华公使田尻的报告中称：“（被日军扣押的书籍）已达 19164017 册，其中小学教科书 15178284 册、中学教科书 1464817 册。这些均由旧国民政府国定或指定，新国民政府成立后重新编纂。国民政府重新编纂过程中，删除了原来的所谓的排日的文字、文章，改为希求中日提携的措辞，具体的教材几乎均依据此项原则。”④

---

①《申报年鉴》，申报出版社，1944，第 944 页。

② 杨鸿烈：《国民政府还都后的“文化”政策》，《中日文化月刊》第 1 卷第 2 期。

③《从抗日教育说到亲日教育》，大阪每日新闻社、东京日日新闻社：《大阪每日》（华文版）第 7 卷第 8 期（总第 72 号），1941 年 10 月 15 日。

④ 上海市档案馆编：《日本帝国主义侵略上海罪行史料汇编》，上海人民出版社，1997，第 658 页。

抗战胜利后，国民政府曾对这套教科书进行研究，认为其编撰原则不外乎以“和平建国”“东亚共荣”等汪伪集团的卖国理论为基础，编辑要旨可分为三点：

（一）曲解三民主义中之民族主义。指三民主义中之民族主义系以大亚洲主义为其重要内容，中国之独立自由与东亚之永久和平为不可分离，而世界之永久和平，亦必于此求得基础。

（二）倡导和平反共建国主义。认为和平反共建国主义为当时救国救民惟一南针，和平反共建国之途径，系于和平中谋建设，非于和平中图苟安。

（三）宣传东亚联盟四大纲要。认东亚联盟四大纲领：政治独立、军事同盟、经济合作、文化沟通，为东亚民族共同生存、共同发达之基本原则。

鼓如簧之舌，作强诡之辩，欲以上述各种涵义融化于中小学教科书内，进行其所谓“唤醒”大“东亚的自觉”工作，消灭我抗战意识，缓和我民众仇日心理，再进而成全敌人东亚联盟的迷梦，使我青年悉受蛊惑，甘为驱使，乃至亡国而不自知觉，其险恶之甚，较之伪维新政府时代抑又过之。①

经过一番快速炮制，1940 年学年开始时，初小之国语、常识、算术，及高小之国语、历史、地理、算术、自然、公民等科课本均陆续出版，分发各地应用。

由于沦陷区内各书局和印刷厂对汪伪的奴化教材大多采取抵制态度，印刷缓慢。同时日伪仅控制了华北华东地区的大中城市，而对为数众多的小城市及乡村无法实行有效统治，因此这些教科书在印刷与发行上均存在很大问题，各地小学开学后甚至两三年内都未领到课本，所用教材仍然混乱不堪。据国民党战地党政委员会调查，到 1942 年，湖北省当阳县伪政府所设之各初级小学，“其教材均经敌宣抚班审定，始得教授，内容多系宣传‘东亚和平’，蒙蔽抗日意识之亡国论调”。沙市上游之董市、江口两处伪政府各设立小学一所，“而课本仍采用我方前在该地用过之书籍”。荆门县立沟溪小学“所用课本全系中、日文合编”。广州市内共设有初级小学 80 余校，“主要课目为新民课本及日语”。仅上海地区“限定各校一律采用伪政府审定之教科书，违者重罚”。②1942 年 3 月，伪上海特别市教育委员会训令各中小学：“案查特区中小学校，犹多激励抗战情绪，值此和建奠定之时，此种现象殊违政府之主旨，本会职司特区教育，碍难睹此畸形情态，素非采用现行国定课本，兹特着各该校长，迅速调

① 《第二次中国教育年鉴》，第 1633 页。

② 国民党战地党政委员会编印：《倭寇之奴化教育》，中国第二历史档案馆馆藏国民党中央宣传部档案。

换国民政府教育部所编之国定教科书，毋稍因循，仰即遵照办理具报。”[①]

1943年春，汪伪当局勒令上海各大书局组成联合出版公司，其主要目的即在经营教科书业务。是年下半年起，教科书业务又由国营转为商营。

在汪伪统治时期，中学各科教科书则一直未能统一编定出版。1941年2月，伪教育当局再次对高级中学的公民、历史、地理三课的课程标准做了暂行修正，认为公民课程的目标是“使学生习得社会生活必需之知识以及组织能力办事方法为社会服务；使学生认识中国国民党之主义、政纲、政策，为建国及解决社会问题唯一途径；使学生明了人生之意义，启发其自觉心，以确定其人生观，并养成其对于复兴民族之责任心；使学生了解‘和平反共建国’为‘善邻友好’、树立‘东亚永久和平’及‘新秩序建设’之基础”。教材大纲上突出“和平反共”部分，内容包括：对和平反共国策之认识、总理大亚洲主义之真谛、中日和平条约之内容、东亚联盟之意义、中日和平与世界和平等。历史、地理两课则故意歪曲事实，为日本侵略者脸上贴金，如现代史部分就加了“和平反共建国运动”和“建设东亚新秩序”两部分。1942年汪伪教育部曾函请国立编译馆协助编辑“国定”初中公民、中外史地等各教科书，至1943年初，“新印初中公民、中外史地及最近修订付印之初中第四版各教科书，业由承印商华中印书局检送到会”，共计15种32册，即国文1—6册、英语1—3册、本国地理1—4册、外国地理（上、下）两册、本国历史1—4册、外国历史（上、下）两册、公民1—3册、植物（上册）、动物（上册）、物理（上册）、算术（上册）、化学（上册）、代数（上册）、几何（三）、生理卫生（全一册）。[②]但是，这套教科书在印刷及发行上却遭到沦陷区人民的抵制。日伪当局曾一度想送到日本去印刷，也因运输问题未能实现。

因此，各沦陷区中等学校的教材在相当长的时间内均由各当地伪教育部门自行定夺，或使用抗战以前的教材，略加删改；或由各科教员自己编印讲义教授。伪广东省汕头市教育局就提出，“中学教科书在部未审定颁发以前，遵照部令，由各科主任教员编印讲义教授”。[③]而厦门市中学所用教材“均以前我之普通教科书，惟将有关反日及富有爱国思想者删去而已”，并“成立编译委员会，秉日人旨意，编印媚日补充教材”[④]。从而导致广大沦陷区中学教学内容有深有浅，教学方法千差

① 上海市档案馆编：《日本帝国主义侵略上海罪行史料汇编》，第702页。

②《教育部编审委员会致国立编译馆函》（1943年2月9日），中国第二历史档案馆藏汪伪国立编译馆档案，二〇九五/76。

③ 汕头市政府秘书处编印：《汕头市更生二周年纪念》，1941年6月21日印行。

④ 中国第二历史档案馆藏国民政府教育部档案，五/13813。

万别，教学质量参差不齐，中学生受教育程度自然也就无法提高。以至于许多中学毕业生的水平比小学生高不了多少。伪安徽省教育厅厅长钱慰宗曾无可奈何地表示："本省中学生国文程度，依据督学视察报告，多参差不齐，才华卓越者，固属鲜见，即比较成绩优良者，亦不甚多得，其下焉者，大多文理欠通，别字连篇，书法恶劣，较之事变以前水准，已大见低落，最近曾收一位中学生寄来的信，用的是外国纸，写的是铅笔字，其中别字三见，文理亦极不通顺，国文根底如此薄弱，于发扬文化前途，关系至巨。"①

此外，汪伪政权在其统治的中心地区推行乡土教学，编撰各省及各县乡土教材，以配合清乡教育的推行。

1942年8月，伪江苏省教育厅令饬各县"组织乡土教材编纂委员会，搜集材料，拟定要目，由本厅综合汇编，分发各县应用"。同年9月，伪江苏省教育厅拟定各县教育局科暨省实小区教育协进会编纂乡土教材办法，规定："各县乡土教材由教育局教育科组织乡土教材编纂委员会主持编订，本省共通性之乡土教材，由省立实验小学区教育协进会主持编订。""各年级乡土教材及参考材料，得另聘本地有经验之初教人员协助编辑。"同时颁布编纂乡土教材计划大纲，对乡土教材之编订做了详细的规定：编纂乡土教材的标准有："1. 合于儿童经验的。2. 合于类化原则的。3. 足以代表本省或本地特质的。4. 足以激发民族精神的。5. 与文化发达有重大关系的。6. 符合国策并适应时代精神的。7. 足以引起儿童开发地方富源兴趣的。8. 足以引起儿童研究科学兴趣的。"应注意事项有："中高年组，课文前提出纲领，课文后附研究问题或调查表等；低年组，仅有课文，无纲领及问题，并可兼采歌谣式韵文以便诵习。""教材可视材料之性质，分别为读书常识（历史、地理、自然）、劳作等项。"等等。大纲中包含编纂乡土教材要目，其中又分为"本省乡土教材要目"和"各县乡土教材要目"。前者包括：

1. 本省的历史沿革。

2. 本省的行政区域和行政组织。

3、本省的地理形势。（包括地势、山川、面积、气候和自然区域等）

4、本省的人口和人民生活。（包括宗教信仰）

5、本省的重要都市。（如吴县、镇江、江都、铜山、连云港、南通等）

6、本省的农产和矿产。（农产如米、棉、丝、茶、鱼产、畜产、花果、花生、麦、高粱等。矿产如煤、石灰、石英、白泥、陶土、海盐等）

① 《一年来的安徽教育》，载《教育建设》第二卷第一期，1941年4月10日。

7、本省的工商业。（工业如制酒、织席、刺绣、毛毯、玻璃、陶器、面粉、纺织等。商业如金融业、运输业等）

8、本省的交通和建设。（如铁路、公路、河道、桥梁等）

9、本省的名胜古迹。（如吴县之虎丘、狮子林、寒山寺、天平山、灵岩山，无锡之惠山、鼋关渚，镇江之金山、焦山，宜兴之庚桑善卷洞，常熟之虞山，江都之瘦西湖等）

10、本省的教育状况和文化事业。（大中小学校之统计及其他文化团体）

11.本省的先贤。（从各县乡土教材中选择有普通性的作为本省的教材）

12.本省的乡土文艺。（从各县乡土教材中选择有普通性的作为本省的教材）

13、本省的四季物候。（如季风、梅雨、潮汛等）[①]

至于各县的乡土教材要目，内容大体与上述相同，只是范围缩小到县级而已。

是年9月，各县及省实小区教育协进会编纂乡土教材委员会先后成立，11月提交乡土教材细目。至1943年，江苏省共同性之乡土教材已由苏州实验小学编竣，其余各县除无锡、昆山外，均未完成。

上海市也制定了同样的搜集编纂乡土教材计划，并着手进行。

值得注意的是，在伪江苏省政府教育厅1944年10月编印的《两年来之江苏教育》这一极为详细的资料中，并无该乡土教材印发使用的情况记载，这种奇怪现象不能不使人疑窦顿生。因此，笔者认为，日伪当局兴师动众组织大量的人力物力，编纂所谓乡土教材，目的不外乎两点：一是利用所谓乡土教材，在儿童心理中突出本地区的风土人情，淡化其他省份地区的概念，从而达到泯灭民族、国家意识，甘受日人奴役的目的；二是日伪政府打着编纂乡土教材的旗号，干着搜集情报的阴险勾当，否则，小学教材中何以用得着编入本省及各县的金融交通业甚至大中小学校之统计等情报。

二、课程与教学

1. 小学课程设置

1938年3月，伪华北临时政府教育部为商讨今后教育之设施及学校制度之改善起见，特决定于部中设立学制研究会，负责研讨中小学学制事宜。伪教育部部长汤尔和兼任会长，聘定各教育专家、各省市主管教育机关首脑人员及各级学校校长等19人担任委员，最后由汤尔和与日军特务部喜多部长共同协议确定，于1938年秋季新学年开始前夕，伪教育当局公布了“新课程”。

① 《两年来之江苏教育》，第72—73页。

伪华北政权下小学教学科目及每周教学分数表[①]
（1938 年 8 月 24 日临时政府教育部公布）

<table>
<tr><th colspan="2">年级
科目　分数</th><th>第一学年</th><th>第二学年</th><th>第三学年</th><th>第四学年</th><th>第五学年</th><th>第六学年</th></tr>
<tr><td colspan="2">修身</td><td>60</td><td>60</td><td>60</td><td>60</td><td>60</td><td>60</td></tr>
<tr><td>国语</td><td>说话
读书
作文
写字</td><td>420</td><td>450</td><td>450</td><td>450</td><td>450</td><td>450</td></tr>
<tr><td rowspan="2">算术</td><td>笔算</td><td rowspan="2">60</td><td rowspan="2">150</td><td>150</td><td>150</td><td>150</td><td>150</td></tr>
<tr><td>珠算</td><td>60</td><td>60</td><td>60</td><td>60</td></tr>
<tr><td colspan="2">常识</td><td>150</td><td>150</td><td>150</td><td>150</td><td></td><td></td></tr>
<tr><td colspan="2">历史</td><td></td><td></td><td></td><td></td><td>90</td><td>90</td></tr>
<tr><td colspan="2">地理</td><td></td><td></td><td></td><td></td><td>90</td><td>90</td></tr>
<tr><td colspan="2">自然</td><td></td><td></td><td></td><td></td><td>120</td><td>120</td></tr>
<tr><td colspan="2">工作</td><td>150</td><td>150</td><td></td><td></td><td></td><td></td></tr>
<tr><td colspan="2">劳作</td><td></td><td></td><td>90</td><td>120</td><td>120</td><td>120</td></tr>
<tr><td colspan="2">美术</td><td></td><td></td><td>60</td><td>60</td><td>60</td><td>60</td></tr>
<tr><td colspan="2">唱游</td><td>180</td><td>180</td><td></td><td></td><td></td><td></td></tr>
<tr><td colspan="2">体育</td><td></td><td></td><td>150</td><td>150</td><td>150</td><td>150</td></tr>
<tr><td colspan="2">音乐</td><td></td><td></td><td>60</td><td>60</td><td>60</td><td>60</td></tr>
<tr><td colspan="2">日语</td><td></td><td></td><td>（60）</td><td>（60）</td><td>（90）</td><td>（90）</td></tr>
<tr><td colspan="2">每周教学总分数</td><td>1020</td><td>1140</td><td>1290</td><td>1320</td><td>1500</td><td>1500</td></tr>
<tr><td colspan="2">说明</td><td colspan="6">一、时间支配，以三十分一节为原则，视科目性质得分别延长到四十五分或六十分。
二、周会于星期六举行，作团体训话。
三、晨会星期一至星期五每日十分钟，作分级训话及卫生检查。
四、国术应占体育时间三分之一。
五、高小得设少年团，其时间在体育钟点内酌量支配。
六、各年级日语斟酌地方情况经主管教育行政机关之许可得予免授。</td></tr>
</table>

在新课表中，首先删除了原国民政府时期有关排日、抗日的教科和公民训练，每

① 《中小学及师范学校教学科目及每周教学时数表》（1938 年 8 月 24 日临时政府教育部公布），伪华北政务委员会政务厅法制局：《华北政务委员会法规汇编》“六、教育”，1941 年编印，第 12—14 页。

周增1小时的修身教学，改设的修身科更强调“东亚和平精神”，要求学生重视“东方固有的道义”，“谋求东亚一体的共荣”，从而“炼成致力于发展东亚文化、健全有为之人格”，使其统治下的中国儿童都甘心供其奴役。其次，为强制推行日本文化与思想，日语课作为“新宠”成为华北沦陷区小学生的必修科目。第三，与原国民政府的课表相比较，减少课时数，增设劳作科和国术科，加大对学生基础劳动课的培训和体格训练，为培养经过奴化教育洗脑且有低知识水平的强壮劳力做基础。

其中日语课程的添设，是为奴化教育的最重要特征。1937年10月，伪北京市地方维持会即通过社会局训令各市、私立中小学加添日语随意科[①]。伪天津市地方维持会也通令各小学校：“自事变以还，中日人士交际往返日见增繁，惟语言文字不通，窒碍良多，本局为适应需要起见，定自本年十一日一日起，先择市、私立各小学有高级班者四十处，每周添授日语各一小时，所有教员业经由局委定，并拟分校按周轮流教授，以便学习。”并随令分发了日语教授时间表，强制执行。[②]在上述课表中虽规定“各年级日语斟酌地方情况经主管教育行政机关之许可得予免授”。但实际上，在日军的淫威下，各沦陷区伪教育当局只有要求尽量多授的，而绝不会敢“免授”。日伪当局也感觉到在小学校中每周仅授60分钟，远远不能满足奴化教育的需要，1939年1月，伪华北临时政府教育部再次下令：“各小学校三四年级每周各授日语六十分钟，自应增添以符应用”，“自本年二月份起授课为要”[③]。

1939年6月，日本“对华中央机关”——兴亚院特别制订了《普及日方策要领》，明确规定了在中国占领区实施日语教育的根本方针及具体组织纲要，提出“兴亚工作的根本”在于以“皇道精神”为核心的教育，“内可培养能指导大陆民族的纯正的日本人，外可教育青少年、教化一般民众生活”，“其武器就是日语”。该《要领》还规定，兴亚院内设普及日语对策本部，负责有关普及日语的各项事宜，包括培养、指导、监督、招聘、推荐与任免日语教师编纂、发行日语教科书及其他所需刊物；调查、研究日语教法等问题。并要求在北平、上海、张家口及厦门等地的兴亚院联络部内也设有日语普及部，专门负责对从日本派来的日语教师进行实地训练、培养民间日语教员，并负责日语普及状况调查、指导监督各学校的日语教育等事宜[④]。由此可见，日本侵略当局在中国沦陷区实行的日语教育政策带有极为浓厚的政治企图与殖民奴化色彩。

在这一思想指导下，华北各沦陷区的日语教育更加扩大化。据当时的日本人记载，

① 《世界日报》1937年10月6日。

② 伪天津特别市教育局编：《教育公报》第2期“公令”，1938年1月1日。

③ 《市政公报》1939年第43期。

④ 王士花：《华北沦陷区教育概述》，《抗日战争研究》2004年第3期。

伪教育当局要求小学三、四年级每周须上 2 小时的日语课，小学五、六年级每周 3 个小时以上，远远超过《新课程》中的课时安排。[①] 在实际实施过程中，各地的日语教学时间并不统一，如河北的涿县从小学四年级起开设日语课，每周 3 小时；良乡县则从小学三年级起开设日语课，每周也是 3 小时；长辛店镇立小学校与县立卢沟桥小学每周是 2 小时。各校所用日语课本不尽相同，有《小学日本语读本》《正则日本语读本》《速成日语读本》《日本语佳话读本》《初级日本模范教科书》《初等日语读本》《小学日本语读本》等数十种之多，极其混乱，以致学生的日语程度各不相同，无法衔接。为统一起见，1940 年起伪北京市教育局拟定了各年级采用日语读本标准，规定：小学三、四年级采用教育总署编审会所编之小学日语读本卷一，五、六年级采用该项读本卷二，初中一、二年级采用本局所编之日语读本，三年级采用编审会所编之中等日语读本，初中一、二年级可随意选择。[②] 并于次年检发了日语教科书配当表，强迫各校统一购买使用。可见，在华北沦陷区中，日语课程已成为广大中小学生的必修科，不仅写入课表，而且以行政手段强制执行。

与华北地区公开强制开设日语课程的状况相比较，汪伪在华东、华南等地的日语课程显得更隐蔽些。1938 年在伪维新政府颁布的小学暂行规程中，对初等学校的课程安排有详细规定，小学教学科目及每周教学时间如下：

<table>
<tr><th colspan="3" rowspan="2">科目 / 分钟 / 年级 / 初级或高级</th><th colspan="4">初级</th><th colspan="2">高级</th></tr>
<tr><th>一年级</th><th>二年级</th><th>三年级</th><th>四年级</th><th>五年级</th><th>六年级</th></tr>
<tr><td colspan="3">修身</td><td>60</td><td>60</td><td>60</td><td>60</td><td>60</td><td>60</td></tr>
<tr><td colspan="3">体育</td><td>120</td><td>120</td><td>180</td><td>180</td><td>180</td><td>180</td></tr>
<tr><td colspan="3">国语</td><td>420</td><td>420</td><td>420</td><td>420</td><td>420</td><td>420</td></tr>
<tr><td colspan="3">日语</td><td></td><td></td><td></td><td></td><td>180</td><td>180</td></tr>
<tr><td>历史</td><td rowspan="2">社会</td><td rowspan="4">常识</td><td rowspan="4"></td><td rowspan="4">150</td><td rowspan="4">180</td><td rowspan="4">180</td><td>60</td><td>60</td></tr>
<tr><td>地理</td><td>60</td><td>60</td></tr>
<tr><td colspan="2">自然</td><td>90</td><td>90</td></tr>
<tr><td colspan="2">卫生</td><td>30</td><td>30</td></tr>
<tr><td colspan="3">算术</td><td>60</td><td>150</td><td>180</td><td>210</td><td>180</td><td>180</td></tr>
<tr><td colspan="3">劳作</td><td>90</td><td>90</td><td>90</td><td>90</td><td>60</td><td>60</td></tr>
<tr><td colspan="3">美术</td><td>60</td><td>60</td><td>60</td><td>60</td><td>60</td><td>60</td></tr>
<tr><td colspan="3">音乐</td><td>60</td><td>60</td><td>90</td><td>90</td><td>60</td><td>60</td></tr>
<tr><td colspan="3">总计</td><td>1020</td><td>1110</td><td>1260</td><td>1290</td><td>1440</td><td>1440</td></tr>
</table>

说明：1. 修身与其他科目不同，重在平时修养，表内所列为每周授课两节之时间。

① [日] 东亚同文会：《第七回新支那年鉴》，1942 年 3 月，第 797 页。

② 《新民报》1940 年 8 月 2 日。

2. 初级常识科包括社会、自然及卫生。

3. 高级社会科得分历史、地理二科，时间支配，历史 60 分钟，地理 60 分钟。

4. 高级四年级起算术科加教珠算。

5. 总时间各校得依地方情形，每周减少 30 或 60 分钟。

6. 时间支配以 30 分钟或 60 分钟为一节，其 30 分钟者实授 25 分钟，其 60 分钟者实授 45 分钟。

7. 初级小学以不设外国语（英语或日语）为原则，但参酌地方情形，认为需要者，得增设之。[①]

虽然，该《规程》声称初级小学原则上不设外国语，但实际上，迫于日伪的压力，沦陷区各初级学校还是将日语作为主课，不仅从一年级就开始上课，而且在课时安排上甚至超过国语和算术。

汪精卫上台后，为标榜其政府的独立性，不是殖民傀儡政权，勒令各级学校恢复战前的教育状态，小学校中的日语教学自然要被取消了。但这一做法遭到日本侵略者的反对。1940 年 7 月 6 日，日本派遣军总司令部致函汪精卫，要求汪伪教育部将日语列为中小学必修课，并强调此举是对日本“亲善”程度与“真诚”的重要标志。据此，汪伪当局特令在初中以上学校开设日语课，并列为必修课。但日本侵略者并不满足，再三宣称：“鉴于各学校拂拭英美色彩，日语学习的意欲较以往显著积极化的现状，望万不可错过此良机，进一步注意日语之彻底普及，并期万全。即在日本人教师补充困难的情况下，需得到当地部队的援助。语言学从小学一年级即始乃为最上策，为此需注意重点。”[②]

为此，汪伪当局想出一个折中的办法，于 1940 年 8 月拟定了《小学校日语课程调整原则及过渡办法》，其原则为：“小学课程，无论初级高级，本无外国语之规定，仅少数大都市因其实际需要，间有在高小加授外国语（大抵系英语）者，今可于小学课程表中附加说明一条如下：‘外国语以不教授为原则，但于都市区域，依实际需要，高年级（即五、六年级）得加授外国语（日语或其他外国语）。’”并表示“此项原则可公开发表”。根据这项原则，“现在各小学，如事实上已列有日语课程者，应按照上述原则即行更正，如有困难一时未易改正者，得暂行采用下列过渡办法”，对都

① 《小学暂行规程》，《维新政府公报》，第 34 号。

② 浙江省档案馆、中共浙江省委党史研究室编：《日军侵略浙江实录（1937—1945）》，中共党史出版社，1995，第 687 页。

市小学，“甲、原五年级已授日语者，本学期升入六年级，得继续之。乙、原四年级已授日语者，本学期升入五年级，得继续之。丙、原三年级已授日语者，本学期升入四年级、明年升入五年级，均暂得继续。丁、原二年级及一年级，本学期升级后亦不得加授日语，须俟递升至五年级时，如实际需要，始得加授。戊、原三、四年级并无加授日语者，不得再行加授。巳、原五、六年级并无加授日语者，加授与否，应依实际需要而定。”从而达到这样一个目的，“在使现在已授日语者，得于升级后继续授至毕业为止，其他本学期升至五、六年级后在四年级以下者，如原未授日语者，则非俟升至五、六年级不得加授……如此三年之后，大都市小学高年级可依实际需要而授日语，低年级不授。”对乡村小学，前三条与都市小学相同，第四条与第五条为：“丁、原二年级及一年级，此后递升至三、四、五班六年级，均不加授日语。戊、原三、四、五、六年级并无加授日语者，不得再行加授。”从而“在使现在已授日语者，得按其升级继续授至毕业为止，至于本学期升级后在四年级以下者，则虽递升至五、六年级，亦不加授日语。如此三年之后，乡村小学日语课程可以告一段落”。在这一过渡办法的最后注明“此项调整过渡办法，以不公开发表为宜”。[①]

根据上述日语课程调整过渡办法可以看出，日伪当局虽声称初等学校以不加授外国语为原则，但对都市小学，特别是高年级的所谓过渡办法，实际上是加强了日语课程教学，原本没有开设的学校也要求加授，虽然过渡办法中有“依据实际需要”的词句，但在日伪的殖民统治下，日语课程怎么会不是实际需要呢？对乡村小学，办法中有结束日语教学的表示，但以三年为限，三年以后的1943年，汪伪统治已由盛转衰，对乡村的统治更趋薄弱，广大群众对打有殖民烙印的日语教育深恶痛绝，小学日语课程即使不告一段落，也极少有人认真学习了。

小学校日语课程调整原则及过渡办法不公开地传达后，各沦陷区伪地方当局为迎合日军，在小学甚至低年级还是开设了日语课程，一般每周二至三课时，有的甚至达到每周5小时的课时安排。湖北省当阳县日伪占领期间因“课本全系日文，其宣抚班翻译官等每周亲往各校教授日语”，到1942年时，“该地儿童多能操简单之日语”[②]。

日本侵略者强迫沦陷区儿童学习日语，其目的非常明确：“……学会日语后，对日本情形亦可有相当之认识，尤其对于小学生的效果，一定是很大。因为初进小学之儿童，他父母对他是特别喜欢，感到自己孩子读日语，因此对日本发生亲密之感觉。”[③]

---

① 上海市档案馆藏日伪时期上海特别市教育局档案，R048-1-1-10。

② 国民党战地党政委员会编印：《倭寇之奴化教育》。

③《浙江日报》1942年8月16日。

至于其他各科课程皆以“坚定‘和平反共建国’必成的信念并切实奉行；发扬‘和平运动’完成‘救国救难’之任务；加强‘和平’中心教育以实现‘和平’总动员”等为基本原则，确保日伪奴化教育的推行，与汪伪政府所标榜的独立性大相径庭。

1943 年 6 月汪伪国民政府教育部视察苏淮特别区教育状况时，也发现不少问题，其中之一就是“学科课程未合规定”：“童子军课程内，有中国革命史略、三民主义大要、国父史略等，未能按时教授，公民皆改为修身”等，并称：“公民改授修身一节，因（日）特务机关主张以修身课本可以表现东方道德精神，只得以修身暂为代用，刻正与领事馆联络，由下学期改授公民，以符规定。”[①] 中国领土上小学生的课程需要日本特务机构来安排过问，这件事本身就是日本侵略者在中国实施殖民教育的证明。

2. 中学课程设置

伪华北临时政府教育部成立后，为落实奴化教育的“新方针”，于 1938 年 8 月发布了中学各学校每周教学科目及进数表，其中中学部分为初、高两级。详见下表：[②]

伪华北政权下初级中学教学科目及各学期每周教学时数表

科目 \ 时数 \ 学期 \ 学年		第一学年		第二学年		第三学年	
		第一学期	第二学期	第一学期	第二学期	第一学期	第二学期
修身		2	2	2	2	2	2
体育		3	3	3	3	3	3
生理卫生		1	1				
国文		5	5	6	6	6	6
日语		3	3	3	3	3	3
英语（法语或德语）		2	2	2	2	2	2
算学		4	4	4	4	5	5
自然分科制	植物	2	2				
	动物	2	2				
	矿物			1	1		
	化学			3	3		
	物理					3	3
历史		2	2	2	2	2	2

① 中国第二历史档案馆藏汪伪行政院档案，二〇〇三 /4150。

② 《中小学暨师范教学科目及每周教学时数表》，伪华北政务委员会政务厅法制局：《华北政务委员会教育法汇编》第六册《教育》，1941 年 2 月编印。

续表

学年/学期/科目/时数	第一学年		第二学年		第三学年	
	第一学期	第二学期	第一学期	第二学期	第一学期	第二学期
地理	2	2	2	2	2	2
劳作	2	2	2	2	2	2
图画	1	1	1	1	1	1
音乐	1	1	1	1	1	1
每周教学总时数	32	32	32	32	32	32
说明	一、初中学生每日上课及在校自习总时数规定为 8 小时，每星期以 48 小时计算，除上课时间外，另定自习时间。 二、不论住校学生或通校学生，均须规定督促考查自习办法，学生课外运动不包括在自习时间内。 三、每周应规定 1 小时为团体训话时间，课间操时间每日以 10 分钟为限。 四、由第一学年起，得视地方需要，减去图画、音乐，加修职业科目。 五、体育时间内应授国术 1 小时。 六、将来少年团实施时，应就原有体育钟点内匀出 1 小时，再另加 1 小时，每周共 2 小时，作少年团之钟点。 七、劳作科应授以关于农艺及工艺初步之技能，女生加授家事、裁缝初步之练习。					

伪华北政府权下高级中学教学科目及各学期每周教学时数表

学年/学期/科目/时数		第一学年		第二学年		第三学年	
		第一学期	第二学期	第一学期	第二学期	第一学期	第二学期
修身		2	2	2	2	2	2
体育		3	3	3	3	3	3
国文		6	6	6	6	5	5
日语		3	3	3	3	3	3
英语（德语或法语）		2	2	2	2	3	3
算学		4	4	4	4	4	4
生物学		4	4				
化学				6	6		
物理						6	6
历史	世界历史	2	2	2			
	本国历史				2	2	2

续表

科目 \ 学年 / 时数		第一学年		第二学年		第三学年	
		第一学期	第二学期	第一学期	第二学期	第一学期	第二学期
地理	世界地理	2	2	2			
	本国地理				2	2	2
劳作		2	2	2	2	2	2
图画		1	1	1	1	1	1
音乐		1	1	1	1	1	1
每周教学总时数		32	32	34	34	34	34
说明	一、高中学生每日上课、自习及课外运动，总时数为10小时，每星期以60小时计算。 二、每周除上课时间外，规定团体训话小1时，课间操及课外运动时间由校另行规定，余为自习时间。 三、图画、音乐系选修科目，其钟点学校当局得斟酌支配，认为必要时，得以之改授其他主要科目。 四、劳作科实授农艺、工艺、商业及家事、裁缝等技能之练习，男生应选修农艺、工艺、商业三种中之一种，女生除专修家事、裁缝外，仍应选修前三种中之一种。 五、体育时间内应授国术1小时。 六、将来少年团实施时，应就原有体育钟点内匀出1小时，再另加1小时。 七、世界史地应酌量加授本国史地教材，俾使学生明了本国与世界各国地理上之关联及时代上之对照。							

从上两表可见，在华北沦陷区中，日语、修身和体育已成为中等教育课程中的必修课，且课时仅次于国文、算学，其中日语更成为主科之一。且体育课也并非通常意义上的体育活动，而是加入许多奴化教育元素；提高学生素质修养的音乐和美术，则明文规定可以不上，或改为奴化训练的职业课程。每周1小时的精神训话，显而易见是对在校师生进行洗脑。

此后，伪华北教育总署对中学课程进行了一系列的调整，以使之更符合奴化教育的需要。加强思想控制，是日伪当局的首要措施。1942年，日伪当局为“提倡东亚文化以复兴东亚起见”，又赶编出《兴亚读本》，通令各中学第一、二年级均应将该书作为修身科的“补充教材”，“于修身科原订教学进度内酌量讲授”。[①]1943年，伪华北教育总署为确立“中国固有之道德文化”的“立国基础”，通令各学校“利用星期日，由学校聘请名家，将孔孟之精义择要讲述，并按我国现代之情形与夫世界文化

① 《教育总署三十一年度施政概况》（1942年），中国第二历史档案馆藏伪华北教育总署档案，二〇二一（2）/5。

之趋势而发挥之”。[①] 强化日语教育，是日伪当局殚精竭虑在中等学校进行奴化教育的重要手段之一。1942 年 7 月，伪华北教育总署即令华北沦陷区各中等学校的高级班，“自本学年起停止试验外国语”，但“必须试验日语”。次年，伪教育当局要求自该年暑期起，“高级中学”及其以上学校入学试验“应以日语为必需科目”。1944 年初，伪华北教育总署干脆明令：“中等学校入学试验必须考试日语，是等学校课程列日语为主科，与国文、数学、理化科并重”，以强化中学日语教育，“坚固中日之紧密提携”[②]。

汪伪沦陷区的中学校的课程基本上延续了抗战前的课程安排，略有改动，减少原国语和英语课程，尤其是英语，有些地方已完全取消，而日语课成为当然的主课，课时安排甚至超过了国文，如厦门市中学就增设日语课为必修课，每日至少有一小时的日语课程，而英语每周仅两小时。苏淮特别区中也是如此，中学英语每周仅有两小时，小学则于初小三年级起已教授日语。增加公民、劳作等强化奴化意识的科目，历史、地理等课时相对减少等。以江苏省兴化县为例，1942 年该县教育局制定的中学各学期各科学分表如下：[③]

各学期各科学分表

学期	一		二		三		四		五		六		共计	
每周次数及学分	次数	学分	次数	学分	次数	学分	次数	学分	次数	学分	次数	学分	次数	学分
国文	7	7	7	7	7	7	7	7	7	7	7	7	42	42
日文	5	5	5	5	5	5	5	5	5	5	5	5	30	30
英文	4	4	4	4	4	4	4	4	4	4	4	4	24	24
算术	5	5	5	5									10	10
代数					4	4	4	4					8	8
几何					3	3	3	3	4	4	4	4	14	14
三角									3	3	3	3	6	6
公民	1	1	1	1	1	1	1	1	1	1	1	1	6	6
历史	2	2	2	2	2	2	2	2	2	2	2	2	12	12
地理	2	2	2	2	2	2	2	2	2	2	2	2	12	12
动物	2	2	2	2									4	4
植物	2	2	2	2									4	4

① 《华北教育总署教育局关于利用星期日讲述孔孟道义及有关训育的提案》（1943 年），中国第二历史档案馆藏伪华北政务委员会教育总署档案，二〇二一（2）/36。

② 《促进沟通中日文化，教署拟定充实日语计划》，《新民报》1944 年 1 月 5 日。

③ 《兴化县政周年特刊》，1941 年 1 月，第 75—76 页。

续表

学期	一		二		三		四		五		六		共计	
生理卫生	1	1	1	1									2	2
物理									3	3	3	3	6	6
化学					3	3	3	3					6	6
图画	1	1	1	1	1	1	1	1	1	1	1	1	6	6
劳作	1	1	1	1	1	1	1	1	1	1	1	1	6	6
音乐	1	1	1	1	1	1	1	1	1	1	1	1	6	6
体育	2	2	2	2	2	2	2	2	2	2	2	2	12	12
童子军	1	1	1	1	1	1	1	1	1	1	1	1	6	6
合计	37	37	37	37	37	37	37	37	37	37	37	37	222	222

从上表可以看出日语课程已在中学课程中占据了大量课时，成为主课之一。该县教育局并明文规定日语课同国文、英文、数学一起定为四门主课，若四门主课中有两科列入戊等或三科列入丁等者不得毕业或升级，并无补考资格。在其后的实际教学中，由于日伪当局对英美教育思潮采取坚决扑灭的极端措施，因此英文课程在中学中很快就被日语完全代替，日语成为最重要的课程，与国文、数学并驾齐驱。其他各科中，伪教育当局除对公民课——即灌输奴化思想的主要课程，相当重视外，各基础学科的教学均极薄弱，学生的成绩如何，甚至无人问津。

其他各沦陷区中学课程大体类似，由于课程的安排设计存在诸多不合理之处，上海市第一中学曾指出："凡初中毕业者，多数就业工商，间有升学者，亦不得三四而已"，要求增加簿记学、会计学及工厂管理法等课程；而"初中一年级外国语有英日两种，每周各三小时，初二则每周各四小时"，因此要求减少外国语课程。[①]

3.每况愈下的教学质量

日伪政权成立之初，中小学的教学活动尚未全面开展，伪教育当局却经常要求中小学生，特别是小学生参加各种"反共卖国"宣传活动，1938 年 8 月，南京 18 所小学被迫参加了在鼓楼公园举行的"南京各界反蒋运动促进和平大会"，1939 年伪当局又厚颜无耻地将 7 月 7 日定为"东亚民族解放扩大和平运动纪念日"，勒令各中小学举行相关的演讲比赛。

在华北的各学校中还更多地渗入进日本教员或特务汉奸，监视教职员工的活动和言论，实行法西斯奴化教育。比如在华北地区，各地学校开学之际，大多都有日本人

① 上海市档案馆藏日伪时期上海特别市教育局档案，R048-01-13。

以贵宾身份出席，其演讲不外是“中日新善”、“反共反苏”、“建设东亚共荣圈”之类，使沦陷区的少年儿童自入校之日起就置身于奴化教育氛围之中。伪山东省公署还特别规定：“（一）学生在课堂受课时，遇上官莅临，由级长发起立、敬礼、坐下等口令致敬。（二）学生上体育班正走步法，遇师长、上官，须行注目礼。若其他节日，须立正致敬。（三）学生非上课时，在校内外遇师长、上官时，须立正致敬。”[①]这里所谓的“上官”，即指日军军官。

面对这种状况，汪伪教育当局非但未想办法提高教育水平，反而再三强调以实施奴化教育为目的的训育教育。1940 年 4 月 20 日伪教育部成立后首先通令各中小学校每周必须实行 1 小时的精神训话。随后，伪南京市教育局即制定了《各校馆举行周会办法》，规定各校馆由校长或馆主任于每周六亲自召集全体师生员工举行周会一次，内容为：“（1）阐述和平反共之意义；（2）其他精神讲话。”[②]8 月，伪教育局又制定了小学训育方针：“（1）养成儿童有和平亲善敦睦友爱之精神；（2）养成儿童有手脑并用生产就业之技能；（3）养成儿童有忠恕诚实礼义廉耻之美德。”[③]

由于一切均围绕“和平反共”的目标，因此在实际教学中，各级学校正常的课程安排及教学设计往往根本无法实施，各沦陷区中小学教育水平明显低于战前。

针对于此，1941 年 9 月，伪上海特别市教育局制定了《抽查各级学校暂行办法》，规定抽查时间在每学期开学一月后施行之，每一学期在每一学区内应调查之学校不得少于三分之一。抽查内容包括：校长及各教员之勤惰、各教职员相片待遇是否相符、各教职员之生活进修情形、各校校址及社会环境、各校之课程进度、各校学级之编制是否适当、各校兼办社会教育情形等，并制定了详细的视导计划。

1943 年，伪上海宝山特别区公署据此又制定了《电调各小学校课卷暂行办法》，其目的是为“明了各小学课卷习作状况，以资督导改进，藉增教学效率”。《办法》规定：“区内各小学课卷均在被电调之列，其科目暂定为：1. 作文；2. 周记；3. 国语笔记；4. 常识笔记；5. 算术练习簿。”“电调课卷于学期开始一月后迄学期结束时止，预计每学期以电调三次为度，每次以十五校两种科目为限。”“每次电调学校暨年级科目事先并不预定，临时由本署以快邮代电命令指定之。”课卷的考核有以下评定标准：“1. 学生程度 30%（以无积压及错误为度）；2. 教师订正情形 30%（参照教学进度，作文高级每周一篇、初级每周二篇）；3. 习作勤度 30%；4. 整洁状况 10%。”同时制

① 伪山东省教育厅编印：《山东省公署教育厅二十七年工作报告》（附：二十八年工作计划）“丙编”（1939 年 1 月）。

② 南京市档案馆藏汪伪南京特别市政府档案，1002-7-15。

③ 南京市档案馆藏汪伪南京特别市政府档案，1002-7-33。

定有奖惩办法：（一）奖励。（1）75 分以上传令嘉奖；（2）80 分以上者颁给奖状；（3）90 分以上者原任课教员给予奖金、校长记功。（二）惩罚。（1）50 分以上不满 60 分者申诫；（2）40—50 分者记过；（3）40 分以下者任课教员停职、校长记大过一次。为配合这一办法，伪宝山特别区公署还制定了该区公私立小学校学科竞赛暂行办法、示范教学暂行办法等，前者规定竞赛科目包括国语（含阅读测验）、作文、算术、常识（分自然、社会）等，以全体学生参加为原则；后者要求除模范小学为当然示范学校外，另指定几所小学实施示范教学，每学期至少举行二次，区内各小学校教职员均须出席。[①] 然而，这些办法均只限于纸上文章，并无实际操作，沦陷区各小学的教学水平根本无法提高。

沦陷区各中学学校的设备与仪器配置也极为简陋，以致有相当一部分学校“仪器标本毫无，难以实验，即必不可少之挂图，亦不完全”。汪伪教育当局不得已在南京设立了一所中等学校理科实验所，集中购置了一些中学实验仪器，以便利该市各中学学生轮流使用，暂时缓解中等学校无法上理科实验及实习的困难。但是，这并没有解决中学理科教学与实验难以进行的问题。针对各中学理科教学和实验与中等学校理科实验所之实验进度无法一致的现象，1942 年 9 月，汪伪教育部拟定了《中等学校理科化学生物学等实验进度表》，颁发给各学校，并召集各校理科教师及实验所各系主任举行会议，“详细计划之进度办法，俾使各校理化科教学及实验方面趋于一致”[②]。然而，这些规定、计划、办法，不过都是流于表面文章摆设，于事实毫无补救意义。

日伪政府面对事实，不得不承认教育当局“斤斤于多设学校为门面，罔顾学生程度，学校程度愈多，学生程度愈劣”。1941 年，汪伪教育部就中等学校教学质量问题做了一番调查，并总结出中学教学的缺点有以下几方面：一、训育方面，训练学生缺乏中心思想；教训分开制度颇不适宜；不注重养成学生耐劳习惯。二、体育方面，以造成少数运动选手为目的，训练不普通；轻视体育；专重球类。三、教学方面，无固定课本，教师编订讲义事倍功半；文科专重讲授，理科殊少实验；同级分级教材未能一致，学生进度难以平衡。四、师资方面，教师缺乏进修；师资缺乏。五、学生方面，学生程度参差不齐；学生程度日见低落；小学及初中毕业学生无处升学。六、设备方面，图书、仪器、标本、器械等缺乏，教学殊感困难；校舍多不敷用。七、学科方面，缺乏专业化，往往学非所用；偏于知识灌输，忽视生产技能。[③]

① 上海市档案馆藏日伪时期上海特别市教育局档案，R048-1-87。

② 《中华日报》1942 年 9 月 8 日。

③ 上海市档案馆藏日伪时期上海特别市教育局档案，R048-01-5。

为改变统治区内中等学校“学生程度低劣”的局面，日伪当局先后制定了中学招生资格程度及提高学生程度实施方案等。1941 年，汪伪统治的中心地区江苏省教育厅率先制定了《提高中等学校学生程度方案》，从教学原则、学校行政、教育方面、学科方面以及教材、教学、课外作业、考试等各方面，都做了详细的规定。该实施方案中，首先指出提高中学生程度的基本原则为：一、实施课程标准，二、增进教学效率，三、励行严格考试，四、提倡课外作业，五、扩充教学设备，六、鼓励教师进修。要求各学校制定教职员服务细则及请假缺课补课规定；慎选优良教师，励行教师专任制，并以久任为原则；组织学科会议，规定各学科进度；严格办理新生入学考试；严格办理学年升级试验；注重平时成绩考查及临时试验口试笔记等；举行学术演讲会，并协助教师出版研究作品，以鼓励教师之进修；举行各种学科竞赛会等。要求教师对于所授学程应依照部颁课程标准制定教学计划，务达毕业最低限度；教师上课时应按照预定教学顺序，切实进行，不得浪费时间；教师应于课前做充分之准备，课后做精勤之处理等。要求学生应于自修时间做充分之课后复习及课前预习；应准时呈缴练习簿本；应在教师指导之下组织课外读书会及各学科研究会等。

该实施方案还对各学科均做了详细的规定，以国文为例，要求在教材方面：1. 国文选材应以了解本国固有文化指导青年修养训练正确思想为中心，以期运用本国文字发抒个人思想及情感，达到明白晓畅之程度。在部定课本未出版前高初中应各拟订三年整个之计划，不应随教师之更动而变更。2. 选取授教材之分量，高初中每级每学期约授范文三十篇，除深究内容外，并须抽调背诵及默写。3. 高中每学期指定课外阅读书籍以两部为原则，一年级注重写实文，如《孟子》《左传》《战国策》《纲鉴》《易知录》等书；二年级注重论辩文，如《史记》《汉书》《论衡》等；三年级注重学术思想及现代思潮，如经书、子收、现代名人著作。4. 初中每学期指定课外阅读书籍至少一部，一年级注重记事文，如《老残游记》《徐霞客游记》《庸盦笔记》等书；二年级注重说理文，如《孙文学说》《王阳明集》《郑板桥集》等；三年级注重抒情论辩及应用文，如《陆放翁诗读》《通鉴论》及《名人尺牍》等书。在学生中大力宣扬封建文化思想与孔孟之道，妄图使中国青少年忘记国仇家恨，心甘情愿地臣服于日本侵略者的统治之下。

对于包含史地课程在内的社会学科，则要求教材上注重阐发“和平反共建国”意义，教学上要求“专辟史地教室改进教学环境”，“史地教学须充分应用图表使学生得有正确之观念”，“须随时注意指导及纠正学生之思想”等，刻意混淆学生的史地概念，麻醉青少年的思想，抹杀民族观念与国家观念，以达到彻底铲除学生中的反抗思想之目的。

同时，伪江苏省教育厅“为鼓励青年学子勇于自动学习，乐于比竞”，还制定了《江苏省中等学校学生课外阅读指导办法》，规定学生课外读物之内容须符合下列之标准：“甲、灌输‘和平反共建国’思想者；乙、培养爱国观念者；丙、裨益人格修养者；丁、鼓励勇敢进取者；戊、叙述中外大势者；已、名人传记足资取法者。”①

从以上两份文件可以看出，汪伪政府虽以提高中学生学习程度为名，标榜要严格教学考试制度，实则仍然是强调奴化教育，宣传封建道德和反共思想，降低学生的民族文化素质和历史地理知识，欲从语言、思想和习惯上使青少年尽快“日本化”。可以说，所谓提高学生水平就是要提高青少年做奴隶的水平。

第三节　以训育为主导的教育活动

日伪政府成立之后，特别强调对沦陷区中小学生的思想控制，于各级学校中普遍实行训育教育，极力推进新国民运动，并在小学高年级至中学中实行童子军训练的基础上，在公私立中学组织青少年团，以控制中学生为主体的广大青少年的思想发展。

一、训育教育

南京国民政府时期，为控制学生思想，加强反共意识，教育部在各级学校中曾实行过训育教育。汪精卫集团上台后，拾人牙慧，继续强调训育教育，尤其是在中学阶段，大力鼓吹“和平反共”、“亲日共荣”的汉奸理论。

1939年伪维新政府教育部颁布的中学规程中，专门列了一章强调“训育”，规定：“中学训育应遵照中华民国维新政府教育宗旨及其实施方针所规定”；“中学学生除劳作科作业外，凡校内整理、清洁、消防及学校附近之修路、造林、水利、卫生、识字运动等项皆须分配担任”；“中学校长及全体教员均负训育责任，须以身作则，采用团体训练及个别训练，指导学生一切课内课外之活动”；“校长及专任教员均以住宿校内为原则，与学生共同生活”；“中学学生应照学生制服规程规定一律穿着制服”；“中学学生旷课及怠于自修或劳动作业等情，应于操行成绩内减算”；“中学学生训育管理及奖惩办法由各省或特别市教育行政机关规定大纲，呈报教育部核定施行，各中学于其学则内根据是项大纲制定详细规则，呈请主管教育行政机关核定施行”。②

伪临时政府也制定了“各级学校实施训育方针”，略谓：

① 伪江苏省政府秘书处编：《中华民国三十年度江苏省政年刊》，1941年12月，第243—255页。

② 《中学暂行规程》（1939年8月24日伪维新政府教育部公布），上海市档案馆藏日伪时期上海特别市教育局档案，R048-1-5。

“（一）尽力提倡我国固有之美德，以领导学生之思想趋于正轨，而为建设东亚新秩序之始基。

（二）根绝‘容共’思想，以‘亲仁善邻’之旨，谋‘东亚及全世界之和平’。

（三）善用我国固有之家族精神，以敦风纪而固国本。

（四）阐发修齐治平之道，以儒家精义为依归，屏弃外来之功利主义。

（五）注重人格之修养，品德之陶镕，宜使学生有以国士自许之志向，俾将来能以担负复兴东亚之重任。

（六）厉行节约运动，纠正奢侈陋习，以养成勤苦耐劳之精神与习惯。

（七）个人生活与团体生活宜有严格的规律，俾公私双方得以平均发展。

（八）加强竞技运动等训练，以锻炼强健之体格及振奋有为之精神。”①

在伪临时政府教育部1938年8月公布的中小学各学校每周教学科目及进数表中，还专门要求各中小学“每周应规定一小时为团体训话时间”。其内容不外乎“中日满亲善”、“中日提携”之类，实际上是让沦陷区学生在思想上放弃反抗，甘心服从日本的统治。伪北京特别市立宣内东铁匠胡同简易小学校在其制定的《遵行训育方针实施方案八条》中，即明言“依照做新民之宗旨使学生养成服从自重百折不挠之精神”。②

1940年4月，汪伪国民政府教育部甫一成立，即通令各中学每周实行1小时“精神训话”，宣传“防共兴亚”、“中日提携、共存共荣”等奴化思想。1940年8月，伪南京市教育局紧跟形势，制定了《南京市中小学训育方针》，规定小学部分要“养成儿童有‘和平亲善敦睦友爱’之精神；养成儿童有手脑并用生产就业之技能；养成儿童有忠恕诚实礼义廉耻之美德”；中学部分要“训练学生确切认识国际环境与中国地位，以‘和平反共’为建国之基本信念；训练学生有科学知识与生产技能以谋取战后经济之恢复、产业之发达；养成学生有忠恕友爱进取礼义廉耻等德性，发扬我国固有之美德”。③

同时，日伪政府决定恢复童子军训练，以“养成学生纪律化及服务精神”，要求小学自五年级起至初中三年级止，均须参加。伪广东省教育当局遵照此令，于1940年9月恢复了童军训练事业协进会，延聘原办理童子军训练的有关人士，继续规划童

---

① 《华北政务委员会教育总署施政方针》（1940年），中国第二历史档案馆藏伪华北政务委员会教育总署档案，二〇二一（2）/5。

② 《北京市立宣内东铁匠胡同简易小学关于辞聘样长及教员给北京特别市教育局呈》，北京市档案馆藏档案，J-3-199。

③ 经盛鸿：《南京沦陷八年史》，社会科学文献出版社，2005，第852页。

子军训练事宜。[①]

此外，日伪当局还搬出1929年南京国民政府修正公布的《高中以上学校军事教育方案》，指出军事教育的目的在于“锻炼学生身心涵养、纪律服从、负责耐劳诸观念，提高国民献身殉国之精神，以增进国防之能力”。伪行政院决议：“集中军事训练毋庸举行，高中以上学校在校内施行军事训练，由教育部与军事训练部会商办法。”[②]公然要求学生为日本侵略者效力，为日军献身。根据这一规定，1943年2月伪南京市政府下令对高中学生进行军事训练，男生要求练习投弹、射击、防空等技能，女生的训练科目为军事护理，且所有军训项目均被列为必修课，并由伪中央军官训练团的职业军人担任教官，每周规定时间进行集训，还利用检阅机会考核军训成绩。在日常教学中，伪教育当局还要求各校在美术、劳作课上尽量利用废弃物制成有利于国防教学的作品，以及布置伪装、避灾救险等战时技能，意图将沦陷区的青少年培养成为日伪发动侵略战争的后备军事力量。

控制青少年的思想是日伪当局的首要任务，伪江苏省政府主席高冠吾露骨地指出：“青年人思想及教育均在强烈变化之中，担任中等教育之职者当知所负责任之重大，应将‘和平建国’之意义，灌输诱导，并以之为中心思想，躬行实践，矢志不渝。”[③]伪山东省当局也公开强调要注意“实践”中等教育目标，略谓：青年为社会国家中坚，关系至大，而中等学校为培育青年场所，责任尤重，况当决战□胜之际，对于青年教育，更当特别注意，以适应战时需要。而日伪当局再三强调所需“注意各点”则包括：指导青年学生认清时代，献身报国；严守纪律，精诚团结等。[④]有感于过去之中小学训育办法已不适用于沦陷区，1940年9月汪伪当局特召开全国中小学训育实施委员会，制定了《中学训育方针及实施办法大纲草案》，通令各省市及国立各中学于1940年度内切实试行。该方针规定：

（一）训育原则

1. 训练学生反共睦邻思想，和平建国途径。

2. 施行“训练合一”，全体教师共负训育责任。

3. 励行师生共同生活，注重积极指导，实施人格感化。

（二）训育目标

① 林汝珩：《广东省教育厅一年来各项教育工作实施状况》，《复兴的广东》，第119页。

② 中国第二历史档案馆藏汪伪教育部档案，二〇七八/77。

③ 中国第二历史档案馆藏汪伪教育部档案，二〇七八/92。

④ 伪山东省政府教育厅编印：《山东省第四届公私立中等学校校长会议要览》（1944年11月1日）。

甲、高初中共同的目标

1. 养成忠孝仁爱信义和平之德性。

2. 养成创造建设好学精研之兴趣。

3. 养成安分务本坚忍不挠之意志。

4. 养成快乐奋勉勇于进取之情绪。

5. 养成严守秩序服从纪律之生活。

6. 养成活泼健康整齐清洁之习惯。

7. 养成娴习礼貌敬友乐群之态度。

8. 养成推己及人祛私爱物之观念。

9. 养成节俭朴实刻苦耐劳之精神。

10. 养成互助合作知行合一之能力。

乙、初中重要的目标

1. 灌输具备公民之条件。

2. 培养从事职业之技能。

丙、高中重要的目标

1. 准备从事升学之知能。

2. 培植专门职业之基础。[①]

该训育方针及实施办法大纲还对中等学校的训育组织做了详细规定：各中等学校须在校长之下设教导主任一人，“以专责成”。各学级设级任导师一名，普通导师若干人，“协助教导主任及训育主任励行师生共同生活，并负积极指导及感化之责”。

在训育实施办法中，日伪教育当局就健康、公民、知能、休闲、服务及考查等方面制定了非常详细的计划，除坚持其一贯的反共卖国立场，要求“每周举行周会一次，讲述和平反共建国要义，报告国内外政治概况，或举行精神讲话”等外，还冠冕堂皇地罗列了一大堆有关健康、休闲等方面的条款，如：“每学期至少举行体格检查一次，并矫治身体缺陷”；“设立医药室及调养室，并按期种痘，注射防疫针”；“举行早操、课外运动、级际运动比赛，及远足、爬山、骑驾等各种练习”；“布置优美之环境；举行游艺会、音乐会、美术展览会等；组织摄影、音乐、戏剧、书画等研究会；举行弈棋比赛；提倡考古、游览等活动”；“指导设立民众学校推选识字运动”；“办

① 中国第二历史档案馆编：《中华民国史档案资料汇编》第五辑第二编附录（上），第603页。

理消费合作社"、"举行社会调查与访问"等[①]，妄图在中学中制造一种甘受奴役的、祥和的气氛。

经过一年的试行，日伪当局认为"其精神与实质尚能适应现代中学训育之要求，而并无缺乏妥善之处"，乃于1941年将是项草案略做修改正式公布施行。至于实施办法，伪当局仅在每周周会上加入"讲述国父遗教"，以孙中山先生的三民主义来装点门面，宣扬大亚洲主义，在中学生中培植亲日情绪。

1942年2月，汪伪政府还专门召集江苏省中等以上学校训育人员在苏州举行会议，会议除继续其一贯的卖国言论，厚颜无耻地大谈："东亚之历史已展开新的一页"，"友邦日本今已集一己之全力作殊死之奋斗，以尽前方之责任，我国为实践汪主席同甘共苦之声明，亦已展开新国民运动，为精神总动员，以期克尽后方之任务。"心甘情愿地表示为日本侵略者卖命，为达到这一目标，认为："今后之训育目标，为训练青年学生生活一致，思想一致，行动一致，而以此一致，在一个党、一个主义，一个领袖的最高原则之下贡献其最大之努力。"此次会议中还提出中学训育教育的种种具体方案："各校训育目标及实施方法，应根据军事化、劳动化、彻底贯彻新国民运动之原则，各校对于学生思想之指导与纠正，除校长、教导主任、训育主任、级任导师等应负全责外，其余各导师均应共同负责，以达训教合一之本旨。关于公民训练，除举行周会级别谈话会、个别谈话会及各种集会外，勿为表面之敷衍，应重实际的感化。凡学生有偏激、萎靡、颓唐、放荡、浪费、享乐、畏葸、苟安、贪婪、虚骄、自私、作弊等行为或倾向者，均应彻底矫正，务使学生情感随教师之指示而激废，所谓潜移默化、师生一体。"[②]

同年4月，杭州日本特务机关联络会议上就中学训育教育专门做出指示："基于训育重点主义，应强化改善以往的训育方法，以努力育成坚实健全的国民，即在质朴刚健的校风之下，领会义勇奉公的精神，坚持勤劳第一主义，要进一步指导昂扬爱中国、爱东亚的意识。"[③]

在华北，山东等省伪政权也先后颁布了《山东省各级学校学生训育实施要纲》《山东省各级学校军事训练暂行办法》等，对学生进行强制洗脑和强化训练，甚至要求"为适应战时教育体制，对于各级学校学生日常训练采用军事管理，以昂扬其尚武精神，养成遵守纪律服从命令之习惯"。[④]

---

① 中国第二历史档案馆编：《中华民国史档案资料汇编》第五辑第二编附录（上），第603页。

② 《两年来之江苏教育》，第39页。

③ 浙江省档案馆编：《日军侵略浙江实录》（1937—1945），中共党史出版社，1995，第687页。

④ 伪山东省政府教育厅编印：《山东省第四届公私立中等学校校长会议要览》（1944年11月1日）。

在实行过程中，这些训育方针、方法因过分明目张胆地宣传汉奸奴化思想，遭到广大师生的坚决抵制，所谓训育教育往往流于形式。以南京市中学训导谈话会为例，据举行训导谈话会的南京7所中等学校调查统计，其训导组织、内容、实施方法等都大同小异，不外乎“指导生活、处理纠纷、评判操行、考查个性”，“以指导和平建国、睦邻反共为思想之标准，以遵守纪律、注意公益为行动之标准”，“养成稳健公正精神”、“养成敦睦亲善观念”等空洞无物之言论。而各校对训导中出现的困难问题却提了一大堆，市立一中提出：“校舍不敷支配，缺乏校医，设备难周，训育上受影响。”市立二中则提出：“缺乏健康教育，宿舍太狭、公费不敷支配。”私立安徽中学认为：“限于经费设备不完，与训育不无关系。”可见，沦陷区各中等学校正常的教学设备、经费等都不敷使用，当局却再三强调训育教育，妄图通过缺乏底气、不能自圆其说的几句卖国口号和白色恐怖的高压政策，就将广大中学生改造成“思想纯正、行动中矩”的“良民”，这是绝不可能的，伪南京国立中央大学附属农事讲习所在报告中就指出：“学生意旨复杂，思想不易集中，致实施上恒感难以使其忠实彻底表现。”[①]

二、中小学中的新国民运动

1941年11月汪伪国民党六届四中全会，着重讲述如何对沦陷区人民进行“亲日”奴化教育等问题，认为只有“和平反共建国”才是“唯一出路”，并提出开展新国民运动，其目的在于“使人人能有至诚恻怛，舍身救世之素养”。

其实，早在1940年日本方面就提出要在日伪沦陷区实施新国民运动，以控制中学生为主体的广大青少年的思想发展。在1940年12月江苏省省县私立中等学校校长会议上，日本特务机关代表森大辅在讲述日本最近指导的教育思想中就称：“国家所定之方策及内容，须晓示一般国民，不但使之觉悟或信仰而已，必以万民翼赞为主旨，使全体国民，均能受强力的统治经济及计划经济之支配，此即新体制之使国民全体理解国家方策者。”[②]明确表示要通过所谓新体制的全民运动，强迫沦陷区人民服从日伪的殖民统治，甚至异想天开地要求广大民众赞同其殖民奴化政策。

太平洋战争爆发后，汪伪政府为讨日本殖民者的欢心，宣称为支持“大东亚战争”，政府将“赶快确立治安，加强军事力量，加强和平宣传，大力开展新国民运动”。1941年12月31日伪中央政治委员会通过了《新国民运动实施纲要》，声称今后要“把爱中国爱东亚的心，打成一片，东亚诸国，互相亲爱，团结起来，保卫东亚”，并针对以中学生为主的青少年，强调要以“三民主义为主义，不另立主义；以和平、反共、

① 中国第二历史档案馆藏汪伪教育部档案，二〇七八/93。

② 中国第二历史档案馆藏汪伪教育部档案，二〇七八/92。

建国复兴中华、保卫东亚为青少年的天职”。

根据《纲要》，汪伪政府成立了“国民政府新国民运动委员会”，总会设于南京，陈公博任委员长，周佛海任副委员长，林柏生、赵正平、陈群、褚民谊、梅思平、丁默邨、李士群等为常务委员，林柏生为秘书长，主持日常工作，另特聘日本人为顾问。大纲还要求各省市都设分会，由各省市长兼任会长。强调其活动对象以中学生为主的青少年为主体，要求中学以上组织学校青少年团，社会上另设社会青少年团，并择其“优秀”分子组成青少年模范团。中央设青少年团总监、副总监各一人，领导全国青少年团活动。

1942年1月，林柏生专门制定了“全国新国民运动推进计划”，将新国民运动分为3个时期：第一期为“普遍宣传，务使一般国民了解何以要做新国民之意义”；第二期为“实际训练，选择各学校、各机关团体优秀分子为集体训练，使接受如何做成一新国民”；第三期为“推广期，由经受训练分子扩充普遍于一般民众”。并制定了第一期工作计划：

1. 由教部通令全国学校，以新国民运动纲要为公民特别课程之一，宣传部编纂新国民运动纲要讲授大纲，颁由各地宣传教育机关派员分赴各校讲演。

2. 全国各报通讯社撰发论文、新闻，由各季发起征集关于新国民运动之意见，注重各人提出对于国民过去缺点劣点之反省。

3. 印发新国民运动纲要小册。

4. 制贴标语、横额。标语横额定“厉行新国民运动”，“实现大东亚解放”二种。

5. 举行演讲、歌剧、演奏。

6. 举行万众签誓：

A 印制签书册（另附誓词）；

B 派员先行到各校巡回演讲，散发传单及新国民运动纲要小册，并动员各当地学生分散所属行政区划劝签，随时将参加签书人姓名披露。

7. 悬奖征求新国民运动徽、歌曲、剧本。

8. 广播。[①]

1942年2月，新学期刚开始，伪南京市教育局就发布通知：“查新国民运动纲要业经汪主席于本年元旦在国府正式颁布，并经广播全国，阐明纲要各项，包括精神方面总动员及物质方面的经济建设，实为振兴中国扼要之图。本市教育工作人员自应切

① 中国第二历史档案馆馆编：《中华民国史档案资料汇编》，第五辑第二编附录（上），第558—559页。

实推行。通饬市立各校馆注意实践，并列为本学期办学程序上重要考绩之一。”[①] 随后，伪教育局积极组织全市中小学生参加“庆祝友军占领南洋”大会、强迫师生签誓“拥护新国民运动”，又组织各中学学生成立所谓演讲队，上街讲演“新国民运动的必要性”等。

4月，为适应形势需要，伪教育局又修改了各级学校的训导目标，除原有的“爱国家、尊领袖、重卫生、守秩序、讲礼貌”五项外，加上了实施“新国民运动”的要点，并定期对中学生进行整洁检查、体操、训话三项的总检阅。

为体现新国民运动的成果，装点门面起见，伪南京市教育当局还于4月下旬举行了声势浩大的全市中小学联合田径运动会。伪南京市市长周学昌亲自担任会长，伪教育部部长李圣五、伪外交部部长褚民谊、伪宣传部部长林柏生、伪交通部部长丁默邨等均受聘为名誉会长，伪市财政局先后拨款7000元。除初级小学、简易小学、中心民校和民众夜校外，南京市各公私立中小学被迫全部参加，计参赛学校有38所、学生460人，会场设于中央军官学校操场和警官学校操场，比赛项目有跳高、跳远、铅球、中长短跑等，参赛运动员男生穿白色背心与蓝色短裤，女生穿白色短袖衬衫与蓝色短裤。此外，各校还必须按要求进行童子军表演，以展示所谓新国民运动的成果。

伪上海市教育当局也制定了《中小学推进新国民运动服务标准》，谓：“凡值每月之八日定为保卫东亚纪念日，实行新国民运动服务周，各校校长应于是日召集全体学生作团体谈话，题材以有关新国民运动之意义及复兴中华保卫东亚之认识为原则，并为养成学生劳动服务之精神起见，由各级教师督策学生切实励行。”[②]

此外，新国民运动促进委员会还穷思极想，制定以黑色礼服、大盖帽为所谓的新国民服，模仿德国纳粹的青年挺进队服装为青少年服；以节约浪费为名，限定每次宴席几个盘几个碗；又制定了一套新国民体操等等，甚至还在苏州举办了一个新国民运动示范日，招待几名报社记者参观“清乡”及推行新国民运动的成果，通过报纸新闻来渲染气氛，装点门面。

1943年伪华北教育总署在其施策要纲实施方案中，还专门强调：“各学校、各教育机关以及文化团体等，对于新国民运动应持积极态度，努力倡导”，以使“东亚解放新国民运动具体实现”。[③]

虽然日伪政权对新国民运动大肆宣传，但收效甚微，汪伪当局乃决定从青年学生

---

① 南京市档案馆藏伪南京市教育局档案，1002-7-48。

② 上海市档案馆藏日伪时期上海特别市教育局档案，R048-01-799。

③《三十二年度华北教育施策要纲实施方案》，中国第二历史档案馆藏伪华北政务委员会档案。

入手，成立“新国民运动促进委员会”，由汪精卫任委员长，周佛海、陈群、李圣五、梅思平、丁默邨等为常务委员，林柏生为秘书长。企图利用青年学生的热情与冲动，为其汉奸统治服务。

1943年9月，各学校开学后，伪教育当局立即宣布：“以推行新国民运动为本学期各校馆中心工作”，具体办法为：“（一）扩充童子军组织；（二）组织青少年团；（三）组织训练童军；（四）训练指导人员；（五）体魄训练；（六）整洁训练；（七）宣传”等①。企图使新国民运动在各级学校中形成有组织、有系统的局面。

三、青少年团的活动

以中学生为主体的青少年是日伪当局争夺的主要对象。汪伪国民政府成立后，就将对沦陷区青年的奴化教育工作的重点放在中小学生上，要求在小学高年级至中学中实行童子军训练，在此基础上挑选表现“好”的学生组织青少年团，进行专门训练，然后再挑选其中的“优秀者”进入各级青年干部学校受训，成为伪政权的后备力量。由于汪伪统治区内的大学较少，因此，青少年团的活动主要以公私立中学为主。

1938年4月，伪华北临时政府教育部一成立，就颁布训令，明确规定教育方针，其中就包括组织学校青少年团。是年5月，伪青岛市维持会制定了《青岛中国少年团团则》，其方针“在使中国少年阶级者脱离国民党教育之弊害，培养高洁之操行及健全之体力，俾得修养清新活泼之团民精神，而为中日敦睦之先驱”。推伪青岛治安维持会教育科长为总团长，警察教练所长为副所长，强迫居住在青岛的年龄在14岁至17岁中国少年参加。并制定了少年团的纲要为：“一、明朗以团结；二、自肃以向上；三、先驱以亲日；四、奉公以利民；五、赤诚以报国。”将“亲日”字样公然写入纲要。②

1940年5月，伪山东省政府依据汪伪教育部训令，通过了《山东学校少年团组织暂行规则》，直接指出该团之成立是“顺应东亚新秩序之建设”，“提倡学生课外活动，以团体训练、纪律训练及防共精神为实施之目标”。令：“合山东省道、市、区、县中小学校各团为总团，每一学校为一分团，每分团分三大队，每大队为三中队，每中队分三小队，每小队三人至十八人”。“总团长由省长兼任，统辖及监督各团。副总团长由教育厅厅长兼任，秉承总团长综理本团一切事宜。道、市、区、县各团长由道尹、市长、署长、县知事兼任，副团长由各公署教育科局长兼任，依次秉承总团长命令监督所属各分团一切事宜。分团长由各校长兼任，秉承总副团长、主管团长处理

① 南京市档案馆藏伪南京市教育局档案，1002-7-60。
②《青岛中国少年团团则》（1938年5月），载《青岛教育周刊》第1卷第4期，“教育史料”。

各该团事宜。指导员及其他职员由分团长呈请总团长委任，各队长由团员互选，呈请主管团长聘任之。”“凡学生年在十二岁以上者无论男女均有加入本团之义务。但女生须另队编制，不得与男生混合。”①

1941年8月，汪伪政府宣传部部长林柏生亲自挑选南京市公私立中学及伪中央大学“合格”学生60人，借中央大学校址开办了青少年团训练班进行训练。林柏生特地聘请汪曼云、周作人等讲授“清乡问题”、“大亚洲主义”等，并举行游园会、营火会等活动，灌输所谓新思想，培养“亲日”分子。

随后，以这些骨干分子为中心，南京市几个市立中学、中央大学及陈群所办的私立正始中学首先组织成立了青少年团。不久，青少年团就被推广到南京及周边各大中学校。

1942年7月，新国民运动促进委员会举行第一次会议，决定在汪伪统治区中的各大中小学校普遍成立青少年团，对广大青少年实施训练。伪国民政府专门发布命令，要求中央及地方各机关“务须深体斯旨，紧密联络”。

1942年12月初，汪伪教育部为“推进青年团及童子军训练并为筹划成立中国青年团总团部及童子军总队部”，首先设立了所谓“中国童子军青年团事业委员会”，办理各地童子军、青年团的组织事项及“思想训练与精神教育”事项。

12月28日，汪伪当局为培养青年团、童子军及中国青年团干部指导人员起见，又设立了中央青年干部学校。该校以“养成忠于国家、忠于领袖、确能肩负中华、保卫东亚之使命之优秀青年及干部人才”为目的，于次年1月起公开招生，第一期招童子军指导人员班和青年团指导人员及干部班两班，前者以选送现任高小及初中教职员为限，后则选送现任高中教职员及大学生为限，各招40名，训练期限为20天。②主要课程不外乎林柏生、周作人、戴英夫等汉奸文人讲授的“国父遗教”、“领袖言论”、“青少年团的组织”等。这批学员毕业后，艰险分派至各大中学校，组织各校青少年团开展活动。

同时，为扩大童子军教员的队伍，进一步加强对广大中小学生的思想控制，中国青年团童子军事业委员会还制定了“各地开办童子军教练员训练班计划大纲”，招收年龄在21岁以上的人员，进行奴化思想及军事技术训练。

1943年，伪华北教育总署也在其当年的教育施策要纲实施方案中就青少年团训练内容，专列一项，略谓：“以往各级学校虽均注重训育，但对于集团训练则颇多忽视，

①《山东学校少年团组织暂行规则》（1940年5月），录自伪山东省政府教育厅编印：《教育法令汇编》，1944年8月。

②《教育部训令》，高字第4187号，《汪伪国民政府公报》第433号。

兹当大东亚战争展开之际，为补救上项缺点，并养成具有实践力及建设新中国之基本人才起见，特将高小及初中学生组成少年团，高中以上各校学生组成青年团，严格实施集团训练。除锻炼坚强体格外，并清除一切不良思想，涤荡旧染，完成心理之建设。”并列举其应行活动之要项，包括：“1. 无论校内外一切事项，凡认为适合于青少年团之活动者，应由学校当局尽量指导其实行。2. 学生在校内一切行为，如学业之研究，德行之修养，体格之锻炼，及竞技娱乐等，应于可能范围内作为青少年团之行事，俾各份子领会其应服任务。3. 为使青少年团之活动与学校训育互为表里，顺利推行起见，学校当局应与各地青少年团本部或各省、市团部保持紧密之联系。4. 以往学校教育忽视之集团训练，此后应特别加以重视实行国防训练及服务训练。5. 为健全青少年团之指导，以完成其活动起见，学校当局应招集担当指导任务之教职员及学生干部，作指导上之实际训练。”①

1943 年 9 月，伪山东省政府根据《青少年运动指导要纲》，修正公布了《山东省青少年团实施训练暂行办法》，规定各级学校青少年团训练时间每周为两小时，列为正课。训练分为学科与术科两种，其中学科占四分之一，术科占四分之三，即学科每隔周上一次，术科每周上三次。小学校高级班及初级中等学校之少年团或少女团，以精神训练、生活训练为主，以服务训练与国防训练为副；高级中等学校及专科学校之青年团或女子青年团，以服务训练、国防训练为主，以精神训练、生活训练为副。②

至此，童子军及青少年团的组织和活动在各沦陷区的中小学中全面开展。

日伪统治下的所谓“中国青少年团”到底是什么性质，从它的总章中可以清楚看出其殖民奴化的本质。“中国青少年团总章”中指出，该团成立的宗旨是“在使全国青少年有严密之组织，受严格之训练，发展做事能力，培育服务精神，养成良好习惯，使其人格高尚、思想纯正、常识丰富、体魄健全，成为智仁勇兼备之中国青少年，俾能共同负荷兴复中华、保卫东亚之划时代之责任，以建设三民主义之中国与共兴共荣之东亚，而臻世界大同。”所谓“中国青少年团团歌”中也一再叫嚣：“中国青少年，我们把大时代的使命放在双肩，复兴中华，保卫东亚，两件事要做全……”“中国少年队队歌”中也有同样的词句：“我们是三民主义少年兵，年纪虽小志气真，为中国谋复兴，为东亚谋取和平，刻苦耐劳，勇猛精进……”公然要求中国的青少年接受军事化训练后，去保卫日本侵略下的东亚，去谋取日本殖民统治下的和平，较之在各级

① 《三十二年度华北教育施策要纲实施方案》，中国第二历史档案馆藏伪华北政务委员会档案。

② 《修正山东省学校青少年团实施训练暂行办法》（1943 年 9 月 3 日公布），录自伪山东省政府教育厅编印：《教育法令汇编》，1944 年 8 月。

学校中实行奴化教育，其手段更为毒辣，目的更为险恶。

1943 年 5 月，汪伪教育部制定了《中国青少年团教育纲要》，对少年队和青年队分高中低几档，分别施以严格的精神思想训练，内容包括：精神教育、思想训练、行动规律、体力锻炼、军事训练等，其下又分国家、领袖、“和平反共建国”运动、行动纪律、卫生、救护、军事教育、修筑道路、造林、侦察、烹饪、洗涤等几十个细目，细目之下更有上百个问题。

嗣后，日伪当局先后颁布了“中国青少年团”联合露营实施办法、劳动服务办法、紧急集合实施办法、课程竞赛办法等，其训练竞赛项目包括：着脱制服、观察记忆、军步、军号、刀斧使用、旗语、制图、结绳、救护、测量、生火、传讯、操法、欢呼、追踪、架瞭望台、造桥、黑夜寻路、负重赛跑、默写等，其中所谓“默写竞赛”是以青少年团之誓词及行动规律为限，以正确与敏捷为标准。

从上述各项训练中，我们已看不出一点点中学生应有的学业，有的只是军国主义下的残酷的武士训练。

1943 年，日伪统治区的青少年团活动发展到最高峰，仅南京市已有青年队 12 队、少年队 25 队，“均以新国民运动纲要为训练审定标准，分精神教育、思想训练、行动纪律、体力锻炼、军事训练、劳动服务及技能训练 7 项”。并规定各校的青少年团每周自行检阅一次，每两周各区联合检阅一次。到 1944 年时，几乎绝大多数的在校生都被日伪当局拉入青少年团中，以山西省为例，1944 年度上学期全省的青年团计达 1162 个、少年团 1673 个、女青年团 491 个、少女团 773 个，入团人数达 22 万余人。详见下表。

伪华北政权下山西省 1944 年度上学期青少年团统计表①

团别 市县别	青年团		少年团		女青年团		少女团		备考
	团体数	团员数	团体数	团员数	团体数	团员数	团体数	团员数	
太原市	7	714	23	3053	3	181	16	914	
阳曲等四十八县	1155	104577	1650	21622	488	50743	757	40397	
总计	1162	105291	1673	24675	491	50924	773	4132	

① 《第五次教育行政会议山西省教育状况报告书》（1945 年 6 月 22 日），中国第二历史档案馆藏伪华北政务委员会教育总署档案，二〇二一（2）/51。

除进行强化训练和精神洗脑外，日伪政府还将青少年团作为其利用的工具。1943年秋为把鸦片的运销大权从土贩手中夺过来，由汪伪政府机构直接管理和贩卖，新国民运动委员会专门策划，以“禁烟”为名，利用南京和上海的青少年团发起“除三害”的运动。10月，上海青少年团在副总监刘仰山的指挥下，将位于南京路上的鸦片烟馆几乎全部砸烂。随后，南京也发生了类似行动，以青少年团为主的大批学生上街游行，捣毁烟馆，焚烧鸦片，声势颇为浩大。汪伪当局乘机获得了鸦片买卖大权。

1944年后，随着日本侵略者在亚洲战场上的节节败退，日伪卖国政府的统治也风雨飘摇，新国民运动无法再继续进行，学生们出于爱国思想，同时也为自己后路考虑，都不愿再参加青少年团的各种卖国活动，不久，青少年团这一组织也就烟消云散了。

第四节　师范教育、职业教育与日语教育中的奴化色彩

在日伪统治区的中等教育中，最能体现其奴化教育色彩的应算是师范教育、职业教育和日语教育了。沦陷区中小学的师资培养主要来自日伪控制下的各类师范学校和培训班，通过这些中等师范学校或是短期培训班，日伪教育当局对广大教师进行了强制洗脑，使其言行必须符合要求，从而再对沦陷区儿童进行奴化教育。职业教育的重视则是日伪当局剥夺青少年选择接受高等教育权力的产物，绝大多数的少年儿童在小学毕业后，因中学数量极少，无法继续求学，除失学外，只能进入日伪政府设立的职业学校接受粗浅的就业培训，毕业后从事低级的工农业劳动。该时期日语学校却成为新宠，在各沦陷区广泛设立，除学龄儿童必须接受日语教育外，社会上各行各业的从业人员都被强迫学习日语，以达到让日本侵略者更好地殖民奴役沦陷区人民的目的。

一、师范教育

日伪政权成立后，对于师资的培养较为重视，曾设立了一些中等师范学校，以培养符合日本侵略需要的教员。

早在伪维新政府成立之时颁布的教育宗旨实施方针中就明确提出：“师范教育为国民教育之本，必须以最适宜之科学教育及最严格之身心训练，养成一般国民道德上、学术上最健全之师资为主要之任务，于可能范围内应使其独立设置。”[①]

随后，伪维新政府教育部即颁布了《师范学校法》，要求由省或直隶中央机关之

---

①《教育宗旨实施方针》，《维新政府公报》第19号。

市设立之，招收高小毕业生，修业期限为5年；同时招收中学毕业生入特别师范科，修业年限为1年。限于政治、军事、经济等条件的制约，该法规颁布后未能推行。日伪当局只能就现有师资进行调查整顿，对沦陷区内的教师进行登记和检定，规定："凡现任教师，均须登记，未登记者，不得充任，所有不合格教师，须先行检定合格，方得登记。"①

1938年日伪武汉治安维持会于1月和3月分别举行了两次中小学教员登记试验，计合格人数为234人；伪武汉市教育局成立后，于1938年5月至1940年1月又先后举行了八届中小学教员登记试验，共计检验合格教员756名。同时，武汉治安维持会下设立了教员训练所（后移交武汉教育局接办），规定"凡登记合格之中小学教员经该所甄录入所受训期满后，始得实授"，后因各地中小学校次第恢复，愿意接受奴化训练的教师又极少，当局不得已同意"以登记合格之中小学教员委充各学校代用教员"，以后再陆续抽调受训。1939年2月训练所第一期训练开始，但只招收到所谓登记合格之中小学教员连同各地推荐之教员共41人，受训时间也非常短，2月6日开始，至3月28日就已结束，历时仅一个半月。此后该训练所又先后举办了六届教员训练，培训教员400余名，受训时间长则三个月，短则一个多月。② 在最后一届内，并特别举办"童子军教练员训练班，以供恢复本市各中小学童子军之用"。1941年9月汉口市立师范学校成立，该教员训练所始告停办。

广州日伪当局也曾举办教员登记，登记者施以两个月的奴化训练，并以受训期间给予生活津贴为诱惑，引诱在战争中饱受饥饿流离之苦的失业教师，但为生活所迫而前往受训者寥寥无几。

华北沦陷之初，日伪政权在中小学尚未恢复之时首先设立了各种师资培训班，对中小学教师进行洗脑。如1938年1月29日，伪青岛治安维持会教育筹备处甫一成立，着手进行的第一件工作，即为在当年的2月24日至28日举办"中小学职教员训练班"，集中向前来"受训"的277名教职员"灌输亲日卖国思想"。随后又筹设"小学教员养成所"，借以"改换小学教员的脑筋"，"以便实行奴化教育"。③1938年2月，日伪教育当局将北平市原有的约3000名中小学教师集中训练，王克敏、汤尔和、黎世蘅等汉奸到场发表演讲，其演讲词事后还被刊印成集，颁发各地用作参考。

1938年4月，伪临时政府教育部颁布了所谓的"新教育方针"，特别强调："中

① 伪江苏省教育厅厅长秦冕钧：《如何推行维新教育》，伪江苏省教育厅1939年2月印。

② 《武汉特别市政府周年纪念特刊》，1940年4月。

③ 宋恩荣、余子侠主编：《日本侵华教育全史》第二卷，人民教育出版社，2005，第333页。

小学教职员应重新加以训练，俾得纠正以往错误之观念，可由各该地方教育行政机关举办讲演会，由当地行政长官出席指示一切。”①

1938年8月，伪北京特别市根据伪临时政府教育部的通令，制定了《暑假讲习会简章》，其宗旨即为“使北京市市立、私立中小学校长及中等学校首席教员认识时局，了解日本情况及其教育之现状”，分两组各十天召集市立、私立各中小学校校长及首席教员参加。讲课内容包括：东西之现状（军事、外交、经济）、日本事情（国势、国民生活）、关于日本之初等中等教育、新民精神等，由满铁调查部的阿部勇、特务部河野少佐及日本大使馆参事官山田久就、教育编审院督学官横山、编审院编辑官藤本等及新民会的汉奸主持讲演。②

以上均为短期的师资培训。1939年后，日伪当局对中小学教师的培训逐渐规模化和长期化。同年，伪维新政府教育部在其统治的中心地区南京成立了直属该部管理的教员养成所，一面招收社会上的失业人员接受培训，以补充沦陷区内严重缺乏之师资，一面对现任的中小学教员进行奴化教育之再培训。教员养成所内分特科、本科及日语专修科，课程包括国学、日语、体育、教育学、教育行政、各科教授法等，注重日语的学习，每周日语3小时，与国学相等。为吸引学生入学，还规定该教员养成所的学生除由所供给膳食、宿舍、制服外，并予以每月本科十元、特科十五元之零用费，毕业后先去日本考察，再回国任教。虽称“本科”、“专科”之名，但仅为3至6个月的短期之训练班，远达未到中等以上学校的水平。至1940年夏，该养成所共先后举办特科4届、本科2届、日语专修科1届，毕业学生1012人，全部分发江苏、浙江、安徽、南京、上海、杭州等各省市初级学校任用。

伪华北教育当局也开始举办“中等学校教员讲习班”，每年定期举行。1939年7月举办的第一届暑期讲习和1940年7月举办的第二届暑期讲习班，均招收学员200人，第三届和第四届则均为100人，第五届暑期讲习班所选取受训者为中学理科教员70名。各届讲习班除“注重精神谈话及各科教授法和教材研究等实际问题”外，还举行“晨操座谈会”、“映画会”和“参观”等，以此“补充华北各省市中等学校教员之学识，并促进其教学效能”③。此外，伪教育当局还通令各省、市自办小学教员暑期讲习会，由伪教育总署聘请中日学术界“名流”，分赴各该地区，担任特别讲演。与此同时，

① 《教育部训令》（1938年4月15日），载伪临时政府教育部《教育公报》第2期“公牍”，1938年8月。

② 《暑假讲习会简章》（1938年8月3日），载《北京特别市市政法规汇编》3辑，1940年。

③ 《教育总署三十一年度施政概况》（1942年）、《教育总署三十二年度施政概要》（1943年），中国第二历史档案馆藏伪华北教育总署档案，二〇二一（2）/5；《华北政务委员会教育总署教育行政报告书》（1943年2月），中国第二历史档案馆藏伪华北教育总署档案，二〇二一（2）/640。

伪教育总署为“谋切实改进中等学校之师资”起见，还专门设立了师资讲肄馆，分别抽调华北各省市中等学校之现任教员轮流来京受训，每期七十人，时期六个月。“兹为充实内容扩大训练范围计，并拟在西郊新市区，建筑新馆，分三年实施。”① 自此，日伪对各沦陷区中小学奴化教育师资的养成，由最初的短期培训转入正规的师范学校和举行短期培训同时进行的阶段。

为防止师资流失，各地伪政权都相应地制定了一系列的政策，如 1938 年伪山东省公署训令：“查本省各级学校逐渐恢复，本署为慎重师资起见，此后公立小学教员应尽先延聘省立小学教职员讲习所毕业学员为原则。如因情形特殊或人地相宜，亦须具有下列各项资格方可酌量延用：一、师范学校毕业者；二、曾受检定领有合格证书者；三、各道县筹办小学教职员暑期讲习班受训期满成绩优良者。凡不合于以上资格者，概不得延聘，以重师资而宏教育。”② 伪江苏教育当局还制定了《支配前教员养成所毕业学员服务暂行办法》，规定：“毕业学员服务以久任为原则，如有更调情事，非经专案呈请本厅核准呈部备案后，不得任意更调”；“毕业学员经主管教育行政机关派定职务后，不得任意请求调动”。③ 不久，伪政府当局又制定了整理教员养成所分发各省市服务毕业教员办法，对学员薪额标准、薪金发放及考查服务成绩等，制定了四项办法，规定：自 1940 年第二学期起，毕业学员薪金概由各省市厅局于申请补助费时列入预算；其薪金标准与各方小学教员同等待遇；如有不能称职教员应予以惩处，不得有所瞻徇等等。同时，鉴于各省市经常拖欠小学教员的薪金，伪教育部还下令“各省市嗣后地方教育补助费未拨到时应先垫发前教员养成所毕业学员薪俸，以示体恤”④。

汪伪国民政府成立后，伪教育当局深感小小的几所师资训练班教员养成所，无法满足师范中小学师资的需要，恢复师范学校实为刻不容缓之举，乃于 1940 年 9 月 3 日，由伪立法院通过了《修正师范学校法》，略谓：“师范学校应遵照中华民国教育宗旨及其实施方针，以严格之身心训练养成小学之健全师资。”“师范学校得附设特别师范科、幼稚师范科。将师范教育年限缩短，师范学校修业年限三年、特别师范科修业年限一年、幼稚师范科修业年限二年或三年。”“师范学校及其特别师范科、幼稚师范科之教学科目及课程标准、实习规程，由教育部定之。”其“教科书应采用教育部

① 中国第二历史档案馆藏伪华北政务委员会教育总署档案，二〇二一（2）/5。

② 录自伪山东省教育厅编印：《山东省公署教育厅二十七年工作报告（附：二十八年工作计划）“丙编”，1939 年 1 月》。

③ 伪江苏政府秘书处编：《中华民国三十年度江苏省政年刊》，1941 年 12 月，第 237 页。

④ 沈绂：《一年来的普通教育》，载《教育建设》第二卷第一期，1941 年 4 月 10 日。

编辑或审定者。”“师范学校及幼稚师范科入学资格，须曾在公立或已立案之私立初级中学毕业；特别师范科入学资格，须曾在公立或已立案之私立高级中学或高级职业学校毕业，均应经入学试验及格。”“师范学校及其特别师范科幼稚师范科均不征收学费。”[①]等，对中等师范学校的设立做出了法律要求。但其中许多详细规定条文中都未做说明，如课程设置、实习标准等，只表示由教育部另定之（实未有另外的详细规定出台），敷衍应付的情况随处可见。当时，就有人指出：“因部定可以随时因人事而变更”，表示“不能放任由教育部自由规定”，并以德国的师范学校为参照，要求“在法律上严格规定，则一方面表现立法之精神，而他方面亦使教育政策有一贯之效能”。[②]该意见终未能获得采纳。

根据这一法令，汪伪教育部首先将原教员养成所改组，成立国立师范学校，以造就小学师资为宗旨，除设高中师范科一年级 2 班、乡村师范科 1 班外，并附设小学师资 2 班、中学师资 2 班（分文史地及数理化二组）及社教人员训练班 1 班，共 8 班，招收学生约 400 人，其中高中师范科 100 人、乡村师范科 50 人，均为招考，修业 3 年；小学师资班 100 人，由各省县抽调现任小学教员 40 人，招考 60 人修业 1 年；中学师资班文理二组各 50 人，抽调各省县现任中学教员各 20 名，招考各 30 名，修业 1 年；社教人员训练班 50 人，抽调 20 人，招考 30 人，修业 6 个月。校址也由建邺路迁至清凉山龙蟠里的原国立图书馆原址上。1941 年夏，中小学师资及社教人员训练班停办，改设文史地专科及体育专修科。

随后，日伪教育部又通令各省市教育厅局拟具恢复师范学校计划，旋又考虑到幼稚教育为初等教育之基础，对沦陷区儿童的奴化教育最好在启蒙时期即开始，乃督令各省市教育厅局筹设幼稚师范学校或于师范学校内附设幼稚师范科，培养幼儿教育之师资，以利奴化教育的推进。

据此，华北、华东、华南、华中各省日伪当局先后在各地设立了一些师范学校。在华北地区，有河北省立邢台师范学校、山西省立长治师范学校等 14 所高中师范，及 29 所简易师范，详见下表：

① 中国第二历史档案馆藏汪伪国民政府档案，二〇〇二/496。

② 中国第二历史档案馆藏汪伪国民政府档案，二〇〇二/496。

1939 年度伪华北政权下公私立师范学校概况总表①

项目		高中师范				简易师范				总计			
		特别市立国立省立	县立市立	私立	合计	特别市立国立省立	县立市立	私立	合计	特别市立国立省立	县立市立	私立	合计
学校数	男	10			10	5	21		26	15	21		36
	女	4			4		2	1	3	4	2	1	7
	计	14			14	5	23	1	29	19	23	1	43
学生数	男	2196			2196	572	1652		2224	2768	1652		4420
	女	1925			1925		159	307	466	1925	159	301	2391
	计	4121			4121	572	1811	307	2690	4693	1811	301	6811
教职员数	男	426			426	59	199	21	279	485	199	21	705
	女	59			59			7	7	59		7	66
	计	485			485	59	199	28	286	544	199	28	771
学级数	男	58			58	12	45		57	70	45		115
	女	50			50		8	8	16	50	8	8	66
	计	108			108	12	53	8	73	120	53	8	181
全年经费数	男	634305.20			634305.20	98420.00	105605.00		204025.00	732725.20	105605.00		838330.20
	女	146430.00			146430.00		15241.00	13070.00	28311.00	146430.00	15241.00	13070.00	174741.00
	计	780735.20			780735.20	98420.00	120846.00	13070.00	232336.00	879155.20	120846.00	13070.00	1013071.20

① 《二十八学年度华北教育统计》（1940 年 10 月），中国第二历史档案馆藏伪华北教育总署档案，二〇二一（2）/21。

在华东、华南、华中等地，江苏省有省立镇江师范学校、省立吴江乡村师范学校、省立苏州女子中学师范科；浙江省有省立杭州师范学校、杭州市立师范讲习所；安徽省有省立蚌埠师范学校、省立芜湖女子中学师范科；湖北省有省立师范学校；广东省有省立第一女子师范学校、广州市立师范学校；[①] 加上上海市的二所师范学校、汉口市的一所师范学校，及南京师范学校，到 1942 年止，总计汪伪统治各地共有师范学校 13 所，学级 82 级，学生 2743 人（男生 1466 人、女生 1277 人），教职员 420 人，伪当局给予的经费达 4177938 元，不仅高于职业学校的支出经常费 2551343 元，甚至高于初级中学，其时有 67 所之多的初级中学的经常费才只有 3609942 元，可见汪伪政府对师资的培养还是极为重视的。[②] 嗣后，又有苏北第一师范学校、浙江省立宁波师范学校等的设立。

日伪当局花费如此财力、人力设立中等师范学校，其目的在于专门培养适合其奴化统治要求、为推行奴化教育服务的师资。因此，加强思想控制、培养亲日情绪成为教学的主要内容，日语顺理成章地被定为必修课。1938 年 8 月伪临时政府教育部制定的“师范教学科目及各学期每周教学时数表”，就规定每周有 2 小时的日语课程，除上课时间外，还要求每周应有“团队训话 1 小时”；“劳作课”，男生应选取农艺、工艺或商业，女生除应习家事、裁缝外，应就农艺、工艺、商业中选取习一项；“体育”时间内应授“国术”1 小时。在各地实际执行时，为讨日本侵略者的欢心，各傀儡政权往往将日语课更加扩大。以苏北第一师范为例，该校的课程安排如下：每周日语 6 课时、修身 3 课时、国文 4 课时、数学 3 课时、教育心理 2 课时、教育概论 2 课时、化学 2 课时、生物 2 课时、劳作 3 课时、生理卫生 1 课时、矿物 1 课时、珠算 1 课时、历史 2 课时、算术 1 课时、地理 2 课时、农业 2 课时、音乐 2 课时、美术 2 课时、体育 2 课时。日语课程占了绝对优势，历史、地理仅与音乐、美术课时相同，且在“勤劳奉仕”的名目下，许多课程往往流于形式。[③] 但日本侵略者并不满足于此，而是一再要求增加师范学校中的日语课程，特别是在日伪统治较强的华北沦陷区，日语师资的培养更为彰显。1941 年 8 月，伪华北政务委员会教育总署就决定：“自下学年第一学期起，除简易乡师及一年制简易师范科每星期均添设日语三小时外，所有简师日语教学时数第一二学年应添设五小时，第三四学年添设三小时，以资划一而应需要。”[④]

---

① 汪伪国民政府宣传部编印：《国府还都第二年政府施政概况》，第 65 页。

② 汪伪国民政府教育部编：《全国教育统计》，第五集，1942 年。

③ 齐红深主编：《日本侵华教育史》，第 392 页。

④ 《华北政务委员会教育总署咨》（1941 年 8 月 5 日），载《华北政务委员会公报》第 103 期、第 104 期合刊，“教署·公牍”，1941 年 11 月 19 日。

为了“切合社会需要”，“谋日本语普及之际”的“日语师资之养成”，伪华北教育总署又于1943年9月制定了《选定师范学校设置日语专修科办法》，并呈请伪华北政务委员会颁行。该《办法》规定：华北各省市自1943年秋季学期开学起，各选定师范学校一所，设置日语专修科，招收“年在18足岁至25足岁，曾在师范学校毕业，经入学试验及格者”，修业年限为一年，使其毕业生后“不但讲授日语不成问题，即讲授日语以外之各科目，亦可胜任愉快”。[①]企图通过此类方法加大师范教育的奴化力度。

尽管在日伪教育当局的一再强调下，沦陷区的中等师范学校有一定的发展，但无论从学校数量还是学生人数上仍无法与战前相比，一方面是由于沦陷区人民对汪伪奴化教育的抵制，另一方面，当时中小学教师待遇较差也是各师范学校无法招收满额的主要原因。1940年12月召开的伪江苏省省县私立中等学校校长会议上，省立镇江师范学校就提出：“此次招生普通科师范生未能足额，其最大原因，即为小学教员待遇太低，师范毕业生宁愿在校读书，尚获一饱，倘出外服务，则倾其薪给不足当嘬饭之资，因此青年视师范为畏途，而裹足不前。”[②]

师范学校招生已经不足，其学生毕业后，因教师待遇菲薄，或不愿甘当日伪实施奴化教育的工具而改就它业者，更是为数众多。1943年7月6日，伪教育部不得已下令：“查师范学校之设立，原为造就健全之师资，战乱以还，中央以国库支绌，地方因财力未充，教师待遇，不免菲薄，因之意志不坚定之师范学生，中途退学者，为数非甚少，即毕业以后，一遇机会，而改业他就者，亦复不少。为贯彻政府培养师资之宗旨计，兹特通令各省市转饬所属师范学校，应严格举行师范生入学宣誓，藉以坚定意志，养成终身为教育服务之精神。”[③]

二、职业教育

华北、华东、华中、华南各地沦陷后，各行各业一片萧条，几陷停顿，恢复生产、稳定秩序、满足日军侵华需要成为日伪政府的当务之急，而恢复生产需要大量技术人才，这些人才或早已撤退到大后方，或隐匿不出。因此，日伪当局不得不寄希望于对各类技术人才的培养。太平洋战争爆发后，由于日军欲将中国各沦陷区变成自身的战争后方基地，以供其军需，于是职业教育成为中等教育中最受重视的部分，甚至在“实业教育”思想的指导下，整个中等教育都呈职业化的趋势。这种现象在华北沦陷区尤

①《教育总署三十二年度施政概要》(1943年)，中国第二历史档案馆藏伪华北教育总署档案，二〇二一(2)/5。

② 中国第二历史档案馆藏汪伪教育部档案，二〇七八/92。

③ 汪伪教育部训令，《汪伪政府公报》。

为明显。

由于战前我国职业教育已有一定的规模，战争爆发初期，华北沦陷区尚存有一定数目的职业学校，据"新民会中央指导部调查科"编印的《北京市各级中小学调查》所示：1938 年北平市有职业学校"省立者一所，市立者有五所，私立者计有六十八所"。[①] 其中大部分为战前原有的，真正在日伪统治下创办的职业学校仅有 12 所，且多以教授日语为主，缺乏稳定的经济来源的社会基础。随着华北经济的日益衰退，职业学校也日益缩减，尤其是以工业为主的职业学校更是缺乏生源和市场，而无法继续办理。如"私立才正高级商业职业学校"，于 1939 年 7 月已"呈准停办一年"；"私立大良高级护士职业学校"，也于 1938 年度"呈准停课"；而所谓的"中央铁路学院"从一成立就处于一种不稳定的状态，班级年限均极混乱。据伪华北教育总署统计显示，1939 年度北平市仅有职业学校 10 所，其中高级职业学校 9 所，初级职业学校 1 所。到 1940 年度，伪北京市的职业学校只余 9 所了，其中特别市立高级职业学校 3 所，私立高级职业学校 5 所，私立初级职业学校 1 所。

1938 年伪维新政府颁布了《暂行中学法》及《中学暂行规程》中，将中学分为普通中学和实业中学两种，后者除正常的文化课外，增加实业科，学习农、工、商等各业的基础知识和生产技能。但在实行过程中，由于经费的严重短缺，这些实业学校大多无实习场所和设备。所谓"实业教育"只是一句空话。

汪伪政府成立后，认为"事变以后，民生凋敝，亟须推进职业教育，籍图救济"，1940 年 9 月正式公布了《职业学校法》，规定："职业学校遵照中华民国教育宗旨及其实施方针，以培养青年生活之知识与生产之技能。"分职业学校为初级和高级两种，前者招收小学毕业生，后者招收初中毕业生。并"爰令各省市厅局依照中央前颁各项职业教育法规，务于本年（1940 年）度筹设职业学校一所至三所，至地点之选择，级科之设置，必须适合当地生产环境与社会需要，尤应宽筹经费，充实设备，注重实习，减少理论灌输，训练实习技能，冀收优良之效果"。[②] 同时还颁布了《职业补习学校规程》，规定职业补习学校为实施补充生产教育之场所，职业科目和实习至少应占全数 70% 以上，学制不受一般学期迄止的限制，除在每日、每星期指定日期或夜间一部分时间办理外，还可在寒暑假等业余时间办理。

这样，汪伪教育部首先于南京珠江路设立了国立第一职业学校，侧重于工科，内

---

① "新民会中央指导部调查科"编：《北京市各级中小学调查》（1938 年），转引自田红、李诚编：《北京近代中等、职业、学前、特殊、民族教育史料》，北京教育出版社，1995，第 234 页。

② 汪伪国民政府宣传部编印：《国府还都第二年政府施政概况》，第 67 页。

设初级木工及高级应用化学两科，开办初期教职员仅18人，学生100人，内有女生3人；旋又将农事讲习所改组为国立第二职业学校，侧重于农科，内设高级农艺科及初级园艺科两班。

随后，苏、浙、皖等省市也先后设立了一些职业学校，如江苏省有省立无锡高级工业职业学校、苏州职业学校、女子蚕桑学校、松江职业学校、丹阳初级职业学校；浙江省有省立杭州职业学校、吴兴蚕科职业学校、海宁农科职业学校；安徽省有省立怀远农业职业学校、蚌埠初级职业学校、滁县工业中学；广东省有省立广州第一职业学校；汉口市设有市立高级职业学校等等。

职业学校的课程涉及机械、染织、化工、土木、制革、农艺、蚕桑等，学生人数普遍不多。以广州第一职业学校为例，该校于1940年9月开学，分高级计政一班，计政训练班一班，高级电气工程班一班，电讯训练班一班，高级实用美术暨实用美术训练班各一班，学生人数约110余人，平均每班不到20人①。汉口市立高级职业学校成立于1940年，初设时共有四个班，分工商两科，工科下又分土木组和建筑组两组，商科有商业组两班，每班规定学生40人，1941年春，该校增设商科一班，同年秋因报名人少，不得已进行班次调整，将建筑组合并于土木组，另招初级普通科两班，合计共有学生约300人，教职员33人②。浙江省立职业学校成立于1939年8月，内设蚕桑科、商科二科，分别有三个年级各一班，另附设蚕种训练班一班，共7个学级，学生不到190名，教职员44名。平均每班人数也不过20余名。

值得一提的是这一时期日本特务机关为抢夺我青年资源、控制占领区青少年的思想，也曾筹办职业学校多所，如1939年6月日本上海特务机关浦东北区班就曾设立高桥青年实业学校一所，教育目的为："注重思想之改正，身体之锻炼，日常必须学识技能之增进及职业之指导，以谋青年生活之扩充，养成不屈不挠信念之青年，作新中国建设之基础。"③招收小学毕业以上青少年入学，以夜校性质为主，授课科目有：修身公民、经学、国语、历史、地理、常识、日语、实业（农工商）、教练等。妄图在我国青少年一代中培养亲日力量，为其长久统治服务。

不久，日伪政府再次以"我国生产落后，社会经济，益感窘困，亟应提倡职业教育"为名，除要求各省市教育行政机关广设职业学校外，还提倡私人设立具有职业学校性质之中学，"期造就生产人才"。又通令各省市教育厅局转饬各县，斟酌地方情形，

---

①《复兴的广东》，第117页。

② 伪汉口特别市政府秘书处编：《汉口特别市政府三周年市政概况》，1942年4月。

③ 上海市档案馆编：《日本帝国主义侵略上海罪行史料汇编》（上），上海人民出版社，1997，第697页。

筹设短期小工艺义务职业学校，并督令各地职业学校注重生产事业与当地生产合作；并要求各省市应在一般教育中注重职业教育，培养生产技能。

在日伪当局的极力提倡下，沦陷区的中等职业学校数量有较快发展，私立职业学校也较广泛地设立起来，如无锡华光职业学校、吴县安定商业学校、蚌埠蔚成初级商业职业学校、汉口高级助产职业学校、广东华南计政职业学校、中中会计职业学校等等。南京市立一中、二中、女子中学内也先后设立了土木工程、电科、装置及修理、简易化学工程、染织及蚕桑等职业补习班。据汪伪教育部统计，至 1942 年底，汪伪统治区有中等职业学校共有 26 所，学生 4034 人，教师 583 人。其中还有日本人开设的职业学校，因资金不成问题，规模反较公立为大，如广东女子美术职业学校就是日本人原田武子所设，内设刺绣、缝纫两科，分高初两级教授，招收学生达 100 余人。在华北沦陷区，这一现象更为明显。在山西省，1940 年度时仅有“省立初级职业学校”一所，到 1945 年 6 月战争结束前已有职业学校 6 处，仅 1944 年度设置的职业学校就有“雁门道立忻县初级农业职业学校”、“河东道立新绛初级农科职业学校”和“太原市立初级商科职业学校”等 3 处[①]。

与汪伪统治区不同，华北沦陷区的职业教育还有一个最大特色，即严重偏向农科。日军侵占华北后，就制定了“日本工业、华北农业”的战略体制，企图将华北沦陷区变成他们的粮食生产和供应基地。因此，日伪当局积极从事于农业职业学校的开设，以养成他们所需的农业技术人员。如在华北沦陷最早的冀东地区，七七事变前就开设了于通县初等农科职业学校。此后，以农科为主职业学校迅速增多。1939 年河北省有职业学校 4 所，其中初级农业职业学校 2 所，学生 252 人，而其他两所职业学校共计学生 80 人，不及农业职业学校的三分之一。到 1944 年时，该省更添设了“省立邢台初级农业职业学校”、“河北省燕京道联立顺义初级农业职业学校”、“河北省燕京道联立良乡初级农业职业学校”等 9 所。[②] 在天津，日伪当局于 1944 年成立了“天津市高级农业职业学校”，内设畜产、土木和农艺农业三科。[③]

除了广泛设立正规的农业职业学校外，日伪当局为养成大批农事技术人员，还一再颁布训令，在各级教育中大力推广农科教育，甚至在学校教育中不断添加农科职业

① 《第五次教育行政会议山西省教育状况报告书》（1945 年 6 月），中国第二历史档案馆藏伪华北教育总署档案，二〇二一（2）/21。

② 《河北省咨送本省各道市县局处校所举办剿共讲演大会实况报告》（1944 年 1 月 11 日），中国第二历史档案馆藏伪华北教育总署档案，二〇二一（2）/54。

③ 《教育总署第五次教育行政会议天津特别市报告书》（1945 年 6 月），中国第二历史档案馆藏伪华北教育总署档案，二〇二一（2）/51。

教育的成分。1939 年伪华北第一次教育行政会议决定要推广初等职业教育，尤其强调要设法推进农业职业教育。1940 年，伪华北教育总署制定的施政方针中，在“推广职业学校，发展生产教育”之外，特别强调“施行农事教育”，略谓：“本署鉴于都市教育与农村教育发展之不平衡，及学校教育向来偏重于精神活动，缺少筋肉活动之弊害，拟施行农事教育，以为补救之道。施行之方法，拟于各级学校酌添农业科目，注重圃场工作，使学生从事于实际劳动。农村方面，更以学校及各种社会教育机关为中心，作成各种方案，联合乡镇公所及公私立农事机关，推行农事教育于一般农民。”[①] 根据这一指导方针，伪华北教育总署于次年 6 月，聘请所谓“农业专家”等成立了“农事教育设计委员会”，先后拟订了《农事教育实施草案》和《试办农事教育学校补助预算草案》，意欲解决“农事教育之师资问题”。[②] 是年 10 月，伪华北教育总署首先在伪北京大学农学院农艺系二年级以上学生中选拔“农事教育委托生”，在原有科目之外加授教育科目，毕业后分发河北、山西、河南三省“服务”。[③]1942 年，伪华北教育总署又在伪北京大学农学院成立了“农事教育人员养成所”，其目的是培养“中等学校农业课程教员”和“教育行政机关主管农事教育职员”。第一期招收学生 30 名，由冀豫鲁晋四省伪教育厅就高中及同等学力毕业生考选保送，学期二年。第二年又招收第二期，并“应农事教育需要”扩充“班次”。[④]1942 年暑假，伪华北教育总署举办了第一届华北农事教育人员暑期讲习班，由各省教育厅选派农业职业学校现任教员 30 人，学期二周，学习内容“尤注重精神训练及农事教学之实际问题”。1943 年同样也举办了第二届讲习班。

在各级学校教育中，日伪当局也不忘加强农业教育，以培养符合日本侵略者需要的低端劳动者。在 1938 年 8 月伪临时政府公布的《中小学暨师范学校教学科目及每周教学时数表》中，无论是初级中学、高级中学还是师范学校，都设有“劳作科”，并说明要“授以关于农艺及工艺”之技能，将农业知识技能作为普通学校内的正常课程来安排课时。1942 年伪华北教育总署“农事教育设计委员会”为加强华北沦陷区的

---

① 《华北政务委员会教育总署施政方针》（1940 年），中国第二历史档案馆藏伪华北政务委员会教育总署档案，二〇二一（2）/5。

② 《华北政务委员会教育总署行政报告书》（1943 年 2 月），中国第二历史档案馆藏，伪华北政务委员会教育总署档案，二〇二一（2）/5。

③《教育总署三十二年度施政概要》（1943 年），中国第二历史档案馆藏，伪华北政务委员会教育总署档案，二〇二一（2）/5。

④《教育总署三十一年度施政概要》（1942 年），中国第二历史档案馆藏伪华北政务委员会教育总署档案，二〇二一（2）/5。

粮食生产和供应，决定于中等教育机构中“选定中等学校添授农业课程”，于初等教育机构中“选定小学校附设农业补习班”。是年先由华北四省中选定师范、中学各一处，共计8校，尽先添授，其目的是“为养成学生勤劳习惯，并使略具农业知识及技能，俾毕业后能实际从事农村工作”；同时选定小学20所，附设“农业实习班”，“招收小学校毕业生，施以农业实习教育”。1943年，伪教育当局更将“协力食粮增产运动”写入教育施策要纲中，要求该年度将“华北四省添授农业课程之中等学校及各省市附设农业补习班之小学校校数，各较上年度增加一倍”，“计前项中等学校总数为十六校，小学校为四十校”，统由伪教育总署补助经费。甚至还制定了《学生协力食粮增产计划》，要求“各级学校学生，由校长及全体教职员领导，协力食粮增产”。①

整体而言，日伪统治区的职业学校仍存在数量少、教职员和学生人数严重不足、教育质量低下的问题。从学校数量与规模来说，据汪伪政府的统计显示，1942年底，其统治下的各省市地区共有职业学校26所，学级131个；而抗战爆发前的1936年，全国已有职业学校724所、学级4365个，与汪伪沦陷区相对应的江苏、浙江、安徽、湖北、广东、南京、上海、汉口等地的职业学校就有176所②。日伪教育当局一再叫嚷重视的职业学校，尚不及战前的六分之一，差别之大，可见一斑。

从师资力量来说，日伪沦陷区的职校师资也非常困难，日伪当局曾在各地举办职校教师师资登记，被要求登记的职校教师包括两类：一是高级职业学校及高级中学附设职业科的职业学科师资，凡是国内外专科以上学校毕业、具有两年以上的职业教育教学经验，或是职业界高等技术人员连续任职在4年以上者，都按此类登记；二是初级职业学校及职业补习学校的职业学科师资，凡是高级职业学校或高级中学职业科毕业、具有两年以上的职业学科教学经验，或是职业界中级技术人员连续任职四年以上者，均按此类登记。登记科目分为农、工、商三大类，其下又细分若干项，农业门科目包括：农艺科、森林科、蚕桑科、畜牧科、水产科、园艺科等；工业门科目包括：机械科、电机科、应用化学科、漂染科、丝织科、棉织科、毛织科、土木科、测量科、皮革科、雕塑科、编造科、刺绣科、缝纫科等；商业门科目包括：会计科、文书科、银行簿记科等。③但“堪以充任职校技术学科教师者，实不多观”，故至1940年伪江

① 《教育总署三十一年度施政概要》（1942年），《教育总署三十二年度施政概要》（1943年），《华北政务委员会教育总署施政辑要》（1944年），中国第二历史档案馆藏伪华北政务委员会教育总署档案，二〇二一（2）/5。

② 《第二次中国教育年鉴》第十四编《教育统计》，第50页。

③ 《职教师资登记暂行办法》，汪伪国民政府教育部编《教育公报》，1940年第14期。

苏教育厅审查及格者仅 12 人[①]，远达不到日伪当局普及职业教育的目的。且已成为职业学校教师、校长中，也不乏滥竽充数之流，如伪国立第一职业学校校长汪一驹仅为中学毕业生，所有有关职业教育的知识来自在英国旁听了一年的农科，在校任职期间，不仅“终日徘徊秦淮烟酒场中”，还闹出冬天在农场地上种黄瓜之类的笑话。[②]

就教育经费而言，1942 年度职业学校整体的支出经费为 2551343 元，占全部中等学校教育经费支出数的 9.7%，不仅低于普通中学和师范学校，甚至低于初级中学的经费额。从个案来说，也存在同样的现象，如江苏省立苏州职业学校的岁支出经常费为 90883 元，在江苏省职业学校中经费算较高的，同是省立的苏州中学的支出经常费为 180102 元、常州中学为 191230 元，是该校的两倍。[③] 浙江海宁县立商业速修学校仅有 1 个班，50 余名学生，每月开支只有 136 元，连一个短训班的规模都不如。[④] 而职业学校因场地、设备、工具等要求，开办费较普通中学为巨。因此，在职业学校的经费远远不够开销的情况下，学校的设备及实习场所自然无法充足完备，从而直接影响学校的教学质量。伪教育当局不得不承认：“现时各省市职业学校之实习设备，多未充实，致学生未得充分之实习，技能经验，不足以应用，又实习学科、教员待遇，多按教授时数计算，因此学校为减轻经费支出起见，每将实习次数减少，此影响于学生学业者颇巨。”为解决这个问题，伪当局特通令各省市就地宽筹职教经费、督促各职校充实设备，注重实习。但在日伪政权统治极为薄弱的沦陷区中“宽筹职教经费”几乎是不可能的，因此这一通令最终只能是一纸空文。

就教学成果而言，受上述各种因素制约，日伪统治下的职业学校学制上混乱不堪，学习内容空洞无物，文化课少于普通中学，实习课又因无实习用具而无法进行，理论与实际严重脱节，其教学质量可想而知。伪安徽省教育厅督学在《视察滁县工业中学报告》中就指出：“该校既为工业，各种课业例应偏重于工，且必须有工厂之设备、工作之实习、工业之出品，方得名副其实。本校虽曾有整个之计划，并拟具之预算呈厅，迄逾经年，尚未得到解决。……视今校中设备全无，此种有名无实之举，大可不必。”[⑤] 由这样的职业学校培养出来的学生，几乎无法应用。一些教育学界的人士也看出：“中国现今的职业教育除教授空洞理论与职业上的名词外，一无所获，至于技术的娴熟反

① 伪江苏省政府秘书处编：《江苏省政年刊》，1941 年。

②《何振功等呈国立职业学校校长贪污渎职案》(1943 年 6 月 3 日)，中国第二历史档案馆藏汪伪行政院档案，二〇〇三 /3930。

③ 汪伪国民政府教育部编：《全国教育统计》（1942 年度），第五集，第 38 页。

④《浙江教育》，1939 年第一期。

⑤ 安徽省地方志编撰委员会编：《安徽省志·教育志》，北京方志出版社，1997。

不及工厂的工人，与田间的农夫相比也要逊色得很。”[①]从而提出要改革中国的学制，但在汪伪统治下，这些建议只能是一纸空文。

总之，日伪当局在沦陷区内大肆设立职业学校、开设职业课程，其主要目的还是在于在青少年中进行奴化教育，培养大批的服从日本殖民统治、甘心从事社会基础工作的“良民”。日本侵略者甚至还设想在将来的教育改革中形成“学校与职场打成一片，造就统一的职能教育的形势”，从而为建设“大东亚共荣圈”服务[②]。因此，在中等职业学校中，日语是最重要的课程，其次是最基础的农业和工商业技能，而高级一点的管理技能和重要的工业技术则都由在华的日籍学生来学习，绝少传授给中国学生。

三、日语教育

日本侵略者占领华北、华东各地后，立即下令在其统治区内的中小学及广大民众中实施日语教育。

如前所述，伪华北临时政府的教育方针中明确规定普及日语教育。1939 年 6 月，日本对华中央机关兴亚院制订了《普及日语方策要领》，详细规定了在中国各沦陷区普及日语教育的根本方针、要领、组织和事业等，并在兴亚院内设立了普及日语对策本部，全盘负责华北沦陷区的日语教育。

1939 年 5 月 7 日伪维新政府最高顾问原田熊吉给维新政府的照会中也提出：“鉴于建设东亚新秩序，两国国民均属东亚协同体之构成分子，为促进强化双方之协同团结起见，对于彼此国语互相通晓，至关紧要，所有中小学亟应以日语教育。”[③]甚至拟定好了“中小学日语教师任用规则”，强制伪教育当局执行。而沦陷区伪政府当局，为讨好日本帝国主义，“均以沟通中日文化为当前唯一任务”，“盖语言畅达，以免隔阂而易于敦睦双方情感，俾携手迈进于东亚和平之途”。

因此，作为奴化教育的一个标志，日语在沦陷区内不仅成为超过英语的第一外语，甚至在某种程度上日伪当局对其的重视程度已等同于母语。这不仅体现在各级学校中日语课程已仅次于国文，达到每周五至六节课的课时量，而且各种日语学校之设立，也成为适应时势之需要，遍地开花，并成为初中等教育的一种补充形式而存在。

由于华北是日军首先占领的地区，其奴化统治高于华东、华南地区，华北沦陷区内的日本居留民、新民会及一些无耻汉奸等，开设了大量的日语学校。冀东地区是沦陷最早的地区，日本人在此设立的日语学校也相对较多，在七七事变之前，冀东各县

---

① 《中国学制改革刍议》，中国第二历史档案馆藏汪伪行政院档案，二〇〇三 /4218。

② 中国第二历史档案馆藏汪伪教育部档案，二〇七八 /92。

③ 《中华民国史档案资料汇编》第五辑第二编附录（上），第 592 页。

城里差不多就都有了日语学校，教员多为日本人或朝鲜人。伪临时政府成立后，冀东各县的日语学校更是如雨后春笋一般，据大致统计，到1939年时，唐山已有各种名目的日语学校、日语补习学校、日语人员养成所、协和学院及新民补习学校等，普通的日语学校、日语补习学校每县都有一两所，至于通县、滦县则有四五处之多。①

1939年1月，伪北京市教育局“为使市民便利学习日语起见，特就各区新民教育馆分别附设初级日语学校”。该日语学校课程包括：教授日语简易会话；日语文法及作文；日本现代进化情况等。每天授课时间为下午五时至七时，学习期限为6个月，“修业期满考试及格，由教育局发给毕业证书”。学生入学年龄资格均无限制，但每月需交学费1元。②

据兴亚院文化部的调查，到1939年6月，北平有日语学校57所，天津市内有24所、济南市内有16所，其中北平市日语学校状况如下：③

学校名	校长名	地址	学习期限	设立时间
北京同学会日语学校	野朔次郎	东单三条胡同4号	3个月	1923年9月1日
佐藤日语研究所	佐藤	崇内大街75号	5个月	1938年9月18日
北京东光日语学校	松泽圣	外交部街2号旁门	4个月	1937年12月15日
明华日语学校	东园国雄	新平路37号	4个月	1938年3月26日
国术馆附设日语传习所	吴彦清	西斜街5号	3个月	1937年11月
高等日语专修学塾	金本弥	兴隆大院5号	3个月	1938年2月27日
新华日语学校	宋毅仁	西单北大街132号	3、4、6个月	1937年10月1日
北京外国语学校	鹈殿镰	西斜街甲55号	5个月	1937年12月25日
新亚补习学校	孙汉沧	西斜街65号	6个月	1938年2月17日
久松日文学校	久松米子	绒线胡同158号	9个月	1935年12月15日
新光学校	许宇山	李阁老胡同23号	6个月	1938年4月11日

① 《冀东沦陷区奴化教育的实况》（1940年1月10日），《教育杂志》第30卷第1号。

② 《管理北京特别市市立初级日语学校规程》（1939年1月17日署令核准），《北京特别市市政法规汇编》第3辑，1940年。

③ [日]兴亚院文化部：《华北日语教育状况》，兴亚院大东亚省《调查月报》第1卷（1940年1—2月），第197—210页。转引自王士华：《华北沦陷区教育概述》，《抗日战争研究》，2004年第3期。

续表

学校名	校长名	地址	学习期限	设立时间
业余日语学校	万子青	学院胡同 51 号	3 个月	1938 年 4 月 25 日
新民日语学校	柳泽章	中千章胡同 8 号	5 个月	1937 年 12 月 21 日
新中日语学校	李泽新	油房胡同 10 号	3、6、12 个月	1938 年 5 月 8 日
光华日语学校	本间德治	南清浩 16 号	3、6 个月	1938 年 3 月 23 日
大同日语学院	安仁山	报子街 81 号	3、6、9 个月	1937 年 11 月 10 日
新民报附设新民社日语学校	武田南阳	石附马大街 21 号	4、6、8 个月	1937 年 11 月
电光日语学校	中岛成子	二龙路甲 1 号	3 个月	1938 年 3 月 25 日
东方日语学校	赵效圃	安内大头条胡同乙 22 号	6 个月（初、高）10 个月（幼童）3 个月（速成）	1937 年 8 月 19 日
实用日语学校	赵海泉	崔府夹道 2 号	3 个月	1932 年 4 月 1 日
华明实习日语学校	李绍可	交道口东大街 71 号	3 个月	1937 年 11 月 25 日
益义小学附设日语班	张岐山	新太仓 43 号	3 个月	1938 年 3 月 5 日
三三实习学校附设日语班	贾林懋	东四北大街 245 号	3 个月	1938 年 1 月 13 日
于氏英文学校附设日语班	于毅	东四北大街 299 号	3 个月	1938 年 2 月 6 日
志成学院	吴寿康	北帽胡同 1 号	6 个月	1934 年 2 月
东洋学院	西田方山	后帽胡同 11 号	6 个月（初）、1 年（高）、2 年（特）	1937 年 11 月
日语家塾	刘遂尘	北沟沿 211 号	不定	1937 年 9 月
自修日语学校	赵夔	乐群巷 6 号	3 个月	1937 年 12 月
时习日语学校	杨泽民	集雅士 4 号	3 个月	1938 年 5 月
新冀日语专门学校	西乡晏	旧鼓楼大街 55 号	4 个月	1938 年 3 月 10 日
今川日语学校	今川势次	北锣鼓巷 78 号	6 个月	1938 年 2 月 16 日
宏文日语学校	邱肃	琉璃寺 18 号	1 年	1937 年 12 月 10 日
竞成女子职业学校附设日语班	舒麟泰	南锣鼓巷 111 号	3 个月	1938 年 3 月 1 日
日语专修馆	汪和沈	棉花胡同 14 号	3 个月	1938 年 3 月 15 日

续表

学校名	校长名	地址	学习期限	设立时间
北京日语学校	庐川骏逸	分司厅胡同 26 号	4 个月	1938 年 4 月 1 日
亚洲黎明	边见天涯	北池子 31 号	6 个月	1937 年 11 月 10 日
北京控科学图书馆东城日语学校	山室三良	王府井大街 9 号	4 个月（初级中级）、6 个月（短期师范科）	1938 年 3 月 6 日
西城日语学校	山室三良	小将坊胡同 18 号	4 个月	1938 年 3 月 6 日
北城日语学校	山室三良	黄化门大街 4 号	4 个月	1938 年 3 月 6 日
北京日语专科学校	赵庆棠	三座门大街 19 号	3 个月	1937 年 10 月 20 日
业余日文讲习所	张文耀	兴平巷 6 号	9 个月（初、中高各 3 个月）	1933 年 11 月 1 日
天理日语讲习所	李相	长卷头条 25 号	不定	1937 年 10 月 25 日
高野山日华学校	高田隆心	三里河 57 号	4、6、8 个月	1938 年 1 月 5 日
高业日语学校	龙九锡	北孝顺胡同 10 号	4 个月	1937 年 9 月 16 日
新华日语学校	宋毅仁	布巷子甲 10 号	3 个月	1937 年 4 月 2 日
竞成日语实习学校	项镜郡	柳树井大街 21 号	4 个月	1938 年 4 月 27 日
簿记日语实习学校	韩汝庚	棉花上七条 7 号	3 个月	1937 年 10 月 20 日
当业日语传习所	杜善奇	西柳树井大街 59 号	6 个月	1937 年 12 月 1 日
乔治日语补习学校	李善承	香炉营头条 59 号	3 年	1938 年 3 月 1 日
黎明语学校第二院	边见勇彦	梁家园甲 1 号	5、4、3 个月	1937 年 8 月 1 日
外城妇女宣抚班附属日语学校	中岛女士	后孙公园 7 号	6 个月	1937 年 10 月 15 日
北京区本部附属日语学校	铃木隆宪	法源寺后街 2 号	6 个月	1938 年 3 月 16 日
新光日语学校	孔宪武	顺城街 60 号	3 个月	1938 年 4 月
业勤日语补习学校	传振武	棉花上七条 4 号	6 个月	1938 年 3 月
盲人外国语学校附设日语班	杨柴之	沙滩 1 号	3 个月	1937 年 10 月
育材补习学校	王钺	西四北大街 64 号	6 个月	1932 年 8 月 10 日
北京觉生女子中学附设觉生日语学校	幽灵寺善	西城阁庚胡同 24 号	3 个月	1939 年 2 月 1 日

从上表可见，在北平沦陷的最初两年中，日伪政权先后开设了50所日语学校，仅7所是战前就有的。其学习期限也以3至6个月的速成为主，充分反映出应时应景的奴化教育色彩。

在华东等地区，与华北相似，日伪当局为适应日本统治的需要，同样地纷纷设立起名目繁多的日语学校。以浙江省为例，仅1938年在杭州市就设立各种日语学校近十所。是年2月，日伪当局即利用青年会的名义，开办了日语补习班，以日本语读本和文法讲义为教材，每周授课11小时，招收学生50余名，修业时间为3个月。不久，日华佛教会成立，该会为日本侵略者控制下的文化侵略机构，它打着佛教入世、为社会服务之名，在杭州市的西湖国术馆、鼓楼、仙林寺等处开办了多所日语速成班，征收学费：该会会员每月7角、僧尼每月1元、外界1元5角，要求"开讲时间，凡各寺院之主持僧人及居士均得旁听"，[①] 在灌输奴化教育的同时，还不忘搜刮民脂民膏。其余还有设在杭州市中天竺关帝庙的日语研究社、湖墅旃檀寺内的日语研究会及下珠宝巷监务小学内的日语传习所等。

浙江省其他各县市日语学校也次第设立起来，崇德县日伪自治会在公立中小学均未恢复的情况下，首先开办了日语学校，于1938年6月举行开学典礼。据记载，这次开学典礼盛况空前，会场大门前"太阳旗与五色旗成交叉，五色纸花耀夺目，进大门内有对联一副：'本来同种同文教育无分界限，从此相亲相爱儿童已植根基'。"参加开学典礼的有"（日军）某队长久保治先生，其余远道参加盛典者匀系高级军官及各团体学生来宾等不下数千余人"。[②] 小小一所县级语言学校，竟有如此多的日军军官参加，其强制奴化教育的性质不言自明。

同时，日伪当局还积极筹建浙江省立日语专门学校，在创设该校计划书中，伪教育部门大言不惭地表示："言语所以宣达意旨，为联络情感之利器，我国县与县之言语异，省与省之言语异，甚至一水一山之隔，其言语之差异，有如异国人相对，亦无怪与友邦人士酬酢之际，矫舌瞠目而不能通其意、达其情。其于东亚新秩序之建设，窒碍颇多，甚非亲仁善邻之道。方今沟通东亚文化之声浪，甚嚣尘上，不有宣达之利器，何能沟通东亚之文化！因是创设日语专门学校，造就专门人才，肩荷上列之重大使命。"一方面认为中国地域广大，各地方言差别极大，一方面却大谈要利用日语来弥补其中的差别，为所谓大东亚共荣圈做贡献。

1939年9月1日浙江省立日语专门学校正式开学，为招揽更多的学生报名，日伪

---

① 《新浙江日报》1938年2月18日、7月15日。

② 《新浙江日报》1938年6月22日。

当局规定凡招收之学生，膳宿及书籍用品全由学校供给，这样吸引了一些贫寒学生报名，于是当局又出尔反尔，规定50名之后的学生不供给膳宿及津贴。该校学习期限暂定为一年，教学科目及教学时数中，日语课几占全部课程的68%，详见下表：①

科目	时数	备注
修身	2	道德之理论与实际（自编教材）
教育	1	维新政府教育宗旨及实施方针（自编教材）
日文	23	内包括读法、作法、会话数种，用书由担任教师选定。
国文	5	内应用文二小时，采用中华课本，国文则采用活页文选。
体育	3	（自编教材）
每周共计	34	

其他各沦陷区也先后设立了多所日语学校，1938年底，伪维新政府曾对京沪等地的日语教育设施状况做过一次调查，情况如下②：

江苏省日语教育设施状况表

县名	校数		教员人数	学生人数	备注
	专修班	小学附设班			
丹徒	2	8	7	984	
青浦	1	6	5	917	
吴县	1	13	10	790	
松江	3		12	247	
吴江		2	4	246	
无锡	1		3	186	
嘉定		1	1	150	
昆山		1	1	79	
武进		1	1	41	

直辖市日语教育设施状况表

市名	校数			教员人数	学生人数	备考
	专修班	中学附设班	小学附设班			
南京市	3	1	2	8	445	
上海市			15	14	2763	

① 《浙江教育》，1939年1卷3期。

② 汪伪教育部编：《教育公报》第一期，第13—14页，1939年1月1日。

1940年汪精卫政权成立后，虽一再否认其傀儡性质，但其统治下的各沦陷区日语学校还是有进一步发展。伪华北政务委员会虽名属汪伪国民政府管辖，实质更具独立性，其统治下的华北地区的奴化程度更高，体现在日语教育上，是华北沦陷区内的日语学校数量更多，规模更大。

1941年，伪山东省政府根据日本陆军特务机关的要求，对全省“一般民众所设之日语学校状况及普通学校教授日语实施状况”进行了调查，称：“全省公私立日语短期学校，日籍教员35人，华籍日语教员67人，学生约3730人，公私立普通各级学校日籍教员118人，华籍日语教员309人，学生约56522人，至各校所采用之教本，公私立日语短期学校，除标准及正则日语读本外，有讲义及各种会话等，公私立普通各级学校所采用者，中等学校多用标准及正则日语读本，余均用市廛流行各本。”[①]

鉴于华北沦陷区的日语学校数量巨大，管理混乱，1942年3月4日伪华北教育总署特制定了《整顿日本学校暂行办法》，规定：“凡以教授日本语文为目的之学校，无论为旧有或新设，其修业期限在二年以内者，均依照本办法之规定整理”，“为统一名称免除混淆起见，所有以教授日本语文为目的之学校，统称为日本语学校，旧有学校名称分歧，凡与此项规定不合者，均须于本办法公布后一年内加以改正，公立者称为某县某市或某省立日本语学校，私立者称为私立某某日本语学校，但私立者不得以当地地名为其学校之名称”，“日本语学校修业期限定为一年以上，但视环境之需要，得附设速成班”，“日本语学校应招收完全小学校以上之毕业生或有同等学力者”，“日本语学校之课程除日本语文外，并须规定修身国文体育为必修科，但不满六个月之速成班得变通办理”，“日本语学校学生以男女分班或分校为原则”，“日本语学校以昼间授课为原则，但视环境之需要得变通办理”，“日本语学校始业日期以每年八月一日或二月一日为原则”，“各主管教育行政机关及上级教育行政机关于本办法施行期内对管内日本语学校应随时加以考查或视察”。[②]

在汪伪统治下的华东、华南等地区，日语学校也迅速发展起来，据1943年3月伪教育部对各省市日语学校概况调查显示：上海地区有同文日语专修学校、同仁日文学院、同进日文专修学校、时代日语专修学校、新亚日文专修学校、沪南日语夜校、大众日语补校、三井日文学院等共58所之多[③]。在这些日语学校中，上海市立日语实习学校还专门附设了警士班，以“训练一般警士普通日语之应用及增进其智能”为宗旨，

① 摘自伪山东省公署：《教育工作概览》，1941年编印。

② 《整顿日本语学校暂行办法》（1942年3月4日），中国第二历史档案馆藏“伪华北政务委员会教育总署档案”二〇二一/690。

③ 上海市档案馆藏日伪时期上海特别市教育局档案，R048-01-370。

目的是“不独增进知识与技能，抑且为谋中日亲善之有效办法”，规定修业期限一年，上课时间每日不少于 2 小时，必要时得延长之。①

在华中地区，汉口市于 1938 年冬即成立了日语专修学校，设有普通班 2 班、速成班 1 班，教职员 7 人，每届招收学生 100 余人，不收学费，经费每月由伪市政府补助，先后举办 5 期，1942 年夏并入中日文化协会武汉分会设立的中日语传习所中。另有武汉日华语速成学校 1 所，内分日语和华语两部，招收日籍及中国学生共同学习。

在华南地区，广东省的日语学校设立极为普及，日军占领广州之初即开办了日语学校一所，规模较大，共 14 个班，学生达 681 人。汕头地区先后设有西本愿寺日语小学校、立正日语学校等 5 所日语学校，均由日人或台湾人担任教师，两个月毕业，除学习日语外，还经常邀请所谓名流来校做亲日之演讲。在海南岛上开办的日语学校数目更多，有英州坡日语初级小学校、藤桥日语高级学校、桃园日语学校、多华日语学校、陵水县日本语学校、本号三十笠日语学校等，其中陵水县日本语学校规模较大，到 1941 年时，学校有 7 个班，学生 300 余人，学制为 4 年，教学极为严厉，凡进入日语学校念书的学生，都得严守校规，勤奋学习，如自由散漫，不守纪律者，必被教师施以立正、弯腰、双手顶木或顶石等处罚。②

沦陷较晚的厦门，其情形也是如此，据国民党方面调查，厦门沦陷后，“讲话日语化为其教育第一炮，大量设立日语讲习所、实习学校，强迫市民入学，即店员、小贩亦难幸免，每一店家必有一二能操倭语，否即由伪市府派人充任，一以监视，一以剥削”。③ 至 1940 年 1 月，厦门沦陷一年，日伪当局竟成立日语讲习所 30 余所，国民党中央执行委员会调查统计局曾调查各日语讲习所具体情形如下：④

附设处所	学员人数	附设处所	学员人数	附设处所	学员人数
厦门市伪维持会	85 人	大乘佛教青年会	30 余人	高崎	100 余人
第一小学	60 人	大乘佛教青年会之第二	20 余人	殿前社	90 余人
第二小学	50 余人	大乘佛教青年会之第三	60 余人	官都社	100 余人
第三小学	20 余人	厦港	60 余人	梧村社	90 人
江头	60 余人	乌目埔	60 人	田头社	60 人

① 上海市档案馆藏日伪时期上海特别市教育局档案，R048-01-1053。

② 参见《日军侵占藤桥、英州地区始末》，载《铁蹄下的腥风血雨》，海南出版社，1996。

③ 中国第二历史档案馆藏教育部档案，五 /13813。

④ 中国第二历史档案馆藏社会部档案，十一（2）/1495。

续表

附设处所	学员人数	附设处所	学员人数	附设处所	学员人数
东户	50 人	庵兜社	60 人	露边社	50 人
旭瀛书院	250 余人	莲松社	66 人	鹭江青年会	30 余人
福民学校	20 人	湖边社	47 人	侯卿社	30 人
大同	50 余人	前浦社	55 人	墩上社	46 人
天主教会	60 人	何厝社	34 人	钟宅社	63 人

客观说来，抗日战争期间，汪伪统治集团一再否认其汉奸性质，标榜自己才是国民党之正统，因此，其统治下的华东、华南各地中的实行日语教育与早一步沦为日本殖民地的台湾、东北（“伪满洲国”）等地有一定的差别。在后两地区中，日本帝国主义的殖民体系已经建立，因此，日伪政府明目张胆地对各该地区人民实行了赤裸裸的殖民教育，在“伪满洲国”和日本统治下的台湾，日语已等同于母语，强迫中国儿童从小学习，甚至成为官方语言，并在社会生活中广为应用。日伪政权对华东、华南等沦陷区的统治也不同于华北地区，在华北，华北政务委员会名义上归汪伪国民政府管辖，但实际上，相较于华东、华南等地，日本人对华北有更强的控制权，日军建立的新民会把持着华北的教育宣传大权。在新民会的控制下，华北的奴化教育实行得更深入，华北各级学校都将日语列为学生的必修课，天津市还规定日语为高中以上中学入学必考科目。因此，相比较而言，汪伪统治区的日语教育普及程度略弱于东北、台湾等地，但不能因此而证明汪伪统治区实施的不是殖民教育，只是其殖民奴化性质更具隐蔽性和欺骗性。

日伪统治区中的日语教育存在着以下几个特点：

一、普遍性。自华北、华东、华南各地沦陷之日起，日伪当局就极力鼓动设立日语学校，普及日语教育。首先，规定大中小学校必须开设大课时量的日语课程，以普通中学为例，必修课有修身、公民、体育、国文、日语、第二外国语、历史、地理、数学、理科、劳作、图画、音乐等 13 门之多，每周共 32—33 课时，日语占 4—5 课时，约六分之一。华北地区更将日语作为高中的入学必考科目。汪伪政府成立后，虽声称要减少日语授课时间，但在实际操作中，沦陷区各校的日语课有增无减，且除日语课外，音乐、历史、地理等皆以教授日本歌谣、讲述日本风土人情为主，因此，学生被迫接受日语教育的时间更多。为了加强课堂日语教学，伪教育当局还组织各种日语演讲、日文作文比赛，以“创造”让小学生们学习日语的条件。如 1940 年 4 月伪北京市教育局就筹办了“日本语作文及日本语学艺会”，通令全市公私立小学校一体参加。伪青岛市教育局也举行了“第一次全市小学校联合日语学艺会”，“所有奖品费800元，附由兴亚院出张所补助500元外，其余300元请市署发给”。[①]

其次，日伪当局在社会上广设日语培训班和日语学校，数量之多、开设地区之广，远远超出当时中国社会对外语的正常需求。日军占领华北、华东、华南各地后，沦陷区内满目疮痍，教育设施毁坏殆尽，但日伪当局必定首先设立日语培训班，而置各级学校之恢复于不顾。据统计，1938年底，江苏省就有日语专修班和小学附设班40所，学生3640人；上海有15所，2763人；南京有6所，445人；杭州市有27所，1224人。[②]与此同时，各地中小学校之恢复却相当缓慢，南京市于1938年9月新学期开始时，仅有初级小学12所，学生1698人，完全小学13年，学生3295人[③]。1938年初的杭州全市仅有完全小学2所，招收学生四、五百人。汪伪政府成立后，各地日语学校之设立更为广泛，规模也更大，既有浙江省立日语专科学校这样的大城市中的高级日语学校，也有海南岛上各种小型日语学校的设立。可以说，汪伪统治时期，凡日占区中皆有日语学校或日语训练班的设立，日语教育已渗入华北、华东、华中、华南各沦陷区的基础教育与社会教育之中。

二、强迫性。首先，在各大中小学校中，日语课成为学生的必修课，与国语、数学一起为各学校的主要课程，如考试不及格，不仅需要补考，甚至可能留级。社会上各日语学校招收学生，也并不是凭学生自愿，而是带有更多的强迫性质，如厦门沦陷后开设的30余所日语讲习所中，学员绝大多数“概系敌饬伪警按户强迫入学，其自动学习者实十无一焉”[④]。日军为充实日语学校的人数，还随时在大街上强拉儿童去接受奴化教育，据广东省的一位亲历者回忆：1941年那年，我才7岁，一天，正跟邻居小孩在街上玩耍，后面突然来了4个端着“三八”式步枪并上了刺刀的日军士兵，凶神恶煞地来至我们面前叱喊着，用刺刀把我们几个小孩迫至由日军司令部办的“海头日语小学”去读书，强迫我们接受日军的奴化教育。在海头日语小学，日本老师上课教我们学日本话，……逼我们写日本字，讲课内容每天颠三倒四，要我们中国小孩从小甘当亡国奴，热爱“皇军”，尊敬“皇军”，见到日军时一律要立正、鞠躬敬礼等。讲完课接着又教我们唱日本歌。为保证日语教学的效果，日语教师对学生进行体罚是经常的事，上课有逃学的、早退的、上课讲话的、搞小动作的、提问不懂的、调皮的

① 《青岛教育半月刊》第1卷第7期，1940年4月15日。

② 伪维新政府教育部编：《教育公报》第一期，第13—14页，1939年1月1日。

③ 南京市档案馆藏汪伪南京市教育局档案，1002-7-13。

④ 中国第二历史档案馆藏国民政府教育部档案，五-13813。

等一律进行体罚，轻则罚站圈、弹耳朵、打嘴角，重则罚跪碎石、顶水、打屁股等。我被迫在日语学堂里读了一个多月的“书”，后来再也不敢去了。[①]

三、欺骗性。日伪在华东、华中、华南各地开设日语教育，无不打着“中日亲善”、“睦邻和好”、“中日同文同种”、“大东亚共荣”等旗号，以蒙蔽中国儿童的心智，欺骗中国人民的感情。有些日语学校甚至以宗教面孔出现，如日华佛教会，就打着佛教入世之名，在各地广设日语速成班，强令各寺院僧尼听讲，同时还对社会招生，利用中国人民善良朴素的佛教心理进行日语强化训练。华东、华南各地沦陷后，广大人民受战火影响生活极其困难，一些日语学校以免费提供食宿为幌子，诱骗贫困者前往，而学员一旦入学后，又食前言，不无偿提供食宿，或收取其他费用。由于各日语学校的大部分学生都是被迫或受骗而来，为防止学生中途退学，各校均采取了缴纳保证金的做法，如上海市立特区日语补习学校就规定：“本校学杂费均免收，惟须缴纳保证金，每人 10 元，该项保证金于每学期结束时发还，如中途无故退学者，将保证金没收，移作奖学金。”而上海市立第二日语实习学校规定更严：在 1943 年 9 月招收第 3 期学生时，每人收报名费 5 元，杂费 30 元，“另为预防学生中途退学，将学生保证金提高为 60 元”。[②]

四、排他性。在日语学校广泛设立、日语大力普及的同时，日伪当局对此前各级教育中重视的英语及其他外国语的学习，采取了压制和收缩政策，美其名曰“抵制欧美资产阶级自由主义教育思潮的文化侵略”。太平洋战争爆发后，更严令宣布取消在华的第三国系学校，派员接收英美等国在华开设的教会学校。日本陆军驻广州特务机关长宫本矢畸曾亲到广东大学召开各中小学负责人集合训话会，饬令各学校废除英语科，增加日语科，强调将“中日同盟”的思想灌输到每一个大学生、中学生乃至小学生的脑海中，使学生将来都能够为日本军国主义效忠。[③]但对正在中国领土上肆意侵略掠夺的日本人开设的学校，日伪政府则缄口再三，既不认为这是“第三国系学校”，更不敢承认其侵略奴化的事实。这种矛盾的状况普遍存在于沦陷区的各级教育中，日语学校的存在更是这一问题的焦点。1943 年 6 月，伪教育部部长李圣五不得不对汪精卫呈报苏淮特别区的教育中存在着这种特殊情形：

---

① 官丽珍：《对和平与人道的肆虐——1937 至 1945 年日军侵粤述略》，中共党史出版社，2001，第 232—233 页。参见李金秀：《日军在海头地区暴行实录》，载《铁蹄下的腥风血雨》，海南出版社，1996。

② 上海市档案馆藏日伪时期上海特别市教育局档案，R048-01-1053。

③ 官丽珍：《对和平与人道的肆虐——1937 至 1945 年日军侵粤述略》，中共党史出版社，2001，第 234 页。

> 徐州市立日专学院，该学院于民国二十七年八月由日本宣抚班设立，原名为徐州宣抚班日本语学校，至二十八年二月，改组为徐州日本语学校，归治安维持会文教科管辖，嗣由徐州市公署接办，更名为市立日本语学校，迨三十年二月，始更今名。现归市政府管辖，院长为相良信秀，系日本钢管株式会社社员，即该学院创办人。因其主旨系在沟通中日语言与文化，情形较为特殊，惟内部编制仍依三三制初级中学办理，并附设高级小学，现有初中一二年级各一班，附小五年级一班、六年级两班，经费由市库支拨，上学期计为七一七六元。查该校既系适应环境而设，自必有其特殊设施，不能与普通中学等量齐观。查修正私立学校规程第六条："外国人不得在中国境内设立教育中国儿童之小学"，又第七条第二项规定："外国人设立之私立中等以上学校须以中国人充任校长或院长。"何况日语学院系属市立，是不能以外国人充任校长，至为明显，且依三三制编制之初级中学，名之曰日专学院，尤未适当，而教学特别注意日语，复与初级中学之课程未尽符合，实有分别调整之必要。[①]

徐州市立日专学院的特殊情形成为广大人民嘲笑唾骂的对象，伪当局不得已下令，认为该校"确多不合规定之处，已令市府转饬教育局将其停办"。但是，这种不伦不类的学校在日伪统治区还有不少，日语教师在各校中的地位也普遍高于校长，这是日本侵略者在中国采取的殖民奴化教育政策所决定的，不是仅仅停办一所日语学校就能解决的问题。

总之，由于汪伪政府的傀儡性质与日军完全占领下的"满洲国"、台湾的殖民地性质存在较大差别，因此，汪伪当局在华东、华南等地实施的奴化教育形式与后两者也不完全相同，而具有代表性的日语教育在实际操作中自然也存在着许多不同之处。但是，不可否认，汪伪统治区中的日语教育，其目的是在中国人民中培养亲日分子与亲日情绪，为日本更好地奴役中国人民服务；其手段是通过利用残酷的政治军事方法，或强迫、或欺骗地向沦陷区人民强行灌输日本语言；其后果是在造成沦陷区中广大儿童与民众粗通日语，其他知识水平与能力远远低于战前的畸形状况。因此，汪伪统治区中实施的日语教育，带有明显的奴化教育倾向，是日本帝国主义侵华教育体制下的产物。从汪伪教育当局实施的日语教育中，我们可以看出其殖民奴化教育的实质，可以看出日本军国主义在"中日亲善""大东亚共荣"幌子下企图侵吞中国、长期奴役中国人民的真实目的。

---

① 中国第二历史档案馆馆藏汪伪行政院档案，二〇〇三 -4150。

第五节 教师的思想检定与生活

中小学校奴化教育实施的成效如何，主要取决于教师的思想状况。中小学教师中的抗日意识不彻底铲除，日伪的奴化教育则无法进行，因此，日伪当局在加紧对沦陷区中小学生奴化教育的同时，对中小学教师的思想状况也实行严密控制。教师培训与检定成为汪伪当局控制中小学教师思想的重要方法。

一、教师培训与进修

华北、华东等各地沦陷之初，日伪教育当局在恢复各中小学校之前，就预先对准备上岗的小学教员进行了“洗脑”。

北平沦陷后，伪北京地方维持会首先开设了“教员讲习会”，对现有的中小学教师进行“再教育”。随后又设立了“日语教员检定委员会”，对现有中小学日语教员进行“检定”，其具体步骤为：1937 年 12 月 1 日至 2 日考日文与中文互译、史地、作文与默写；合格者再于 6 日和 7 日进行口试，考会话与教授法。计通过面试而合格者 54 人。①

武汉沦陷后，全市的中小学几乎全部关闭，伪武汉治安维持会教育科成立后，首先考虑的不是迅速恢复各级学校，而是设立教员训练所，由汉奸高伯勋主其事，招考学员 60 余人，课程有日语、时事、东方道德、教育、教学法等。第一期仅训练一个月即毕业，分发建立小学。

伪维新政府成立后，伪教育部颁发命令，规定教师应有的信条：“1. 愿在大道主义下推行现代教育；2. 愿竭其精神，励行中日亲善并推广文化事业；3. 愿在市立学校中本牺牲精神忠实服务；4. 愿受主管教育行政人员督促及指导；5. 愿遵守本部公布之一切规程；6. 愿遵守市立学校之定章。”同时规定有下列事情之一者不得任用小学校长：1. 曾受刑事处分或剥夺公权者；2. 曾任公务员，交待不清者；3. 曾任校长或教育行政职务，毫无成绩者；4. 患精神病、身有痼疾，不能任事者；5. 曾有抗日或共产行为，证据确实，迄未自新者。②

1938 年 2 月，伪维新政府教育部将其管辖下的中小学校长 2500 余人集中起来，进行“新民主义的再训练”，目的是使受训者加深对“新国定教科书”的理解与对日本国情的认识，以及对日本人精神生活的认同。日本顾问更不厌其烦地亲临训练场所进行“训话”。与此同时，伪临时政府还成立了“师资讲肄馆”，是为长期而固定的

---

① 《北京地方维持会报告书（下）》，转引自齐红深主编：《日本侵华教育史》，第 378 页。

② 齐红深主编：《日本侵华教育史》，第 387 页。

教师培训机构，1938年4月招收第一批学员，其中包括部分初等教育的师资，到第四期后，规定仅就“现任中学教员分期分组抽调来京肄业”，至于小学教师的培训，由各省市教育厅局自行抽调训练。

1939年暑期开始，日伪当局还组织各省市分别举办“华北各省市中小学校教员暑期讲习班”，由伪教育部署特派讲师前往担任特别讲演，其纲要为：“（一）善用我国固有之家族精神，以固五千年立国之本。（二）睦邻之道，以积极且诚意主张之。（三）认识东亚及世界时局。（四）民族、文化、经济各方面造成东亚集团，以建设真正新秩序。（五）了解国家远大之利害，排斥崇拜欧美观念。（六）排斥虚伪宣传，以躬行实践为宗旨。（七）以儒家精义为依归，屏弃外来之功利主义。（八）以东方固有之美德为立身基础，尽量吸收日新科学，消化而运用之。（九）青年须以国士自许，将来始能分担复兴东亚之重任。（十）纠正因循保守之积习，发皇进取努力之新气象。”①自此以后，每临暑期，伪教育当局都将整个华北沦陷区的小学教员都按时集中起来进行轮训。如1940年暑期开办的第二届“华北小学校教员暑期讲习班”，共计17处，其中包括河北省的保定、石门、顺德、唐山、沧县等5处，山东省的济南、兖州、德县、潍县、烟台等5处，河南省的开封、新乡2处，山西省的太原、临汾2处，以及北平、天津、青岛各1处。1942年暑期时更增加至24处。且这类讲习班均“特别注重精神讲话及各种教授法及教材之研究等实际问题”。以青岛市为例，其第二届讲习班的课程分配为：（一）共修科目：甲、精神训话，12小时；乙、教育讲话，12小时；丙、特别讲演，12小时。（二）选修科目：甲、修身和国语教学法及教材研究，分别为11小时和24小时；乙、地理和历史教学法及教材研究，均为18小时；丙、日语教学法及教材研究为36小时。（三）课外活动：甲、体育；乙、音乐；丙、研究会、座谈会等。②讲习会的主任、教导干事长、训练指导员及教育讲师、精神训话讲师等日本人占了绝大多数。③。

在汪伪统治的华东、华南等地，也同样存在这种现象。1942年3月，伪南京市教育局强令“凡市立小学非师范毕业之小学教师均须一律参加（师资训练班）听讲”。④训练班分城南、城北两处同时举行，参加受训教师每天下午听课2小时，训练期为三

---

① 《华北政务委员会教育总署施政方针》（1940年），中国第二历史档案馆藏伪华北政务委员会教育总署档案，二〇二一（2）/5。

② 《青岛特别市第二届小学教员暑期讲习班简章》，《青岛教育半月刊》第1卷第17期，1940年9月15日。

③ 《青岛特别市第二届小学教员暑期讲习班纪要》（续），《青岛教育半月刊》第1卷第18期，1940年9月30日。

④ 南京市档案馆藏汪伪南京特别市政府档案，1002-1-93。

个月，所授课程有小学教学法、小学教材、儿童心理与测试及宣传汪伪卖国理论的精神讲话。

1942年7月，江苏省在苏州省立联合中学举办小学国语教师暑期讲习会，勒令各县现任教育委员及小学研究部主任或国语科教员、各省立研究部主任选送学员共37人参加受训，讲习科目为：国语、注音符号、国语教材教法、国语测验概要、儿童文学、国学概论、乡土文艺、现代教育趋势、精神讲话、讨论会等。尤其注意纪律及笔记习作、研究讨论等问题，生怕出现无人上课听讲的局面。同年，为“励行清乡教育，提高清乡区小学教师进修兴趣及督勉基克尽本位职责起见”，伪江苏省教育厅特制定了《小学教师进修方案》，规定省初等教育研究会每学期至少举办三次以上的教育讲座，及学术研究、巡回图书库、教育征文等，各校组织教师读书会，设立小学教师阅览部，小学教师每天进修阅读时间至少1小时，并制定有小学教师进修考绩办法。

日伪当局热心于小学教师的培训与进修活动，不是希望提高教师的教育水平，而是有其险恶用心。杭州市特务机关长德江光在该市小学训育人员训练班毕业典礼上就明白直述：“各位从今天起，回到原校去服务，担任日语教授来促进‘中日亲善’。……希望把六个月所学的为基础，悉心研究，尽力发挥，来促进中日亲善，复兴东亚。”①

由此可见，日伪举办初等教师进修的目的在于‘中日亲善，复兴东亚’，为日本侵略者贯彻奴化教育、实行殖民统治服务。因此，教师培训班的课程设置与各种讲座无一不是围绕这一目的进行。伪维新政府教育部南京教员养成所曾聘请日本人楢崎前来上课，结果这位自称为博士的楢崎在课堂上大肆宣讲日本的皇道精神和中国封建王道思想：“实施东亚教育是建设东亚新秩序的出发点，而负此责任者乃中日两个国家。故日本须先明白中国之道德文化及王道之内容，中国亦应明白日本皇道之治，如此才能从容不迫地去建设东亚新秩序，……以皇道为出发点经王道所产生的主义才是东亚教育真正的基础。”“基础既已觅定，那末就要讨论对于儿童及青年应教些什么呢？照我的见解凡关于皇道及王道之事均应尽授之，如果这工作能达到成功的话，好比救活一已死孩子或青年的心灵一样，现今的教育应该采用精神的教育及知识的教育（学字——科学——礼义——军事训练——体操）并行实施，才能达到事半功倍的效果。……因此我们应当从速纠正前非，先把精神教育确定，再进而推行知识的教育，将日本中国满洲国打成一片，共同进行达到东亚教育的目的。”② 字里行间充满着殖民思想，公然叫嚣要将对中国少年儿童知识教育置于“精神教育”之后，而所谓“精

① 《浙江日报》1942年8月16日。

② 维新政府教育部编：《教育公报》1940年第1期。

神教育”实质就是日本的皇道与封建的王道，就是让中国的孩子们接受日本的统治。

二、教师思想检定

日伪统治区内的初等学校大多是临时拼凑起来的，教师也都是战前就开始执教的，虽然有一些培训班，但毕竟是短期的、少部分的，对于教师中普遍存在的反日情绪，日伪政府深感恐惧，认为：“小学教员担任蒙养儿童，其一言一行均能影响未来。”“现任小学教员多数未受训练，彼辈久闻荒谬之宣传，现时对于维新教育之主旨是否确已认识，对于共产主义之错误是否真有觉悟均难以定断。”[①]

因此，在日占区的各级学校中，日军为加强对学校的管理和广大师生的思想控制，采取了很多办法。在华北沦陷区，日伪当局以“教员”名义在各学校中积极地安插和配备了大量的日本人，以使广大中小学处于日本人的直接控制和监督之下。早在伪冀东政权时期，一些重要小学就聘有日本人充任教师。伪华北政权建立后，日本侵略当局以“教员”的名义强行要求各地小学校聘用，甚至直接将日本人派入沦陷区各中小学中。且名义上是作为日语课程的教学人员，实际上地位在校长之上，更兼有监督中国师生思想言行之责任。1938 年 8 月伪河北省署日本顾问提出要求：“此后各中小学校应添聘日籍日语教员一员，人选由省署铨衡办理，并由职厅分派各学校服务，薪津另行规定，至其职权，听其语气，似有与闻校内一切事务之意等情。”[②] 据伪华北临时政府教育部中的日籍顾问称：“自冀东政府成立以来，在华北从初等到中等的学校中录用日本人教员已上升到相当的数量。这些日本教员，除教授日语外，还担负着许多方面的任务，在学校里要成为中日提携友好亲善的模范，还要在潜移默化中引导学生步入新秩序的轨道。如果考虑到东亚的将来，比起教授日语，日本教员们更应该牢记的是这些使命。”[③] 在日本教师不敷分配时，日伪当局还常常派出中国籍的汉奸特务安插在各重要的小学校中，如 1938 年 7 月山东德州吕家街小学，就被安插进一个特务，以“监视教职员工的活动和言论，随时向宪兵队报告学校一切情况”。[④]

在华东、华南等地区，汪伪国民政府为标榜非傀儡性质，但也无法避免日人或亲日分子在各级学校中控制地位。厦门伪教育部门“对学校教育制统尤严，主要权力均由日人自任，次之为台人，再次为被认为纯粹之走卒，余者乃招致失业知识青年加以短期限之奴化训练，而后具保录用”，在实际操作中，更是以“中日满提携亲善为中心，

---

① 南京市档案馆藏汪伪南京特别市政府档案，1002-7-645。

② 中国第二历史档案馆藏伪临时政府行政委员会档案。

③ [日]坪川與吉：《北支及满面洲视察报告书》（1939 年 5 月），载伪维新政府教育部顾问室编：《维新教育概要》1940 年 3 月，第 419—420 页。

④ 刘奇：《德州校史最长的吕家街小学》，《德州文史》第 4 辑，山东新华印刷厂 1986 年印行，第 65 页。

各校均配置日台人教师作实际之监视”。苏淮特别区同样存在这种情形，各校均有日籍日语教员，名义称为“教育辅助官”，在学校系统表上“辅助官列于校长之上”①。浙江省各中学的日语教师均为日本人，是经过日本大东亚省审查合格，再由杭州“特务机关”分派至各校的，称为“大东亚省派遣教师”。实际上这些日籍教师在各校中不仅教授日语，还均负有监督各校奴化教育实施之职，他们对学校的行政、教学，对教职员、学生的言论行动等实施干预，在宣扬“共同防共”、“经济提携”、“完成大东亚圣战”等殖民统治的同时，对抗日师生进行迫害，经常体罚学生，无恶不作。

为达控制教师思想之目的，日伪政府教育当局还经常举行教师思想检定，以便“审慎选择，必须品学兼优而思想纯正者始准充任”。

1939 年伪浙江省教育厅首创了小学教师思想测验，以考试的方法，随时检查教员的思想状况。这一做法得到伪政府当局的欣赏，勒令各沦陷区教育机构“一体遵行”。1939 年 5 月，伪南京市教育局在市立一中举行“南京市立小学教员思想测验”，全市 268 名教师，除 5 名兼任教师、29 人曾在教员养成所受训及 5 人请假外，其余 165 名男教师与 64 名女教师均参加了测试。测试试题如下：②

南京特别市教育局主办小学教员思想测验试题

选择法

1. 儿童本位教育之说是：（1）不应信仰；（2）不可磨灭；（3）不能成立

2. 日本的青年团是：（1）军人的集体；（2）青年修养机关；（3）思想左倾组织

3. 我们自后应信仰：（1）三民主义；（2）民德主义；（3）社会主义

4. 此次日本出兵的目的是：（1）铲除国民党；（2）创设国社党；（3）打倒共产党

5. 自后新中国的教育应该注重：（1）西洋教育；（2）道德教育；（3）党化教育

6. 祸国殃民的是：（1）国社党；（2）共产党；（3）国民党

7. 党政权失败的原因是：（1）联美抗俄；（2）联俄抗日；（3）联日抗俄

8. 防共协定的国家是：（1）英美法；（2）日德意；（3）匈捷波

9. 党政权的罪恶是：（1）联共抗日；（2）一党专政；（3）纵容军阀

---

① 中国第二历史档案馆藏汪伪行政院档案，二〇〇三 /4150。

② 南京市档案馆藏汪伪南京特别市政府档案，1002-7-93。

10. 日本援助中国的目的是：（1）并吞中国土地；（2）扶助中国更生；（3）永莫东亚和平

11. 英、法、美援助中国的目的是：（1）想得到权利；（2）防止赤化；（3）联合抗日

12. 日、德、意防共协定纪念日是：（1）9月5日；（2）10月5日；（3）11月5日

13. 我们信仰孔孟学说才能：（1）铲除邪说；（2）维持人心；（3）振兴国家

14. 中日两国人民的情感不能融洽的原因是：（1）国势的强弱；（2）风俗的不同；（3）言语的隔阂

15. 此次中日事变的重要因素是：（1）人民愤发；（2）共党的阴谋；（3）政府的政策

16. 蒋介石最初的政策是：（1）统一抗战并行；（2）先统一后抗战；（3）先抗战后统一

17. 蒋介石容纳共党的时候是：（1）民十六剿共之后；（2）民二十五西安事变后；（3）八一三之后

18. 孙中山革命失败后多亡命于：（1）美国；（2）日本；（3）英国

19. 东亚文化协议会长是：（1）汤尔和；（2）王克敏；（3）梁鸿志

20. 近年我国道德沦亡的原因是：（1）蔡元培主张废读经；（2）胡适之主张废文言文；（3）蒋介石主张不尊孔教

是非法（对的填 + 号，不对的填—号）

1. 要中日亲善应先注重中日文化的沟通。（ ）

2. 莫定东亚和平就可以防止白种人的侵略。（ ）

3. 长期抗战，焦土政策是共产党扰害中国人民的毒计。（ ）

4. 蒋介石的远交近攻政策是适合中国现状的。（ ）

5. 为了亚细亚实力，保卫亚细亚民族，中日应一致提携起来。（ ）

6. 日本企图达到中日共荣共存的目标一般人认为侵略主义。（ ）

7. 道德教育是救世救国的利器。（ ）

8. 过去教育偏重不重知识。（ ）

9. 教育学生应以立身处世就业服务的学识教授之。（ ）

10. 过去教育重实际不重形式。（ ）

填充法

1. 共党到处，人民相率先_____一空。
2. 沟通中日文化就是使_____关系密切。
3. 小学教育应以_____四种并重。
4. 维新政府教育宗旨主张_____中国固有道德文化。
5. 维新政府新颁学制是小学_____年毕业，中学_____年毕业。
6. 我们要继续打倒蒋政权树立_____实现_____和平。
7. 联_____防共才是中国今后_____上应走的途径。
8. _____三国共同提携和_____黄种人_____之道。
9. _____的援助中国是要_____中国。
10. 维新政府以_____为教育宗旨。

测验目的在于检验小学教师中是否有抗日及共产主义思想、是否对日伪统治不满、是否甘愿做亡国奴。迫于日伪当局的压力，参加考试的教师大多数写上了符合伪当局要求的答案，该次测验的成绩“非常好”，得分平均在 91.08。[①]

同年，上海等地各伪当局教育局对小学教师也进行了与现实政治密切相关性的“思想及智力测试”，其答案必须符合日伪当局的奴化理论，直截了当地要求广大教师按照他们的殖民奴化理论写出答案。[②]

日伪当局很清楚这样的考试并不能显示教师的思想状况，“国民党政府十年恶化之结果已造成空前之惨劫，（小学教师）受其流毒最深”。于是伪当局对小学教师采取各种审查制度，1939 年 2 月，伪山东省教育厅公布了《山东检定小学教员暂行规程》，1939 年 6 月伪维新政府教育部公布了《审查小学准教员资格暂行规程》《小学准教员检定暂行规程》。

汪伪国民政府成立后，对其统治中心地区——江苏省的控制尤其重视，“慎选师资，乃重要教政之一”，伪江苏省教育厅首先在所辖区域内举行了第一届小学教员无试验检定，1941 年 10 月又举行了江苏省小学教员第一届试验检定。当局对这次试验极为重视，制定了《江苏省教育厅第一届检定小学教员施行细则》《检定试验须知》《江苏省教育厅第一届小学教员检定试验规则》及《监试须知》等，分高级、初级小学级任教员或小学专科教员三种试验，规定：曾在旧制中学或高级中学毕业者、曾在

① 南京市档案馆藏汪伪南京特别市政府档案，1002-7-93。

② 上海市档案馆藏日伪时期上海特别市教育局档案，R048-01-775。

师范学校或高级中学毕业者、曾在师范讲习科毕业者、曾任小学教员三年以上者、学有专长并充任小学教员一年以上者，可报名参加检定；其资格须经各县教育局或县政府教育科审查；试验科目包括：1. 小学级任教员：各科程度以高中师范课程标准为准，有国语（包括文字、口语，及注音符号）、算术、自然、社会、教育概论、小学教材及教学法；2. 初级小学级任教员：除公民、国语、教育概论外，其余各科目得酌量减低其程度；3. 专科教员：不分初高级程度，以高中师范课程标准为准，其试验科目除请求试验之某种专科（如音乐、体育、美术、劳作等）须试验外，并试验国语、教育概论及受试验科目之小学教材及教学法。此外，尚须进行口试与体格检查。

第一届小学教员试验检定分苏州、常州、太仓、镇江、扬州 5 个区举行，要求吴县、吴江、昆山、武进、无锡、靖江、松江、青浦、镇江、丹阳、金坛、六合、江宁、句容、江浦、江都、高邮等 17 个县的小学教员报名应试。然而，汪伪当局声势浩大地进行宣传准备后，应考者寥寥，“经试验检定合格人员共计 64 名，试验检定科目及格人员共计 49 名”。[①] 让汪伪当局很失面子，小学教员试验检定只此一届，以后未再举行。

试验检定行不通，汪伪政府不得已继续举行小学教员无试验检定，以控制小学教师的思想。1942 年 12 月伪江苏省当局办理了第二届小学教员无试验检定，并特制定《无试验检定暂行细则》《检定须知》《有证明文件审查办法》等，规定具有下列条件之一者才能接受检定：

（一）毕业于简易师范学校或简易师范科者；

（二）毕业于旧制中学或现制高级中学以上学校，或与旧制中学、现制高级中学同等之学校，曾充小学教员一年以上，或曾在教育行政机关、或大学教育学院系、或师范学校所办暑期学校补习教育，功课满二暑期者；

（三）毕业于旧制乡村师范学校、或县立师范学校、或二年以上之师范讲习科，曾充小学教员二年以上，或曾在上述暑期学校补习满三暑期者；

（四）曾充小学教员三年以上者，经教育行政机关认为确有成绩，或曾在上述暑期学校补习满四暑期者；

（五）曾充小学教员三年以上，有关于小学教员之专著发表，经主管教育行政机关认为确有价值者。[②]

---

①《两年来之江苏教育》，第 65 页。

②《两年来之江苏教育》，第 65 页。

请求无试验检定的小学教员除要呈缴毕业证书、修业证书、报名志愿书、服务证件等外，还需交纳检定费 2 元。

小学教员的各项证书交上来后，先由各县组织初审委员会，受理初审事宜，然后由伪江苏省教育厅组织复审委员会，进行复审。计先后审核了吴县、常熟、武进、吴江、昆山、江阴、无锡、青浦、太仓、松江、丹阳、宜兴等 12 县 788 名小学教员的材料，合格者共计 761 人。1944 年 3 月，伪江苏省教育厅又办理了第三届小学教员无试验检定，合格者仅 235 人。①

无试验检定通过的人数较试验检定的人数多 10 倍左右，但对比江苏省沦陷区内 8000 余名小学教师而言，这个数字是微乎其微的。绝大多数教师拒绝参加汪伪政府的检定，可见，汪伪政府妄图通过测验、检定等手段，控制广大教师的思想的目的始终未能达到。

三、教师学历与生活

由于日伪政权仅强调教师的思想钳制，而不顾及其他，且过分频繁地要求广大师生参加各种“反共亲日”活动，导致初等教育水平低下。教师学历低，教学水平差；师资力量极度短缺；教师生活尤其贫困，是为沦陷区中小学教师的三大弊端。

汪伪沦陷区的中小学教师受环境制约，学历普遍较低，据汪伪教育部 1942 年统计：

初等学校教职员学历比较表②

		合计	高级师范或大学毕业者	师范学校或师范专科毕业者	简易师范或乡村师范毕业者	专门学校毕业者	中等学校毕业者	其他
总计	实数	30918	875	6187	6277	1759	11374	4446
	百分比	100.00	2.83	20.01	20.03	5.68	36.79	14.39
江苏	实数	8377	84	1625	2027	476	2959	1206
	百分比	100.00	1.00	19.39	24.19	5.69	35.34	14.39
浙江	实数	2781	37	230	427	177	1277	633
	百分比	100.00	1.33	8.26	15.35	6.36	45.92	22.78

① 《两年来之江苏教育》，第 65 页。

② 汪伪国民政府教育部统计室编印：《全国教育统计》（苏浙皖鄂粤五省京沪汉三市之部），第五集。

续表

		合计	高级师范或大学毕业者	师范学校或师范专科毕业者	简易师范或乡村师范毕业者	专门学校毕业者	中等学校毕业者	其他
安徽	实数	1749	173	399	276	168	595	138
	百分比	100.00	9.89	22.86	15.78	9.59	34.01	7.87
湖北	实数	6157	84	1369	912	118	2337	1337
	百分比	100.00	1.36	22.25	14.81	1.92	37.95	21.71
广东	实数	5701	219	1239	1253	325	1873	792
	百分比	100.00	3.84	21.69	22.01	5.72	32.85	13.89
南京	实数	1115	20	192	266	98	463	76
	百分比	100.00	1.78	17.21	23.84	8.77	41.59	6.81
上海	实数	4051	179	878	1115	318	1335	226
	百分比	100.00	4.42	21.67	27.53	7.85	32.95	5.58
汉口	实数	987	79	255	1	79	535	38
	百分比	100.00	8.00	25.84	0.10	8.00	54.20	3.86

从上表可见，沦陷区各省市初等学校的教师大多非师范专业出身，三分之一以上仅中学毕业，甚至还有14%以上的人连中学水平都未达到，即使是所谓师范学校毕业，也多为简易师范或乡村师范，常常入学三两个月就算完成学业，以这样的师资教育儿童，质量如何，可想而知。而安徽省伪教育当局统计的结果更低，令人失望：1941年初全省共有小学教师1274人，“受过师范教育者，即以教育事业较为发达之凤阳、芜湖、当涂、怀宁等四县而论，亦仅占6.4%，其他各县，因统计表册多缺然不报，无法加以精确统计，但其需要优良师资，当更迫切，本省小学师资之缺乏，实为当前最严重问题”。[①]

① 《一年来的安徽教育》，《教育建设》第二卷第一期，1941年4月10日。

中学学校教职员学历比较表[①]

		合计	国内外大学毕业者	高级师范或大学毕业者	专门学校毕业者	中等学校毕业者	其他
总计	实数	5153	1598	929	1093	981	552
	百分比	100.00	31.00	18.00	21.20	19.10	10.70
江苏	实数	1662	433	280	357	356	236
	百分比	100.00	26.08	16.84	21.44	21.41	14.23
浙江	实数	393	94	74	62	92	71
	百分比	100.00	23.92	18.83	15.78	23.41	18.06
安徽	实数	379	84	52	114	95	34
	百分比	100.00	22.16	13.74	30.08	25.08	8.94
湖北	实数	253	58	83	36	50	26
	百分比	100.00	22.92	32.81	14.23	19.76	10.28
广东	实数	980	385	154	220	172	49
	百分比	100.00	39.29	15.71	22.45	17.55	5.00
南京	实数	569	210	99	123	103	34
	百分比	100.00	36.91	17.4	21.62	18.10	5.97
上海	实数	622	203	137	111	81	90
	百分比	100.00	32.64	22.03	17.84	13.02	14.47
汉口	实数	1295	131	50	70	32	12
	百分比	100.00	44.41	16.95	23.73	10.85	4.06

从上表看，中学教师的学历略高于小学教师，国内外大学毕业者达 30%，但与初等学校教师状况相同，大多非师范专业出身，近 20% 仅中等学校毕业，还有 10% 以上连中学水平都未达到。此外，此表所纳入统计的教师数量明显偏少，浙江仅 393 人、安徽 379 人、湖北 253 人、南京 569 人、上海 622 人，相反，教育水平低于江浙各省市的汉口反而有 1295 名教师，其数据令人生疑。

中小学教师水平的降低，必然影响教学质量。这一现象到 1945 年日伪政府统治后期更为严重，时人评论说："小学教育之师资，更为低落，目前不少学校，其担任

① 汪伪国民政府教育部统计室编印：《全国教育统计》（苏浙皖鄂粤五省京沪汉三市之部），第五集。

教师往往小学尚未卒业，合理之教授法固无论矣，即捧读课本之能力，亦大成问题。至今大多数小学之国语课中，尚以摇头摆脑咿咿呀呀的腔调朗诵白话文字，令人哭笑不得。至于其他学科，更属毫无修养，滥竽充数。”①

即便是这样低水平的教师数量也远远低于战前，根本不能满足日益增长的初级学校的需要，因此，当时各校都定有严格的教师考勤制度，以防止教师擅自缺课。由于师资短缺，各校对于迟到旷工的教师一般都采取扣薪的办法，绝不轻言开除。如伪上海市立海南模范小学校就制定有教师代课及扣薪办法：教职员如未经核准请假而擅离职守者，以旷职扣薪论；凡缺课 30 分钟扣代课金 7 角，45 分钟扣代课金一元，每月累计缺席满 3 日以上者，按日薪扣算，旷职加倍计算；代课每 30 分钟支代课金 5.5 角，45 分钟支代课金 8.5 角；教职员迟到早退连续 4 次者，扣薪一天，一月累计迟到早退满 4 次者，扣薪一天。②

沦陷区中小学教员的生活待遇低下、生活条件的恶劣，也是一个不争的事实。北平市在沦陷后，该市教育经费“因时局关系，七八两月仅发一成余”，伪北平市政府不得不向日伪维持会哭诉：“现在本市市库因市面萧条，收入锐减，所拨教育经费既不能按数筹足，而贵会补助之二万元，如再无着落，各校虽经开学，教职员工不能维持生活，势难免再度陷于停顿，事关本市教育前途至钜，用特再将困难情形披沥详陈，拟请贵会仍按每月五万元成数补助，倘有困难亦乞俯念本市教育目前艰窘情形，准自九月份起，补助三万元，以免弦歌中辍。”③虽经一再催要，但 1938 年后，北平市的教育经费也仅按八成发放，“一般市立中小学教职员及工役等生活困苦，不堪言状，加以近来百物昂贵，米珠薪桂，无法维持”，时至 1939 年，伪临时政府财政部才同意补助部分教育经费，使北平市市立中小学教职员的薪金及工资按十成发给，④而此时物价飞涨，原定的教职员工资远远不能满足养家糊口之用。1941 年时，安徽省各县小学教师月薪大多还在二十元以下，“待遇微薄，远不如贩夫走卒，际滋物价高涨之时，实难谋得一饱，生活尚不能安定，遑论教学成绩？”⑤如此恶性循环，日复一日，沦陷区的初级教育走向没落是为必然趋势。

伪维新政府教育当局也有同感：“现在小学教师之俸给菲薄极矣，每月所入诚不足以供仰事俯蓄之所需，贫困县份且不能按月发放，牵萝补屋，苦费周章，故非酌量

① 《小学教育》，《中华日报》1945 年 3 月 16 日。

② 上海市档案馆藏日伪时期上海特别市教育局档案，R048-01-57。

③ 《函请维持会补助教育经费》（1937 年 10 月），《北平市市政公报》1937 年 414 期。

④ 《市立中小学校恢复十成教薪》（1939 年 1 月），《实报》1939 年 1 月 8 日。

⑤ 《一年来的安徽教育》，《教育建设》第二卷第一期，1941 年 4 月 10 日。

提高待遇，不能使彼安心供职。”为使教师能够“安心服务，不怀五日京兆之心”，伪维新政府提出了提高教师待遇的具体方法：“1. 整顿各县教育经费之收，提高教师待遇，并保证按月发放。2. 乡村教师之待遇应与城市教师及模范小学教师无分轩轾，受同等之待遇。3. 对于成绩优良之教师须加奖励，并保障其服务。4. 实行年功加俸。”[①]1939 年 6 月 10 日，伪维新政府教育部颁布了《小学教职员俸给暂行规程》，将小学教职员分为 3 等 12 级制定俸额标准，一等俸额标准如下：[②]

	第一级	第二级	第三级	第四级	第五级	第六级	第七级	第八级	第九级	第十级	第十一级	第十二级
高级校长	110	106	102	98	94	90	86	82	78	74	70	66
初级校长	106	102	98	94	90	86	82	78	74	70	66	62
高级级任教员	106	102	98	94	90	86	82	78	74	70	66	62
初级级任教员	102	98	94	90	86	82	78	74	70	66	62	58
高初级专科教员	98	94	90	86	82	78	74	70	66	62	58	54
高初级助教员	94	90	86	82	78	74	70	66	62	58	54	50
事务员书记	64	60	56	52	48	44	40	36	32	28		

说明：1. 本表各级数目系正式之小学校长、教员、事务员、书记准用之。

2. 代理校长、准教员应照本表规定数目降一级支俸，代用教员应照本表规定数目降二级支俸。如高级校长第十二级俸 66 元，代理高级校长降一级为 62 元，余类推。高级级任教员第十二级俸 62 元，准高级级任教员降一级为 58 元，余类推。初级级任教员第十二级俸 58 元，代用初级级任教员降二级为 50 元，余类推。

3. 本表每级进级数一律为四元。

该规程的实施状况未有详细资料证明。

汪伪国民政府成立后，曾对小学教职员的薪俸标准做重新调整，据汪伪政府教育部 1942 年的统计，各地小学教师月薪收入如下：

① 秦冕钧：《如何推行维新教育》，伪江苏教育厅 1939 年 2 月印。

② 《小学教职员俸给暂行规程》，《维新政府公报》第 59 号。

初等学校教职员月薪比较表[1]

省市	教职员待遇			
	教员		职员	
	最低额	最高额	最低额	最高额
江苏	30	380	30	460
浙江	30	160	30	100
安徽	50	240	30	120
湖北	30	90	20	140
广东	20	250	20	250
南京	80	190	55	240
上海	130	240	140	250
汉口	222	475	444	777

注：汉口教职员待遇以日金计算，本表为便利比较起见，已折合中储券。

从上表可见，1942年初级学校教职员的薪俸略有提高。但实际上，由于物价的上涨、日伪当局的压榨与搜刮，小学教师的待遇不仅没有任何改善，反而每况愈下。

表中反映出教职员月薪最高与最低额相差巨大，普通教职员往往只能拿最低额，拿最高薪水的并非是校长之流，而是在各学校中教授日语的日籍教员。如苏北第一模范小学日语教员新勒度次郎月薪244元，高桥英雄月薪232元，均超过该小学校长130元；私立昕昕中学日语教师宫奇齐月薪264元，其校长才100元。[2] 伪吴兴县教育局更明订标准：完全小学校长月支薪40元，模范小学校长月支46元，普通小学教员自18元至30元不等，模范小学教员自26元至34元不等，但日籍教员月薪高达90元至150元，远高于校长的月薪，同时经学教员的月薪也达40元之多，相当于小学校长的薪金。[3]1940年伪华北教育总署曾颁布《聘用日本籍教职员经费支给办法纲要》，规定日本籍教职员之薪俸及其他各项给予金包括：薪俸、“在勤手当”及房金；赴任

① 汪伪教育部统计室编印：《全国教育统计》（第五集）。

② 齐红深主编：《日本侵华教育史》，第387页。

③ 中国第二历史档案馆藏：《吴兴县教育概况》，汪伪教育部档案，二〇七八/123。

旅行费及退职归国旅费；年终奖金及退职金三大类。并明确表示，日本教职员在各校任职而领受一定金额，该项金额“凡超过中国薪级表内相当等级之薪俸额者，其超过数额应一律视为‘在勤手当’”。每年二月或八月还有普通增俸，教职员死亡、负伤或遇有特殊情形时另给予特别增俸，“其增俸金额临时规定之”。赴任旅行费及退职归国旅费中除本人赴任（或归国）旅费外，还有家族手当和家族同伴赴任（或归国）旅费，数额高达上千元。房金每月 40 至 200 元不等。此外还有年终奖和退职金，待遇极其优渥。[①]

普通教师的薪水则很低，甚至连最基本的生活也无法保障。日伪当局曾对上海崇明地区小学教师待遇做过比较：“崇明小学教师待遇向来微薄，但因大半教师均薄具家产，故尚能安守职务，事变前小学教师待遇，初级级任月支薪十八元，高级级任月支薪二十四元或二十六元；其人员分配，初级以每一教室一人为原则，高级以每二教室三人为原则。事变后小学教师待遇，初级每周任课一百分钟，月支薪金一元六角，高级每周任课一百分钟，月支薪二元四角，平均每人最高月薪二十四元，最低十元左右。处今米珠薪桂（崇明米价当时每石三十五元）之时，崇明教师虽迭诸当局增高待遇，以维生活，但迄至目前尚无适当之解决办法也。”[②]

在中等学校，教师薪金同样存在日籍教师的待遇远远高于普通中国教师的现象，普通教师的薪水之低，往往入不敷出，甚至不足以糊口。1941 年，因“近数月来，以币值低落，物价暴腾”，伪江苏省教育厅为安抚人心，不得已决定调整教育经常费预算标准，以提高教师薪金：“中等学校校长薪晋一级（月加二十元）。教员薪仍以每级每周四十二小时计，高中每小时原 8.5 元，加 1.5 元，合为 10 元；初中每小时原 6.5 元，加 1.5 元，合为 8 元。职员除厅派会计另行规定外，各晋二级（月加 10 元），主任薪月加 20 元；工食人数，十级以上，一级一人又三分之一；十级以下至五级，一级一人又二分之一；四级以下，每级二人，月原支 24 元加至 35 元。办公费高中月原支每级 180 元，加五成，合 270 元；初中月原支每级 142 元，加五成，合 210 元；师范生每人每月原支 28 元，加五成，合 42 元；职业科加费每级每月原支 100 元，加三成为 130 元。”[③]然事实上，广大的中学教师并未能享受到加薪，日伪当局自己也难以自圆其说：“本年（1941）十月行政院会议通过苏浙皖及沪市中小学教职员加薪成数，动拨中央总预备费库款，具证体念教师之德意，本省亦已饬各县本己饥己溺之怀，

① 中国第二历史档案馆藏伪华北政务委员会教育总署档案，二〇二一 /271。

②《崇明教育事业之今昔观》，中国第二历史档案馆馆藏汪伪教育部档案，二〇七八 /123。

③ 江苏省政府秘书处编：《中华民国三十年度江苏省政年刊》，第 300 页。

宽筹的款，再予提高待遇，俟财力较裕，再行推及中学教师。”一方面称教师加薪动用的是中央预备库款，一方面又要各县政府“宽筹的款”，且“俟财力较裕”后，才能惠及中学教师。可想而知，汪伪政府关于提高中学教师的薪金的许诺，只能是画饼充饥，根本无法实现。

1942年是汪伪政权统治的最盛时期，这一年各沦陷区中学教职员的月薪收入如下：[①]

	教员		职员	
	最低额	最高额	最低额	最高额
江苏	20	1000	20	680
浙江	30	813	30	542
安徽	44	320	50	380
湖北	40	300	30	300
广东	8	240	8	240
南京	20	450	60	680
上海	30	960	180	880
汉口	100	280	40	340

除日籍教员及校长能拿到较高薪金外，普通教职员只能领取低额的薪水，在当时的物价水平下，无法应付日常的开支，而汪伪政府对教师控制极严，如非真正有严重疾病，不准辞职，更不准申请调动，导致教师更加无心教学。这种矛盾到日伪统治的后期更显尖锐，据国民党厦门战区教育督导员报告，1945年1月前后，因交通线“受盟军严重打击，厦门对日台、南洋来往民用船只几于绝迹，粮价高涨，生活困难，加以盟机不断轰炸，市民惶恐万分，咸图逃走，敌伪对此无法制止，惟于奴化教育之工作人员则严厉制止出口，嗾使甘心附逆之员生互相监视，不令脱逃，虽学生入学日见减少仍强迫按时上课云”。[②]

为控制教师队伍，维持其稳定，1945年2月27日汪伪教育部颁布了《修正学校教职员养老金及恤金条例》，许诺只要连续服务10年以上，都可领到一份为数不菲的养老金。

---

① 伪国民政府教育部编：《全国教育统计》（第五集），第35页。

② 中国第二历史档案馆藏教育部档案，五/13813。

职员及专任教员养老金表[①]

	二百元以上	百五十元以上二百元未满	百二十元以上百五十元未满	百元以上百二十元未满	八十元以上百元未满	六十元以上八十元未满	四十五元以上六十元未满	三十元以上四十五元未满	二十元以上三十元未满	二十元未满
十五年未满	9000	7350	6480	5940	5400	4620	3810	2960	2100	1800
二十年未满	10500	8400	7290	6600	5940	5040	4130	3190	2250	1920
二十年以上	12000	9450	8100	7160	6480	5460	4450	3420	2400	2040

① 《修正学校教职员养老金及恤金条例》，汪伪《国民政府公报》第764号。

从上表可见，较之于当时的月俸，汪伪政府已将教师的养老金数目成倍提高，应该对生活窘困的广大教职员具有很大吸引力了，然而实际并非如此，且不论该条例有无得到执行，执行的情况又如何？单就文件中显示的貌似巨大的养老金数目而言，在当时的物价水平下，广大的教师仍将入不敷出。据笔者所见资料证明，早在1943以后，沦陷区物价就飞涨不止，人民生活指数早已超出上述标准，国民党派驻广东潮州战区教育工作队队长姚文辉于1943年6月9日的签呈中就提道：

> （潮州地区）今年上造，因狂风大雨而致收成不好，加以征实征购之重大负担，以及战区走私之其他因素，遂酿成一严重之米荒，下造又因天气亢旱，收成未可乐观，于是人心惶惶，米价逐日飞涨不止。按潮州米价，截至现在止，每元仅购米二钱，米每斤几值七八十元（查每人每月伙食，单以米计算，需米三十至三十一斤，价须二千元，其他柴炭油盐，尚不计算在内），至为惊人。①

国民党方面的特派员因向上级要求增加生活费，对于潮州的米价或许有虚报成分，但经过大半年时间的通货膨胀，至1945年初沦陷区各地的物价状况当不低于此数，而汪伪当局许诺给广大教职员的养老年金不过数千元之多，充其量也只够四五个月之用，少的甚至不够1个月的家用。可以说，这份仅为纸上空谈的养老金对广大教师的生活也起不到任何改善作用。

伪教育部门虽多次宣称要提高教师待遇，但常常是口惠而实不至，即使偶有补贴，也是杯水车薪，无法与不断加剧的通货膨胀相抗衡。1943年，伪浙江省教育厅曾下令要在校学生交纳米粮，作为教师的生活补贴。这种拆东墙补西墙的做法，不仅不能解决教师的实际问题，更引起广大学生的反对，造成教师无心教学、学生厌学。因此，伪上海特别市政府在崩溃前夕又匆匆忙忙制定了《私立中小学校征收学生费用暨教职员待遇暂行办法》，规定："各校不得向学生征收教职员生活补助费或用其他类似名目征募；各校付给专任教职员薪金每学期应以六个足月计算；各校教职员薪金之支配至少应占全部经常费百分之七十，并应按月发放，不得藉故拖延……"②

白纸空文解决不了广大教师的实际困难，至日伪统治的中后期，战争费用急

---

① 中国第二历史档案馆藏国民政府教育部档案，五/13816。

② 上海市档案馆藏日伪时期上海特别市教育局档案，R048-1-1-24。

剧上升，教育经费更形见绌，许多教师入不敷出，不得不白天授课，晚上去干苦力赚钱，养家糊口。汪伪统治中心南京市甚至传闻，一位小学教师因家庭贫困，严冬季节无钱购衣御寒，竟穿上妻子的旗袍进课堂讲课。更多的教师纷纷选择跳槽离职，另谋生路，伪教育当局也认为："各校教职员异动频繁，影响工作效率殊非浅。"[①] 这又造成小学教师的另一种矛盾——师资短缺的问题更趋严重。为缓和过于突出的师资紧缺问题，1944 年伪南京市教育局开设了简易师范学校，分本科和师训二班。所谓"本科"，竟招收初中毕业生，培训几个月后即算毕业；师训班为现任教师培训。如此速成，教师的教学水平可想而知。汪伪机关报《中华日报》曾发表社评，谓："上述种种现象，究其根本之症结，在于经费不足。经费不足，则教职员待遇微薄，不能专心任教，而稍有高就，即此他去，不复可惜。若干学校之主持人专聘未结婚之少女，担任教职，少女从事小学教育，本属无可非议，抑且亦有若干长处。然今之任教者，多数无意于教育，其所获薪金，亦不过作为零用而已。本身之学业既未充实，对于教育更无热情，试问如此任教，岂能有优美之成绩？"[②]

经济极度窘困的同时，沦陷区的教师还饱受着精神上的煎熬。日伪当局对沦陷区中小学校采取白色恐怖的高压政策，经常进校突击检查，并以各种名目逮捕爱国教师进行迫害，广大师生的生命安全得不到切实保障。1937 年 10 月，驻天津市日军部为肃清"反日"分子，根绝"反日"思想起见，令伪社会局转令各校实行"思想检举"，凡教职员及学生的言行思想有"反日"的倾向者，均须加以检举，由学校开除，或报告官厅拘捕。[③]

1941 年 4 月 10 日，伪上海市教育局密令各级学校"严防抗日分子破坏'和平工作'"，并拟定办法三项："一、本市各学校如遇有破坏和平分子，无论用何宣传方式，或托于言词，应即拘送就地军警究办，一面呈报本局；二、各校如接有邮递破坏和平之各种图书或函件，应将原件呈局查究；三、各校教职员如有受人唆使参加破坏和平工作，该校长暨全体教职员应负责检举，秘密报告，否则以同一行为论。"[④] 侵华日军更是经常无故进入校内搜捕具有抗日思想的教师和学生。以上海为例，1937 年 12 月 12 日，上海"南市安全区宣布戒严，并在该区内设警戒线，而开始挨户搜查，至下午四时，有华教员三人皆戴手铐为日兵捕押而去，……

① 南京市档案馆藏伪南京市教育局档案，1002-7-60。

② 《小学教育》，《中华日报》1945 年 3 月 16 日。

③ 《奴化教育》（天津通讯），载《抵抗三日刊》第 15 号，1937 年（民国二十六年）10 月 6 日。

④ 上海市档案馆藏日伪时期上海特别市教育局档案，R048-01-861。

日军之拘捕三教员，系破某学校之门而入”。[①]1941年10月，上海法租界霞飞路694号晓光中学“有日人数名，会同捕房警员，进入该校，一度搜查后，结果拘去学生十名”。[②]1943年12月15日凌晨四时半，上海市私立国强初级中学的住校教职员“尚在睡眠之际，突被友邦驻沪宪兵身御便服者十余人进校逐一呼唤起床，排列查询，并搜检办公室及教职员宿舍三处，至六时，将属校总务主任钱旭伦、训育主任全天起、生物教员顾仲超带去，声言随同前去谈话，并留驻六七友邦宪兵在校视察，又令除学生上课、散课来往外，其他一律不准出校”。[③]其他尚有乐群中学、大江中学、南洋模范中学等校一并受到搜查，都有教职员被捕。在安徽省，1940年6月，该省宿县模范小学校长、孔庙小学校长、北关小学校长等14人“突于6月17日被友军驻宿县宪兵队逮捕”，该省教育厅起初还设法营救，称“据报宿县被捕人员中有该县教育人员，品学均尚优裕，且有相当成绩，此次突遭逮捕，或系误会所致，祈鉴核，饬令交涉员查明营救，以维教育”。但遭到日军的野蛮拒绝，日军联络官小川一重称：“此次宿县被捕人员，均经事先侦查，既犯共产嫌疑，且有反动企图，拟即移交该国军律会议。”[④]中国的小学教师思想有所波动，且仅仅是“嫌疑”和“企图”，并无实际行动，在中国政府都不知情的情况下，竟然由日本的宪兵直接逮捕，并送交日本的军律会议处置，这种典型的侵略别国国家主权行为，不管是当年的或是现在的日本政府都无法抵赖。但是，对于日本侵略者的野蛮行径，汪伪当局非但不加阻止，反而下令“查宿县逮捕各员中，竟有教育人员多名，共产党徒难保不向各校学生施行煽惑。各中等以上学校亟应严密注意学生行动思想，以杜邪说，而正趋向”。[⑤]

1942年1月，《福建新闻》就日军对厦门鼓浪屿中等教育的摧残有过这样的报道：“自太平洋大战爆发后，敌寇立即强占本岛，并多方虐待我同胞及英美各国侨民，横暴残酷，无所不用其极，对各学校及基督教会之摧残，尤为骄横无道。前寻源中学校长、现任三一堂牧师之卢铸英（同安人），日前被其逮捕并处以酷刑致死。……敌寇竟于日前又派兽卒多名逮捕英华中学主理洪显理（英人）及校长沈省愚，多方虐待，并强迫洪显理宣誓拥护‘天皇’，洪执义不屈，乃被拘禁本岛敌之博爱会医院，旋遭以毒药鸩杀。……又怀仁女子中学校长王淑禧，数日

① 《申报》1937年12月12日。

② 《申报》1941年10月19日。

③ 上海市档案馆编：《日本帝国主义侵略上海罪行史料汇编》，上海人民出版社，1997，第626页。

④ 上海市档案馆藏日伪时期上海特别市教育局档案，R048-01-861。

⑤ 上海市档案馆藏日伪时期上海特别市教育局档案，R048-01-861。

前亦被敌逮捕，现尚拘禁于某地，敌寇每日仅供饭丸二小枚，王耻食敌粟，绝食多日，现已奄奄一息待毙牢中。倭寇之摧害文化，残虐人权，实足证明吾民心之未死及敌人之恐慌也。”[①]

日伪政府对沦陷区广大师生的摧残和迫害，更让人们看清了日伪政权色厉内荏的虚弱本质，也证明了其精心炮制的奴化教育在中国大地上是根本行不通的。

① 《福建新闻》1942 年 1 月 10 日。

第四章　高等教育

日本帝国主义发动的侵华战争给中国的高等教育事业造成了空前的劫难和极大的损害，为了保存中国文化教育的命脉，并使中国高等教育事业不因战事而中断，华北、华东、华中、华南等地的高校纷纷内迁。在日军占领初期，除部分教会大学及迁入上海租界内的部分高校继续艰难办学外，沦陷区内的高等教育事业，几乎一片空白。日伪傀儡政权建立后，开始“恢复”高等教育，“恢复”或创办了一些高等院校。但总体说来，日伪统治时期无论是高等学校的数量、办学规模，还是高等学校师生的人数、教学的质量均无法与抗日战争前相提并论。

第一节　高校内迁

抗日战争爆发前，我国大学分布极不合理，无论是公立、私立，还是教会主办的大学，绝大部分都集中在东南沿海、沿江地区，北京、天津、上海、南京、广州、武汉更是高校聚集地。据统计，战前全国共有专科以上高等学校108所，仅平、津、沪三市就有46所，在校学生人数占全国总数的三分之二左右。日本全面侵华战争爆发后，对我国高等学校等文化教育设施狂轰滥炸，肆意占领、破坏，给我国的高等教育事业带来了巨大的灾难。从1937年7月到1938年10月，全国108所高校，被破坏91所，占高校总数的84%，其中有25所高校因被破坏严重停办。

面对日军的飞机、大炮的轰击，为了打破日军毁灭我国高等教育的毒计，保存中华民族教育的国脉，为了抗战时期高等教育事业的继续发展，处于战区之中或临近战区的各高校及其广大爱国师生，冒着敌人的炮火，泪辞故园，背井离乡，辗转内迁至西南、西北大后方，形成了中国近代教育史上史无前例、波澜壮阔的高校大迁徙运动。高校内迁运动几乎贯穿于整个抗日战争全过程，前后持续8年之久，它大致上可分为三个阶段：第一阶段从1937年8月到1939年初。这是日本侵略军的战略进攻阶段。

平津及东南沿海各地高校，除部分外国教会大学在英美等国的“保护”下得以存在，及部分大学就近迁入上海租界继续办学外，其余绝大多数高校或迁往西南、西北等抗战大后方，或迁往日军暂时还无法到达的附近山区暂时维持。第二阶段从1940年下半年至1943年春。这一时期，由于英美与日本关系日趋紧张，形势日益恶化，特别是太平洋战争爆发后，日军侵占上海租界和香港，许多教会大学和原迁入租界或暂时避居华东、华南山区的高等院校，又陆续向西南迁移。第三阶段自1944年至1945年。在此时期，日军为打通大陆交通线，先后发动了豫湘桂战役和黔南战役，又占领了大片中国领土，原内迁分散在广西、云南、贵州的高校，被迫再次迁入四川境内。加入内迁运动的高校，有大学，有独立学院，也有专科学校；有国立，有省立，也有包括教会学校在内的私立学校；有长达数十年历史的著名高校，也有刚刚创设不久的学校。据国民政府教育部高等教育司1939年3月所编《全国高等教育概况》记载：截至1938年12月底，抗战前全国专科以上108所高校中，除因战事而停顿17校和仍在沦陷区勉强维持的14校外，“七十七校则迁移勉强上课”。[①] 但根据中国第二历史档案馆所藏国民政府教育部档案统计，抗战时期内迁高校达100余所，兹列表如下：

抗日战争时期高等学校内迁表

	校名	原址	内迁时间	迁移经过
华北区	国立北京大学	北平	1937年8月	迁长沙，与清华大学、南开大学合组长沙临时大学。1938年4月再迁昆明，更名为国立西南联合大学。
	国立清华大学	北平	1937年8月	迁长沙，与北京大学、南开大学合组长沙临时大学。1938年4月再迁昆明，更名为国立西南联合大学。
	国立南开大学	天津	1937年8月	迁长沙、与北京大学、清华大学合组长沙临时大学。1938年4月再迁昆明，更名为国立西南联合大学。
	国立北平大学	北平	1937年8月	迁西安，与北平师范大学、北洋工学院等合组西安临时大学。1938年4月迁陕南汉中，改名国立西北联合大学，各院系分在城固、南郑、沔县上课。1939年9月更名为国立西北大学。
	国立北洋工学院	天津	1937年8月	迁西安，与北平师范大学、北平大学合组西安临时大学。1938年4月迁陕南汉中，改名国立西北联合大学，其中工学院设在城固；同年7月工学院独立为国立西北工学院。

① 杜元载主编：《革命文献》第56辑“抗战前之高等教育”，（台北）中国国民党党史史料编纂委员会，1971，第70页。

续表

	校名	原址	内迁时间	迁移经过
华北区	国立北平师范大学	北平	1937年8月	迁西安，与北平大学、北洋工学院合组西安临时大学。1938年4月迁陕南汉中，改名国立西北联合大学。1939年9月更名国立西北大学，师范学院改为国立西北师范学院。
	河北省立师范学院	天津	1937年8月	部分师生迁西安，并入西安临时大学继续办学。
	私立铭贤学校	山西太谷	1937年10月	迁运城，11月迁河南陕县。1938年1月迁西安，11月迁沔县。1939年3月迁四川金堂县。1940年改名私立铭贤学院。
	国立山西大学	山西太原	1937年	校部、理学院、工学院迁山西临汾，法学院迁平遥，文学院迁运城。1938年春至1939年12月停办。1939年12月在陕西三原复校。1941年11月迁陕西宜川县秋林镇虎啸沟。1943年2月迁山西吉县克难坡，7月迁回虎啸沟。
	国立交通大学唐山土木工程学院	河北唐山	1937年	迁湖南湘潭，11月复课。1938年5月迁湖南湘乡杨家滩，与北平铁道管理学院合并上课。1939年1月经桂林转迁贵州，在平越复课。1942年1月改名国立交通大学贵州分校。1943年12月迁四川璧山。
	国立北平艺术专科学校	北平	1937年	迁湘西沅陵，1938年与杭州艺术专科学校合并，定名国立艺术专科学校。1938年10月迁云南昆明。1939年夏迁至滇池呈贡县。1941年迁四川璧山。1943年夏迁重庆磐溪。
	私立华北文法学院	北平	1937年	迁湖广会馆继续上课。
	私立朝阳学院	北平	1937年	迁湖北沙市，旋迁四川成都，后迁重庆兴隆场。
	私立民国学院	北平	1937年	迁开封、长沙、溆浦、宁乡等地，最后迁至湖南安化。
	国立交通大学北平铁道管理学院	北平	1938年2月	七七事变后曾一度停顿。1938年2月内迁湖南湘潭，与唐山工学院合并上课。1939年1月迁贵州平越。1942年1月改名国立交通大学贵州分校。1943年12月迁四川璧山。
	私立中法大学	北平	1939年	1939年理学院迁昆明，1941年文学院迁昆明。
	私立燕京大学	北平	1941年12月	部分师生迁成都。
	私立川至医学专科学校	山西太原	不详	迁西北，1940年3月并入国立山西大学。
	国立东北大学	辽宁沈阳	1931年9月	迁北平。1936年2月工学院迁西安，成立西安分校。1937年6月，文法两院迁西安。1938年3月西安分校再迁四川三台。

续表

	校名	原址	内迁时间	迁移经过
华东区	国立暨南大学	上海	1932 年 1 月	分散沪、粤、苏 3 地，9 月回原址。1937 年 8 月迁入租界。1941 年夏在福建建阳设立分校，12 月全部南迁。
	私立光华大学	上海	1932 年 1 月	一度迁入租界。1937 年 8 月后历迁上海愚园路、北京西路、凤阳路、汉口路。1938 年在四川成都设立分校。1941 年 12 月沪校停办。
	私立上海法学院	上海	1932 年 1 月	一·二八事变后连续四移校舍。1937 年后历迁浙江兰溪西乡、皖南屯溪。1943 年于川东设立万县分校。
	国立同济大学	上海	1937 年 8 月	由吴淞迁市内公共租界，9 月迁浙江金华，11 月迁江西赣州，医学院学生迁江西吉安。1938 年 7 月迁广西贺县八步镇。1939 年初迁昆明。1940 年秋迁四川宜宾。
	国立中央大学	江苏南京	1937 年 8 月	迁重庆沙坪坝。
	国立上海商学院	上海	1937 年 8 月	由江湾校舍迁至愚园路 70 号（租界）。
	国立吴淞商船专科学校	上海	1937 年 8 月	停办。1939 年底在重庆复校，改称重庆商船专科学校。1943 年停办，学校并入交通大学。
	国立上海音乐专科学校	上海	1937 年 8 月	在上海市内几经搬迁，1942 年 6 月被汪伪政府接办，部分师生迁重庆，于 1943 年建立青木关国立音乐院和松林岗音乐分院。
	私立复旦大学	上海	1937 年 8 月	校本部与大夏大学合迁庐山，12 月复迁重庆。1938 年 2 月留沪部分开学。同年 4 月与大夏大学分立，单独设校于重庆，1941 年改为国立。
	私立大同大学	上海	1937 年 8 月	迁入法租界。1939 年 9 月迁入上海新闸路新校舍。
	私立大夏大学	上海	1937 年 8 月	与复旦大学在庐山、贵阳两地合组第一、第二联合大学。1938 年 4 月与复旦大学分立，单独设校于贵阳。1944 年迁至黔北赤水。
	私立同德医学院	上海	1937 年 8 月	因校舍被毁，改在附属医院上课。
	私立东南医学院	上海	1937 年 8 月	因校舍被毁，另租院舍复课。
	私立正风文学院	上海	1937 年 8 月	迁公共租界上课。1940 年 9 月改名私立诚明文学院。1941 年 12 月停办。1943 年 4 月部分师生迁江西上饶复课。
	私立立信会计专科学校	上海	1937 年 8 月	一度停顿。1942 年秋迁至重庆。
	私立东亚体育专科学校	上海	1937 年 8 月	由上海方斜路迁南昌路上课。1943 年停办。1944 年夏在四川泸县复校。

续表

	校名	原址	内迁时间	迁移经过
华东区	国立交通大学	上海	1937年9月	部分师生内迁。1940年秋在四川重庆小龙坎成立分校，留沪部分改称私立南洋大学，后被汪伪接管。1942年8月分校迁九龙坡，改为总部。
	国立中央政治学校	江苏南京	1937年9月	迁庐山。1938年6月迁湘西芷江，7月迁重庆。
	国立浙江大学	浙江杭州	1937年9月	一年级新生迁西天目山，11月全校迁浙江建德，12月迁江西吉安，后迁泰和。1938年7月在浙江龙泉设立分校，11月总校迁贵州。1940年2月设本部于遵义，各院系分在遵义、湄潭、永兴3地上课。
	国立山东大学	山东青岛	1937年10月	迁四川万县，后迁重庆，旋奉令停办。
	国立牙医专科学校	江苏南京	1937年10月	迁四川成都。
	国立江苏医学院	江苏镇江	1937年11月	迁湖南沅陵。1938年8月与南通学院医科合并，是年冬迁贵阳。1939年4月迁重庆北碚。
	浙江省立医药专科学校	浙江杭州	1937年11月	迁淳安，后经缙云迁至临海。
	私立金陵大学	江苏南京	1937年11月	迁四川重庆华西坝。
	国立厦门大学	福建厦门	1937年12月	迁闽西长汀。
	江西省立医学专科学校	江西南昌	1937年冬	疏散至新喻上课。1938年7月迁赣县。1939年6月迁南康县潭口镇，12月迁回赣县。1945年1月迁云都，3月迁宁都。
	山东省立医学专科学校	山东济南	1937年冬	迁四川万县。
	国立戏剧专科学校	江苏南京	1937年	巡回公演至长沙开学。1938年2月迁重庆。1939年4月迁川南江安。1945年7月迁回重庆。
	国立西湖艺术院	浙江杭州	1937年	迁诸暨，旋迁江西贵溪。1938年3月与北平艺术专科学校合并，改名国立艺术专科学校。是年冬迁昆明。1939年冬迁云南呈贡。1940年秋迁四川璧山。
	蒙藏学校	江苏南京	1937年冬	迁安徽青阳，12月继续西上，经长沙、常德、沅陵，止于芷江。1938年6月迁重庆。1941年8月改名国立边疆学校。
	江苏省立教育学院	江苏无锡	1937年	迁长沙。1938年1月迁桂林。1941年7月停办，师生合并到国立社会教育学院。

续表

	校名	原址	内迁时间	迁移经过
华东区	私立沪江大学	上海	1937 年	迁入城中沪江商学院继续上课。1941 年 12 月停办，由同学会改以沪江书院名义继续开课。1942 年 2 月在重庆复校，与东吴大学法学院合组法商学院。1945 年之江大学加入，合组法商工学院。
	私立圣约翰大学	上海	1937 年冬	迁至上海南京路大陆商场上课。1939 年至 1940 年陆续迁回原地。
	私立东吴大学	江苏苏州	1937 年	大部分师生转赴内地。1938 年春转回上海，与圣约翰大学、沪江大学、之江大学等在沪联合开课。1941 年 12 月停办。1942 年法学院迁重庆，文、理学院先迁福建长汀，后迁曲江，不久停办。同时，留沪部分教师与之江大学部分教师开办补习班，后改称华东大学。
	私立之江文理学院	浙江杭州	1937 年	拟迁安徽屯溪未成，乃转迁上海，于 1938 年与圣约翰大学、沪江大学、东吴大学联合开课。1940 年扩充为私立之江大学。1941 年 12 月迁金华，后迁福建邵武。1943 年在贵阳设立之江分校。1944 年邵武部分结束，贵阳分校迁重庆。1945 年与沪江大学、东吴大学合组法商工学院。
	私立齐鲁大学	山东济南	1937 年冬	停办，多数师生迁往成都。1938 年在成都复课。留济南部分人员开办短期职业学校，1941 年 12 月停办。
	私立金陵女子文理学院	江苏南京	1937 年	初分在上海、武昌、成都 3 处授课。1938 年初，武昌、上海部分相继迁至四川成都。
	私立无锡国学专修学校	江苏无锡	1937 年	辗转于湖南长沙、湘乡和广西桂林等地。1939 年在上海设立补习班。1944 年学校又迁桂南蒙山、徭山、平南、北流山围等地。
	私立上海法政学院	上海	1937 年	迁至租界上课。1942 年停办。1943 年 8 月迁皖南屯溪复课。
	私立南通学院	江苏南通	1937 年	一度停课。1938 年 8 月农、纺两科迁沪复课，医科迁湖南沅陵与江苏医政学院合并为国立江苏医学院。
	私立苏州美术专科学校	江苏苏州	1937 年	撤至上海，设苏州美专沪校。1941 年 12 月停止招生。1944 年在宜兴另设分校。
	福建省立医学专科学校	福建福州	1938 年 5 月	迁闽北沙县。1939 年 8 月更名为福建省立医学院。1940 年迁永安。
	国立南京药学专科学校	江苏南京	1938 年 8 月	迁武汉。1939 年 11 月迁重庆。
	私立两江女子体育专科学校	上海	1938 年 8 月	沪校停办，部分师生迁至四川重庆复校。1940 年被勒令停办。
	私立福建学院	福建福州	1938 年 11 月	迁闽清十六都白云渡。1941 年 6 月迁浦城。

续表

	校名	原址	内迁时间	迁移经过
	国立安徽大学	安徽安庆	1938 年	迁湖北沙市。1939 年停办，学生并入武汉大学。
	江苏省立苏州工业学校	江苏苏州	1938 年	抗战爆发后一度停办。1938 年迁沪复课，后并入私立上海工业专科学校。
	私立福建协和学院	福建福州	1938 年	迁邵武。1942 年 4 月改称私立福建协和大学。
华东区	私立华南女子文理学院	福建福州	1938 年	迁至南平。
	国立上海医学院	上海	1939 年	四、五、六年级迁云南昆明。1940 年夏又迁重庆。1941 年 12 月，留沪师生亦迁重庆。
	江苏省立蚕丝专科学校	江苏吴县	1939 年	迁至四川乐山。
	苏皖联立临时政治学院	福建崇安	1942 年夏	迁福建三元。1943 年 8 月与江苏省立教育学院合并，改称江苏省立江苏学院。
	福建中等学校师资养成所	福建永安	1942 年夏	1941 年 6 月改称福建省立师范专科学校。1942 年夏迁南平。
	山东省立政治学院	山东济南	1942 年 9 月	停办。1943 年秋迁至安徽阜阳。
	私立上海美术专科学校	上海	1942 年 12 月	部分师生迁至浙江金华，先后参加东南联合大学和国立英士大学。后留沪部分停办。
	国立英士大学	浙江丽水松阳	1942 年	分迁浙江云和、泰顺。
	国立幼稚师范专科学校	江西泰和	1944 年	迁江西赣县。1945 年春再迁广昌。
	国立海疆学校	福建仙游	1945 年 2 月	迁福建南安九都镇。
	江西省农业院家畜防疫人员训练班	江西吉安	不详	1937 年 8 月改名兽医人员养成所。1938 年 11 月改名江西省立兽医专科学校。抗战期间曾迁江西泰和黄岗华阳书院。1945 年初迁泰和曾家街，旋迁吉水白沙。
	中正医学院	南昌		抗战初成立，初迁江西永新，后迁昆明、贵州镇宁，后又迁返永新、泰和，最后转迁福建长汀。
	私立民治新闻专科学校	上海	不详	迁渝。
	江西省立工业专科学校	江西南昌	不详	迁江西赣县，后迁云都。
	中央国术体育专科学校	江苏南京	不详	迁长沙，改名国立国术体育专科学校。旋迁桂林，再迁龙州，又迁昆明。1940 年迁至四川北碚。

续表

	校名	原址	内迁时间	迁移经过
中南区	私立焦作工学院	河南焦作	1937 年 10 月	迁陕西西安。1938 年 3 月迁天水，7 月与西北联合大学工学院、国立东北大学工学院合并改组为国立西北工学院，在城固开学。
	广东省立勷勤大学	广东广州	1937 年 10 月	1937 年 9 月改称广东省立教育学院，10 月迁广西梧州。1938 年 9 月改称广东省立文理学院，10 月迁广西藤县，12 月再迁融县。1939 年 8 月迁广东乳源，12 月迁连县。1942 年 5 月迁广东曲江。1944 年 6 月迁回连县，8 月又迁罗定。同时在广东兴宁与广东省立勷勤商学院联合设立分教处。
	国立武汉大学	湖北武汉	1938 年 2 月	迁四川嘉定（乐山）。
	私立湘雅医学院	湖南长沙	1938 年 6 月	迁贵阳。1940 年改为国立。1944 年 12 月迁重庆。
	私立武昌文华图书馆学专科学校	湖北武昌	1938 年 7 月	迁重庆曾家岩。1941 年 5 月迁重庆江北相国寺廖家花园。
	国立湖南大学	湖南长沙	1938 年 10 月	迁辰溪。
	国立中山大学	广东广州	1938 年 10 月	迁罗定，后迁云南澄江。1940 年秋迁粤北坪石。
	广西省立广西大学	广西梧州	1938 年 10 月	理工学院迁桂林。1939 年 8 月改为国立。1944 年 9 月迁融县，11 月迁榕水。
	私立广州大学	广东广州	1938 年 10 月	迁开平。同时在香港九龙和中山县分别设立分教处。1940 年秋学校迁往台山城。1941 年 12 月九龙分教处迁回内地，全校迁至曲江开学。1944 年 6 月分迁连县及罗定。1945 年 1 月迁连平，旋迁兴宁。
	私立广东光华医学院	广东广州	1938 年 10 月	迁香港。1941 年 12 月迁广东曲江，1945 年初再迁梅县。
	私立武昌华中大学	湖北武昌	1938 年秋	迁广西桂林。1939 年迁云南大理。
	私立武昌中华大学	湖北武昌	1938 年秋	迁宜昌，再迁重庆。
	广西省立军医学校	广西南宁	1938 年 11 月	迁至田阳。1939 年 4 月改名为广西省立医药专科学校，11 月改称广西省立医学院。1940 年 2 月迁往桂林。1944 年分迁昭平、八步、融县、三江等处。
	河南省立河南大学	河南开封	1938 年	文、理两院迁鸡公山，农、医两院迁镇平，8 月，四院均集中于镇平。1939 年 5 月迁嵩县。1942 年改为国立。1944 年春迁荆柴关。1945 年春迁陕西宝鸡。

续表

	校名	原址	内迁时间	迁移经过
中南区	广东省勷勤商学院	广东广州	1938 年	迁广西融县，继迁广东遂溪、信宜。
	湖北省立农业专科学校	湖北武昌	1938 年	迁恩施五峰山。1940 年秋迁恩施北郊金子坝。
	私立岭南大学	广东广州	1938 年	迁香港。1941 年 12 月迁广东曲江，1945 年初再迁梅县。
	私立医药技士专门学校	湖北武昌	1938 年	迁重庆。
	私立武昌艺术专科学校	湖北武昌	1938 年	迁宜都。1939 年春迁四川江津。
	广东省立艺术院	广东广州	1942 年 5 月	改称广东省立艺术专科学校，并西迁罗定。
	私立中华文化学院	广东坪石	1945 年 2 月	迁广东梅县。
	广州协和神学院	广州	不详	迁云南大理。
	广东省立体育专科学校	广东广州	不详	迁广东云浮，后并入广东省立文理学院。
	私立国民大学	广东广州	不详	迁开平，在香港设分校。1941 年底本部迁至曲江。1944 年先后迁至茂名、和平。
	私立群治农商专科学校	湖南长沙	不详	迁湖北桃源，旋奉令改为职业学校。
西南区	国立四川大学	四川成都	1939 年	迁往峨嵋山。
	云南省立云南大学	云南昆明	1940 年	1938 年 7 月改为国立。1940 年理学院迁嵩明，工学院迁会泽，农学院迁呈贡。
	国立东方语文专科学校	云南大理	1942 年 5 月	迁呈贡。1945 年 7 月迁重庆。
	国立贵州农工学院	贵州贵阳	1944 年冬	1942 年 7 月正式成立国立贵州大学。1944 年冬疏散至遵义。
	国立贵阳医学院	贵州贵阳	1944 年冬	迁重庆歌乐山。
	国立贵阳师范学院	贵州贵阳	1944 年冬	迁至遵义。
	私立贵阳学院	贵州贵阳	不详	初迁沙市，后迁简阳，继迁四川成都，最后迁至巴县。

续表

	校名	原址	内迁时间	迁移经过
西北区	陕西省立医学专科学校	陕西西安	不详	迁南郑。旋返西安。
香港	私立华侨工商学院	香港	1941年12月	迁广西柳州。1944年秋，部分师生迁入四川江津。1945年迁重庆。

资料来源：中国第二历史档案馆编：《中国抗日战争大辞典》附录十五，湖北教育出版社，1995，内部发行；《第二次中国教育年鉴》第5篇，等。

在上述高校内迁过程中，有的是一步到位，直接抵达目的地，有的则随着日本侵华行动的不断扩大，沦陷区的不断扩大，而再迁三迁，最多的如浙江大学则迁移达六七次之多。“蜀道难难于上青天”，迁徙途中，多崎岖山路或简易公路，即使水路也多险滩暗礁，对于广大爱国师生而言，翻山越岭、晓行夜宿乃家常便饭，常常还要面临日机的空袭，历经磨难，有些人甚至付出了宝贵的生命，谱写了一曲曲感人肺腑的壮丽内迁悲歌。限于篇幅，本节仅对数所高校的内迁史做一概述，冀图借此窥见一斑。

1. 北京大学、清华大学和南开大学。北京大学和清华大学均为国立，原设北平，南开大学则为私立，设于天津。七七事变爆发后，平津失陷，三校奉命南迁湖南长沙，于同年10月25日合组为国立长沙临时大学，由三校校长蒋梦麟、梅贻琦、张伯苓为常务委员，主持校务，设理、工、法学院于长沙，文学院于南岳。1937年11月1日开始上课。1938年1月，在长沙遭日机空袭后，长沙临时大学又奉命迁往云南。当时，从长沙到昆明，交通十分不便，既没有铁路直达，公路也十分简陋，不便通行。经过研究，全校人员决定分两路前往昆明：一路是女生和身体较弱的师生及教职员眷属，先由长沙乘火车至广州，经香港，从海路取道越南海防，再改乘滇越路火车到昆明；一路则为244名学生和11名教师组成“湘黔滇旅行团”，先由长沙乘船至益阳，然后弃船步行，再渡沅水至常德、桃源，到达沅陵时曾被暴风雨雪所困，其后，徒步经贵州玉屏、镇远，于3月30日到贵阳，稍事休整后，又于4月4日冒雨离开贵阳，经安顺、镇宁等地，过胜景关入云南境内，经曲靖、马龙等地，于4月底到达昆明，历时68天，行程达3360华里。[①] 长沙临时大学改名西南联合大学，仍设文、理、工、法4学院，于5月4日在昆明正式上课。

2. 国立中央大学。中央大学是中国当时的最高学府，其前身是1902年成立的两

① 《抗战时期的文化教育》，北京出版社，1995，第150页。

江师范，其后又几易其名，1928 年 5 月正式定名为国立中央大学。到抗战前夕，中央大学已发展为包括 7 个学院、37 个系的多科性综合大学。早在 1937 年春中日关系日趋紧张之时，时任国民党中央执行委员的中央大学校长罗家伦就预计中日之间必将一战，遂命人将准备用于学校扩建的木料制成 550 个大木箱，钉上铁皮，以备长途迁徙之用。[①] 七七卢沟桥事变发生后，罗家伦即向蒋介石建议，将东南沿海几所主要大学迁往重庆。蒋接受了罗的建议，要求教育部指令将中央大学、浙江大学等校西迁重庆。八一三淞沪抗战爆发后，时值暑假，大部分师生不在学校，罗家伦立即发出函电，催促师生迅速返校，准备内迁。同时所有的图书仪器和教学设备也开始装箱待运。并派请教育学院教授王书林、法学院长马洗繁、经济系主任吴干等分赴鄂湘川各地选择校地，经综合分析后，认为迁至重庆大学校址最为合宜。9 月，罗家伦呈文教育部建议中央大学迁移："自被空袭以来，家伦未曾一日离校，以身殉职，理所当然。但考察客观事实及为国家保全文化与维持教育事业之有效的继续进行计，似不能不作迁移打算。其简单理由为：（一）不必将三千以上教职员学生置于易受及常受轰炸之地；（二）不必将价值四五百万之图书、仪器置于同样之境地；（三）为教育效率计，应置文化训练机关于较安全地点，方能督促其加紧工作……为国家大学教育打算，为一未全摧毁之完整大学打算，甚至为树立一后方技术训练机关大学计，甚愿钧部加以采纳施行此种打算。"[②] 在得到蒋介石允准西迁后，罗家伦即与民生公司总经理卢作孚联系，请求该公司利用军运返川船队空闲的舱位，将中央大学的图书仪器及教学设备运入四川。深明大义的卢作孚慨然应允为中央大学免费载运。1937 年 10 月中旬，中央大学师生及图书设备都陆续抵达重庆沙坪坝，并用短短的 42 天的时间在嘉陵江畔的松林坡建起了新校舍。12 月 1 日，中央大学恢复上课。不仅如此，原拟放弃不管的中央大学农学院畜养的供实验用的良种牲畜，在牧场职工的努力下，历时一年，途经苏、皖、豫、鄂四省，于 1938 年 11 月由宜昌乘船运抵重庆。南开大学校长张伯苓曾戏称："抗战开始后，中央大学和南开大学都是鸡犬不留。"[③] 南开大学被日军飞机炸得鸡犬不留；中央大学则是全部搬迁干净，连鸡犬也未留下。

3. 国立中山大学。作为华南高校重镇的国立中山大学，原名广东大学，是孙中山于 1924 年创办的一所多科性大学。抗日战争全面爆发后，中山大学屡遭日机轰炸，

① 罗家伦：《炸弹下长大的中央大学》，《教育杂志》第 31 卷第 7 号，1941 年 7 月 10 日出版，第 59 页。

② 《国立中央大学校长罗家伦呈教育部该校被炸情形及建议迁校疏散文》，中国第二历史档案馆藏国民政府教育部档案，五／5287。

③ 刘敬坤：《中央大学迁川记》，全国政协西南地区文史资料协作会议编：《抗战时期内迁西南的高等院校》，贵州民族出版社，1988，第 248 页。

特别是1937年8、9、10三个月和1938年3、4、5三个月，中山大学遭日机轰炸10余次，部分校舍被炸毁，死5人，伤10余人，图书仪器损失甚多。1938年10月21日，广州沦陷，中山大学仓促西迁，初迁广东罗定后不久，又决定改迁广西龙州。师生自罗定溯西江而上，进入广西境内。途中，校方决定改迁云南澄江，进入广西的师生们乃分数路，大部分由广西出镇南关经越南河内乘火车至昆明，另有数批师生徒步经贵阳转昆明，或经百色入云南。自香港起程的师生，则乘海轮至越南海防登陆，再经河内到昆明。至1939年3月下旬，中山大学师生共分16批约800余人陆续抵达澄江。对于师生在迁徙途中所经历的磨难，参与押运图书仪器的中山大学图书馆主任杜定友教授，曾做如下记述：

西行痛志

使命：护送图书，脱离险境，由广州运至云南澄江。

行期：自中华民国二十七年十月二十日零时三十分至二十八年二月二十二日下午五时三十分，凡一百一十五天。

行程：经过广东、广西、云南、香港、安南，停留十八站，凡一万一千九百七十余里。

行侣：离广州时，同行者中大图书馆同仁及眷属四十三人，中途离队者十四人，受重伤者一人，病故者一人，到达目的地时仅二十七人。

交通：步行、滑杆、骑马、公共汽车、自用汽车、货车、火车、木船、太古船、邮船、飞机。

饮食：餐风、干粮、面摊、粉馆、茶楼、酒店、中菜、西餐，甜酸苦辣。

起居：宿雨、泥屋、古庙、民房、学校、衙门、客栈、旅店、地铺、帆布床、木床、铁床、钢床、头二三四等、大舱，天堂地狱！

广州沦陷后一百三十天无县人杜定友泣记。①

1940年夏，该校又迁回广东，分散安置于韶关、坪石、梅县等处。

在大部分公立、私立高等学校纷纷内迁之时，由于上海有租界做掩护，为了减少搬迁所带来的长途流离颠沛之累，上海及江浙两省的一些私立大学（特别是教会大学）乃就近迁入租界内，继续办学，如大同、震旦、圣约翰及苏州的东吴、杭州的之江等大学。另外一些私立大学除部分内迁西南外，仍将校本部留在上海租界内，如光华、大夏等。

① 梁山等编著：《中山大学校史（1924—1949）》，上海教育出版社，1983，第97—98页。

南京的金陵大学和金陵女子文理学院也有部分院系迁入上海租界。

光华大学在八一三事变后即迁入上海公共租界，一直坚持上课，原设的13个学系非但未减，还为适应战时需要，增设了战时课程，并于1938年3月在成都成立了分校，上海本部的学生人数也由战前的720人增加到1940年秋的1200人左右。[①]大夏大学部分未能及时随学校内迁贵阳的师生，于1938年“在租界赁屋复课，成立沪校，一切行政设施，均秉承黔校办理”。[②]

与此同时，个别国立大学也利用租界为掩护，在沦陷区内继续开学。国立暨南大学原设上海真茹，八一三事变后，校址沦陷，大、中学两部乃迁往上海美、法租界继续上课。国立交通大学原拟迁往浙江兰溪，并曾派人前往察看校址。1937年10月，教育部因感于兰溪“并不安全，亦不相宜”，电令该校“现应即在原址及上海租界内其他地方设法疏散，使各年级一律开课”。[③]于是，交大乃将校址迁入上海租界，继续办学。1941年7月，太平洋战争爆发前夕，上海孤岛形势险恶，校长黎照寰为保护交大不给日伪接管以口实，多次密报重庆国民政府教育部和交通部，请求将学校改为私立大学。同年9月16日，交大更名为私立南洋大学，仍由黎照寰任校长，校内各院系一切组织机构人员也一仍其旧，经费也仍由重庆暗中汇来。1940年秋，交大校友又在大后方重庆建立了交通大学分校。1942年，上海交大为汪伪教育部接管，仍在原址上课。重庆国民政府教育部遂“以沪校陷落，乃以重庆分校改为总校”。[④]国立上海商学院于1937年8月由江湾校舍迁至租界内的愚园路70号。国立上海音乐专科学校1937年8月开始在上海市内几经搬迁，1942年6月由汪伪接办后，部分师生迁重庆，于1943年建立青木关国立音乐院和松林岗音乐分院。

由于国民政府对日本侵华战争的严重性、紧迫性和长期性估计不足，对高校内迁工作未做统筹安排，大多数学校都是仓促自行搬迁，因而造成了许多本可以避免的重大损失。国民政府也承认：“当时平、津、京、沪各地之机关、学校均以变起仓促，不及准备，其能将图书仪器设备择要移运内地者仅属少数，其余大都随校舍毁于炮火，损失之重，实难数计。”[⑤]但此次内迁，使中国的教育精华得以保存，并在战时得以维持、恢复和发展，为中华民族最后取得抗日战争的伟大胜利做出了贡献。

---

① 《抗战以来之私立光华大学》，《教育杂志》第31卷第1号，1941年1月10日，第28—29页。

② 王裕凯：《抗战以来的大夏大学》，《教育杂志》第31卷第1号，1941年1月10日，第25页。

③ 交通大学校史编写组编：《交通大学校史（1896—1949）》，上海教育出版社，1986，第324页。

④ 《交通大学校史》，第331页。

⑤ 教育部编：《第二次中国教育年鉴》第一编“总述”，上海商务印书馆，1948，总第11页。

第二节　高等教育的“恢复”及其概况

在日本帝国主义铁骑的践踏下，沦陷区高等教育受到了极其严重的摧残，沦陷区内原有高等院校，除一些教会学校和少数私立学校在租界内继续维持外，其他高等院校或被迫内迁，或被迫停办。一些高校的校舍甚至被改为日军的兵营、医院、马厩或迫害爱国知识分子和青年学生的牢房。为了奴化沦陷区学子、培植知识汉奸，随着伪华北临时政府和伪维新政府的成立及其教育行政的组建，为了笼络人心，掌握教育阵地，也为了显示自己的“德政”，日伪开始把“恢复”、“整顿”和新设高等教育机构作为自己的一项重要工作。

1937 年 9 月，伪北平地方维持会成立之初，鉴于当时“在京国立、省立各大学专科学校、中学及附属学校，开学无期”，“而校址设备不可无人保管”，故设置了“国立省立学校保管委员会”，要求北京大学、北平大学、清华大学、师范大学、交通大学、铁道学院、艺术专科、蒙藏学校、河北省立每校各出代表 1 人，北平大学五院各出代表 1 人，伪地方维持会代表若干人，伪北京市政府代表 1 人及伪警察局代表 1 人，共同组织学校保管委员会。并令北平各院校分别设立“保管分会”，对各有关高校的校址、房舍、设施等进行“保护”和“维持”。① 伪华北临时政府教育部成立后，公布了《国立各院校保管章程》，将各院校的“保管会”改组为“保管处”，“除保管现有财产及一切档案外，并应就现有财产重新编制财产目录，呈部备案”；并“对于学校一切校舍、场圃负整理之责”。② 旋又将“保管处”改为“筹备处”，“专办复课事宜”。③

1938 年 2 月 14 日，伪临时政府教育部发出训令称：“关于事变后学校之恢复，应从小学着手，次及中学，至于大学之开办应事先向政府申请，采本部之指导。”

随后，伪临时政府教育部修订了“教育法规”，成立了所谓“学制研究会”，制订了“大学组织法”。依据该“组织法”，日伪开始着手对北平高校进行“恢复”。由于人员、经费等方面的不足，日伪借口“鉴于过去学校系统庞杂，院系科目多半重复，以为名义欠妥”，而对北平原有的一些高校进行拆、转、并、合，“一律加以彻底的改组，而次第予以成立”。④ 在此基础上，于 1938、1939 年前后“恢复”成立了“国

---

① 《北京国立省立学校保管委员会之设立》（1938 年），摘自《北京地方维持会报告书》（下）。

② 《国立各院校保管章程》（1938 年 1 月 28 日临时政府教育部公布），摘自《华北政务委员会法规汇编》“六、教育”。

③ 《教育部二年来行政摘要》（1939 年 11 月），中国第二历史档案馆藏，伪华北教育总署档案，二〇二一 /441。

④ 《一年教育实施之回顾（教育部张心沛局长讲话）》，《新民报》1939 年 1 月 4 日，第 3 版。

立北京大学”、“国立北京师范学院”、“国立北京女子师范学院”、“国立北京艺术专科学校”以及“北京市立体育专科学校”等高校。

除“恢复”一部分原有高校之外，日伪教育当局为“养成”专门的汉奸知识人才，还在华北沦陷区新设立了一些高等教育机构，如1938年3月在北平设立的以专修日语为主的“外国语专科学校”；同年4月在原北平师范大学旧址设立的以培养中小学师资为目的的“部立中等教育师资讲肄馆”，以及“河北省立师范专科学校”、“山东省立日语专科学校”、“天津工商学院”等。

此外，北平还有一些教会办的私立大学，如燕京大学、辅仁大学、协和医学院等，在太平洋战争爆发前，这些有外国背景的大学得以继续办学，但处境也颇为艰难。

伪维新政府成立后，伪教育部曾公布了《修正大学法》，规定“大学应遵照中华民国维新政府教育宗旨及其实施方针，以研究高深学术，养成专门人才为目的”。计划在南京筹办“南京大学”，并成立了“南京大学筹备处”。但直至汪伪国民政府成立，伪维新政府除在上海原复旦大学旧址创办有维新学院外，其统治区域内的高等学校仍是一片空白。

1940年3月汪伪国民政府成立后，汪伪教育部“以教育为立国精神所寄，而大学教育站在全国领导地位，于反共和平政策之推行，青年思想行动之纠正，复兴建设人才之培养，均极重要”[①]，乃积极“恢复”高等教育，并由伪教育部高等教育司具体承办。汪伪教育部首先决定在南京“恢复”中央大学，并筹设“上海大学”。同时伪教育部“为研究大学教育之发展及改进起见，聘请国内教育名流及热心教育人士，组织大学教育委员会，以收集思广益之效”。1940年7月，“大学教育委员会”正式成立，由伪教育部部长赵正平任委员长，次长戴英夫，王敏中任副委员长，伪教育部高等教育司司长钱慰宗、严恩柞先后任秘书，仲坚、吴熙悌为专任委员，唐有樑、蔡复初、傅也文、董明、陆抱义、张仲寰、陈端志、黄庆中、王震生、黄宇祯、童玉民、刘星晨、吴文蔚等为委员。为加强对高校的控制，汪伪集团的要员亲自兼任各校要职：中央大学校长原为伪教育次长樊仲云兼任，后为伪教育部长李圣五代理；上海大学由前任伪教育部长赵正平任校长；浙江大学筹委会主任由伪浙江省省长傅式说兼任。各级教育机构中多由日方派员“督导”。

在日伪当局的“积极努力”下，华北、华东、华中、华南等沦陷区的高等教育得到了一定的“恢复”，这从下述两表可窥一斑。

---

① 严恩柞：《一年来的高等教育》，载《教育建设》第二卷第1期，1941年4月10日出版。

1940 年度华北沦陷区专科以上学校概况统计表

立别	项目校名	校址	校长姓名	组织				学生数			教职员数	全年经费数（元）	备注
				院（校）数	科系数	组数	班级数	男	女	计			
伪教育总署直辖	“国立”北京大学	北京	汤尔和兼	5	22		44	685	159	844	690	1797689.94	总监督办公处、图书馆及附属医院均包括在内
	“国立”北京师范学院	北京	王谟	1	4	12	26	468		468	199	460440.00	
	“国立”北京女子师范学院	北京	张恺	1	6	9	26		654	654	177	421189.00	
	“国立”北京艺术专科学校	北京	王石之	1	3	2	12	57	78	135	88	153167.00	
	直辖外国语学校	北京	刘宏钰	1	2		12	132		132	67	107892.80	
	直辖师资讲肄馆	北京	刘家壎	1			2	72	13	85	42	52860.00	
	合计			10	37	23	122	1414	904	2318	1263	2993238.74	
私立	燕京大学	北京	司徒雷登	3	17		71	685	279	962	142	1268853.00	
	辅仁大学	北京	陈垣	3	12		51	1115	496	1611	209	650000.00	
	中国学院	北京	何其巩	1	6		22	930	189	1119	116	72519.00	
	协和医学院	北京	胡恒德	1	2		8	86	69	155	141	4800000.00	
	天津工商学院	天津	刘斌	1	5		17	377		377	78	300670.00	
	合计			9	42		169	3191	1033	4224	686	7092042.00	
伪省市立	北京“市立”体育专科学校	北京	李洲	1	2		7	60		60	28	58717.10	
	河北“省立”师范专科学校	河北保定	赵祖欣	1	3		6	75	51	126	46	87600.00	
	山东“省立”日语专科学校	山东济南	张代均	1	3		4	206		206	24	38569.25	
	合计			3	8		17	341	51	392	98	164886.35	
总计				22	87	23	308	4946	1988	6934	2047	10250167.09	

附注：一．学生数包括休学生及旁听生总数。

二．“国立”北京大学法学院现在筹备中，故校院数未列。

资料来源：《二十九学年度华北教育统计》（1941 年 12 月），中国第二历史档案馆藏，伪华北教育总署档案，二〇二一/21。

1942 年度汪伪统治区专科以上各类学校统计表

立别	校名	地址	校长或院长姓名	编制					学生数			教职员数			本年度经费数（元）
				院	系	科	班	所	计	男	女	计	男	女	
总计				35	71	40	13		8042	5856	2186	1714	1531	183	25924514
『国立』	中央大学	南京	樊仲云	6	11	2			849	678	171	228	212	16	2673396
	上海大学	上海	赵正平	2	7				202	192	10	67	56	11	2558460
	交通大学	上海	张廷金	3	9				528	466	62	184	172	12	2200000
	音乐院	上海	李维宁	1	9				163	63	100	46	36	10	274000
	上海商学院	上海	裴复恒	1	4				110	65	45	45	43	2	541800
	上海医学院	上海	乐文照	1			6		85	56	29	66	60	6	560000
『省立』	广东大学	广州	林汝珩	4	10	1	1		407	290	117	179	169	12	6153840
	江苏教育学院	苏州	袁殊	1	1	4			102	122	40	76	66	10	585000
	湖北农林专科学院	漫口	中州太郎			2	2		81	81	0	8	6	2	未详
	浙江日文专科学校	杭州	陈松秋			2			145	119	26	23	18	5	181512
私立	圣约翰大学	上海	沈嗣良	3					1870	1290	580	183	147	36	2451128
	南方大学	南京	江亢虎	2	6	2			248	205	43	25	24	1	240000
	沪江书院	上海	朱博泉	1		3			655	371	284	57	44	13	936550
	中国比较法学院	上海	吴蕴斋	1	2				202	134	68	41	40	1	267366
	同德医学院	上海	顾毓琦	1					394	182	212	42	34	8	404800
	东南医学院	上海	郭琦元	1					197	144	53	34	34	0	282360
	新中国医学院	上海	朱小南	1					91	73	18	58	58	0	99360
	上海中医学院	上海	丁济万	1					86	64	22	20	19	1	63712
	中国医学院	上海	朱鹤皋	1					118	91	27	24	21	3	79240
	成民文商学院	上海	闻兰亭	1	2	2			84	73	11	19	17	2	88808
	南通学院	上海	徐静仁	1	3	2			298	246	52	75	66	9	568800
	建邨农学院	南京	陈端志	1	3				63	63	0	26	24	2	1080000
	厚生医学专校	上海	河原沼作	1	4				112	90	22	24	22	2	未详
	东亚工业学校	上海	矢田七太郎			4			236	236	0	35	33	2	1819322
	国学专修学校	上海	唐景文			2			81	56	25	13	12	1	64260
	中法大学医学专修科	上海	褚民谊				4		87	34	53	20	13	7	462000
	苏州美学专校	上海	颜文梁			2			42	32	10	8	8	0	27600
	上海工业专校	上海	邓著光			3			271	271	0	39	38	1	1060000
	上海音乐专校	上海	丁善德			3			96	32	64	14	9	5	60000
	上海美术专校	上海	王远勃			6			79	37	42	35	32	3	141200

资料来源：汪伪教育部统计室编：《全国教育统计：苏浙皖鄂粤五省京沪汉三市之部》第五集（1942 年度）。

从以上两表可知，汪伪统治下的高等院校按其性质可分为“国立”、“省立”、“私立”三种。下面试将各类高等院校的概况分别做一介绍。

一、“国立”高等院校

所谓“国立”即由伪教育部出资兴办的学校。日伪统治时期，曾先后在北平、南京、上海、杭州设立或“恢复”了 10 余所“国立”高等院校及多所“教育部”直辖高校，其中尤以伪中央大学规模最大，设备最为完善。对伪中央大学本章将另节专门介绍，其他主要高等院校的情况简介如下：

1. 北京大学

日伪时期的“国立北京大学”是在原国立北京大学、北平大学、清华大学和交通大学（北平铁道管理学院部分）的基础上“恢复”起来的，内分文、理、法、医、农、工 6 个学院，但这 6 个学院成立的时间前后不一。1938 年 5 月 10 日，伪华北临时政府教育部先行“恢复”“北京大学”的医学院和农学院，以鲍鉴清、庞敦敏分任两院院长。其中农学院“以研究高深学术、培养农业专门人才为宗旨”，下设农学系、林学系、农艺化学系，并附设农场、林场。同年 7 月，日伪当局就原国立北平大学工学院祖家街校舍设备及一部分教职员组设了“国立北京大学”工学院，以阮尚介为院长，“该院讲师以上之教员，共有 94 人，连院长共为 95 人，有名誉教授、教授兼系主任、教授、副教授、专任讲师、特别讲师及讲师之别”。由于接收了原北平大学工学院的设备，该学院不乏校舍，也颇有不少老旧设备、各种机械工厂、电气实验室、测量及制图设备、材料实验所、各种化学实验室、图书馆之书库及阅览室具备。[①] 但仍无法与战前华北的工程教育相比。1938 年 8 月北京大学理学院成立，院长由文元模充任。1943 年 4 月，医学院增设药学系和齿科学系，并于是年起将学习修业年限由四年改为五年制。

1939 年 1 月，“国立北京大学”设立了“总监督办公处”，由伪临时政府教育部长汤尔和兼任“监督”，并于当月 14 日宣布“国立北京大学”正式成立。是年 4 月，伪教育部门将“北京大学”的“监督”改称“校长”，“总监督办公处”也就随之改为“校长办公处”。同月又添置了文学院，由周作人任院长。至于该校的法学院，则迟至 1941 年 8 月才开办。

---

① 苏闻：《华北伪组织之工程教育》，《东方杂志》第 40 卷第 14 号，1944 年 7 月 30 日。

2. 北京师范大学

1938 年 3 月，伪华北教育当局在原国立北平师范大学和原北平大学女子文理学院的基础上“改组”设立了“国立”北京师范学院和“国立”北京女子师范学院，并于 4 月 4 日同时举行开学典礼，王谟、柯政和、黎世蘅先后任“国立北京师范学院”院长，张恺任“国立北京女子师范学院”院长。“国立北京师范学院”开设有文、理、体育、音乐等四年制本科以及三年制的工艺专修科，“国立北京女子师范学院”开设有文、理、家政等本科以及体育、音乐专修科和音乐专修预科。1941 年 10 月 24 日，伪华北政务委员会公布了《国立北京师范大学组织大纲》，并于 11 月 2 日将这两所高校合并为“国立北京师范大学”，下设文、理、教育三学院共 14 个系，由黎世蘅任校长。

3. 北京艺术专科学校

与“国立北京大学”的医、农两学院一样，“国立北京艺术专科学校”亦于 1938 年 5 月 10 日“成立”，其“恢复”的基础即原北平艺术专科学校，设有绘画、图画、雕塑、图案等科。该校原拟以郑颖荪为校长，但很快就改由王石之充任。

4. 北京外国语专科学校

1938 年 3 月伪临时政府教育部在北平设立了以专修日语为主的“外国语专科学校”，大力培养日语人才，以备日本在华殖民之急需。1939 年 1 月，为鼓励学生努力学习日语，伪临时政府教育部还专门颁布了“教育部立外国语学校奖学金规则”，规定：奖学金名额暂定为每班 5 名，每次试验成绩在 85 分以上者，每名给予国币 30 元；在 80 分以上者，每名给予国币 20 元。接受奖励之学生，除成绩上有所规定外，还须符合以下要求：体格强健、品行端正未受惩戒、不缺课旷课等，即须认同并服从其奴化教育者方可领取奖学金。1941 年 8 月，该校更名为“国立北京外国语专科学校”。

5. “部立”中等教育师资讲肄馆

1938 年 4 月，日伪华北当局为培养适应“新的教育方针”所需要的中小学师资，在北平和平门外原北平师范大学旧址设立“以养成中小学师资为宗旨”的“部立中等教育师资讲肄馆”，刘家壎为首任馆主任（馆长）。伪临时政府教育总长汤尔和在首期开学典礼上说明此校“非与普通学校性质相同”，来校学习者“在短时期内予以相当训练，以备充任中小学校的教员”，且“本馆学生将来毕业后，务须全部到农村去启发儿童，与恶势力奋斗”。第一批学员计 120 名，分为中小学两部（亦称甲乙两组），经训练 3 个月至 6 月底毕业后。分发河北、河南两省伪教育厅，分别派充中心小学校长、教员及其他中学和师范学校的教员。从第二期起，将原有的甲、乙两组归并成立两班，整顿各项学科并将学习期限延长为一年，同时将校名更改为“教育部立师资讲肄馆”。1940 年 7 月第三期学员毕业后又改名为“教育总署直辖师资讲肄馆”。嗣因

“国立”北京男女两师范学院毕业生增多，伪河北“省立师范专科学校”设立，该馆“无再造就新师资之必要”，遂于1940年10月第四期起停止招生，改调华北沦陷区各省市“现任中学教员分期分组抽调来京肄业”，每期学员70名，以6个月为一期，受训结束后回原学校服务。至于小学教师的培训，由各省市教育厅局自行抽调训练。至1942年起，又进一步实行分科教学，如第九、第十期70人即分为文、理各一班，每班35人。

6. 上海大学

在汪伪政府筹设“国立”中央大学的同时，其伪教育部长赵正平等还建议在上海筹设“国立”上海大学，并拟具了筹备委员会组织规程，该提案指出：“上海为文化活动重心，自还都以后，文化界重要人士大都莅京，上海不免空虚，且租界学校林立，为推动本部政令，自应在上海设立一国立大学，以树立文化基点，并便对原有各大学校统筹办法，拟请先由本部就上海适当地点设立一国立上海大学筹备委员会。其筹备事宜亦由本部部次长并酌聘上海各大学教授共同办理。至筹备经费，在前南京大学筹备处划出一部分作为中央大学及国立图书馆筹备经费外，其余作为筹备国立上海大学经费。惟在草创之际，工作艰巨，需费必多，故虽尽量撙节，亦比中央大学筹备经费稍有增加。”[①]《国立上海大学筹备委员会规程》规定，该筹委会由委员9—11人组成，由伪教育部部长和次长分任正、副委员长，并聘有专任和兼任委员，主要办理如下事项：“（1）关于筹备国立上海大学之经费事项；（2）关于交涉接收上海国立大学原有校址及校产事项；（3）关于租赁及修理校舍、添置校具及其他教育上之设备事项；（4）关于接收或计划上海国立大学之附属机关；（5）关于在校长未到任以前其他重要事项。”[②]该会俟“国立”上海大学正式成立后即行撤销。1940年4月30日，汪伪行政院第5次会议对该提案进行了讨论，伪财政部、教育部、社会部代表均发表了意见。伪财政部代表主要谈了经费的困难：“目下政府财政支绌，上海大学筹备费倘在前政府核定之南京大学经费项下移用一部，似已有着落，但以后经常费用尚须设法筹措”，因而建议“可否暂缓筹设。”而伪教育部代表则力陈筹设之重要性，并提出解决经费的意见：“A. 关于经常费一项，事实上即以中央大学方面划出开支。盖中央大学本拟设八学院，现在拟以四学院分隶于上海大学，是二校而等于一校也。至院系设立地点，可视物质环境与思想背景而定，如关于农业方面者设在南京，则战前原有中大农院校

---

① 《部立中等教育师资讲肄馆举行开学典礼记录》，伪华北临时政府教育部编：《教育公报》第3期，1938年9月，“记载”第43页。

② 《汪伪行政院第5次会议记录》（1940年4月30日），中国第二历史档案馆编：《汪伪行政院会议录》第二册，档案出版社，1992，第214—216页。

产尚可应用。关于社会科学方面者，则设在上海似较相宜。目前筹设困难问题全在房屋之修理，暨南大学原有校舍颇可应用，且查该校舍已由友军于去年交还教部接管，应设法利用而便保管，惟须加以修理，方可应用。其费用可采用逐步修理方法，并尽量节省。其他开支如筹备委员只聘请专家3人，其余以兼任为原则，以节公帑。B.关于筹设上海大学对于和平运动及教部政令推进助力甚大，应急切进行筹备。至于经费确为重要问题，但现在如不筹备，则下学期无法开学，应请财政部筹一妥法。在筹设时期，并须请社会部协助办理，藉便应付当地环境。按南京大学筹备经费项下现在事实即以该项费用分为三部分之用：（1）国立图书馆；（2）中央大学；（3）上海大学。故上大之经费似有相当之根据矣。”而社会部代表也建议立即筹设：“在原则上海大学急需筹设，因我中央政府在沪埠尚无一正式大学，且近闻上海原有各大学下学期皆有迁移离沪之说，是以上海大学之设立似有急切之需要。至于经费一面，务请财政部筹划，另一面可否用其他方法筹募之。”经过讨论，伪行政院会议做出两条审查意见：“1.上海大学筹备预算由教部提出另拟，并由教育部赵部长提请行政院会议通过设立原则。预算改编原则如下：（1）修理费在五六两月进行修理，至少须费用五万元；（2）筹备费，七八两个月起每月约须四五万元；（3）设备费，列入筹备费项下；（4）经常费，八月份开始原则以中央大学经费分一半为上海大学之用。2.正式上课日期预定至迟二十九年九月底。”①

但因种种原因，1940年秋季招生的计划并未能得以实现。1941年7月，汪伪教育部部长赵正平，再次向行政院提出“拟请剋日筹办国立上海大学，以便容纳多数开学学生，请公决案”，经汪伪行政院第70次会议讨论决议：“（1）国立上海大学即日筹办，并饬拟具详细计划及经临各费概算呈报核定；（2）特许国立上海大学设置校董会，其职权限于管理财产。”②同年8月19日汪伪行政院第73次会议任命伪国民政府委员、伪教育部长赵正平为“国立上海大学”校长。同年8月26日，汪伪行政院第74次会议又讨论通过了有伪教育部、内政部及上海大学校长赵正平等审查并修改过的《国立上海大学组织大纲》及《校董会规程》、《经常费支出概算书》等。根据《国立上海大学组织大纲》，上海大学设农、法、商三学院，招收对象为“公立或已立案之私立高级中学毕业生及具有同等以上之学力经本校入学考试合格者”，学生之修业年限各院校定为四年。学校除设校长1人综理校务外，还设有秘书、教务、

①《汪伪行政院第5次会议记录》（1940年4月30日），中国第二历史档案馆编：《汪伪行政院会议录》第二册，档案出版社，1992，第217—220页。

②《汪伪行政院第70次会议记录》（1940年7月29日），中国第二历史档案馆藏汪伪行政院档案，二〇〇三/6981。

训育、会计等处，农学院附设有农场和林场。该校校董会由 11 人组成，其主要职能为："1. 经费之筹划；2. 预算及决算之审核；3. 校产之保管；4. 财务之监督；5. 其他财务事项。"①

1941 年 9 月，"上海大学"农学院在江湾正式招生。1942 年 8 月，"上海大学"法学院设立，并在公共租界择定临时校舍，招收一年级新生 50 名。据汪伪教育部编印之《专科以上各学校简明概况表》记载，至 1942 年，"上海大学"共设有 2 个学院 7 个系，共有学生 202 人，其中男生 192 人，女生 10 人，共有教职员 67 人。1943 年 8 月，文学院又正式对外招生。据《申报年鉴》记载，至 1944 年 10 月，"上海大学"共有 3 个学院，分设于上海江湾协和路 2535 号（农学院）、上海爱文义路 1623 号（法学院）、上海爱文义路 1647 号（文学院），校长赵正平，共有在校学生 299 人，教职员 108 人，其中农学院院长由校长赵正平兼任，下设农学、农艺化学、农业经济、农林 4 系及农商专修科，共有学生 176 人，教职员 64 人；法学院院长由金忍百担任，下设政治、经济、法律 3 系，共有学生 82 人，教职工 26 人；文学院院长由姚明辉担任，下设国学（文哲）、日文、西文、史地 4 系，共有学生 41 人，教职员 18 人。②

"上海大学"在筹设及办学过程中，曾得到日方的经济资助。1942 年底，"上海大学"为充实农学院设备，特别是"各科实验室以及农场上各项之营缮"，估计需伪法币 100 万元，日本兴亚院即拨交 13 万日元，计合伪法币 72 万余元。③

7. 交通大学

八一三事变发生后，上海国立交通大学部分师生随国民政府西迁四川重庆。留沪部分则改称私立南洋大学，"筹集经费，继续维持，未尝中辍"。1942 年 8 月，在日伪的威逼下，私立南洋大学代理校长张廷金呈请汪伪教育部将私立南洋大学收归"国立"，并"恢复国立交通大学"。汪伪教育部于 8 月 13 日转呈汪伪行政院，8 月 18 日，汪伪行政院第 124 次院会同意"恢复"，并核定每月经常费 20 万元。④8 月 25 日，汪伪行政院第 125 次院会令派张廷金为校长。该校分设理学、管理及工学 3 学院，理学院院长由范会国担任，下分数学、物理、化学 3 系，管理学院院长由郁仁充担任，下

① 《行政院为通过国立上海大学组织大纲及校董会规程致国民政府呈》（1941 年 9 月 12 日），中国第二历史档案馆藏汪伪行政院档案，二〇〇三 /6985。

② 《申报年鉴》，申报社出版，1944，第 948 页表。

③ 《汪伪行政院第 139 次会议讨论事项第三案附件"教育部财政部原呈"》（1942 年 11 月 23 日），中国第二历史档案馆藏汪伪行政院档案，二〇〇三 /7394。

④ 《汪伪行政院 124 次会议记录及讨论事项第二案附件"教育部原呈"》，（1942 年 8 月 18 日），中国第二历史档案馆藏汪伪行政院档案，二〇〇三 /7029。

分铁道管理、实业管理、财务管理3系，工学院院长由张廷金兼任，下分土木工程、机械工程、电机工程3系。至1943年底，共有学生594人，教职员93人。抗日战争胜利后，由国民政府接收。

8. 上海商学院

上海商学院的前身为1917年设立的南京高等师范学校商业专科，1921年扩建为国立东南大学分设上海商科大学，1932年独立，改名国立上海商学院，名义上为国立中央大学学院之一，但属独立学院性质。八一三事变后，江湾校园遭战火摧毁，遂迁至上海愚园路40号继续办学。太平洋战争爆发后，汪伪教育部于1942年6月接收了该院，并对愚园路校址进行了修缮，同时任命裴复恒为院长。学院设有会计、银行、工商管理、国际贸易4系，至1942年底，共有学生110人，其中男生65人，女生45人，教职员45人。至1943年6月，学生又增加到157人，教职员55人。1945年抗日战争胜利后，为国民政府教育部接收。

9. 上海医学院

其前身是1927年9月正式开学的第四中山大学医学院，1932年正式脱离大学部而独立，更名为国立上海医学院。院址初设上海吴淞原政治大学旧址，后迁至枫林桥。抗日战争爆发后，部分师生西迁云南昆明，1940年夏复迁重庆。留沪师生继续在上海海格路373号维持。太平洋战争爆发，留沪部分师生亦迁重庆，学院则于1942年9月经汪伪行政院第127次会议决议准予伪教育部接收，并拨款91450元作为该校经常及临时经费，仍称"国立上海医学院"，汪伪教育部任命原上海医学院院务维持会主席乐文照为院长。至1942年底，上海医学院共有6个班计85名学生，有教职员66人。1943年6月，学生又增加到96人，教职员72人。抗日战争胜利后为国民政府教育部接收。

10. 音乐院

其前身是1927年11月在上海创办的国立音乐院，为我国现代第一所培养高级音乐人才的学校。1929年7月改为国立音乐专科学校。抗日战争爆发后，学校在上海市内几经搬迁。1942年6月为汪伪教育部接管，不愿与汪伪合作的师生一部分在上海另设私立上海音乐专科学校，一部分赴重庆，于1943年建立青木关国立音乐院和松林岗音乐分院。汪伪教育部接收该校后，鉴于其名称"与私立各专修学校名称略同，易滋淆混"，遂经汪伪行政院第115次会议讨论决定改名为"国立音乐院"。[①] 汪伪教

---

① 《汪伪行政院第115次会议讨论事项第壹案附件"教育部原呈"》（1942年6月5日），中国第二历史档案馆藏汪伪行政院档案，二〇〇三/7281。

育部任命李维宁为院长，院址在上海爱文义路626号。至1943年6月，该院共设有理论作曲、键盘乐器、乐队乐器、国乐、声乐等系，有学生171人，教职员47人。抗战胜利后，该院为国民政府教育部接收。

11. 浙江大学

抗日战争爆发后，原国立浙江大学于1937年9月先后迁西天目山、建德、江西吉安、泰和、广西宜山、贵州遵义等地。汪伪国民政府建立后，伪浙江省政府呈请汪伪行政院“恢复”浙江大学。汪伪行政院“先后饬据教育、财政两部拟具意见前来”，并于1943年6月22日第167次会议决议：“恢复浙江大学，所有筹备事宜交由教育部办理。关于经费，照教育部原呈核定，该大学开办费60万元，每月经常费20万元，加成在外，开办费由中央负担，经常费由中央负担十分之二，浙省府负担十分之八。”[①]7月，汪伪教育部拟定了《国立浙江大学复校筹备委员会组织规程》，规定设立9—11人组成的复校筹备委员会，其主要职权为：“（1）关于校址之勘定及修缮事项；（2）关于学校院系编制及行政组织之计划事项；（3）关于学校设备之购置事项；（4）关于其他筹备事项”。[②]7月中旬，“复校筹备委员会”正式成立，由伪浙江省省长傅式说、伪浙江省教育厅厅长徐季敦分任主任委员和副主任委员。8月下旬汪伪教育部任命陈柱为“浙江大学”校长，9月下旬又调任钱慰宗为校长。同年10月11日正式开学。该校分设文法、理工、农学、医学4个学院。据1944年调查，该校共有学生241人，其中男生198人，女生43人。但1944年5月23日，汪伪行政院会议决定停办“浙江大学”。

二、“省立”高等院校

在华北沦陷区中，“省立”高校较少，到1940年仅有“北京市立体育专科学校”，“河北省立师范专科学校”“山东省立日语专科学校”三所，且规模都很小，其中“北京市立体育专科学校”只有2个系、7个班，招收60名男生；“河北省立师范专科学校”只有3个系、6个班，学生126人；“山东省立日语专科学校”也只有3个系、4个班，学生206人，完全没有高等学校的规模与设置。除华北外，汪伪统治区其他地区、“省立”大学、学院也存在相同情况，仅“广东大学”“江苏教育学院”“浙江日文专科学校”和“湖北农林专科学校”4所，其中“浙江日文专科学校”至1943年底设有专科3个班，特科1个班，共有学生145人，教职员23人；“湖北农林专科学校”至1942年底，

① 汪伪行政院第167次会议记录（1943年6月22日），中国第二历史档案馆藏汪伪行政院档案，二〇〇三/7068。

② 汪伪行政院第170次会议报告事项第肆案附件“教育部原呈”，1943年7月8日，中国第二历史档案馆藏汪伪行政院档案，二〇〇三/7070。

设2个系、2个班计学生81人，教职员8人。而“广东大学”“江苏教育学院”的规模与设备较为完善。兹将这两所院校简介如下：

1. 广东大学

广州原有国立中山大学、私立岭南大学、私立国民大学、私立广州大学、省立勷勤大学等高等院校，抗日战争爆发后，上述大学或迁内地，或迁港澳。1940年伪广东省政府成立后，决定筹设“广东大学”。从1940年5月开始筹备，选定广州光孝路原国立法科学院为校址，改建新校舍，至1940年9月25日举行开学典礼。伪广东省政府任命伪教育厅厅长林汝珩兼任校长。学校初设文、法、理工三学院，聘原国民大学文学院院长、中山大学文学系主任陈嘉蔼为文学院院长，下设中国语言文学系、史学系、教育学系；聘原法学院院长冯霈为法学院院长，下设法律学系、政治学系、经济学系；聘原中山大学、勷勤大学教授袁武烈任理工学院院长，下设土木工程学系、化学系、数学系、建筑工程学系。在上述三学院开课的同时，“广东大学”又开始筹设农学院，“建筑院舍，购置用具，设教务、研究、农产、推广四所”，于1941年2月筹备完竣，开始授课。[①]农学院院长由前岭南大学农学院院长张焯堃担任，分设畜产、植产两系，除大学本科外，并附设农事专修班，以期养成实用农事专门技术人才。农学院“除阐扬农学，造就农事人才外，并负有解决地方农业问题与改进农业之责任”。[②]

“广东大学”第一年除招收一年级新生外，还招收二三年级转学生，至1941年已有教职员101人，学生457人。[③]学校除免收学杂费外，并设置奖学额300名，“其为清寒子弟，或成绩优异者，每月补助国币30元，以示奖励”。[④]该校为沟通所谓“中日文化”起见，还特聘日本帝国大学教授中村孝也、和田清两博士来校主讲《日本明治维新史》和《东洋文化史料》，并将该两课列为全校大学生必修之科目。[⑤]该校文学院还附设有实习小学一所，以作为教育系学生实习场所。

据1944年出版的《申报年鉴》统计，至1943年6月，广东大学共有学生460人，其中文学院102人，法学院173人，工学院102人，农学院83人；共有教职员173人。[⑥]

---

① 林汝珩：《一年来的广东教育》，伪中国教育建设协会编：《教育建设》第二卷1期，第35—36页。
② 林汝珩：《一年来的广东教育》，《教育建设》第二卷1期，第35—36页。
③《复兴的广东》，第114页。
④ 林汝衍：《一年来的广东教育》，《教育建设》第二卷1期，第35—36页。
⑤ 林汝衍：《一年来的广东教育》，《教育建设》第二卷1期，第35—36页。
⑥《申报年鉴》，申报社出版，1944，第950页。

2. 江苏教育学院

1941年秋，伪江苏省教育厅“为造就文理科专门人才，并培植优良师资起见”，在苏州沧浪亭设立了“江苏省立文理专科学校”，招收文理科学生各一班。其中一部分学生由各县保送入学。“学员于修业期间，每月由院酌给津贴五十元，以示优待。”校长仲子明。同年11月，伪江苏省教育厅将“江苏省立文理专科学校”扩大，改名为“江苏省立教育学院”，并任命汪正禾为院长。设有教育系本科及文史地、数理化两个专修科。“其教育宗旨及实施方针，关于本科者，则为造就高等师范诸校之优良师资及教育行政人员暨推行社教人员之干部人才；关于专修科者，则以造就初级中学之优秀师资为目的。”[①] 太平洋战争爆发后，为适应日伪统治区实施所谓“炼成教育”的需要，培养“包括小学之师资，教育行政之人才，农业技术人才，体育人才，以及沟通中日文化之工作者”，伪江苏省教育厅在伪江苏省政府及日本侵略军的指示及“赞助”下，从1942年下半年起，又将“江苏教育学院”予以充实和扩大，同时将校址迁至谢衙前前江苏省立联合中学第一院、第二院，并增设农业及体育两专修科。并将前江苏省立联合中学暨附属小学及幼稚园改隶该院作为附属中学、附属小学及幼稚园，且附设短期教师训练班，训练期限为3个月至半年。

“江苏教育学院”设有院长、副院长各1人，院长初由汪正禾担任，后改由伪江苏教育厅厅长袁殊（中共地下情报人员）担任。行政机构有教务、训育、事务三处。教育系学制为4年，文史地、数理化、农业、体育4个专修科的学制均为2年。该院规定其教育目标为：“（1）锻炼强健体格，（2）陶冶道德品性，（3）充实实用知识，（4）养成劳动习惯，（5）启发研究学术之兴趣，（6）增进服务教育之智能，（7）训练学验深造专门技术人才，（8）培养真知力行坚实健全之师资。”[②] 并制定了以“遵奉国民政府和建睦邻国策及国父大亚洲主义，以养成复兴中华保卫东亚之中坚分子”[③] 为目的的训练方针。该院实行军事化管理，全体学生必须住校，按军队编制，励行劳动化、军事化生活。该学院设有大礼堂、图书馆、农场、生物实验室、理化实验室、音乐教室、理科教室及准备室、运动场、健身房、娱乐室等。

为了促进专门学术的研究和文化水准的提高，以及对江苏教育上各项问题集中研讨，1943年10月中旬，“江苏教育学院”设置了研究室，聘请前院长汪正禾为主任。该研究室主要从事下列工作：（1）出版《研究季刊》，1944年元旦出版了第一期，

① 伪江苏省政府教育厅编审室编：《两年来之江苏教育》，1944年10月印行，第36页。

② 伪江苏省政府教育厅编审室编：《两年来之江苏教育》，1944年10月印行，第37页。

③ 伪江苏省政府教育厅编审室编：《两年来之江苏教育》，1944年10月印行，第37页。

20余万字，刊载学术性的论文、译著；（2）本省教育调查，先后开展了教育经费和教育实况的调查，制定各种调查表格，分发各教育部门填报；（3）实施所谓“思想运动”，如1943年10月《日汪同盟条约》签订后，该研究室即“举办民意测验，命题二十问，印发各机关学校团体查填，学校方面共有20校，4540人参加，答案结果，已制就统计发表”。1944年2月，南京、上海等地学生发动大规模“三禁运动”后，该研究室又先后开展了两次民意测验，了解学生对“三禁运动”之观感等；（4）举办所谓“兴亚讲座”，聘请陈详闽、俞寄凡、田尾五太郎等人进行讲演，并组织所谓兴亚座谈会，“就每一兴亚问题，详加讨论”。[①]

据汪伪教育部统计，至1942年底，“江苏教育学院”共有学生162人，教职员76人。而1944年出版的《申报年鉴》表明，至1943年，“江苏教育学院”共有学生195人，教职员54人。

三、私立高等学院

在汪伪统治区，还存在着一些私立大学、学院和专科学校。这些学校主办者的成分十分复杂，既有伪国民政府要员，也有教育界人士；既有教会，也有个别是日本人。这些学校除教会学校及个别受汪伪有关机构资助外，大多规模较小，经费较少，师资、学生都较少，可谓是举步维艰。现举几例，以为代表。

1. 燕京大学与协和医学院

1941年太平洋战争爆发后，美国对日宣战，日本应战，将美、英、法等同盟国均视为敌国，没收其财产，原美英等国在中国设立的教会学校也因此被日伪当局封闭，而教会大学的佼佼者——燕京大学更是首当其冲。

1941年12月8日上午9时，日军进驻并封闭了燕京大学校园。因校长司徒雷登去天津，由高厚德教授宣布停办。同日，日军逮捕陆志高、赵紫宸、陈其田、赵承信、林嘉通、张东荪、侯仁之、刘豁轩等8位教师和蓝铁年、李慰祖、李欧、姚克荫、刘子健等11名学生。12月9日日军限令学生离校。12月下旬，日军又逮捕了蔡一谔、洪煨莲、邓之诚、周学章、萧正谊及农科教师沈寿铨。司徒雷登也在天津被捕。[②]

同年12月，伪华北政务委员会教育总署颁布《私立燕京大学、协和医学院学生及教职员善后处置要纲》，规定：“私立燕京大学暨协和医学院两校，既经封闭，不予恢复”；“该两校原有学生酌予编入国立北京大学各学院，如不能收容时，则分配

① 伪江苏省政府教育厅编审室编：《两年来之江苏教育》，1944年10月印行，第38页。

② 燕京大学校友校史编写委员会编：《燕京大学史稿（1919—1952）》，人民中国出版社，1999年，第33页。

编入于其他国立各校院或已立案之专科以上各学校，该两校中国教职员则视其学识技能并思想行动酌予聘[用]或介绍于各教育学术机关”；“已入学之学生应由各该校院负责考查其思想行为”；“私立燕京大学研究院及协和医学院之高年级学生应考查其思想，确属纯正者，得予以介绍职业”；“私立协和医学院护士科学生由国立北京大学医学院收容”。[①]

到1942年4月，共计有229名燕京大学的学生资料被转到北京大学，但“未经到院注册者计共22名。复因性格所近，请求转入其他校院者，计共7名。有已经在本院注册又行转入他校者，计4名。又有由其他校院转入本院者，计共20名”。因此，实际上由燕大转到北大并切实上课者共216名。[②]

2. 南方大学

南方大学由中国社会党党魁江亢虎于1922年创办，并由江亢虎任校长，设本校在上海，后设分校于北京。1926年秋江亢虎赴美讲学，并先后任美国国会图书馆远东文学部代部长、加拿大默吉大学中国文学院院长。南方大学亦于1927年宣告停办。1939年，江亢虎自美归国，寄寓香港，同年10月应汪精卫之邀，参加“和平建国”运动，并恢复中国社会党，任主席。1940年3月汪伪国民政府成立后，任伪国民政府委员、考试院副院长兼铨叙部部长，后又任伪考试院院长及伪中央政治委员会委员。1940年6月22日，南方大学南京校友会成立，在南京白下路租赁房屋作为会所，并获汪伪社会部立案。该校友会开始筹措经费，以恢复南方大学。1941年上学期，先假白下路校友会会址开办文学院及国学专修科。因招收人数日多，白下路会址房屋不敷使用，遂由江亢虎筹资在石鼓路129号购置房屋，作为学校新址，并恢复法学院，增设会计专修科，扩充学院和国学专修科等。[③]1943年春，又添办中小学。恢复后的南方大学仍由江亢虎任校长；陈彦通任文学院院长，下设文学系，钱承钧任系主任；蔡鼐成任法学院院长，下设法律系和政经系，高维浚、胡善偁分任两系主任；王雨生任商学院院长兼会计系主任和会计专修科主任；史鼐任教务长，杨中芳任训育长，杨尊暄任总务长，孙著声任训育主任兼教务主任，哈尔康任出版主任。该校还设有董事会，董事多为汪伪政府要员，董事长梅思平（伪实业部部长），董事有：江亢虎（伪考试院院长、南方大学校长）、丁默邨（伪社会福利部部长）、高冠吾（伪安徽省主席）、

① 《私立燕京大学、协和医学院学生及教职员善后处置要纲》（1941年12月），中国第二历史档案馆藏伪华北教育总署档案，二〇二一/456。

② 《北京大学校长呈报该校收编燕京大学转学学生情形及名册》（1942年5月29日），中国第二历史档案馆藏伪华北教育总署档案，二〇二一/456。

③ 《南方大学同学录》，1943年1月编印。

狄侃（伪监察委员）、蔡甭成（伪考试院参事、南方大学法学院院长）、史鼐（伪铨叙部司长、南方大学教务长）、江镇三（伪监察委员）、何嘉男（伪行政院参事）、杨尊暄（伪考试院参事、南方大学总务处处长兼校友会总干事）、杨中芳（伪考试院简任秘书兼南方大学训育长）、胡正刚（伪安徽省巢县县长）。除兼任教授外，专任教授有周匡、姚抚屏、潘树基、徐鼎、游初白、吴更始、施蘖斋、娄振东、马丁等。[①] 据汪伪教育部统计，至1942年底，南方大学共设2个学院（商学院系后增设）6个系2个专修科，共有学生248人，教职员25人。[②] 至1945年6月，首届学生毕业，共计122人，其中文学院文学系8人，法学院法律系43人，法学院政经系51人（其中政治组25人，经济系26人），国学专修3人，会计专修科17人。[③]

3. 中国公学大学部

中国公学创办于1905年（清光绪三十一年），由反对日本政府颁布《取缔中国留日学生规则》愤而归国的留日学生创办，校址在上海北四川路底新靶子路，后迁至吴淞。1906年4月10日正式开学，设有高等、普通、师范、理化、德文等班，共有学生300余人。由学生组织校友会自行管理。因经费筹措极为困难，庶务姚洪业愤而自杀，引起海内外震惊，各界人士纷纷捐助。1907年两江总督端方月拨银1000两，清政府拨吴淞炮台公地200亩，大清银行借银10万余两，兴建校舍，并先后委郑孝胥、夏敬观为监督。1908年组成校董会，由张謇任会长。因学校弃民主管理办法，引起学潮，“多数学生退出公学，在爱而近路庆祥里租屋组织中国新公学”。[④] 两年后复归为一，并迁吴淞新校址。辛亥革命后，得孙中山、黄兴扶持。1915年商得河南福中公司年拨经费2万元，梁启超任董事长。1916年停办。1919年复校，设商科及中学，王家襄任校长。1922年计划改组为大学。1927年由何鲁任校长。1928年4月，改推胡适任校长，设文理学院、社会科学院、预科。1930年1月，马君武继任校长。1932年淞沪战役中校舍被毁，迁法租界辣斐德路赁屋开学。同年8月停办。1933年以蔡元培为董事长的校董会决定于3月复校，并推熊克武为校长。1934年春，又改推吴铁城为校长。后被国民政府教育部“勒令逐年结束”。1935年夏停办。1940年，在汪伪国民政府中任职的中国公学校友决定设立校友会，“担负复校重任”。1941年4月17日，校友会第三次理监事联席会议决定成立复校委员会，并推选陈济成、许逊公、龙英杰、

---

① 《南方大学复校首届毕业同学录》，1945年6月。

② 《全国专科以上各学校简明概况表》，汪伪教育部统计室编：《全国教育统计》，第五集，第13页。

③ 《南方大学复校首届毕业同学录》，1945年6月。

④ 胡适：《校史》，载中国公学大学部秘书处编印：《中国公学大学部创校四十周年复校二周年纪念特刊》，1944年6月出版。

綦岱峰、高耀武、尤凤锡、施瑾、郑雅秋等25人为委员，华兴银行副总经理兼南京分行总经理许逊公表示可在经费方面资助复校。1942年8月18日，复校委员会和校友会联席开会决议，推许逊公为校长，筹备复校，并授权许改组校董会。在日本驻南京特务机关长源田及日本人西井的支持和帮助下，将原国民政府立法院拨交该校为校址。同年8月开始招生，先办文、法、商系一年级，及高中部一年级。许逊公聘龙英杰为总务长，杨鸿烈为教务长，綦岱峰为主任秘书，周毓英为文学系主任，何嘉为法律系主任，施瑾为商学系主任，粟步云为高中部主任。9月15日在南京立法院街2号正式开学上课，共有学生150余人。同年10月，由龙英杰代理校长。其经费初由农商银行透支3万元及许逊公个人捐助5000元，后由丁默邨主持的“社运总会”每月补助5000元，李长江捐助了2万元。1943年2月，学校又与伪中国农村福利协会商妥代办农村工作人员训练班，每月补贴学费3500元，直至8月底始停止。1943年暑假，经与伪社会部部长丁默邨商议，以代理中国社会事业协会董事长名义印发捐册募捐，共募得36万元。1944年春，该校顾问西村又帮助筹措了70余万元，作为扩大校舍的费用。1943年8月，校董事会改组，由丁默邨任董事长，夏敬观、李长江、彭年、朱朴、杨鸿烈、许逊公、颜秀玉、黄庆中、蒯建午、周毓英、高耀武等任董事，这些人多为汪伪政府要员，如李长江曾任汪伪第一集团军总司令、汪伪军事委员会委员、汪伪军事参议院上将副院长；彭年曾任汪伪社会部次长、交通部次长、国民政府参赞、代理社会部部长、社会福利部部长等职；朱朴曾任汪伪国民党中央监察委员兼宣传部副部长、《中华日报》主笔、《古今》月刊社社长、全国经济委员会委员等职；蒯建午历任汪伪社会运动委员会常务委员、汪伪国民党中央党部社会部副部长等职。同时聘请汪伪军政要员陈公博、周佛海为名誉董事长，王荫泰、孙良诚、张岚峰、张昌德、喻熙、何庭流、何林春、丁聚唐、葛亮畴等人为名誉顾问。董事会聘蒯建午为校长、龙英杰为副校长，因蒯建午主要在上海，因而仍由龙英杰代理校长，处理学校一切行政职权，同时聘郑雅秋为总务长，何宪琦为教务长。

中国公学大学部“以注重使用科学内容，养成专门知识技能，并切实陶融为国家社会服务之健全品格为宗旨”，[①]设有文、法、商三学院，学制为四年，学生主要来自华东、华中等沦陷区。学校受汪伪社会部资助甚多，汪伪要员如李长江、凌宪文、彭年、丁默邨、颜秀五、奚则文等曾赴校讲演或视察，伪华北作家协会干事长张铁笙也曾赴校演讲。

至1944年上半年，中国公学大学部已发展到拥有三院六系，其主要职员如下：

① 中国公学大学部秘书处编印：《中国公学大学部创校四十周年复校二周年纪念特刊》，1944年6月出版。

校长蓢建午，副校长兼秘书长龙英杰、总务长郑雅秋、教务长黄宇桢、文学系主任王家吉、法律系主任胡善偁、商学系主任黄宇桢、政经系主任高雪汀、教育学系主任曹宝琳、训育主任刘咸有、注册主任鲍佛觉、图书馆主任尤凤锡、会计主任丁时铮、事务主任胡斯孝。

4. 圣约翰大学

圣约翰大学（St.John’s University）是近代中国最具盛名的教会大学之一。其前身是1879年美国圣公会主教施若瑟（S.I.Joseph Schercshewsky）将传教士文惠廉在上海创办的神道学院、培雅书院、度恩书院三校合并而成的圣约翰书院，1892年开始设置大学课程。1905年，圣约翰驻美董事会按照美国哥伦比亚大学条例组成正式大学，并于次年在美国华盛顿注册。该校设有文、理、医、神4个学院，首任校长为美国传教士卜舫济，校址在上海近邻曹家渡附近苏州河南，到1937年时占地面积达300余亩。1927年南京国民政府成立后，颁布了《私立大学及专门学校立案条例》《改进高等教育计划》等法规，要求各教会大学必须向教育部申请立案，并由中国人担任校长。但圣约翰大学校长卜舫济坚持不让位，也未向国民政府教育部申请立案。与其他教会大学用汉语教学不同，圣约翰大学非常重视英语教学，为旧中国培养了大量商业人才。

抗日战争爆发后，在沪各高等学校纷纷西迁，为避战火，圣约翰大学迁到租界内的南江路新址，坚持继续办学，但学生人数锐减，仅剩下430多人。1941年度该校仅有120名学生毕业（其中男生89人、女生31人）。[①] 太平洋战争爆发后，日军进入租界，在日伪当局的威逼下，原本坚持不让出校长职务的卜舫济也只好于1942年退任名誉校长，校长一职交由中国人沈嗣良担任。由于教会的背景，该校受到了无力赴后方高校就读而又不愿进入日伪所办高等学校就读的沦陷区青年的欢迎，学生人数则大为增加。据汪伪教育部统计，1942年度，圣约翰共有教员183人（其中男教员147人，女教员36人），学生人数则达1870人（其中男生1290人、女生580人），是汪伪统治地区学生人数最多的高等学校（同年度，汪伪中央大学也仅有学生849人），占汪伪统治区专科以上学校学生总数8042人（不包括华北地区）的23.2%强。[②] 另据1944年出版的《申报年鉴》记载：至1943年6月，圣约翰大学校址在上海极司非而路188号，内设文理学院、医学院、土木工程学院共3个学院，有学生2004人（其中文理学院1702人、医学院169人、土木工程学院133人，男生1441人、女生563人）、

① 汪伪教育部统计室编:《全国教育统计》(1942年度)第18页,《专科以上各学校三十年度毕业生统计表》。
② 《全国教育统计》（1942年度）第17页，《专科以上各学校教职员及学生性别比较表》。

教职员 165 人，岁出经费 635163 元。[①]

5. 复旦大学

复旦大学的前身是复旦公学，1905 年由反对教会压制而离校的原震旦学院师生创办，马相伯、严复、夏敬观、高风谦、李登辉等先后任校长。1917 年办大学，易名为私立复旦大学。在近代著名教育家、爱国华侨李登辉的主持下，复旦大学有了很大的发展，成为与南开大学齐名的旧中国两所最为著名的私立大学之一。

复旦大学于 1937 年西迁后，数百名因无力前往内地而滞留上海的师生，于 1938 年 2 月屡次要求校长李登辉设法上课，解决失学问题。李登辉经与留沪教师反复讨论，认为：一、重庆过远，在战争期间，学生前去非易，且旅费亦太昂贵；二、借读他校乃不得已办法，学生至感不便；三、光华、大夏在成都、贵阳与上海同时开学，东吴、之江、金陵等校迁沪复课，若复旦单独在沪停办，他日恢复，势不可能；四、沪上租界之内，尚属安全，并无任何干涉。因此决定复旦继续在沪复课，如形势突变，"当散即散"。在广大校友的协助下，复旦遂于公共租界内复课。1938 年 6 月，经与内迁重庆的复旦商定，上海复旦改称复旦大学实习部。[②] 据 1944 年《申报年鉴》记载：至 1943 年 6 月底，上海复旦大学由周德熙任校长，校址在赫德路 574 号，设有中国文学、外国文学、教育、化学、土木工程、法律、经济、社会、银行、会计等 11 系，共有学生 870 人、教职员 85 人，岁出经费 282167 元。[③]

6. 大夏大学

大夏大学系 1924 年因学潮而集体离开厦门大学的师生在上海创办的一所私立大学，初名"大厦大学"，后定名"大夏大学"，以志该校系由"厦大"嬗变而来，并寓光大华夏之意。王伯群为董事长，马君武、王伯群曾先后任校长。在王伯群等政府要员的捐助下，学校规模不断扩大，至 1936 年，学校占地 300 余亩，大学部注册学生达 1500 余人。八一三事变后，为躲避战火，大夏大学一部分西迁，校本部则由中山路梵皇渡永久校址迁往租界内，继续维持办学。太平洋战争爆发后，日军进入上海租界，大夏大学虽教学受到较大影响，但仍继续招生。据《申报年鉴》记载：1943 年 6 月底，大夏大学校址在上海静安寺路 108 弄 30 号，校长鲁继曾，内设文理学院（院长邵家麟）、教育学院、法学院（院长张隽青）、商学院（院长何仪朝），共有教职员 62 人，学生 520 人，岁出经费 162300 元。

---

① 申报社编：《申报年鉴·教育》，1944 年，第 951 页。

② 复旦大学历史档案，第 919 卷，引自复旦大学校史编写组编《复旦大学志》第一卷，复旦大学出版社，1985，第 154 页。

③《申报年鉴》，第 951 页。

此外还有大同大学、震旦大学、沪江书院、中国比较法学院、东南医学院、同德医学院等私立高等院校，在日伪统治的沦陷区中艰难维持。

太平洋战争爆发后，日军进入上海租界，此前迁入租界内的各高校再次被迫调整，一部分因感于局势的恶化乃搬出租界而远徙西部各地或附近山区，如国立暨南大学于1941年12月迁往福建建阳，私立沪江大学于1942年2月迁往重庆，私立之江文理学院于1944年迁往重庆；一部分则继续留在租界内，如私立大夏大学、私立复旦大学补习部及私立光华大学本部一直继续在租界内艰难维持，直至抗战胜利。

这段时期，在上海又出现了不少私立高等学校，一般规模均很小，设施极其简陋，往往只有几个教师，租几间教室，因资料所限，立案、招生、办学等具体情况不详，兹根据当时报刊上刊登的招生广告，将几所学校的情况简介于后：

（1）私立上海师范学院。据1942年初上海《申报》上所刊广告，该学院发起缘起为："立国之道端赖教育，教育良窳系于师资，沪上学校林立，师资专校尚付阙如，同人等不揣简陋，秉为教育而教育之精神，创立本校，期以发扬固有之文化，培植优良之师资。凡我同志，盍兴乎来。"[①]从1942年2月开始招生，招生委员会主席何宪琦，副主席刘重恒、问缵曾。学院设有大学部、师专科（附设钢琴科）、幼师科和高中师范科。大学部则设有国学系、数理学系、教育学系和外国文学系。校址在南京路慈淑大楼3、5、6楼。

（2）中法私立上海法商学院。该院"由热心教育之中法人士设立，以培植法商专门人才为宗旨"。学院设有法律、银行、会计、工商管理四系，院址在辣斐德路（霞飞路、白赛仲路口）1477号。

（3）私立中华商业专科学校。该校由上海工商金融界人士于1944年8月发起创设，"以造就优秀实用人才，适应各机关本身需要为目的，训练取严格主义，课程则理论与实际并重"。学习年限为二年，应考资格为男性高中毕业生。唐寿民任主席校董兼校长。校董有叶扶霄、裴云卿、孙瑞璜、许长卿、李祖范、陆书臣、吴震修、朱博泉、孙仲立、郭棣活、朱公谨、张嘉甫、荣鸿元、朱彬元。[②]

此外还有上海中医专科学校（校址在福煦路吕宋路34号）、中国纺织染工业学校等。

四、奴化教育的实施

日伪当局在关内统治区"恢复"高等教育机构后，首先强调的是对广大在校师生加强思想控制和奴化教育。

---

①《申报》1942年1月30日，第三版"招生启事"。

②《中华日报》1944年8月14日，第1页。

1940年6月17日，伪华北政务委员会教育总署在前伪临时政府教育部颁布各级学校教育实施方针及切应办理或注意事项后，又专门厘订了专科以上学校实施训育方针，略谓："一、尽力提倡我国固有之美德，以领导学生之思想趋于正轨，而为建设东亚新秩序之始基。二、根绝容共思想，以亲仁善邻之旨谋东亚及全世界之和平。三、善用我国固有之家族精神，以敦风纪而固国本。四、阐发修齐治平之道，以儒家精义为依归，屏弃外来之功利主义。五、注重人格之修养、品德之陶镕，宜使学生有以国士自许之志向，俾将来能以担负复兴东亚之重任。六、厉行节约运动，纠正奢侈陋习，以养成勤苦耐劳之精神与习惯。七、个人生活与团体生活宜有严格的规律，俾公私德双方得以平均发展。八、加强竞技运动等训练，以锻炼强健之体格及振奋有为之精神。"①公然将"建设东亚新秩序"、"亲仁善邻"、"儒家精义"等写入高等学校的教育方针之中。

随后，为增进推行效率起见，日伪当局还要求"各校院应即分别组织学生生活指导委员会，俾有专司而收速效"。该委员会之职权"在推行训育方针，并审议及指导关于学生生活一切事项"。该训令还规定"各校院为互相检讨俾资联络计，应再组织学生生活联合指导委员会"。②随后，日伪当局"先就直辖各校院，组织学生生活指导委员会，对于学生中心思想、日常生活，随时予以指导及监督"。并将学生生活指导委员会总会设立于伪华北政务委员会教育总署之内，以利于更好的控制与管理。③1941年11月，伪华北教育总署将其所订的《国立专科以上学校学生生活指导委员会组织大纲》公布施行。该委员会打着关心学生生活之名义，行箍制学生思想之实。

以伪北大工程学院为例，全院共有主任以上职员12人，其中学生指导部除学生指导部长外，还有"专门员"、总务主任、调查主任、训练主任、宿舍主任兼公益主任等，竟占6人之多，相当于该院重要职员50%。《东方杂志》曾对此现象做出如下评论，认为日伪当局之所以设置如此多的指导部主任，其目的在于："（一）敌人防范我爱国青年，无微不至，总其务之不足，辅之以调查，加之以训练，更美善之以公益，复巧立'专门员'之名目，是该院'学生指导部'者，日阀驻屯军之驻院特务机关变相耳。（二）敌人之人力，过于捉襟见肘，故彼认为如是机密重要之工作，亦尚用一半汉裔。（三）敌人实在吃不消，故又不得不利用奸伪，以发挥

① 《华北政务委员会公报》第7期至第12期，"教署·公牍"，1940年7月9日。

② 《华北政务委员会公报》第7期至第12期，"教署·公牍"，1940年7月9日。

③ 《华北教育总署施政方针及实施概况（1941年）》，中国第二历史档案馆藏伪华北政务委员会教育总署档案，二〇二一（2）/5。

为虎作伥之义。”[①]

在汪伪统治区域内，训育委员会成为控制各高校学生思想生活的重要部门。伪教育当局在恢复中央大学之后，立即在校内设立了训育委员会，声称要“实施感化教育，借以启发学生自治精神，期作复兴中国之中坚分子”，对学生“严明赏罚”、“先劝后惩”，强制广大学生接受奴化思想的教育。

在课程设置上，日伪当局“为谋彻底普及日语教育，俾与友邦日本实践真实合作起见”，在各沦陷区高等学校“恢复”之初，即强制各高校大力开设日语课程，在华北沦陷区，伪华北政务委员会教育总署就曾下令，对于北京大学以下直辖大学专门学校之入学考试科目，“加入日本语一科，又入校后亦将日语列入选科，积极普及日语教育”。1943年6月，伪华北教育总署决定“树立日语之彻底教育方针，自本年度起将日语列入必修科，业已通令各直辖学校遵办”。[②]这就造成在沦陷区各高校中，日语已成为第一外国语，并在课时安排上等同于国文成为必修课目。

为强化奴化教育，淡化民族意识和国家观念，有的学校还不许学生读中国历史。在教材选用上，有的大学直接使用从东北运来的充满奴化殖民色彩的伪满教材，有的大学校门前还竖起了日本国旗。在教科书的论述中，甚至摈弃了中文中一贯的科学阐述，而采取日文的语言习惯。这从伪北京大学工程学院的教程中，可见一斑：“例如吾人谓‘钢筋混凝土设计’，彼云‘铁筋洋灰设计’，实则系钢筋并非铁筋，系混凝土并非只为洋灰，可见倭人文化粗野，学西洋文明，尚未克消化也。又如该院日籍教授浅野好担任‘内河工学’，‘河工学’已够了，试问还有‘外河工学’么？再如‘电气’一名词，很不合乎科学，他们依然沿用，不知维新应当早在明治时代。”[③]

与此同时，各类奴化宣传讲座也常常占用日常上课时间，成为各学校的必备课程。1943年12月，伪华北教育总署曾下令，规定“国立”专科以上各学校设置“大东亚学术讲座”，由各校延聘学术名流担任讲席，“以启发青年阐扬学术”。设置费用由该总署筹拨“国币”每院500元。次年1月，伪国立北京师范大学就此制定了办法，拟在该校文理数三学院各设讲座一处，每一讲座每周均举行2小时，“延聘中日学术名流担任讲席”。[④]

---

① 载《东方杂志》第40卷第14号，1944年7月30日。

② 《申报》1943年6月12日，此时的《申报》已为日人所控制。

③ 《东方杂志》第40卷第14号，1944年7月30日。

④ 《国立北京师范大学拟具设置大东亚学术讲座计划办法呈》（1944年1月），中国第二历史档案馆藏伪华北政务委员会教育总署档案，二〇二一（2）/36。

对学生严格控制的同时，日伪当局对各高校教师也采取了极其严厉的措施，限制任教人员的行踪，严密注意教师的思想。1939 年 12 月，伪临时政府教育部即颁发了《专科以上学校专任教员任课时数暨专任教员及其他人员兼课限制暂行办法》训令，略谓：专任教员每周任课时数，担任理论课目者最少 8 小时，最多 12 小时，担任语文科目者最少 12 小时，最多 16 小时；专任教员如因特别情形不能不兼任他校课程时，兼课时数每周至多以 6 小时为限，并须征得校院长之同意；校院长在本校院得担任课程，每周以 4 小时为限制，但不得担任其他校院课程等。1941 年 10 月，伪华北教育总署再次拟定了《国立专科以上学校聘任教职员办法》，规定：校院教职员以专任为原则，除讲师及兼任教员外，非有特殊情形呈经核准，不得在两校院兼任；大学或独立学院教授、副教授及专科学校专任教员，每周任课时数以至少 8 小时，至多 12 小时为原则；各校院教授、副教授或专任教员不得兼任其他公私机关职员；各公私机关职员得该机关主管长官或主管人员之同意，得担任各院校讲师或兼任教员，其任课总时数每周不得超过 6 小时等。意图通过一系列措施，将高等学校的教师强制固定在各校内，限制其教学活动自由。

各校内的日籍教师的聘任，更是日伪统治时期各沦陷区教育的一大特色。华北各伪省市教育局均设有日本人教员派遣费，且各高校内的日籍教师真正上课的并不多，大多数担任监督类职务。如伪北大工程学院共有讲师以上之教员 94 人，连院长共为 95 人，其中有日人 22 人，约占全数四分之一。内名誉教授 1 人，名佐野秀之助，时年 58 岁，不担任课程，住在东京市本乡区弥生町三，每年来院一、两次，实即该学院之太上院长也。教授共 16 人，日人只占其四，仅四分之一而已。副教授共 7 人，日人仅占 1 席。但是专任讲师共 4 人，悉为日人；特别讲师共 6 人，亦悉为日人。其余讲师共有 56 人，而日人则只有 6 人。可见，该院日籍教员，均担任课程无多，且常常不上堂讲授，“殆寓监督于教员之中，醉翁之意岂在酒耶？”

当然，相对于广大沦陷区中小学而言，高等学校中的日籍教师数量略少，所占比例较小。这一方面是由于日方的高级知识分子被派遣到中国，并参与侵略奴化的人数并不是很多，且多以担任“指导部主任”这样的行政职务为主；另一方面，也说明了沦陷区的青年学生对日本侵略者奴化教育的强烈反感和抵制，导致日伪当局不敢在高等学校内投入太多的日籍教员。时人曾对伪北大工程学院日籍教员有过这样的论述：“该院主任以上之职员，共有 14 人，除去由教员兼任者之 2 人外，实只 12 人。内日人 3 人，占全数四分之一。其相当于我国立校院训导处之组织，曰‘学生指导部’，其主持人曰‘部长’，名今三夫，字东州，日籍，现年 39 岁，并兼任副教授，担任‘美学’等科目，又学生指导部专门员（倭化名称），系奈良冈良二，亦日籍，现年 37 岁。

再学生指导部训练主任为本村逸英，亦属日籍，现年（只）33岁。彼辈为控制学生，实施奴化训练管理之中枢，所有学生活动，均经其严格编制，即毕业生纪念刊之编辑，亦须由学生指导部代为办理。其处心积虑，值不值佛学家之一笑。而其心所谓危之情绪，可于其分别另在北平西城祖家街甲5号、12号，及甲6号，赁房居住觇之。彼等身负指导学生之责任，而竟不敢住居校内，亦殊可怜耳！”[①]

日伪当局的奴化教育遭到了广大的爱国师生的强烈抵制，师资短缺，生源不足，成为日伪开设的高校中普遍存在的现象。1938年度，伪北大工程学院第一届仅招到102名学生。其中机械工学系仅25名，电工学系仅17名，土木工学系仅27名，建筑学系17名，应用化学系仅16名。人数寥寥，根本不像是一座著名的高等学府。为了加强对各私立大学的控制，1942年10月，汪伪教育部准备将留在上海租界内的圣约翰、光华、大夏、复旦四所私立大学合并为联合大学。对此，复旦大学校长李登辉宣布学校实行“三不主义”，即不向敌伪注册、不受敌伪津贴、不受敌伪干涉。“三不”如不能实行，立即停办。同时，复旦还不听日伪当局的命令，坚持不开日文课，并表示：“内部组织行政深愿不受干涉”，“倘不获当局谅解，无殊完全令其停办”。[②]汪伪国民政府为粉饰太平，被迫取消了原议。

至1945年，沦陷区内各高校师生对于日伪的奴化教育更加公开抵制，厌教厌学情绪极为严重，教室常常空无一人。伪教育当局不得不承认：“惟近查各校院课业情形，其能按时请授秩然有序者，固属不少，而一般状态仍难尽如所望。以教员言，迟到早退者有之，连续请假者有之，甚或并不通知学校无故缺席者，亦所恒有[③]，学子习以为常，怠惰因之成性，驯至上课时间，教室十有九空。以管理课程人员而言，对于某班有课无课，某员已到未到竟亦漠然不知。”[④]是年4月6日伪华北教育总署通令各院校“体察现状克日整顿课业”，但各校对此训令多阳奉阴违，并不认真执行。伪北大各学院甚至还乘此机会上书伪政府，提出减少日语课程、改善教师待遇等要求，如伪北大医学院就在其“整顿课业办法”中提出：“因医学深奥而且日新月异，必须力学始克专精，向未设立选课，原所以杜爱博不专之流弊，惟各学系一二年级之修身、

① 《东方杂志》第40卷第14号，1944年7月30日。

② 《复旦大学历史档案》，第919卷，引自复旦大学校史编写组编《复旦大学志》第一卷，复旦大学出版社，1985，第158页。

③ 此件此处先作“实繁有徒”，继之改为“亦不乏人”，最后改定为“亦所恒有”，可见“无故缺席”现象之严重。

④ 《华北教育总署通令各院校体察现状尅日整顿课业训令》（1945年4月6日），中国第二历史档案馆藏“伪华北政务委员会教育总署档案”，二〇二一/440。

体操、物理、化学、生物等课程，每周几占十余小时之多，尚无相当设备，徒为口头及图表之讲解，似可渐加，减缩其日文钟点，当改订之初，缘等中学生多未学习，恐阅读日文之参考书未能得其要领，故订为每周 12 小时，后因初高中多已习过日文，遂改订为 8 小时，现在小学普习，当有相当根底，似可减至 4 小时，以便加习其他之主要课程，巩固学业之基础。”①

第三节　汪伪中央大学

在汪伪统治地区高等学校中，规模最大、最有影响的当属伪中央大学。

一、筹建经过

汪伪中央大学名义上是“恢复”原国立中央大学。国立中央大学的前身曾先后称为三江师范、两江师范、南京高等师范及东南大学、国立第四中山大学、江苏大学，1928 年 5 月改名为中央大学，成为南京国民政府统治时期的全国最高学府。全面抗日战争爆发后，中央大学随国民政府西迁。伪维新政府统治时期，曾计划在南京设立“南京大学”，并设有“南京大学筹委会”。1940 年 3 月，汪伪国民政府在南京成立，汪伪教育部长赵正平提议“恢复”中央大学，经 4 月 9 日汪伪行政院第 2 次会议通过，设立了“国立中央大学复校筹备委员会”，由伪教育部部长、次长、高等教育司司长及伪维新政府设立的“南京大学筹委会”负责人等 19 人共同组成，赵正平任委员长，钱慰宗为秘书长，其任务为：负责办理筹集“国立中央大学”之经费，交涉接收“国立中央大学”原有校址及校产，租赁及修理校舍，添置校具及其他教育上之设备，接收或计划“国立中央大学”之附属机关，以及在校长未到任以前其他重要事项等。②筹委会并预算筹备经费共需 54850 元。③同时，汪伪教育部派高教司司长钱慰宗会同参事施景崧、科长陈纾周、专员朱学俊接收“南京大学筹备委员会”及其家具、物品、卷宗等件，并令交“中央大学筹备委员会”。④汪伪行政院随令教育部拨发临时费 40 万元，经常费 68 万元，作为建校费用，并令伪教育部部长赵

---

① 《北京大学为送理法工农医五学院整顿课业办法致教育总署呈》（1945 年 5 月 22 日），中国第二历史档案馆藏伪华北政务委员会教育总署档案，二〇二一 /440。

② 《国立中央大学复校筹备委员会规程》，1940 年 4 月 16 日汪伪行政院第三次会议通过，中国第二历史档案馆藏汪伪行政院档案，二〇〇三 /7362。

③ 《国立中央大学复校筹备委员会规程》，1940 年 4 月 16 日汪伪行政院第三次会议通过，中国第二历史档案馆藏汪伪行政院档案，二〇〇三 /7362。

④ 《教育部工作报告》，中国第二历史档案馆藏汪伪教育部档案，二〇七八 /24。

正平负责筹备工作。

在汪伪国民政府指令筹备“恢复”中央大学的同时，1940 年 5 月，“中央大学复校筹委会”举行临时会议，决定伪中央大学暂时设立文、法、商、教育、理、工、农、医 8 个学院，以后条件具备时，再增设药学院。同时，组织设立了招生委员会，负责招收学生事宜，并向日军交涉收回中央大学旧址，一面先在南京国府路 282 号成立临时办事处。此后又设立了购置委员会，购买书籍和桌椅板凳等，并负责处理各学院应有设备事项。招生委员会还制定了《国立中央大学招考男女生简章（二十九年度）》，计划招收大学本科、专修科及先修班三层次学生共 1100 名，并规定了各层次应考条件：报考大学本科学生须公立或已立案之私立高级中学校毕业者或者其他与高级中学同等程度学校毕业者，以及有同等学力者或五年制中学毕业成绩特优者（录取额占 10%）；应考专修科学生之资格与大学本科同；应考先修班须五年制中学毕业者、在公立或已立案私立高级中学肄业满二年者，以及具有同等学力者。考试科目，报考文、法、商、教育各学院本科者，须考国文（包括作文和国学常识）、外文（日语或英语，包括作文、翻译部分）、数学（包括代数、几何、三角）、中外史地、自然科学（物理、化学、生物任择一科）；报考理、工、农、医、药各学院本科者，须考国文（包括作文和语文互译）、外语（日语或英语，包括作文和翻译）、数学（包括几何、三角、高等代数、解析几何）、自然科目（物理、化学、生物任选一门，但报考医、药、农三学院者必须考生物）、中外史地；报考专修科者，考试科目，师专科与教育学院同，农专科与农学院同；报考先修班文科者，考试科目有国文（包括作文和语文）、外语（日语或英语）、数学（包括代数和几何）、中外史地、自然科学测验；报考先修班实科者，考试科目则有国文（作文、语文互译）、外语（日语或英语）、数学（平面几何、三角、高等代数）、自然科学（物理、化学、生物三科任选二科）、史地。① 招生委员会分别在沦陷区的南京、北平、上海、苏州、杭州、武汉、广州等城市招生。当年有 3000 多人报考，经入学考试，实际录取新生 647 人。1940 年 8 月底开学。校址初设于南京建邺路原中央政治学校原址，1941 年迁至原金陵大学校舍，而建邺路房屋，则改充附属实验中小学校舍。②

二、学校行政机构

汪伪中央大学基本沿袭了原中央大学的管理机制，其最高行政领导是校长。1940 年 7 月 12 日，汪伪国民政府任命樊仲云、钱慰宗分任校长、副校长。钱慰宗

① 《国立中央大学招考男女生简章（二十九年度）》，汪伪《国民政府教育部公报》第 6 期附录。

② 《教育部工作报告》，中国第二历史档案馆藏汪伪教育部档案，二〇七八 /24。

任职3个月后辞职，此后不再设副校长一职。1943年5月，改由伪教育部部长李圣五兼任校长。同年10月，由陈柱接任校长。1944年1月，汪伪国民政府又任命陈昌祖担任校长。①

在校长、副校长之下设有秘书长、教导长和各种委员会。秘书长负责全校行政事务，下分设总务、秘书两处；教导长负责全校教学工作，下设教务、训导两处。1941年6月，撤销教导长和秘书长，改设教务、训育、秘书、总务四处，由校长直接管辖。1942年夏，学校行政系统进行改革，分为总务、教务两部分，分设总务长和教务长。同年10月，又添设群育处。1944年1月，又恢复训育处，实行军事化管理。同时组织训育委员会，由各学院院长及教授组成，专司立法、审议等事宜。同年底，撤销训育处，“本训教合一之旨，重订训育委员会组织规程，分聘各学院院长、教务长、总务长及教授1人为委员”。原训育处下设的辅导、训育两课，直属于委员会，其职掌分为生活指导、舍务、体育、军训4组。训育委员会的目标在“实施感化教育，借以启发学生自治精神，养成良好学风，期作复兴中国之中坚分子”。为此，训育委员会还制订有《训育实施纲要》八条：“（1）身为表率，以促进学生之自觉精神；（2）因势利导，以扶植学生之向上精神；（3）循名责实，以养成学生之律己精神；（4）提携匡辅，以启发学生之互助精神；（5）严明赏罚，以昭示学校对学生之公正；（6）先劝后惩，以昭示学校对学生之诚恳；（7）体察周至，以昭示学校对学生之关切；（8）执简驭繁，以诱导学生对学校之爱护。”② 但成效不大。

三、学制、学生和教师

汪伪中央大学一般院系本科学制为4年，医学院为5年（最后1年为临床实习）；专修科为2年（专修科毕业后愿继续学习者，经各该学院院长同意，可插入相当年级肄业）；先修班学制为1年，经考试合格，可升入大学一年级。

汪伪中央大学的学生分为正式生、试读生、旁听生和特别生4种。学生主要来源于沦陷区，绝大部分家境贫寒，生活贫困，只身在宁，生活费用无着落，学生只好靠在外面兼职当教员，甚至拉黄包车糊口。为吸引学生，学校对正式录取的学生，一律免收学费、杂费和住宿费，教育学院和农学院、农业专修科学生还免收膳食费，其他院系学生每月补助膳费7元，对试读生、旁听生和特别生也免收学费和杂费。③ 学校

---

① 《国立中央大学复校第一届毕业纪念刊》（1944年6月），中国第二历史档案馆藏汪伪教育部档案，二〇七八/59。

② 《国立中央大学复校第二届暨医学院第一届毕业纪念刊》（1945年6月），中国第二历史档案馆藏汪伪教育部档案，二〇七八/59。

③ 《国立中央大学入学须知》，1940年9月。

还设有奖学金，凡学生学业、操行、体育三项成绩均在80分以上者，可获得甲等奖学金；其中两项在80分以上，一项在70分以上者，可获得乙等奖学金；其中一项在80分以上，两项在70分以上者，可获丙等奖学金。又规定：家境特困的学生，可以申请清寒补助金或工读生。凡申请者可免交膳食费和实验费，工读生每月还可获取生活补助费10元，但有名额限制，获补助金者全校仅有50名，工读生仅为学生总数的1%，还必须遵守学校统一安排的服务时间。尽管学校采取了诸多措施，但战争年代社会动荡，流亡学生无依无靠，转学或辍学现象严重，平均每学年的流失率高达10%—15%[①]。

由于上述措施，不少沦陷区青年学生纷纷报考该校，学校最多时学生达千余人。据有关资料统计，1944学年全校学生总数为940人，其中文学院70人，法商学院290人，教育学院75人，理工学院205人，农学院150人，医学院150人。1944年暑假第一届本科生189人、专修科42人毕业；[②]1945年暑假，第二届本科生227人、专科生11人毕业。两届本专科毕业生总共469人。[③]

抗日战争爆发后，大批知名学者、优秀教师纷纷随国民政府西迁，汪伪中央大学虽极力拉拢、招聘，但应聘者不多，师资及教学设备严重匮乏，成为该校所面临的最大困难。伪中央大学办学初期，全校仅有教授、副教授23人（包括兼任），讲师29人（包括兼任），助教3人，日籍教员2人。后经多方努力，这种状况才有所改善，教授、副教授（包括兼任）人数扩充到110人，讲师（包括兼任）39人，日籍教员15人，并聘有德籍教员1人。其教师实行聘任制，一年一聘，但经常会出现聘制混乱的情况，如负责教授债编学的老师陈瑞臻，前一年被聘为教授，第二年则被聘为副教授，陈得知后，立即给校长写信，并以走人相抗衡，才重获教授的职称。[④]在教职员中名气较大的有文学院的龙沐勋、钱仲联，农学院的陈嵘、邵德馨，理工学院的陈善晃，教育学院的钱仁康等人，但教师队伍甚至包括各学院院长都极不稳定，进出频繁，如医学院院长，5年中十易其人，教育学院院长也是七易其人，教学和科研均受到了很大的影响。

四、院系设置及概况

汪伪中央大学初设文、理、工、农、法、商、医、药、教育等9学院，但不久就改为文、法商、教育、理工、农、医6学院，下设中国文学、外国文学、历史、政治、经济、法律、商学、教育、艺术、土木、化工、机电、数理、农艺、医学等系及师范、

① 王德滋主编：《南京大学百年史》，南京大学出版社，2002，第244页。

②《国立中央大学复校第一届毕业纪念刊》，1944年6月。

③ 参见《国立中央大学复校第二届暨医学院第一届毕业纪念刊》，1945年6月。

④ 中国第二历史档案馆藏汪伪教育部档案，二〇七八/51。

艺术、农业等专修科。兹将各院系的情况简介于下：

文学院1940年即成立，初由王钟麒任院长，秋季开学后，因王调任教导长，乃由杨正宇任院长。第一年招收大学新生一班及先修班文科两班，未分系。1941年秋，即二年级时分设文史系和外语系，并改聘陈柱为院长，刘诗孙（曾任辅仁大学及北平女子师范学院教授）为文史系主任，杨为桢（英国爱丁堡大学文学士，曾任国立东北大学文学院院长、国立暨南大学教授）为外语系主任。1942年秋，又分文史系三年级为文组与史组。1943年1月，刘诗孙辞职，改由朱建新任文史系主任。外语系以英语为主，日语为必修科，德文、法文及拉丁文列为选修科。1942年8月，杨为桢升任伪教育部次长，遗缺由严士弘继任。1943年秋，院长陈柱调任汪伪浙江大学校长，改聘龙沐勋为院长。1944年2月，原文史系之文组与史组，分设为中国文学系与历史学系，聘钱仲联为中国文学系主任，龙沐勋兼历史系主任；外语系则称为外国文学系，仍由严士弘任系主任。1944年秋，全院课程进行了一次重大调整，并在图书馆楼下设研究室，并改聘李长傅为历史系主任。1945年春，因李长傅生病告假还乡，历史系系务暂由吕贞白教授兼代。其间，外国文学系曾一度停止招生，至第二届学生毕业后即行中断。

法商学院在汪伪中央大学开办之初，设有法学、商学两院，由校长樊仲云兼任法学院院长，文学院院长王钟麒兼任商学院院长。不久，王改任教导长，商学院院长一职亦由樊仲云兼任。1940年秋季开学时，招收一年级新生共137人，其中法学院80人，商学院57人。1941年，法学、商学二院合并为法商学院，除一年级新生仍分甲乙两组外，二年级开始分为政经、法律、商学三系，并聘胡道维为院长，康焕栋（日本法政大学毕业，曾任湖南、浙江各法院推事检察官，上海法学院、持志大学、大厦大学教授）为法律系主任、王雨生（曾任暨南大学、大厦大学教授，财政专门委员会委员，立法院委员）为商学系主任、唐有樑为政经系主任（不久唐辞职，由胡道维兼任）。1942年学校迁址后，该院除原分三系外，三年级学生开始分组，计政经系分政治、经济两组，商学系分银行、会计两组，并聘郎依山为政经系主任。1943年上半年，郎依山辞职，仍由胡道维兼任。同年下学期，政经系分为政治、经济两系，由奚树基任政治系主任，胡道维仍兼经济系主任，并聘狄侃为法律系主任，郭瑞璋暂代商学系主任。1945年上学期，政治、经济两系又合并称为政经系，并聘黄邦桢为法商学院院长兼商学系主任，甄洪铭任政经系主任。至1945年6月，该院共有政经、法律、商学三系，商学系又分设银行、会计两组，共有学生297人，其中正式生279人、寄读生12人、旁听生6人。第一届共毕业学生共83人，其中政治系10人、经济系20人、法律系26人、商学系27人；第二届毕业生共有69人，其中政经系28人、法律系15人、商学系26人。

教育学院1940年4月设立，由副校长钱慰宗兼任院长。1940年7月首次招生时，招有教育系一年级生及师范专修科各一班(师专科分行政及史地两组)，钱慰宗辞职后，由校长樊仲云兼任。1941年4月先后聘请杨正宇、萧恩承任院长，朱光溥任教育系主任，纪国宣为师范专修科主任。1942年萧恩承、朱光溥先后辞职，乃改聘吴康任院长兼教育系主任。师范专修科于第一届学生毕业后即行停办，增设艺术专修科，分美术、音乐两组，聘钱万选为主任。1943年春，吴康辞职，改聘龙沐勋任院长，并聘黄曝寰为教育系主任。嗣龙沐勋调任文学院院长，又聘黄曝寰为院长兼教育系主任。1943年后，张季信担任教育系主任。1944年夏，增设艺术系，另招新生一班，分美术、音乐两组。艺术专修科第一届学生毕业后，愿继续深造者，可插入该系三年级，但不再予以艺术专修科学生待遇。至于该科一年级学生，于1944新学期开始时，升入艺术系二年级，但仍可享受艺术专修科学生待遇。该院初招生时，共有学生73人，至1943年度开始时，学生总数为84人，1945年共有学生82人，其中男生34人，女生48人；教育系一年级16人、二年级11人、三年级9人、四年级18人，艺术系一年级11人、二年级12人、三年级5人。该院第一届毕业学生41人，第二届毕业30人。该院曾计划于1944年设置体育系，但因报考学生较少，该计划胎死腹中。

理工学院1940年4月成立，初分设理、工两学院，各招新生一班，继以性质相近，乃将两院合并称为理工学院。因报考人数较多，增设先修班两班，一年毕业后，直升本院。始设数理、化学工程、土木工程三系，其后为适应实际需要，乃扩充数理系为数理电工系，不久又改名为物理电工系。1944年起复将该系分为数理系和机械电工系两系，全院合计共有4系。院长初由金其武担任，1943年春，由徐仁铣继任。同年12月徐仁铣病故，乃由崔九卿接任。金其武、朱汉爵、吴昌初先后任土木系主任，赵曾隆、陈善晃、林庶华先后任化学工程系主任。开办之初，实验设备十分缺乏，根据需要，先行设立物理和化学两实验室及金工厂一所，并逐步采购仪器、药品及机械，供学生实习使用。待迁入原金陵大学校址后，使用金大所遗留之仪器和药品，始能勉强供普通实验之用。此后相继设立了热学实验室、无线电实验室、电学实验室、光学实验室、机械实验室、电池室、天秤室、无机化学实验室、有机化学实验室、定性分析实验室、定量分析实验室、工业化学实验室、药物化学实验室、食物化学实验室等实验室。该院至抗日战争胜利共毕业两届学生。

农学院1940年4月成立，初由陆锡君任院长，1944年陆去职，由陈兆骝代理，1945年春，聘沈寿铨任院长。成立之初，仅设农学、生物两系及农业专修科。1944年春，因学生人数增加，分农学系为农艺、园艺、农业经济三个系，农业专修科则停办。陈兆骝、沈寿铨先后任农艺系主任，童玉民任农业经济系主任，王复生任园艺系主任，缪端生任生物系主任。该院初始条件、设备均极简陋，如实验农场仅胡家菜园一处，地面狭小。迁金陵大学校址后，条件、设备得到较大改善，并将汉口路南北两园专供园艺之用，而原有之胡家菜园供农艺之用。两农场皆分实习、标本、研究实验三区：实习区供学生田间实习之用；标本区栽培各种作物，供学生见习，如胡家菜园农场种有马铃薯、落花生、芝麻、赤豆、绿豆、青大豆、高粱、玉米、棉花、陆稻、洋麻、胡麻、蓖麻、粟、烟草、稗等作物，汉口路农场则种有各种蔬菜及各种花卉；研究实验区除以一部分供做毕业论文之利用外，其余供教员做研究之用。该院第一届本科毕业生共 17 名，包括农学系 13 名，生物系 4 名；第二届毕业生 36 名，其中农艺系 9 名，农业经济系 15 名，生物系 3 名；农业专修科第一届毕业生 18 名，第二届 10 名。

医学院 1940 年 4 月设立，初分设医、药两院，聘罗广霖为医学院院长、叶秉衡为药学院院长，招一年级新生各一班。第二学期因药学院学生太少，乃裁并归入医学院。1941 年，为方便学生实习，二年级学生移入汪伪中央医院上课，一年级学生仍在建邺路本校。1942 年迁入金陵大学校址。1942 年冬，罗广霖辞职，由校长樊仲云兼任。1943 年 4 月，聘陶炽孙为院长。同年 8 月，因陶炽孙调任他职，遂由教务长黎国昌暂行兼代，10 月聘蒋鷴为院长。1944 年 1 月，聘问缵曾任院长，4 月，由校长陈昌祖兼代，7 月，聘徐开为院长。1945 年 4 月，徐开因病去职，乃改聘黄济为院长。该院设有解剖实习室、尸体储藏室等。至 1945 年 6 月，共毕业学生一届（五年制）计 31 人（入学时有 48 人），其中女生 7 人，男生 24 人。

五、课程、教学和学术研究

汪伪中央大学的课程编制基本上沿袭了原中央大学课程编制，但取消了党义课，而将日语列为必修课。根据汪伪中央大学《各学院学程编制说明》，各院系学生所学课程主要分为校共同必修课和院共同必修课，此外还有系主修课和选修课两种。其中校共同必修课占必修课授课总时数的 70%，院必修课占 30%（每周上课时数以 30 小时为原则）。入学第一学年，不分系，以院为教学单位，开设校院共同必修课，各学院共同必修课主要如下表所示[①]：

伪中央大学各学院一年级共同必修课程表

名称	每周时数	学期学分	学年学分	说明
基本国文	3	3	6	作文每两周作一次，在教室内交卷。
基本英文	3	3	6	同上。
基本日文	3	3	6	中日语文互译每周一小时，或两周作一次，由教授自定。

① 《国立中央大学入学须知》，1940 年 9 月。

续表

中国通史	3	3	6	
伦理学	2	2	4	文、法、商、教四院学生必须选学，理、工、农、医、药五院学生得选习本院学程替代。
数学	3	3	6	文、法、商、教四院学生任择一种，理、工、农三院学生任择两种，惟医、药两院学生务须全部选习，而农学院学生生物学为必选学程。
物理	3	3	6	
化学	3	3	6	
生物学	3	3	6	
社会学	3	3	6	各学院学生任择一种，但法学院学生须选习两种。
经济学	3	3	6	
政治学	3	3	6	
体育	1	1	2	
精神讲话	1			每周星期一第一小时举行

伪中央大学各学院本院必修课程表[①]

学院	学科	每周授课时数	每周实习时数	学期学分	学年学分	备注
文	文学概论	3		3	6	
	哲学概论	3		3	6	
法	法学通论	3		3	6	
	社会学	3		3	6	任选两门
	经济学	3		3	6	
	政治学	3		3	6	
商	商学算术	3		3	6	
	簿记	3		3	6	
教育	教育通论	3		3	6	
	心理学	3		3	6	
理	微积分	4		3	6	
	高等数学	3		3		一学期
工	微积分	4		3	6	
	机械画	1	2	2	4	
	投影几何	1	2	2	4	
	高等数学	3		3		一学期
农	农业概论	3		3	6	
	林业概论	3		3	6	

从第二学年开始，学生分入各系学习系主修课及选修课。所学各课，皆以学分计算。

按该校规定，文、法、商、教育学院学生，必须修满144学分；理、工、农、医学院学生，必须修满156学分，方准予毕业，授予学士学位。全年必修课的授课期数

① 《国立中央大学入学须知》，1940年9月。

约为976课时（包括实验课），选修课约为1074课时。

至于专修科及先修班，也确定有必修课程。师范专修科必修课程有：基本国文、基本英文、基本日文、中国通史、体育、教育通论、心理学、教育行政、中国教育史、乡村教育。农业专修科的必修课程有：基本国文、基本英文、基本日文、中国通史、土壤学、生物学、作物学、畜牧学、园艺学、体育。先修班分为文、实两科，其共同必修课程有：国文、作文、英文、英作文、日文、中日语文互译、世界史、世界地理、社会科学概论、自然科学概论、体育、精神讲演等。先修班文科必修课程还有：国学概论、中国近百年史、青年心理等；先修班实科必修课程还有：物理、化学、大代数、解析几何等。①

各院系在教学过程中，除灌输基本理论知识外，还十分注重联系实际，学用结合，如法律系除课堂教学外，还组织学生参加伪高等法院和地方法院的开庭，并将“特区地方法院”、“特区地方检察署”、“特区高等法院”当作实习场所，让学生担任审判官、推事、检察官、书记官等。在财力、物力十分困难的情况下，学校筹措经费为理工学院筹建了20个实验室，基本满足了学生的实验需要，同时还组织学生赴工厂及野外进行实习。医学院的基础课和临床各科课程多聘请医院院长、防疫站站长、主任授课，实习多安排在同仁会医院、“南京防疫处”等，到四五年级时，更是将学生移入汪伪中央医院上课，边教习，边实习，使学生对所学内容易于理解、记忆，明显增强了学生的诊断与治疗能力。农学院也附设有实习农场等。

作为汪伪统治区的最高学府，学校还提倡学术研究，促进师生教育科研能力的提高。师生们虽身处逆境，研究之风却很盛行，各院系普遍成立了各种名目的研究会，如文学院的“文史学会”、法学院的“政治学会”、教育学院的“教育研究会”、农学院的“农艺学会”，理工学院学生也组织有各种学会。各院系还经常举办座谈会、学术讲座等，如文学院的师生经常在课外举办座谈会，理工学院时常邀请校内外著名学者讲演。各院系学生还以创办壁报、杂志等形式，发表其研究心得，如：理工学院学生时常将各人所获研究心得，编辑为特刊壁报，该院土木系毕业班同学，在教师的组织带领下，参加编译《土木工程丛书》；农学院学生创办有《农衡》月刊；教育学院教育系学生还对幼稚教育进行专门研究，并多次进行社会调查和参观，撰写报告，他们曾计划编辑出版《最新教育调查参观报告汇编》《幼稚教育之研究》《毕业论文集》等。

应该指出，汪伪中央大学的学生在校时绝大多数均刻苦勤奋，学有所成，两届本

① 《国立中央大学入学须知》，1940年9月。

专科469名毕业生，在离校后，服务于海内外各地，有的人在学术上取得了优异成绩，成为学部委员、院士，有的成为著名的社会活动家，企业家，多数人在平凡的岗位上辛勤工作，为国家、为社会做出了贡献。[①]

六、对学生的控制

作为汪伪统治区的最高学术机关，汪伪当局十分注意对中央大学学生的控制，为了将这些学生培养成日伪忠实的奴才，他们特别注重对学生思想的控制，汪精卫亲自为该校题写了“真知力行”的校训。学校从新生入学起即加强对学生的思想控制，禁止马克思主义等学说的传播，学校颁布的针对新生的《行李检查办法》第五条规定：如查出有反动书籍及其他违禁品，除没收外，并予以相当处分。此外，该校给学生开设有精神讲演课，每周星期一晨6时进行“精神讲话”，宣传日本的“大东亚主义”。学校当局还利用名目繁多的各种纪念日，宣传所谓“中日亲善”、“建立东亚新秩序”等汉奸理论，如3月30日所谓“国府还都纪念日”，全校一律悬挂“国旗”，鼓吹中日共同担负建设东亚新秩序与“国府”还都意义，阐述“和平反共建国”的“历史使命”；9月1日为所谓“和平反共建国运动诸烈士殉国纪念日”，讲述他们的“生平事迹及言行”，“学习”和“发扬”他们的“特殊”精神。汪伪军政要员如汪精卫、赵正平、梅思平等也经常赴校进行所谓的“训话”、“讲演”，向师生灌输汪伪“亲日和平反共”的奴化思想。学校当局还以所谓“中日交流”的名义，邀请日本教授来校讲学，除自然科学外，有相当部分是社会科学的教授，讲授所谓“中日亲善”的历史等，如中山优来校讲授“中日两国关系之过去现在与未来”，日本帝国大学教授今中次磨讲授“中国民族运动及其方策”等。汪伪宣传部还曾派人来校放映为日本侵略战争歌功颂德的影片——《日本文化产业》等。如前所述，学校还设有专门的训育机构，并制定有对学生进行精神训练的方针六条：“（1）培植学生有真实的学问，健全的人格，坚强的体魄，饱满的精神；（2）实行团结生活，养成互助合作精神；（3）指导学生生活艺术化，行动纪律化，以期养成高尚优美的情感，奉公守法的习惯；（4）指导学生习劳耐苦，培养任事负责、勤慎俭朴的美德；（5）训练学生对和平建国的真谛能彻底明了，成为建国的青年；（6）严密注意学生之不规则行动，纠正学生谬误的思想，务使有自觉的及坚强的信仰和奉行三民主义的决心。”[②] 为此学校还从各方面加强对学生生活的指导，主要有：指导学生日常生活，指导学生课外活动，指导

---

① 王德滋主编：《南京大学百年史》，第244页。

② 《国立中央大学报告》，原报告无时间，根据内容推测约为1943年，中国第二历史档案馆藏伪华北政务委员会教育总署档案，二〇二一/442。

学生之仪容，指导学生劳动服务，指导学生清洁运动，指导学生厉行“新国民运动”，指导学生警防团之演习，指导学生思想，指导学生道德上的修养，指导学生关于体格之锻炼，指导学生遵守团体生活之秩序等。①

然而，汪伪当局的目的并不能达到。汪伪中央大学的师生绝大部分是爱国的。尽管或迫于生计，或为了求学，他们才来到汪伪中央大学任教、学习，但他们绝不与日伪同流合污，不甘心当亡国奴，而是以各种办法与敌伪统治者做斗争，抵制奴化教育，进行反日爱国活动。他们组织有“青年救国社”、“群社”等秘密反日团体，并利用“学生互助会”、“干字运动实践会”等公开组织，广泛联络、团结处于日军铁蹄下的南京青年学生，先后开展了“驱樊”（驱逐校长樊仲云）和“清毒运动”等爱国运动。②一些学生还在公开出版物上通过文字或语言来表达他们对日伪的不满、憎恨之情。如伪中央大学秘书处编印的《国立中央大学复校第一届暨医学院第一届毕业纪念刊》上，一位政经系的学生写道：“中日战火的弥漫，侵及了大半部国土，祖国是受伤了！残留在沦陷区的莘莘学子们，心境是多么地凄楚，是多么地愤慨吧！……现在呢？欧洲的战事，总算是告一段落了。太平洋的战局，莅临到结束的前夕。中日战事，也降至最后的关头。所以我们的级史，固然是平凡的，然而已经是异于平常了。”③表明了作者在日伪统治下心中的压抑感和对日本帝国主义即将灭亡的期盼、欣喜之情。

七、汪伪中央大学的结束

1945年8月，在中国人民艰苦卓绝的奋战及国际反法西斯进步力量的支援下，中国人民终于迎来了抗日战争的伟大胜利。日本无条件投降，作为日本扶植的傀儡组织汪伪政权也寿终正寝。重庆国民政府教育部于同年9月下旬下令解散南京汪伪中央大学，并按照《伪专科以上学校学生、毕业生甄审办法》，对学生进行甄别。所有学生均进入“南京临时大学补习班”进行补习，不久改称为“南京临时大学”。

南京临时大学设在金陵大学内，汪伪中央大学的文、法商、教育、理工学院一、二年级及农学院、医学院学生按原在班级，分配到南京临时大学各院系学习。理工学院三、四年级学生，由于南京师资不足，被分配到上海临时大学，在上海交通大学学习。医学院高年级与上海东南学院高年级合并，在军政部第一临时医院（南京四牌楼中央大学校址上课）。

① 《国立中央大学报告》，原报告无时间，根据内容推测约为1943年，中国第二历史档案馆藏伪华北政务委员会教育总署档案，二〇二一/442。

② 这部分的内容请参见第七章。

③ 《国立中央大学复校暨医学院第一届毕业纪念刊》，中国第二历史档案馆藏汪伪教育部档案，二〇七八/59。

1946年，按照国民政府教育部的命令，南京、北平、上海、平津四所临时大学撤销，应届毕业生修业期满者，发给毕业证书，并授予学士学位。南京临时大学未毕业的学生则按其所在院系与地区，分配到中央大学、安徽大学、上海交通大学、江苏医学院等校继续学习。在上海临时大学未毕业的原汪伪中央大学学生，土木系和机电系学生大都留在上海交通大学，少数转入中央大学；化工系学生则分散到浙江大学、上海交通大学和中央大学。

第五章　社会教育

抗日战争全面爆发后，社会教育的基础也因此被毁坏殆尽。华北、华东各地沦陷后，日伪当局对社会教育极不重视，社会教育机构恢复缓慢。汪伪政权成立后，社会教育有一定恢复，曾一度热热闹闹开展识字运动、全民健身运动等，但其目的皆是为日伪殖民统治涂脂抹粉，所谓职业补习教育更以普及日语为主要内容。同时，日伪教育当局将更多的精力用于反共奴化思想宣传上，沦陷区内到处充斥着“亲日反共”的宣传标语和口号。

第一节　社会教育管理机构

七七事变爆发后，日本侵略军到处烧杀抢劫，华东、华北各省市教育事业毁于一旦，社会教育机构几无幸存。然而，日伪政权建立后，对社会教育机构的恢复却不积极，社教经费的分配更为捉襟，至于社教专业人员的培训也仅为应景之作。

一、社教管理机构的设立

七七事变后，华北沦陷区内各地社会教育机构惨遭严重破坏。伪华北政权成立后，日伪当局考虑到“社会教育机构具有直接培养民众之教育特殊性，其潜移默化之功能，裨益社会良多”，故而在各地学校教育渐次“恢复”之际，亦开始逐渐关注社会教育机关的“恢复”。于是，各沦陷区伪教育行政机构建立后，对原有社会教育机关“择有必要者分别加以兴革整理”，并略加“添设”。[①]但各地社会教育机构恢复缓慢，1939 年 5 月，伪临时政府教育当局召开“第一次教育行政会议”，通过了《整顿社会教育纲领》，其主要内容包括：一、规定社会教育以“新民教育馆”、“新民学校”、

① 王养怡：《三年来之北京市教育》，《教育时报》1941 年第 2 期，转引自邓菊英、高莹编：《北京近代教育行政史料》，第 295 页。

“职业补习学校”为“活动之中心”，“凡此三种机关，于事变后未经恢复者应限期恢复，原来设立者，每县应至少各设立一处”；二、各县、市应参酌需要，筹设“社会教育人员养成所”，以造就充任社教之师资；三、各省市的社会教育经费“应详加核计，规定成数，严予限制，不得移作别用”。[①] 在随后的数年间，此纲领成为华北沦陷区社会教育开展的基本准则，此后虽陆续推出一些新的政策与措施，但都在此纲领的包含范围之内。

1939 年 1 月伪维新政府教育部成立后，训令各市教育部门：“兹因社会秩序日趋安定，各该局对于今后社会教育亟应厘订行政计划，按步实行，俾民众教育逐渐普及，至各该管内民众教育馆、公共体育场、图书馆等社会教育机关之整理、文献古物之调查，工作人员之训练，以及社会经费之筹措等各项办法应详细拟定，分别列入，汇呈本部审核。”[②] 是年 9 月，伪维新教育当局制颁了《各省市推行社会教育办法大纲》，规定各省或特别市推行社会教育之目标为：“一、提高民众知识，使具备现代城市及乡村生活之常识与自治能力；二、增进民众职业知识能力，以改善家庭经济并增加社会生产力；三、启发民众自学思想，实行彻底‘反共’；四、宣扬固有道德文化，以养成善良之品性习惯；五、注重国民体育及公共娱乐，以促进其身心之健全；六、培养社会教育师资，以发展社会教育事业。”[③] 同时颁布了《民众学校暂行规程》《民众教育馆暂行规程》等法规，但由于伪维新政府的政令不能通达，上述办法根本无人执行。

汪伪政府成立后，一些汉奸文人出于维护伪政权统治的考虑，认为：“学校教育和社会教育是教育上的两大项目”，“是相辅而行的，学校教育可说是治本的教育，社会教育可说是治标的教育。换言之，学校教育是青少年的教育场所，是造就国家民族未来的主人翁的一种教育；社会教育是偏重成人的教育场所，是谋社会民族资质向上的一种教育。我国的学校教育固然要谋扩充，要谋普及，要在‘反共和平建国’的国策上，建设一种适合时代的新教育；然而社会教育在现实的环境之下，也有刻不容缓急谋根本建设的必要”。并认为：“在目前的情形之下，治标实急于治本。因为学校教育的效果，尚在数十年以后的将来，而社会教育却可以速成。”为了宣扬所谓“和平反共建国”的国策，“提倡中日亲善共荣，谋建东亚的新秩序”，“则社会教育确有根本建设的必要”。[④] 强调社会教育的重要性。

---

① 《华北政务委员会教育总署施政方针》（1940 年），中国第二历史档案馆藏伪华北教育总署档案，二〇二一（2）/5。

② 南京市档案馆藏汪伪南京市教育局档案，1002-7-13。

③ 《各省推行社会教育办法大纲》，维新政府《教育公报》第 75 号。

④ 杷芳：《我国社会教育的根本建设》，《教育建设》第二卷第六期，1941 年 9 月 10 日出版。

汪伪政府成立之际，虽在伪教育部之下设有伪社会教育司，并在伪省市县教育行政部门之下设有主管科股，但对具体事务的推行并无详细计划与要求，导致各下级社会教育机构形同虚设。汪伪当局曾对1940年度江苏省各县社会教育行政组织状况做过调查，结果发现除各县为拍日本人“马屁”，一律将县长改称“县知事”外，各县的社会教育机构设置均各不相同，一团混乱，如伪常熟县教育局下设社教股，有主任一人、助理一人；吴县虽在教育科下设置了社会教育股，但未设股长或主任，仅“指定科员一人主办文稿、管理、社教机关计划、推广社教一切事宜”；昆山县则在教育科下设有社会教育组，其下又分出版物审查委员会、推行识字教育委员会和公共娱乐事项审查委员会，分别由主管科员负责；武进县教育科仅设有社教科员一人；无锡县则设有社会教育组，设科员一人，主办全县社教行政事宜；宜兴县更为简单，在教育科下，由科员一人兼总务股主任及社教股主任……[①] 在如此混乱的行政机构领导下，各地社会教育的实施只能是一纸空谈。

1940年9月，伪教育部“为推进全国社会教育，以提高民智，充实民力，完成政治经济文化之建设为鹄的，并为统一社教实施机构，加强实施效力起见”，特设立社会教育实施委员会，由伪教育部分别聘派社会教育专家及各有关之部会代表24人为委员，执掌“规划全国社会教育之推广、规划全国社会教育经费之增筹、设计全国社教机关之改进、指导各项社教事业之推行、研究实验关于社会教育之各项实施问题”等职权。委员会下设五组：一、识字运动组，负责推行国语及注音符号；二、补习教育组，负责各级补习学校及职业学校；三、艺术教育组，负责戏剧、电影等；四、青年训练组，负责公民思想训练等；五、特殊教育组，负责盲哑教育等。并勒令各省市得参照组织省市县社会教育实施委员会。由于经费短缺，原国民政府教育部下的各种社会教育设计委员会，如电影教育委员会、识字运动委员会等均未恢复，其工作合并到社会教育实施委员会之内。至此，汪伪统治区的社会教育工作才有一个统一的管理机构。

在相对独立的华北地区，伪华北政务委员会教育总署于1941年9月间组织成立了“华北社会教育协进会”，该协进会“以联络华北各省市社会教育人员改进教育事业而谋社会教育之发展为宗旨”。其主要职责为：“本互助精神，随时联络，以增进工作效率；讨论社会教育推行之方案；检讨各省市推行社会教育之经过；对于教育总署得陈述各省市办理社会教育应行改善之意见，以备采择；受教育总署之委托，调查亦报告各省市社会教育推行之状况及其成效；受教育总署之委托，为社会教育事业之

① 中国第二历史档案馆藏汪伪教育部档案，二〇七八/88。

活动。该会成员包括伪教育总署及华北各省市教育厅局社会教育行政人员并新民教育馆馆长图书馆馆长等。[①] 是年，伪华北教育总署还成立了“识字宣传委员会”，其主要任务为“拟具各种有效计划”，“为积极扫除文盲”进行“宣传”。该组织设于各伪省市教育厅局所属社教机关之内。

此外，日伪政府先后颁布了《修正实施失学民众补习教育办法大纲》《修正实施失学民众实习教育办法大纲施行细则》《民众学校规程》《职业实习学校规程》《教育部编历委员会规程》《修正教育部体育委员会规程》等一系列相关章则，以保证社教工作的正常开展。1943 年 11 月，伪教育部为适应形势需要，还制定了“战时社会教育实施纲要”，强调社会教育的重心是要“加强民众的参战意识”，与“厉行新国民运动以促进国民精神总动员”。

二、捉襟见肘的社教经费

社会教育不同于学校教育，活动极为分散，普及面也更广，因此经费的多寡，成为社会教育工作能否深入开展的决定性因素。关于这一点，早在 1928 年南京国民政府刚刚成立之时，就认识到社会教育之重要性，专门颁令通饬自 1929 年度起社会教育经费在全教育费内应占 10%—20%。1933 年国民政府教育部又颁布训令，将社会教育经费在教育费内所占成数提高到百分之三十至五十。[②] 但是，当国民政府十余年苦心经营的社会教育的基础被日军的铁蹄毁之殆尽后，日伪当局却无法提供足够的资金，恢复各项社教设施。

汪伪政权成立后，伪教育当局为表示对社会教育的重视，专门规定从对各省市的教育补助费中划出一定比例的经费作为社会教育的补助费，同时责成各省市地方政府自筹一部分。但数目太少，不敷应用。同年，在汪伪第一次全国教育行政会议上，有人提出一个提案：“请规定社会教育经费在整个教育经费中所占成数应为百分之十五至二十五，并严格制止移作他用案”，当时会议议决：“由各省市拟具方案以期无偏无废为原则，呈部核办。”伪华北教育总署也于当月 19 日即令“咨请各省市按照规定成数酌核办理”。但实际操作时，地方自筹经费是根本不可能的，“中央”补助经费也远远低于抗战前的水平，并常常被挪作他用。汪伪教育当局对各省市社会教育状况也不甚满意，曾与 1933 年的社会教育经费做了一个比较：

① 《华北社会教育协进会简章》（1941 年），中国第二历史档案馆藏伪华北教育总署档案，二〇二一/940。

② 《教育部第三六二四号训令》（1933 年 4 月 14 日），中国第二历史档案馆藏国民政府教育部档案。

1933 年与 1941 年各省市社会教育经费比较表

		1933 年度	1941 年度（上半年）
江苏省	社教经费	624，212.00	182，117.05
	其他教费	3，558，434.00	1，853，152.12
	所占成数	17.54%	9.82%
浙江省	社教经费	262，947.00	33，130.00
	其他教费	2，106，436.00	360，883.20
	所占成数	12.50%	9.18%
安徽省	社教经费	112，032.00	46，932.00
	其他教费	2，665，480.00	336，871.94
	所占成数	4.20%	13.93%
上海市	社教经费	120，000.00	39，170.00
	其他教费	1333，330.00	355，969.00
	所占成数	9.09%	11.00%

说明：1941 年度社教经费统计系自一月份至六月份半年之数；1933 年度系全年之数；本表仅就三省一市统计，其他各省市尚未报到，无从统计，故 1933 年度亦只举三省一市。①

从上表可以看出，撇开 1933—1941 年 8 年间的物价飞涨、货币贬值因素不谈，就教育经费的绝对数目而言，汪伪统治时期的教育经费已远远低于抗战前，除江苏省略多一些外，其他各省市的教育经费以整年度算也仅有 1933 度的一半，甚至 1/4；而社教经费更少，浙江省的社教经费仅有 1933 年度的 25%。1941 年社教经费在全教育经费中所占的比例平均不到 10%，与伪当局初步规定的 11%—20% 的标准相差很远。且汪伪时期的教育经费数还有明显的虚报成分，上海市伪教育局局长林炯庵在报告中曾说："（1941 年）本市的学校经费已由 5 万余元膨胀至 8 万余元，而社教经费则仍为 4300 余元，而事实上奉准挪用者每月不过 1500、1600 百元，所谓比率云云，在目前的本市根本上谈不到，故本市社教事业的幼稚，基础不能巩固，可想而知。"② 这里所说的每月实际所用社教经费仅有上表中数字的 1/4 弱。上海尚且如此，何况其他省市？

由于沦陷区各省原有的教育水平、经济状况及对社会教育的重视程度各不相同，对社会教育的投入也相差较大。据汪伪政府调查显示，1942 年汪伪统治区各省市平均每月的社教经费总计为 486719 元，其中江苏省为 145630 元，占总数的 29.9%；上海

① 挹芳：《我国社会教育的根本建设》，《教育建设》第二卷第六期，1941 年 9 月 10 日出版。
② 林炯庵：《一年来的上海教育》，《教育建设》第二卷第一期，1941 年 4 月 10 日出版。

市为 109374 元，占 22.5%；广东省为 91734 元，占 18.8%，该三省市已占总数的 70% 强，其他各省市的社教投入皆极低下，如湖北省在战前为文化大省，沦陷后日伪当局极力摧残和破坏已有的教育文化事业，将教育投资降到最低水平，每月的社教经费仅有 8489 元，在当时的物价水平下，这区区几千元只能是聊胜于无。而南京作为汪伪政权的首府，每月的社会教育经费也仅有 15287 元，除支付社教人员的薪水外，所剩无几，根本谈不上发展社教事业。调查统计表中另一个值得注意的地方是，汪伪教育当局将社教机关按性质分为一般的社教机关和学校式的社教机关，前者包括民众教育馆、图书馆、体育场、书报阅览室、公园、民众茶园、问事代笔处、社会服务处等，后者包括民众学校、补习学校、识字班及各种补习班等，而各省市对两者的经费支出比例却相去甚远，江苏、浙江两省对一般的社教机关之支出达 91% 以上，广东、上海对学校式的社教机关之支出却占 70%—80% 左右，反差之大，令人起疑。这一方面证明汪伪教育当局对各地的社会教育缺乏统一有效的规划管理，听任各省市的社教事业自由发展，以至出现失衡的局面；另一方面只能解释为该统计存在相当大的虚假成分，这在政令不通达、上下管理混乱、甚至各自为政的汪伪统治区域内，并不罕见。

1942 年汪伪沦陷区每月社会教育经费比较表①

省市 ＼ 项别	每月经费数	
	实数	百分比
总计	486719	100.00
江苏	145630	29.9
浙江	44175	9.2
安徽	28733	5.9
湖北	8489	1.7
广东	91734	18.8
南京	15287	3.2
上海	109374	22.5
汉口	42797	8.8

1942 年汪伪沦陷区社会教育经费支配比较表

省市 ＼ 比较 ＼ 项别		每月经费总数（元）	每月经费数（元）	
			一般的社教机关之支出	学校式的社教机关之支出
总计	实数	486719	285030	201689
	百分比	100.00	58.59	41.41

① 汪伪国民政府教育部编：《全国教育统计》（第五集），第 70 页。

续表

省市 \ 项别 比较		每月经费总数（元）	每月经费数（元）	
			一般的社教机关之支出	学校式的社教机关之支出
江苏	实数	145630	133780	11850
	百分比	100.00	91.84	8.16
浙江	实数	44175	40438	3737
	百分比	100.00	91.54	8.46
安徽	实数	28733	19954	8779
	百分比	10.00	69.44	30.56
湖北	实数	8489	5592	2897
	百分比	100.00	65.81	34.19
广东	实数	91734	24317	67417
	百分比	100.00	26.45	73.55
南京	实数	15287	11369	3918
	百分比	100.00	74.38	25.62
上海	实数	109874	21859	88015
	百分比	100.00	19.80	80.20
汉口	实数	42797	27721	15076
	百分比	100.00	64.75	35.25

即便是这些为数不多的经费，汪伪教育当局也未能很好地全部用于社教事业上去，贪污挪用无处不在。伪教育当局就其统治时期社会教育经费的混乱状况不得不承认："目前各省市县的社会教育经费，根据调查所得，可说大部分是中央的补助。这项补助费，虽然为数不大，假使能全数用之于社会教育事业上，也许可以得到一点效率，但是事实却不尽然。有若干地方，把社教补助费移用到学校教育方面；也有补助于宣传方面，如宣委会及地方报社等机关的；又有若干地方，给主持教育的行政当局故意克扣，社教机关即不能按照预算数实领，还要积欠二三个月。"[①] 这样一路盘剥下来，最后真正用到社会教育上的经费已寥寥无几、屈指可数了。

在政府职能机构不健全、经费严重短缺的情况下，汪伪沦陷区社会教育始终停留在图有表面计划、而于实施上无大作为的局面。汪伪教育当局虽在各省县都设有督学，并在其职权上明确规定有视导社教机关的责任，但终是偏重学校教育，于社会教育往往视为附庸。而社会教育人员因经费短缺、待遇恶劣，更反感于日伪的奴化教育和欺骗性宣传，在实施社教活动中常常敷衍了事，导致汪伪当局精心策划的一些"反共亲日"

① 挹芳：《我国社会教育的根本建设》，载《教育建设》第二卷第六期，1941 年 9 月 10 日出版。

的社会活动往往仅有口号，而无实质内容。

针对于此，日伪教育当局在第二届全国教育行政会议中通过了“确定社会教育机关视导办法案”，略谓：“一、教育部督学中指定一人至二人负责分期视察各省市县社会教育，以专责成；二、各省市教育厅局应根据部定三项中心工作，就各该省市实际情况制定每年度推行纲要，令饬所属施行，年度终了由各县区教育科局长会同视察人员亲赴所属社教机关切实考核，缮具报告及意见，呈报省市教育厅局审核，并由各省市呈部备案；三、各省市教育厅局应指定省市督学或主管科员一人负责视导社教机关；四、县区视导教育人员均有视导社教机关之责，每学期至少视察二次，呈报视察报告时，社教视察报告须另行编制，并须条举意见，力避空泛评语；五、为使视导发生效力，各省市应制定社教工作人员奖惩规则，并视各该省市财力实行晋级降级办法。”但在实施过程中，各督学对社会教育之视导徒有形式，每到一处往往发表几句“中日亲善”、“相互提携”、“东亚共荣”之类的汉奸言论，即告结束。

总之，汪伪沦陷区的社会教育，基于日伪当局一贯漠视沦陷地区教育的殖民地政策，在政府职能机构上，缺乏统一有效的管理和切实可行的实施体系；在经费上，严重不足，且使用不当、贪污挪用成灾，从而导致了沦陷区各地的社会教育事业发展极度缓慢，不仅社教机关数一直没有恢复到战前水平，社教内容也紧紧围绕着为日伪殖民侵略统治服务的“反共奴化”宣传做文章，其他有关普及教育、开发民智、提高民众素质等社会教育的根本目的反而无人问津。

三、社教人员的培养

社会教育的范围很广，事业的种类繁多，从事社会教育的工作人员必须要有丰富的知识，不仅对社教原理、社教沿革、各项社教事业的大概知识等固须了解，而且各项社教事业如图书馆、民众学校、公民教育、生产教育、常识教育、健康教育、休闲教育、体育活动等，亦皆须有专门人才，然后实施社会教育，才能产生较好的效果。所以训练社教人才，是发展社教建设的根本大计。抗日战争爆发前，全国的社教人员训练机关达到 251 个，学生共计 26220 人。[①] 抗日战争全面爆发后，这些地区原有的社教人员培训机构全部遭战火摧毁。

1939 年 10 月 27 日，伪维新政府教育部曾颁布《各省市训练社会教育工作人员办法》，略谓：各省市训练社会教育工作人员应特设训练班或养成所，其学员的入学资格须具有高级中学毕业或具有同等学力志愿从事社教工作者，或曾在社教机关服务 3 年以上者。其课程包括必修科和选修科，必修科有：维新政府政纲，每周 2 小时；公

① 《第二次中国教育年鉴》，第 1471 页。

民教育，2时；社会教育概论，3时；社会教育法规，2时；社会学，3时；国文，4时；日语，3时。选修科有：心理学，3时；东洋思想史，2时；伦理学，3时；公文程式，2时；民众戏剧，2时；以及美术、民众教育馆职业指导、演讲术、体育、电影教育、音乐、图书馆、青年团、补习教育、通俗文学等，每周授课及实习时间共计不得少于36小时。学费、膳宿及制服费免收，并得酌给津贴，以资鼓励。[①] 由于仅数月之后，伪维新政府即由汪伪国民政府替代，所以该办法未付诸实施。

1940年初，汪伪国民政府教育部于“国立师范学校”内举办了社教训练班一班，匆忙间仅招收学员40余名，规定训练期为6个月，训练内容主要是培养具有奴化思想的社教人才，为在广大民众中宣传媚日文化与培养甘于日伪殖民统治的“良民”、“顺民”服务。是年9月，伪教育部修正颁布了《实施失学民众实习教育办法大纲》，其中就师资训练问题提出：“教育部于必要时，在中央设立民众教育师资干部讲习班，由各省市选派办理民众教育人员来京讲习”，“各省市应自实施失学民众补习教育开始后，分区设立民众教育师资训练班，招收相当于初级中学毕业程度之学生（教育不甚发达之地方得兼收高小毕业程度之学生），予以一月至两月之训练，其课程以研究民众学校教材教学方法为中心，训练期满考试及格者，予以证明，准其充任民众学校校长或教员”。[②] 但各省市均未照办。1941年上半年，伪教育当局鉴于社教人员的极度缺乏，分两期调集所属各省市县区的社教机关的人员到南京，予以为期两个月的训练，训练地点仍附设在伪国立师范学校内，训练科目仍为“大亚洲主义”等宣扬奴化教育的内容。

1941年9月，伪华北教育总署根据《整顿社会教育纲领》中“筹设社会教育人员养成所”的要求，首先在北平举办了“华北各省市社会教育人员短期讲习班”，选招各伪省市立新民教育馆馆长、图书馆馆长及办理社会教育行政人员受训，“借以充实社教人员之学识，并促进其行政之效率”。[③] 次年伪华北教育总署将此讲习班与普通教育行政人员讲习班“定期合并办理”。各省市县社教人员的专门训练机关也次第举行，如伪教育部在大力推行注音符号活动中，就强调“应先由师资方面着手”，在派员分赴各地传习注音符号的同时，还指令各地自行兴办讲习班，“而能养成良好师资”。[④]

① 《各省市训练社会教育工作人员办法》，《维新政府公报》第79号。

② 中国第二历史档案馆藏汪伪教育部档案，二〇七八/83。

③ 《教育总署施政方针及实施概况》（1941年），中国第二历史档案馆藏伪华北教育总署档案，二〇二一（2）/5。

④ 《教育总署三十二年度施政概要》（1943年），中国第二历史档案馆藏伪华北教育总署档案，二〇二一（2）/51。

伪山西省教育厅等据此先后于1943年和1944年举办过两届“注音符号师资训练班”。其他还有职业补习教育机构的社教师资培训、各类社教机关日语的养成等。但大多是应景式的短期培训，各省市长期固定的社教师资培训机构极少，1942年度汪伪沦陷区的教育调查中甚至没有该项内容的统计，可见不少省市地区并没有设立社教人员训练机关，日伪教育当局所谓“重视社会教育人才的训练”、“从事社会教育人员必须有专门的才能”等论调只是一纸空谈，做做表面文章而已。

各省市为数不多的几所社教人员培训机关中，广州民众教育干部训练所是规模较大、设备较齐全的社教人员训练机关。该所于1940年1月15日正式开办，地址位于广州市体育路，占地面积较大。进门为传达室、教务室，其后为一大礼堂，可容纳200人开会，旁边有学生会室和医务室各一，后面是饭堂和乒乓球室各一间，再后是一可容100余人的课堂和附设的堆放图书的资料室，最后面是宿舍、浴室和厨房，除教师宿舍外，还有四间学生宿舍。训练所内部组织分教务、训育、总务三组，有教师12人、职员8人，第一期招收学员100人，其中男生72人、女生28人，合为一班授课。伪广东省教育厅曾以此训练所为模范，招来记者及各地参观团到此参观访问，大肆宣传。但这种标准只是相对于汪伪统治区破烂不堪的状况而言较为完善，整体上讲还是很简陋的。以住宿而言，100名学员分住4间宿舍，平均一个房间要住25人之多，拥挤之状可以想见；乒乓球室仅有球台两张，图书室中也只有长桌一张、图书百余本，除可供记者参观拍照外，难以想象百余名学员及教员如何能够使用这小小的活动室。

在教学上，广州民众教育干部训练所秉承日伪当局的意旨，以培养奴化教育的忠诚执行者为目的，在课内课外大肆宣讲汉奸卖国思想，主要课程有党义、政治经济、国际关系、地方自治、民众教育、群众心理、东亚近代史、演说学、救护学、体育、国技等，每天授课6小时。内容不外乎是歪曲中国历史、灌输“亲日反共”奴化思想，及如何在民众中宣传“良民”意识以掩盖日本侵华真相等。

在日常生活中，对学员实施军事化的管理，每日食宿上课均有极其严格的时间规定：早晨六时半起床铺床叠被、洗脸漱口；七时上早操半小时；八时早餐；八时半至十一时二十分上课，上课时严禁讲话；十一时半午餐，就餐时须由值日学生发一声号令方可开始吃饭，等到全体都吃完后，再由值日生发号令，才可同时离开饭堂，饭后还须集合听一番训话才能解散自由活动；下午一时半至四时二十分又是上课时间；四时半开始教授国技；五时五十分才能休息；六时晚饭，然后洗涤；七时半开始自修，有时为小组讨论，由任课教师提出一现实问题，各学员分成若干小组自由发言、分别讨论，当然，所谓自由发言必须是围绕“亲日反共”这一主题的，否则会被冠以破坏“大东亚共荣”的罪名，轻则进行洗脑，重则立即逮捕甚至枪毙。周六晚上可以组织音乐演奏会，以调剂学员生活，但不得超过十时均须上床就寝。但是，即便是在这样不差分秒的严格的作息制度下，伪教育当局仍害怕学员们存有抗日思想，因此在日常生活中又将这100名学员分为12个组，每组设组长一人，“随时留意本组学员的言行，有过相规，有善相劝”，实为监视该组组员的思想动态，一有情况即时向训练所汇报。[①]

日伪时期专门培养的社教人员数量极少，而他们享受的待遇却比中小学教师更低，所得薪金根本无法养家糊口，加之所从事工作多为宣传日伪的汉奸奴化思想，因此但凡有些办法，这些社教人员都坚决离去，这又造成日伪沦陷区社教人员更加缺乏。

第二节　沦陷区社会教育的规划与实施

华北、华东各地沦陷初期，日伪政府成立后，在相当长的一段时间内，一直未能恢复社会教育机关，除“反共奴化”思想宣传外，社会教育各项内容几乎都未能开展。这一方面是由于日伪当局成立初期，统治极为薄弱，经费有限，根本无暇顾及社会教育；另一方面则是由于日本侵略者占领中国领土的目的在于殖民奴化中国人民，学校教育的恢复尚且勉强，对于开发民智、提高人民整体素质的社会教育根本不愿开展。

一、社会教育的政策与规划

日伪占领华北、华东等地后，对社会教育事业略有恢复。如伪北平维持会成立后，即以市警察局、社会局联合发布布告，强令全市影剧院“恢复营业”。随后，对民众学校、民众教育馆、各种职业补习学校等亦先后“整顿”并陆续“恢复”。1938年10月，伪临时政府教育部制定了社会教育机构调查表，颁行各伪省市教育厅局转饬所属社教机关“分别详细查填，限期汇报”，并以此调查为基础，制定了《整顿社会教育纲领》，在沦陷区大力推行奴化社会教育体制。

伪维新政府成立初期，社教事业几陷于停顿状态，社教机关几乎均未成立。1939年日伪教育当局曾在苏浙皖三省内限令各县至少设立或恢复民众教育馆一所，各沦陷区地方按照要求陆续设立了一些民众教育馆等组织，但这些社会教育机关限于经费、人力等问题，几无实质性活动。是年9月，日伪当局为大力推行奴化思想，进行“特殊社会教育”，勒令创设“更生民众学校”。更生民校内设成人班和妇女班，前者招收年龄在16—45岁之失学民众，以35—50人为一班，每日上课2小时，6个月毕业；妇女满25人者设妇女班；办理一年以上“著有成绩”者，可申请开设高级班或职业补习班；同时还可设儿童班，每日授课3小时，弥补小学校之不足。更生民校的特殊

① 白浪：《参观广州民众教育干部训练所归来》，《复兴的广东》第131—133页。

之处在于过分强调“亲日反共”思想的灌输，其辅助地方事业的主要任务之一就是要“参加指导并组织反共团体”，授课内容的重点为：“宣示维新政府政纲与教育宗旨，揭发赤匪之阴谋及其罪恶，宣扬中日合作要点，纠正或指导民众之思想言行，更教以固有道德……。”① 同样，由于伪维新政府存在时间不长以及广大沦陷区民众的坚决抵制，更生民校未能广泛设立。

汪伪教育部成立后，鉴于社会教育机构一片混乱的状况，除对社教机关的行政组织加以调整外，对各社教机关也进行了一些调整，首先统一各省市县的民众教育馆组织，要求民众教育馆内部须分设教导、健康、生计、阅览、事务等五组。其次，对图书馆、体育场及公园等场所进行调整，伪教育当局认为：“目前各地方的图书馆、体育场和公园等机关，老实说，不过是化了一部分经费，安插几个职员，挂上一个招牌，既缺内容，又少工作，实际上形同虚设。”为节省人力财力起见，乃决定：“省市设立的图书馆、体育场和公园，照旧存在。县及市区设立的，以归并于民众教育馆为原则。”② 第三是对单独设立的民众茶园，通令停办。

同时，鉴于以往各民众教育馆的工作漫无目标，又规定中心工作，分期实施。第一期的中心事业为生计教育、语文教育和健康教育，并进一步将职业教育和补习教育确定为生计教育的重心，把识字教育和公民常识训练确定为语文教育的重心，把国民体操和卫生常识的训练作为健康教育的重心，通令全国各地民教馆拟定计划，按步实施，并在1941年的社会教育行政计划纲要中就这三个中心事业拟定了更详细的实施计划。

为尽快推行社教工作，伪教育当局又颁布了《公私立中小学校兼办社会教育暂行办法》，要求“全国化私立中小学校应一律遵照本办法之规定兼办社会教育事业，改善民众生活智能，使学校成为社会教化之中心。”③ 各学校应行兼办的社会教育固定事业包括：书报阅览室、开放运动场、民众识字教育、暑期补习学校、民众卫生指导、职业补习学校等；其他活动事业包括：扩大纪念集会、家长座谈会、民众同乐会、各种展览会、恳亲会、运动会、协助兴办各项地方事业等。实质上将社会教育与学校教育混为一谈，拆东墙补西墙，既未能将社会教育事业扩大发展，又占用了学校教育的时间和经费，降低了学校教育的水平。

随后，汪伪教育部修正颁布了《失学民众补习教育办法大纲》，通令各省县分期逐年普遍设立民众学校及职业补习学校，计划五年内扫除文盲；复又颁布《民众学校

① 《更生民众学校规程》（1939年9月20日维新政府教育部令申字第1388号公布），《维新政府公报》第76号。

② 赵如珩：《一年来的社会教育》，载《教育建设》第二卷第一期，1941年4月10日出版。

③ 《公私立中小学校兼办社会教育暂行办法》，《维新政府公报》第76号。

规程》《职业补习学校规程》等，限各省市县于1940年内即举办第一期。同时明确提出，在推广识字运动的同时，“加强公民训练，以达完成宪政建设之功”。

为进一步控制广大民众的思想，日伪政府对社会上流行的民众读物也进行审查取缔。所谓民众读物分为小说、刊物、唱本、连环图画、花纸等5种，日伪当局认为：“市上流行之连环图画及花纸等，完善者固属甚多，而恶劣者亦复不少，且此种图画花纸，浏览对象以儿童为多”，“儿童意识薄弱，易受环境支配，诚恐目染耳濡，养成谬误观念，沾染不良习惯与不正思想，影响儿童身心发展至深且巨”。因此要加以审查取缔。取缔范围为：1. 违反国策者；2. 诲淫诲盗者；3. 荒谬怪诞者；4. 提倡迷信者；5. 印刷模糊者；6. 字画谬错者。[①] 而具有抗日思想的图书成为该取缔的第一对象。

抗战爆发后，日军所到之处，除烧杀抢劫外，还大量掠夺我古物文献资料，引起文化界人士的极大愤慨。汪伪政府成立后，为平息众怒，替日本侵略者掩盖罪行，一方面声称日军掠夺我图书典籍是“由友邦暂时保存管理”，并帮助我国整理古籍；另一方面迫于社会压力不得已准备筹组古物文献保管委员会，设法与日交涉，意欲收回部分文献古物。

其他社教工作尚有：编印国民历；设立体育委员会，推广体育运动，并在沦陷区各地推行太极操为国民体操；筹设电影检查委员会；指导及监督文化教育团体；筹设国立中央图书馆；发起组织中国戏剧协会；推行播音演讲；筹备日食观测事宜；筹备电播教育等。

日伪时期的社会教育大多限于计划与设想，无论是民众识字运动、职业补习教育的开展，还是图书馆、民众教育馆的设立、文化教育事业的管理，实际成效都甚微。汪伪教育部主管社会教育的赵如斌在总结汪政权成立一年来的社会教育时，厚着脸皮自圆其说：“在过去的一年中间，对于社会教育的设施，不敢说有什么积极的推进，只是初步的调整，似已做了。”[②] 根据他的总结，至1941年3月汪伪教育当局在社会教育方面所做的工作，除调整社教机关的行政组织、规定社教经费的成数、设立社教实施委员会等外，其具体工作只有以下几点：1. 提倡全国统一的国民体操；2. 推行补习教育；3. 创设青年学校；4. 审核民众教育馆工作；5. 编审民众读物；6. 编印国民历；7. 筹设国立中央图书馆；8. 参加东亚运动大会等。而且，就这几项工作中，除参加东亚运动大会，为日本侵略者助兴，是实际参加了之外，其余大都处于筹备或计划状态。如所谓创设青年学校，声称是“以培养青年德性，增进国民常识，并就青年现有之程

① 《教育部工作报告》，中国第二历史档案馆藏汪伪教育部档案，二〇七八/24。

② 赵如斌：《一年来的社会教育》，载《教育建设》第二卷第一期，1941年4月10日出版。

度与实际生活，补充其生产知识与技能为宗旨”，堂而皇之地列入已做的工作内容中，但实际上该种学校在当时只是设想阶段，“关于它的详细办法，已由教育部向行政院请示，等到核准之后，再来介绍”。直至1942年12月，中央青年干部学校才成立。而编审民众读物一项，也只停留在搜缴取缔“不良”读物上，新的民众读物当时也没有编写出来。

二、沦陷区各地社教机构的缓慢发展

如前所述，华北沦陷后，日伪教育机构极力恢复了一些社会教育机构，借以向广大民众进行思想文化领域的奴化灌输。如据伪北京地方维持会1938年的报告书称，事变前北平市面上有民众学校、各种补习学校等共140处，在校学生达12800余人；到1937年12月时，“恢复”和“添设”的社教机关报共102处，学生5800人。[①]1939年起，日伪在华北沦陷区的社会教育机构得到一定的发展，据伪华北教育总署的统计资料显示，1939年共有社教机关1368所，教职员共1295人，学生14484人；1940年时社教机关数增至3118所，教职员3467人，学生共33298人。一年时间内，增加了几乎3倍，其增长幅度还是相当明显的。[②]

太平洋战争爆发后，华北地区的社会教育机构发展更为明显。以山东省为例，1939年时，山东省共有新民学校95所，学生3308人，新民教育馆80所，图书馆8处，阅报处25处，体育场5处，讲演所17处，其他机关17处，学生287人[③]。1940年时，新民学校增至143所，学生降至1725人，另有新民教育馆102所，图书馆15处，阅报处56处，体育场13处，讲演所31处，补习学校16处，学生1032人[④]。到1943年8月再统计时，全省共有新民学校144所，学生7382人，新民教育馆106处，图书馆68处，阅报处197处，体育场84处，讲演所111处，补习学校10处，学生204人，新民茶社1处，问事处344处，青年训练所49处，学生7203人，其他社教机关35处[⑤]。其他如山西、天津等沦陷区的社教状况大体类似，即在日伪统治的后期，不

① 伪北京地方维持会：《北京地方维持会报告书（下）》（1938年），转引自邓菊英、高莹编：《北京近代教育行政史料》，第189—204，242—250页。

②《二十八学年度华北教育统计》（1940年10月），《二十九学年度华北教育统计》（1941年12月），中国第二历史档案馆藏伪华北教育总署档案，二〇二一（2）/21。

③《二十八学年度华北教育统计》（1940年10月），中国第二历史档案馆藏伪华北教育总署档案，二〇二一（2）/21。

④《二十九学年度华北教育统计》（1941年12月），中国第二历史档案馆藏伪华北教育总署档案，二〇二一（2）/21。

⑤《1943年8月日伪在山东推行奴化教育的社教机构统计表》，毛礼锐、沈灌群主编：《中国教育通史》（第五卷），山东教育出版社，1988，第437页。

仅社教机关总数有所增设，而且类型也有一些变化。

在华东地区同样存在这种前慢后快的发展趋势，伪维新政府时期，苏浙皖各省虽先后设立了一些民众教育馆，但始终未能开展实质性的社会教育活动。汪伪国民政府成立后，伪教育当局曾于1940的10、11月间对所辖地区的社会教育状况进行了一次调查，调查报告显示，苏浙皖鄂粤五省及南京、上海、汉口三市仅有民教馆68所，图书馆25所、体育场30处、民众学校137所、职补学校64所、公园18处、民众识字班47个、民众茶园19处，具体情况见下表：[①]

汪伪统治区社会教育机构统计（1940年）

机关 省市	民教馆	图书馆	体育场	民众学校	职补学校	公园	民众识字班	民众茶园
江苏省	30	10	9	34	20	9	17	
浙江省	15	2	4	25	14	2	10	11
安徽省	12	1	7	18	4	4		
南京市	1	1		2	4		20	
上海市	7	4	5	12	8	3		8
湖北省	2	7	2	35				
广东省				5	9			
汉口市	1		3	6	5			

注：广东省社会机关数系出汕头市报告。

其后，在日伪教育当局的再三督促下，各地社会教育机构有了一定的发展。1943年汪伪教育部就苏浙皖鄂粤五省、京沪汉三市1942年以来的教育状况又进行了一次较全面的统计，其中各省市的社会教育概况如下：[②]

1942年汪伪统治区社会教育机构统计

机关 省市	总计	江苏	浙江	安徽	湖北	广东	南京	上海	汉口
合计	1813	401	165	121	287	471	26	347	45
民众教育馆	109	38	17	18	13	6	3	13	1
图书馆	50	7	7	2	17	13	1	2	1
体育场体育馆	107	17	4	7	5	10	——	64	——
博物馆	1	——	1	——	——	——	——	——	——

① 赵如斌：《一年来的社会教育》。

② 汪伪国民政府教育部编：《全国教育统计：苏浙皖鄂粤五省京沪汉三市之部》（第五集），1942年度。

续表

机关 省市	总计	江苏	浙江	安徽	湖北	广东	南京	上海	汉口
书报阅览室	132	25	16	5	54	16	——	16	——
公园	20	6	1	3	——	7	——	1	2
民众茶园	38	23	14	——	——	——	——	1	——
问事代笔处	203	104	47	11	1	40	——	——	——
体育委员会	1	——	——	——	——	1	——	——	——
职业讲习所	1	——	——	——	——	1	——	——	——
社会服务部	1	1	——	——	——	——	——	——	——
民众学校	778	112	44	52	135	236	22	147	30
补习学校	83	26	2	6	11	26	——	3	9
识字班	225	39	6	6	1	73	——	100	——
各种补习班	63	3	6	11	——	42	——	——	1
兴亚教育馆	1	——	——	——	——	——	——	——	1

从上两表可以看出，1942年度的社会教育机关数量较1940年底统计数略有增加，增加最多的是民众学校，由137所增加到778所；其次是民众识字班，由47所增加到225所，若再加上各种补习班，数量更多；体育场、图书馆、民教馆等也有所增加；增加最少的是供人们休闲的公园和民众茶园。

当然，这份调查是否有虚报成分，其数据是否准确可靠，还值得商榷。1942年7月28日，伪上海市教育局陈念曾有一份签呈，略谓："查现有各市立学校内附设之社教事业心（民校除外），计：1. 书报阅览室16处（每处月支60元，计960元）；2. 阅报室73处（每月支12元，计876元）；3. 运动场58处（每处月支20元，计1160元），合计每月由局接给洋2996元。现悉各该校均未依照原定计划举办各该项事业。兹拟避免虚耗公帑推进事业起见，拟于8月份起暂将各校附设之书报阅览室、阅报室及运动场一律停办，另筹设立各区专办上列各项社教事业场所，以收实效。是否有当，仰祈鉴核示遵。"结果伪教育局批示曰："查该项费用确属虚拨，对社教事业毫无建树。仍着科拟具处理各特别区市立改归区立各校之兼办社教办法及停办后专设社教事业计划。”[1]但如何处理，并无下文。可见，这样的虚报社教机关数目的现象在汪伪沦陷区比比皆是，不足为奇。

即便如此，日伪教育当局统计的社教机关数目较之于战前，仍是退了很大一步。1936 年抗战爆发前，全国已有社教机关 158038 所，其中民众教育馆 1509 所、图书馆 1848 座、公共体育场 2865 处、民众补习学校 67803 所，共有教职员 208145 人、学生 3867158 人。[2]可见日伪沦陷区社会教育的失败。伪华北教育总署在 1939 年的统计中就曾对事变前后的社会教育状况进行了比较，对事变后社会教育机构的大幅缩水也供认不讳。

华北地区事变前后社会教育概况比较表[3]

校别	立别	机关数		学生数（暨每日平均观览人数）		教职员数		全年经费数	
		事变前	事变后	事变前	事变后	事变前	事变后	事变前	事变后
民众学校	公立	1951	763	36729	8123	1219	204	92790.40	83234.10
	私立	31	6	2844	418	256	27	30250.40	6200.00
	计	1982	769	39573	8541	1475	231	123040.40	89434.10
教育馆	公立	89	150	964	4989	175	453	121603.00	292759.40
	私立								
	计	89	150	964	4989	175	453	121603.00	292759.40
图书馆	公立	65	55	2273	1288	128	84	2795060.75	72999.20
	私立	5	3	157	45	17	22	34947.00	9630.00
	计	70	58	2430	1333	145	106	2830007.75	82629.20
其他	公立	168	337	4700	10717	184	283	8058.50	138578.40
	私立	83	54	5191	2697	345	220	122891.00	200654.60
	计	251	391	9891	13414	529	505	202949.50	339233.00
总计		2392	1368	52858	28277	2324	1295	3277600.65	804055.70

从上表可见，即使是在日伪统治较为严密的华北地区，到 1939 年时社教机关仅为战前的 1/2，社教经费只有战前的 1/4 弱。

① 上海市档案馆藏日伪时期上海特别市教育局档案，R048-01-1047。

② 《第二次中国教育年鉴》，第 1470—1475 页。

③ 《二十八学年度华北教育统计》（1940 年 10 月），中国第二历史档案馆藏伪华北教育总署档案，二〇二一（2）/21。

在华东、华南等地，社教机构也远远落后于战前，根据1942年的汪伪教育统计中的数据，我们同样可以分析出华东、华中、华南各沦陷区社会教育实施状况。

1942年华东、华中、华南各沦陷区社会教育概况平均表[①]

相别/省市	机关数	职员或教员数	平均每月受教人数	学生数	每月经费数		每一机关平均教职员数	每一受教人每月平均所占经费	每一学生每月平均所占经费
					一般社教机关	学校式社教机关			
总计	1813	3370	388773	59430	285030	201689	1.8	0.73	3.39
江苏	401	752	149576	8367	133780	11850	1.9	0.89	1.42
浙江	165	357	124787	2504	40438	3737	2.1	0.33	1.49
安徽	121	265	22160	3709	19954	8779	2.2	0.90	2.36
湖北	237	235	63350	6921	5592	2897	1.0	0.09	0.41
广东	471	810	未详	19628	24317	67417	1.7	——	3.43
南京	26	64	13600	1738	11369	3818	2.4	0.83	2.25
上海	347	798	1547	14495	21859	88015	2.3	14.06	5.72
汉口	45	89	13753	2067	27721	15076	1.9	2.01	7.20

从上表至少可看出两点，一是经费奇缺，平均每一受教人只占用经费几分至几角钱，而实际上，这笔经费主要用于新盖教育场馆，做表面文章上去，剩余的一点尚不够社教人员的薪水开支，所谓受教人到底能占用多少经费尚须再作调查；二是社教人员极其缺乏，平均每一个社教机关不到两个教员或职员，而有的民众教育馆下设三四个组，又有多个活动室，如果没有足够的教职员来办理各项事宜，这样的民教馆只能是空馆一座，不可能开展任何民众教育活动的。这也充分说明汪伪时期的民众教育设施徒有其表，对社教事业无任何推动。时人对汪伪政权下社会教育办理状况有过一段评价：

事变以后到现在的社会教育，好像在荒地上垦荒，逆水中行舟一样的情形。从社会教育机关的数量来讲，当然远不如前；从施教的范围来讲，仅能在都市方面施教，农村中尚谈不到社会教育；从服务社会教育的人员来讲，对于社会教育研究有经验的固然不少，但不懂得社会教育是什么一回事的，也觉汗牛充栋；又从社会教育的经费来讲，中央对于各省市的教育补助中间，原有社会教育的补助费在内，但据实际调查，往往有移用到学校教育上去，因此各地社教机关的经费，

① 汪伪国民政府教育部编：《全国教育统计：苏浙皖鄂粤五省京沪汉三市之部》（第五集），1942年度。

有的不能充裕，有的实领数与预算不符，或者时有积欠，结果致使工作人员的待遇十分低薄，社会教育的事业不能推进。中央有补助尚且如此，欲责成各省市地方自筹，那更难乎其难！所以主持社会教育的行政当局，虽有种种完备的计划，要使各地方社教机关推行，然而因为上述情形的关系，结果徒成纸上谈兵，能照计划实际做到十之二三的，已属难能可贵！①

第三节　奴化特色的社会教育

日伪教育当局对社会教育虽不热心，但对利用社教机关进行奴化教育宣传却不遗余力。在其统治时期，曾先后举办了识字运动、治安强化运动、日语普及教育等，并大力提倡体育运动，及利用各种传媒大肆进行奴化殖民宣传，在沦陷区制造虚假和平景象，其目的不外乎都是为日伪殖民统治涂脂抹粉、粉饰太平，以获得日本帝国主义的欢心。

一、识字教育开展与失败

日伪政权建立后，将识字补习教育列为社会教育三大重点之首，在各省市县大搞识字运动。一方面这是因为日伪当局认为我国文盲太多，竟达80%以上，有损其政权形象；另一方面是因为“识字运动是实现三民主义的基本工作，三民主义是‘和平救国’主义，所以我们要举行识字运动，促成国家的强盛；三民主义是救世界大同主义，所以我们要举行识字运动，使中国强盛，团结东亚各国实现‘大亚细亚主义’，以促进大同”。显而易见，日伪当局是企图通过开展识字运动，向广大民众强行灌输汉奸奴化理论，从而巩固其殖民统治。

1940年9月，汪伪教育部首先修正颁布了《实施失学民众补习教育办法大纲》，其主要内容略谓：“一、教育部为使全国超过义务教育年龄之失学民众于短期间内逐渐受到补习教育起见，制定本办法大纲。二、失学民众应受之补习教育如下：1. 公民教育（注重和平建国意识与现代生活常识）；2. 识字教育。三、实施民众补习教育之场所为民众学校。四、失学民众补习教育各省市应自二十九年度起尽五年内普及之（各省市有特别情形者，得呈准将限期缩短或延长之），每年每县市内应添设民众学校二十校至四十校，每校每年至少办两期，每期约为三个月至六个月。”等。同时颁布施行细则，进一步规定民众学校不收学费，其课本由伪教育部编印免费发给；在民众学校已足收容当地失学民众之地方，凡身体健全之失学民众，实行强迫入学。在施

① 挹芳：《我国社会教育的根本建设》，《教育建设》第二卷，第六期，1941年9月10日。

行程序上，要求：各省市县“依照自治区坊乡镇之区域（自治组织尚未完成者，得照保甲制或原有乡村之区域）为实施失学民众补习教育之单位，分期设立民众学校”；“各县所设立之民众学校，至少应有半数为单独设立，其余得附设于各级学校或公共机关内，每校至少二班，每班每日教学约两小时”，“以四个月为完成期”，“教学总时数不得少于二百小时”，计全年可办两期，共计 4 班，每班 50 人，计每校每年可教 200 人，第一年度内要求“大县应设立四十校，中县三十校，小县二十校，以后每县市每年应增设二十校”。“凡超过义务教育年龄（十二岁）之失学民众，均应入校学习，但应先自十六岁至三十五岁之男女实施，继续推及年龄较长及较幼之民众。”在师资方面，规定“单独设立之民众学校，其班数在两班以下者，设校长兼教员一人，其班数在两班以上者，得增加教员”：“教育部于必要时，在中央设立民众教育师资干部讲习班”；各省市应“分区设立民众教育师资训练班，招收相当于初级中学毕业程度之学生（教育不甚发达之地方得兼收高小毕业程度之学生），予以一月至两月之训练，其课程以研究民众学校教材教学方法为中心，训练期满考试及格者，予以证明书，准其充任民众学校校长或教员。”等。[①] 根据这一办法，伪教育当局多次下令，要求其统治区各省市县之“各机关公私学校以及商店工厂，一律设法附设民众学校或识字班，招收成年失学民众，授以习用文字、普通常识、简易珠算，使增日常生活知能。”[②]

1941 年间，伪华北教育总署为“达到扫除文盲之目的”，也组织了“普及识字运动”，咨请各伪省市公署督饬所属各社教机关，自是年 10 月起，成立了“识字运动宣传委员会”，并拟订各种有效计划，开展所谓“识字运动周”活动。

但各沦陷区办理效果均不理想，很多市县甚至根本未付诸行动。有鉴于此，汪伪教育当局决定从“首都”南京做起，开展一次轰轰烈烈的识字运动，以示成效。1942 年 2 月，南京市伪教育当局制定了《第一届识字运动实施方案》，决定从是年 9 月的新学期起正式开展识字运动。该方案详细规定，9 月 15 日至 17 日在全市展开大规模宣传活动，由各学校和社教机关分区划片，承包负责，每所学校都必须组织宣传队在本校附近进行露天演讲。

为此，伪教育当局特地拟定了 12 条具有奴化性质的识字运动口号，并将这些宣传文字制成各种标语传单、横幅等，在市内主要街道建筑上张贴悬挂。南京市内各大小报馆也被要求代登义务广告，并推出识字运动特刊一天。此外，还在南京广播电台举行宣传识字运动的广播演讲，通知各游艺场尽量排演劝导识字剧一天，甚至连说书

① 中国第二历史档案馆藏汪伪教育部档案，二〇七八 /83。

② 中国第二历史档案馆藏汪伪教育部档案，二〇七八 /105。

唱戏的艺人也被勒令在识字运动期间所有弹辞唱曲必须采用促进识字运动的材料。在大张旗鼓地利用各种宣传手段宣传识字运动的同时，伪教育当局还采取所谓“劝导”方式强制广大民众入学，以撑门面，其主要做法是各中小学的宣传队必须在指定地区内挨户“劝导”，函请本市农工商妇各民众团体“劝导”亲友中不识字者及职工一律入学读书，嘱托中小学生尽力“劝导”不识字的家属入学，嘱托已报名的学员辗转“劝导”他人入学等。

为尽可能多地招收民众入学受教，伪教育局规定市立民众教育馆和两所中心民众学校都要设立职工班、妇女班、成人班，分上、下午及晚上三个时段授课；各中小学内也必须附设民校，开设晚间识字班。各班每次上课时间不得少于2小时。课程包括国语（含公民、常识）和算术（含珠算和笔算），时间约4个月，估计可教授1000多个字及简单加减法。

在南京市识字运动热热闹闹开展的同时，其他各沦陷区中为响应伪教育部的号召，也先后开展起识字运动。江苏省各县于1941年就已先后成立了推行识字教育委员会，1942年又制定了《实施强迫识字教育暂行办法》，“期于五年内肃清文盲”。该办法称：“实施强迫识字前，应有下列各项之准备：1. 举行识字调查；2. 依据失学民众之分布状况规定区域；3. 依据失学民众之年龄（由小至长）及距离学校之远近（由近及远）确定各该民众就学之期次。”“强迫识字应以不妨碍失学民众之生计为原则：1. 应利用其业余之时间；2. 有不能离家入学者，应采用流动教学或小先生制。”“失学民众有疾病或其他一时不能入学之情形经调查属实者得予缓学，有痼疾或年事过高者得予免学。”对于强迫识字之手续及办法有如下之规定：“1. 凡应入学之失学民众应予开学前十日书面通知；2. 失学民众接到通知后，应即遵期入学，如有必须缓学者，于接到通知后声[申]叙[述]理由请求展期；3. 凡民众应入学而不入学者，先予以书面劝告，其不听劝告者将其姓名榜示，仍限期责令入学。”[①] 从这些措施上可以看出，所谓强迫识字，只是徒有其表，对于无法入学或不愿入学者根本无具体有效的解决方法，因此，在实际执行中，其法律效力非常之小，聊胜于无。

浙江省伪教育当局于1941年7月也制定了《浙江省失学民众补习教育五年计划实施大纲》，对举办民众学校之经费及师资来源有较详细的规定，其中经费来源：“省市为：1. 省市教育经费或省市总收入项下提成拨充；2. 指定专款，县为：（1）指定学产；（2）指定特种捐款；（3）劝募；（4）省款补助。”师资来源则为：“1. 各级学校教职员；2. 各级机关职员；3. 各团体职员；4. 中等学校以上之学生。”由于其时的浙江省各县

① 江苏省政府秘书处编：《民国三十年度江苏省政年刊》，第279页。

中仍有大量的抗日游击队存在，因此该大纲中特别强调："民众补习教育以各县市所属自治区乡镇坊为实施单位，每单位至少须设立民众学校一所，暂以城区及完善乡镇为限，余俟环境逐渐改善后推广之"。[①]对能否控制广大乡村地区，殊无信心。为此，1942年9月汪伪教育部又通令各省市教育厅局，要求在广大乡村中设立乡区民众学校，开展识字运动，规定："于本年（1941年）下半年起竭力规划应用保甲组织广设乡区民众学校，并举行识字运动，尤须利用秋收后农隙时间，至少每乡推设民校一所，举办一期为原则，令饬积极推广，以期最短期内肃清文盲。"[②]

1944年伪山西省公署"指定太原市、阳曲（县）等七处为推行识字运动实验区，先后试办"，1945年又于每道"各加两县"，"计有榆次等八实验区"。[③]但其时已届抗日战争胜利，这种识字运动的成效如何可想而知了。

不管怎么说，在日伪教育部门的大力鼓吹下，"识字运动"在以江浙为中心的各沦陷地区敲锣打鼓地拉开了帷幕，各地伪政府迫于压力纷纷制定了各种识字计划大纲，似乎热闹一时，但其成效如何呢？首先，从伪当局的政策及实施细则看，存在着明显的准备不足：经费不足是其一，在前一节中曾详细论述过汪伪时期的社会教育经费严重缺乏，在此情况下，伪当局开展大规模识字运动，狂言在三五年内消灭全中国文盲，这样大的一个活动，无疑应该是耗资巨大的，但是没有任何一个文件证明汪伪政府动用了多少财力、物力，相反，各市县的计划大纲中这些经费的来源竟多依赖于"指定特种捐款"、"劝募"等，强行将压力转嫁到沦陷区广大老百姓头上，而搜括来的经费并无监督管理机制，又有多少能用于开办民众学校、用于"识字运动"，真是谁也不知了。师资不足是其二，日伪沦陷区教育中师资短缺始终是一个大问题，在学校师资尚且不足的情况下，伪教育当局很难将师资再调用于其他方面，因此，伪政权在开展所谓识字运动时，其师资来源不得已扩大为"各机关职员、各团体职员"、甚至于中学生，即伪政权所能控制的一切识字人员，且没有经过任何培训，这样不称职的教师如何能教育学生？识字课本短缺是其三，根据伪政府的宣传，识字运动中，广大受教育群众是不要缴钱且免费发给书本的，但实际上并不能做到这一点，各地的社教识字课本几乎都付之阙如，伪教育部不得已动用已查封的"不合时代"的书籍来应付局面。1941年11月，伪教育部就曾下过训令："查前维新政府时存有初级小学教科书，国语、算术、常识三种，为数颇多，经核尚可移作民众学校代用本，或补充教材之用。

① 中国第二历史档案馆藏汪伪教育部档案，二〇七八/83。

② 《中华日报》1942年9月8日。

③ 《第五次教育行政会议山西省教育状况报告书》（1945年6月），中国第二历史档案馆藏伪华北教育总署档案，二〇二一（2）/51。

至于书中有错误及不合现时环境之处，亦经由本部另印‘用法说明及错误校勘表’一种，每20册附发一份，以备于教学时参照改正。”[①] 敷衍差事之状况一目了然。

可见，日伪教育当局大张旗鼓地开展全民识字运动，其目的不是真正要使广大民众提高文化素质，而是要以此种名义来大力宣传奴化思想，企图在沦陷区广大民众中树立其重视民众教育、努力提高社会素质的“良好形象”。在这样的情形下，必然会造成这次识字运动“雷声大，雨点小”的局面，无多少实质性措施。另一方面，当时的中国老百姓文盲数量太多，且又大多数集中在广大农村，伪政府设立的几所民众学校和有限的师资，根本不能解决问题。同时，当时普通老百姓的生活极为艰辛，整日忙于生计，难得温饱，尽管伪当局声称不收学费，他们也没有时间和精力去接受扫盲教育，从而造成一方面伪当局自吹自擂，热闹一时，老百姓却反应冷淡，即使是已开设的识字班也多为走形式，办了几期后，就难以为继了。这场识字运动在热闹了一阵后，也就不了了之。

二、参加东亚运动大会与体育运动的开展

受日本军国主义影响，伪教育当局对体育运动较为重视，同时也利用体育运动的团体性、竞技性和鼓舞性，为殖民统治涂脂抹粉、大造声势。

1940年4月，为“庆祝”汪伪国民政府成立，“新中国体育协会”借口“复兴体育振奋人心”，拉拢南京中报社，共同发起组织“庆祝国府还都中报杯女子篮球赛”，由于缺少参赛球队，组织方不得已拉来了教养所的女犯们组织为一球队，与模范中学的女生队对抗，结果自然是模范中学的女生队以13∶4的成绩胜出，结束了一场闹剧。随后，上海市伪教育当局也不甘落后，于4月28日举行了“上海市立学校庆祝国府还都联合运动会”，全市计有市立中学3校、小学11校共1500人被迫参加，因无任何准备，各种体育竞赛均无法进行，该次所谓运动会的设定项目竟然是团体操、土风舞、健身操、国术、唱游等，日伪当局不以为耻，反以为荣，自夸“成绩均颇优良”。

日伪时期最能体现其卖国奴化性质的体育运动是组织参加日本举办的东亚运动大会。1940年初，日本帝国主义为“庆祝纪元2600年纪念”，决定在东京举办东亚运动大会，逼迫中国、“满洲”、菲律宾等各沦陷地区参加，“以示睦邻之意”。其时，汪伪政府尚未成立，华北、华南、华东各沦陷区的日伪统治处于一片混乱状态，为表示对日本主子的忠心，各伪政权均要求参加这次运动大会，乃授权当时的南北两大体育团体——新中国体育协会和华北新民体育协会分工合作，积极筹备。汪伪政府成立后，伪教育部立即着手组织筹备委员会，专门负责此项事宜。4月12日，“中华民国

① 上海市档案馆藏日伪时期伪上海特别市政府档案，R048-23-345。

参加东亚运动大会筹备委员会”正式成立，褚民谊为委员长，缪斌、戴英夫为副委员长，凌宪文、秦冕钧等为委员，下设总务、训练、联络、宣传等组，专事参加东亚运动大会一切筹备事项。伪当局还曾设想邀请海内外体育名流参加这个筹委会，并拉拢南北运动健将准备参加东亚运动会，但遭到绝大多数爱国人士的拒绝。无奈之下，汪伪政权以教育部的名义，发起“庆祝国府还都运动大会”，函电广东、厦门、武汉及苏、浙、皖、沪、杭等各伪省市当局遴选代表出席全国预选，同时鼓动各地新闻媒体大肆宣传。5月13、14两日，各地推选的运动选手集中在南京进行了决选，由于沦陷区广大人民对日伪政权的普遍敌视憎恨情绪，参加决选的选手人数很少，且大多数是被迫而来，比赛成绩可想而知。日伪当局面对这一情形，也无可奈何：“按本届入选代表多籍华北各省，华中一带，以种种特殊原因，人才不易集中，对于整个代表团之实力影响颇大，殊属憾事。”[①]16日，以褚民谊、张超为首的代表团终于拼拼凑凑地选定，共有运动员及工作人员81人，尚可称得上是浩浩荡荡、撑得起门面了。

1940年6月5日，东亚运动大会在日本明治神宫竞技场正式开幕。这次运动会成为汪伪卖国集团向日本侵略者表忠献媚、丑态百出的场所，首先，从汪精卫的祝词中可以看出一斑，祝词全文曰：

> 恭逢日本帝国二千六百年纪念东亚运动大会，邀请东亚列邦各派代表参加志庆，中国方面由褚民谊先生参预盛典，本院长对此特表至亲睦至欣悦之忱。贵国万世一系，建国悠久，为世界景慕，尤为吾东亚之光荣，值兹两国朝野以诚相见，维护和平，中国选手与贵国体育先进之青年相聚一堂，联欢握手，揖让而升，本院长曷胜愉快。贵国讲求体育，日新月异，中国青年乘此良好机会，承贵国体育家事事协力，尤所欣慰。谨祝贵国事业发达，并祝贵国勇敢之体育青年健康。中华民国二十九年六月五日，中华民国国民政府行政院院长汪兆铭。[②]

在中华大地正在遭受日本帝国主义的侵略蹂躏之际，自称为“中华民国国民政府行政院院长”的汪精卫面对仇敌却称感到“至亲睦至欣悦”，甚至还祝充当侵华日军主力的“勇敢之体育青年”健康，向人们充分展示出其卑躬屈膝的汉奸嘴脸。而褚民谊在日本的表演就更加无耻丑陋，在开幕式上，褚民谊就率领会场全体人员向日本天皇三呼万岁，在东京会场的闭幕式上，褚民谊又率中国代表团与日本运动员一起高唱

① 中国第二历史档案馆藏汪伪教育部档案，二〇七八/105。

② 中国第二历史档案馆藏汪伪教育部档案，二〇七八/105。

日本国歌“君代歌”，向宫城和明治神宫遥拜，极尽奴颜婢膝之丑态，以获日本侵略者之欢心。

对于运动会上的比赛成绩，汪伪当局并不关心。这次东亚运动大会所设比赛项目有划船、送球、田径、足球、篮球、乒乓球、棒球、网球、软式网球、排球、橄榄球、自行车等，中国队仅参加了足球、篮球、乒乓球和跳远四项，且无一获得名次。在汪伪教育部拟就的《教育年鉴》材料中，曾有这样一段话来自圆其说：

> 自参加伊始即把胜败观念置于度外而专为庆祝友邦日本纪元二千六百年纪念的使节而赴日的吾国选手，是专以日、满、菲三国的强豪为对手，奋斗之又加以奋斗，将新生中国的青年之意气与膀力尽量地发挥出来，在博得赏赞以及完成庆祝使节之重大任务之下，定十八九两日分途就归国之首途，现在回顾吾们选手活跃的成绩时，若从比赛方面来看，因准备期间太短促，以及不能从全国招集代表选手的关系，虽事实上有未能创造满意成绩之憾，然而在建设新秩序之下，将其志向于再建设明朗新中国的新中国国民之热意气概显示于东亚友邦各国及全世界的功绩，确是作补偿比赛成绩之不振而有余的。[①]

但是，在正式的文稿中这段强词夺理的谬论被删除掉了，想来汪伪当局就连这样空泛的措辞也怕惹恼了日本主子。

参加东亚运动大会的“成功”，使汪伪教育当局极为高兴，为把这种“成功”的经验延续下去，乃强令各沦陷区内积极组织各种体育竞赛，以示成效。在日伪当局的再三督促下，各地相继举办了大大小小各种体育比赛数十场，其中较具规模的有：1940年9月29日举行的京沪间“和平建国杯”埠际足球赛；10月10日中日首次越野赛；南京各中小学生参加的“和平杯”踢毽竞赛；“首都”中小学简易足球联赛；江苏省第一届全省联合运动会等。这些运动比赛的共同之处就是为日伪当局以“和平建国”为幌子的卖国方针做宣传、造声势，为巩固其奴化统治服务，因此，这些运动竞赛不是明确标以“和平杯”、“庆祝还都”等字样，就是邀请了大量的日军军官、特务到场观看助兴，如1942年5月举行的江苏省第一届全省联合运动会上，各县参加运动比赛的选手共300余人，但大会邀请的“特别来宾”有“金子特务机关长、山本昇、市川领事等各机关代表”竟达500余人，算得上“盛况空前”了。

浙江省伪教育当局的做法更胜一筹，“鉴于东亚运动会之举办业已引起我国各地

① 中国第二历史档案馆藏汪伪教育部档案，二〇七八/105。

民众对于体育事业之深切注意，为继续努力冀得更佳效果起见”，宣布1940年的10月10日至16日为体育宣传周，在全省各市县大力宣传体育运动，其实施方法包括：1.张贴标语；2.发表宣言传单；3.举办体育征文；4.发行体育特刊；5.广播演讲；6.分区演讲；7.球类比赛；8.中校三项田径团体竞技；9.国术表演；10.放映体育影片等。[①]

1940年10月在汪伪教育部又特设体育委员会，专事“提倡国民体育，统一体育行政及促进全国体育发展”之职，由在参加东亚运动大会中有功之褚民谊出任委员会委员长，戴英夫、凌宪文为副委员长。10月19日，体育委员会召开第一次会议，提议设立中央体育研究所、恢复中央国术馆、规定体育为各级学校之必修课、编订体育考试标准等，其中将在全国范围内推行太极操作为首要任务。汪伪政府成立之初，新中国体育协会为讨好日伪当局，就曾提出将汉奸褚民谊所创之太极操在民间大加推广，先后举办四届讲习会，勒令各学校体育教员及各院部职员学习后，再辗转教授。不久，伪教育部将该太极操采为国民体操印制图说，通令各省市县当局积极推行。1941年元旦，浙江省伪教育当局特在省立公共体育场组织全省受该项体操训练人员举行大规模会操，颇为壮观。

此外，伪教育当局为显示对民众健康教育的关心，还先后举办了几届集体婚礼和婴儿比赛，但参加者寥寥，场面都很冷清。

三、治安强化运动及清乡区特种教育

日伪沦陷区内的各种社教活动往往与日伪开展的各种政治运动密切挂钩，以加强日伪殖民奴化统治为其当然的活动中心和工作重心。

以华北为例，在华北沦陷区连续举办的五次“治安强化运动”中，日伪当局很大程度上希望依靠各地的伪社教机关及其人员来推进这一运动。

1941年3月30日，伪华北政务委员会为加强华北治安工作，以5天为期限，对全华北的军、政、会各机关及全体民众进行总动员，展开了大规模的“治安强化民众运动”，并规定其实施目标为：培养和加强区、乡、村的自治自卫力量；加强扩大民众组织；剿灭扰乱治安分子。在具体实施计划中，利用社教机关进行长时间深入的“亲日反共”宣传，是其重点之一。

是年7月，在第二次治安强化运动中，日伪当局明确提出，其运动的目的是：“（一）首先将华北宣布为确立反共思想之区；（二）军政会及民众融合为一体而发挥其统合的威力；（三）特别扩充乡村之防共自卫力。”其宣传实施事项包括：“一、宣布反共思想；二、暴露中共内容；三、暴露蒋共关系深刻化；四、解剖日苏关系及苏联参

① 中国第二历史档案馆藏汪伪教育部档案，二〇七八/105。

战与中共之关系；五、解剖最近国际情势及援蒋之关系；六、解剖中原作战；七、比较蒋共与日本之现状；八、广播；九、电影；十、设定‘反共时间’；十一、大宣传牌”等，几乎都与社教有关。[①]11月，伪华北教育总署颁布了《华北各省市各级学校及文化教育机关协力第三次治安强化运动实施办法》，强调“社会教育机关应举行定期及巡回讲演，并举办展览会或映画会”。[②]在第四次强化治安运动中，日伪当局再次提出：除依报纸、杂志、漫画、小册子、传单等印刷物及利用广播、电影、讲演、演剧、演艺等基本的宣传方法之外，宜视各地特性，采取富有创造工夫之新式宣传方法，计划实施之。[③]1942年9月，伪华北教育部署转发第五次强化运动实施纲要中更是明确规定："各文化教育机关，应招集治运座谈会，或征集治运论文、治运漫画，举办展览会，或张贴治运壁报，以宣传此次治强运动之意义。”“各社会教育机关，应组织巡回讲演团，或治运宣传队，分赴各处讲演，或举办治运展览会，或举行民众恳谈会，切实宣传此次治强运动之意义，及反共思想，对于确保农产及平抑物价两项，尤应尽力宣传，使民众对华北紧急物价对策，有正确之认识。”[④]

根据以上指令，各地伪社教机关纷纷遵照执行，如伪山东省政权在第三次治安强化运动中就特别要求社教机关进行如下活动：

一、举行电影大会以灭共讲演及兴亚教育影片由新民教育馆巡回放映。

二、组织临时巡回讲演团由新民教育馆联合其他讲演机关组织之分区巡回，以期普及。

三、召集民众治强运动恳谈会由新民教育馆分期召集各界民众举行。

四、举行反共漫画巡回展览会由省立教育馆征集选拔优秀作品巡回各市县公开展览。

五、组织民众思想指导委员会由新民教育馆联络关系方面组织之，以便纠正民众思想。

六、组织社教机关连络网省市区县社教机关为互相连络起见，组织通信连络网，以资交换反共宣传资料及文化刊物。

七、组织化装讲演团由省立新民教育馆话剧部担任在济南区域内扩大巡回，

① 《华北政务委员会第二次强化治安运动实施及宣传计划》（1940年7月颁发），载《青岛教育半月刊》第2卷第17期“公牍”。

② 《华北政务委员会公报》第111、112期合刊，“教署·公牍”，1941年12月29日。

③ 青岛市档案馆藏，“市档临23-2-223”。

④ 中国第二历史档案馆藏伪华北政务委员会教育总署档案，二〇二一（2）/35。

实施表另定之。

八、普及讲座组织读书会、工读会及识字班等各地社教机关联络关系方面协商办理，以利宣传。

九、促进宗教团体活动社会机关或学校人员应彻底认识宗教团体之趣旨，以宗教团体为中心，协力治运推及社会，遇必要时须加入宗教团体藉资加强宣传。

十、广播音乐话剧由省立新民教育馆办理之。[①]

1942年，伪河南省公署教育厅在办理第五次治安强化运动中，“以省垣各级学校暨社教机关为中心”，制定了详细的活动时间表，略谓：第一周（十月八日至十四日），革新生活运动周；第二周（十月十六日至二十二日），肃正思想周；第三周（十月二十四日至三十日），身体锻炼周；第四周（十一月一日至七日），讲演周；第五周（十一月九日至十五日），收集废物周；第六周（十一月十七日至二十三日），普及日语周；第七周（十一月二十五日至十二月一日）勤劳奉仕周；第八周（十二月三日至九日），治强作品展览周。[②]其他如山西、山东等省的伪社教机构也先后依令开展了相似的活动。

日伪统治区的社会教育一直局限于城市之中，所谓民众学校的设立、识字运动的开展等都是以其占领的大中城市为中心开展，而广大的农村地区由于其统治力量的薄弱，学校教育尚未完全开展，遑论社会教育了。华北、华东等各地沦陷后，广大的农村地区成为敌我双方争夺的战场，抗日游击队出没于这些地区，宣传抗日思想、打击日伪军统治、争夺经济补给，使日伪统治者惶惶不可终日，因此，为“完成和平反共建国之任务，达到复兴中国复兴东亚之使命”，日伪当局深感“应注力于农民思想之澄清，农民生活之安定，与夫农村治安之确立”，除军事清剿之外，在广大的农村地区开展社会教育、加强奴化宣传是为当务之急。而“社会教育机关具有直接培养民众之教育特殊性”，“其潜移默化之功能，裨益社会良多”，汪伪的清乡特种教育应运而生。

1941年日伪当局决定在其“清乡”的基础上，对统治较为严密的江浙一带的乡村实施“教养卫兼顾”的特种教育，企图通过对广大农民“授以生产及自卫之技能，宣传‘和平反共建国’之理论，增强人民对于国民政府之信仰”，以获得“教育民众、训练民众、组织民众、保卫民众之实效”[③]，使广大群众甘心成为日伪统治下的“良民”、“顺民”。

---

① 摘自《山东省教育工作概览》：“教育行政”，1941年印行。

② 中国第二历史档案馆藏伪华北政务委员会教育总署档案，二〇二一（2）/35。

③《中华民国史档案资料汇编》第五辑第二编，附录（上），第601页。

1941年7月，汪伪清乡委员会特种教育委员会成立，随即拟定了《特种教育实施计划纲要草案》，略谓：在清乡区实施特种教育的宗旨是“以教养卫兼施之教育为原则，统一民众思想，促进农村生产，强化地方自卫，以完成清乡工作之使命”。目标为：“一、训练一般成人及儿童，使能彻底了解无底抗战之谬妄，及共产党之罪恶，并深切了解国策及世界大势，以期确立‘和平反共建国’之信念，努力于复兴中国复兴东亚之工作；二、训练一般成人及儿童，使具有生产的技能与自卫的力量，以期人民乐业，社会安宁；三、本政教合一之精神，以学校为中心，推进地方自治事业；四、力谋清乡区教育之推广，并努力于农村新事业之发展。”实施步骤分为：训练师资、编辑教材、设置学校、实施区域等，并就特种教育教材之编选特别强调“应采渐进的启示：1. 以个人及家庭生活为中心，使逐渐对于社会问题有初步认识，并使认清以三民主义为解决一切问题之枢纽；2. 以国民政治常识为中心，对国家意义、国际地位及领袖言论有基本之了解；3. 以东方固有文化道德为中心，期使确立‘和平反共建国’之信念，进而认识大亚洲主义”。“特种教育教材应以下列十二项为编纂中心：三民主义、领袖言论、大亚洲主义、清乡要义、地方自治、生产技能、史地大要、卫生常识、反共材料、农村副业、自卫常识、乡土教材”等。[①] 从上述言论中，可以看出汪伪政府在清乡区实施特种教育的根本目的，就是要在广大乡村进行反共奴化宣传教育，把广大农民群众变成服从其殖民统治的“顺民”和“良民”，甘心供其驱使。

8月1日，汪伪清乡委员会制定了《清乡区各县实施特种教育暂行办法草案》，暂定清乡区各县实施特种教育的区域及设校数量为：

县别	暂定区数	暂定建国中心民校数	暂定建国民校数	校数合计
吴县	3	3	8	11
昆山	2	2	9	11
太仓	6	6	10	16
常熟	6	6	24	30
无锡	7	7	28	35
武进	4	4	18	22
江阴	5	5	20	25
总计	33	33	117	150

同时规定建国中心民众学校的任务为：“接受特种教育委员会暨地方教育行政机

① 中国第二历史档案馆：《中华民国史档案资料汇编》第五辑第二编附录（上），第601页。

关之指挥监督，主持各该学区特种教育推行事宜”；“计划并执行校内行政，教学设施，暨校外推广事业”；“协助清乡部队办理训政工作”；“协助清乡宣传人员办理宣传工作”；“协助区内各乡镇长办理地方自治”；“指导区内各小学暨社教机关实施特种教育”；“协助办理各该学区特种教育训练班”等。建国民众学校的任务为：“实施校内成人暨儿童特种教育”；“领导全体学生（成人暨儿童）参加宣传慰劳等清乡工作”；“协助施教区域内保甲长办理地方自治”；“计划推行乡村识字运动”；“定期出版壁报，并举办民众问字、代笔、家庭访问等社教经常工作”；“联络施教区内各社教机关举办关于保甲、合作、造林、卫生等社教中心工作”；“参加施教区内各小学协进团，联络各校实施儿童特种教育”等。进一步细化对江浙农村实施“反共奴化”教育的目的和步骤。同时要求清乡区原有公私立各级学校“各学期举行清乡中心大单元教学一次；每学期举行‘反共建国’中心运动周一次；定期举行校外清乡宣传，至少每月一次；布置清乡运动之教学环境；联络并协助建国中心民众学校暨建国民众学校实施特种教育；参加特种教育协进会各项活动；办理清乡军政机关之委托事宜；加紧实施教育部颁学校兼办社会教育办法”等。①

根据这一条例，江浙两省先后制定了各省市县实施特种教育的具体办法，要求各伪特别区公署所辖各学区各设新国民中心民众教育馆一所，更就各乡镇上各设新国民民众教育馆一所，每馆至少应设成人或儿童各 1 班，每班 50 人。甚至还详细制定了课程时间分配及教育方案。

但是，汪伪政府的如意算盘并未得逞，一方面，受经费制约，在农村中广泛设立民众学校几乎没有可行性；另一方面，广大乡村民众对这种强制的奴化教育也采取坚决抵制的态度，拒绝入学受教。因此，到是年 10 月，汪伪当局不得不将所谓“建国民校”抛在一边，改为推行“流动教育”法，在清乡地区各县设立流动教育区若干，每一区设流动教员一人，从事流动教学，教导民众及儿童识字读报；进行“巡回讲演”，“揭破匪军共党罪恶，宣扬政府国策及重要法令”等。要求每期教学以两周为限，每日至少授课两小时。由于条例中明确规定“其流动教学时所需办公旅费等，应实报实销，每月至多不得超过二十元”②，而且这 20 元也很难拿到，因此，在实际操作中，各乡村的流动教育也就有名无实，常常无法进行，即便偶有举行，教员也多半是应付了事。

江浙两省是汪伪统治的中心地区，其农村中的社会教育尚且如此，其他如安徽、广东、湖北等省的乡村社会教育几乎更是空白。因此，到 1942 年 9 月，汪伪教育部

---

① 中央档案馆、中国第二历史档案馆等合编：《日汪的清乡》，中华书局，1995，第 144—147 页。

② 《日汪的清乡》，中华书局，1995，第 149 页。

不得不对包括广州、厦门、汕头在内的所辖各省市教育厅局再下训令：

> 本部为乡间农民失学者太多，推其原因，一则乡区各级学校设立太少，二则农作关系驱使学龄儿童操作不克享受义务教育，故补救之法，惟有广设民众学校，以实施补习教育。惟各地民众学校之设立不论专设、附设，亦多侧重城市，对于乡区每鲜顾及，此殊非普遍设施之道。兹为矫正起见，于本年下半年起各地教育行政机关应竭力规划应用保甲组织，广设乡区民众学校，并举行识字运动，尤须利用秋收后之农隙时间，至少每一乡设置民众学校一所，举办一期为原则。[①]

但直至1945年汪伪政权倒台，各地乡村的民众教育机关都未能建立完善，更别提普及了。而且，即便是清乡地区为应付差事而开展的一点点社教工作也完全是围绕着“反共亲日”这一奴化主题进行的，广大农村中文盲数量多、受教育人数少的状况，非但没有改变，反而在日伪的严酷统治下愈演愈烈。

四、日语教育与“反共奴化”宣传

日伪沦陷区社会教育的特征尤其体现在日语教学上，在沦陷区社会教育机构的设置上，首重教习日语的日本语学校、日语补习学校或日语传习所之类的教育机构的开办，此点前文已有所述及。其次，在一般的社教机构的课程中，日语往往作为重要的科目甚至是必修课程，受到极端的重视，如在青岛，无论是所有的“新民学校”，还是伪办的工商类职业补习学校，其课程中均无一例外将日语列为必修课。此外，其他类型的社教机关也都相当重视日本文化的宣传，以北平“近代科学图书馆”为例，该馆以“沟通中日文化为主旨”，“尤以介绍日本之优越文化为急务”，仅1940年3月一次从日本购进大批日文书籍就计800余种，“专供各分馆及新民教育馆轮流阅览”。[②]举办日语演讲比赛、作文比赛等更是伪教育当局经常采用的手段，1942年10月，伪山西政权在第五次治安运动中就有征集日语论文办法，略谓：其目的是“为使全省各级学校学生阐扬第五次治运之真谛，并促进学习日本语之效率”，由伪山西省公署教育厅及东亚新民报社主办，“凡本省各级学校学生均得参加，但各县属小学校学生征文应由各该县公署先行预选，每县择优秀作品五篇送厅，省立各级学校应先由学校预选，每校择优秀作品五篇送厅，以备发表。至市立各小学校，由市公署主办，不在此例”。征文内容“须以阐扬第五次治运之意义及其四大目标（建设华北，完成

① 汪伪教育部编：《教育公报》第59期，1942年9月8日。

② 《新民报》1940年3月9日。

大东亚战争；剿灭‘共匪’，肃正思想；确保农产，减低物价；革新生活，安定民生）为题材”，凡应征作品一律由东亚新民报社发给参加奖。[①]

为进一步钳制沦陷区人民的思想，日伪当局对奴化教育宣传已达到无孔不入的地步，在占领区各大街道张贴大批标语、树立标语牌，及散发传单等，是为其手段之一。伪维新政府时期，仅杭州地区设立有关“反共亲日”标语牌的地点就有7个，具体情况见下表：[②]

数序	地点	制作区别	制作年月	标语内容
第一号	新民路省立图书馆门口墙上	粉刷	1939年4月	关于公民常识灌输
第二号	菜市桥北河下西面高墙上	同上	同上	关于社会生活指导
第三号	东街路市立新桥小学校门口墙上	同上	同上	关于宣传固有道德
第四号	弼教坊大街关帝庙门口墙上	同上	同上	关于改善人民生计
第五号	外西湖省立博物馆门口墙上	同上	同上	关于唤醒民众自觉
第六号	城站更生纪念塔旁	木制	同上	关于阐明政府政纲
第七号	湖滨第一码头公园内	同上	同上	关于促进中日亲善

同时，对各项标语内容也做了详细的规定，如所谓“阐明政府政纲”类包括“切实防剿共党、复更战后灾区、建设经济基础、扶助工商企业、减轻人民负担、树立东亚和平、恢宏固有道德、厉行人才登进”；“公共常识灌输”类则包括：“要信仰政府、要协和邻邦、要改除恶习、要遵守秩序、要锻炼身体、要读书识字”；而“唤醒民众自觉”与“促进中日亲善”两类更是明目张胆地将“反共奴化”的思想完全暴露无遗，前者包括：“若要安居，安分守己；若要乐业，刻苦做起；若要救国，反共雪耻；若要和平，睦邻到底”；后者则更大言不惭：“中日两国，同文同种；携手合作，协力防共；攘外安内，发挥仁勇；固我东亚，和平永庆！”[③]将这样的标语贴满大街小巷，不外乎就是要广大沦陷区人民甘心做“好公民”、做日伪统治下的“顺民”。

利用各种纪念日大肆举行日伪控制下的群众性集会游行，制造虚假的和平景象，是日伪傀儡政权在民众中普及奴化教育的又一手段。这些纪念日甚至包括日军侵华日期、日军占领中国某地等，日伪当局均强令要求各沦陷区民众悬旗志庆，殖民奴化色彩极为浓厚。如1939年7月侵华日军为纪念所谓“中国事变”两周年，占领江浙一带的日土桥部队特制定了“顺应时局之民众宣传运动计划”，要求“与纪念事变二周

① 中国第二历史档案馆藏伪华北政务委员会教育总署档案，二〇二一（2）/35。

② 《浙江教育》1939年6月第1卷第2期。

③ 《浙江教育》1939年6月第1卷第2期。

年的兴亚运动相呼应，七月七日在维新政府统治下的各地燃起扩大东亚新秩序建设运动之宣传烽火"。[①] 伪维新政府在日军的淫威之下，将国耻抛置脑后，举行了为期一周的纪念活动。

1942年后，随着日本侵略战争的扩大，日伪政府在中国各沦陷区中的奴化宣传力度也变本加厉进一步加强。仍以杭州市为例，1942年3月，驻杭州日本特务机关制定了"陆军纪念日宣传实施计划"，以占领区内的中国官民、士兵及在华日本人为主要宣传对象，在3月10日至15日内进行广播、特别号发行、电影、传单、宣传画、龙灯游行、大东亚民族复兴杭州市民众大会、座谈会等各种形式的活动，宣传"建国的意义和皇军的使命"及日本陆军"无敌于天下"的"赫赫战果"等。

6月20日，杭州特务机关又制定了"中国事变五周年宣传计划"，基本方针为："阐明中国事变纪念日本质上即大东亚战争的爆发纪念日之意义，并强调大东亚战争在物质、精神两方面的战果，国民政府成长发展的真相及派遣军歼灭重庆的决心和实力，以促进重庆政权抗战体制的崩溃。"[②] 在这一基本方针的指导下，伪杭州市政府不顾国耻，决定举行"七七五周年扩大宣传周"，并制定了具体的日程：

> 于七月一日起至八日止，全市各界悬旗八天，并散发传单，张贴标语，组织流动演讲队出发市区演讲"七七"意义，一面在各影戏院放映幻灯影片。排定日程：敦请各机关长官作广播演讲，第一日省党部时常委，第二日省府宣传科钱科长，第三日杭州特务机关长，第四日社运会张主任委员，第五日萧山县政府代表，第六日绍兴县政府代表，第七日陆军第一师徐师长，第八日省府傅主席。七月五日举行游泳竞赛，七月六日各机关举行周会，报告"七七"意义，同时举行明星表演，七月七日举行明星表演，并由省府召集和机关集会演讲，七月八日慰问友军病院。[③]

同时由浙江省立民众教育馆出面，拟定"七七"扩大宣传办法，在民众中大力宣传殖民奴化思想，其具体实施办法与日期为：

> 七月一日，1. 举行新国民运动漫画比赛，2. 缮制宣传标语及图画；七月二日，1. 继续征集漫画比赛，2. 开始布置馆内宣传环境；七月三日，1. 开办书画展览会，

---

① 《日军侵略浙江实录》（1937—1945），中共党史出版社，1995，第697页。

② 《日军侵略浙江实录》（1937—1945），中共党史出版社，1995，第705页。

③ 《浙江日报》1942年6月28日。

2. 派员赴杭州广播电台演讲；七月四、五、六日，1. 继续办理展览书画事宜，2. 派员至特约民众茶园扩大机播音演讲，并转播各电台节目，3. 派员赴热闹街头用扩大机演讲并转播电台节目，4. 在馆附近张贴标语及图画；七月七日，1. 举行宣传大会，2. 表演画片剧，3. 扩大机演讲，4. 转播电台节目。

“八一三”淞沪抗战纪念日到来之际，伪杭州市政府又发表“八一三五周年感言”，无耻声称：“当初抗战的目的在求中国之自由独立，现在证实了友邦对我并无侵略野心，且于国府还都后，协力和建国策之推行皆昭然可见，这是说明抗战的意义早已不复存在”，甚至要求广大沦陷区民众“站在大东亚战争的后方，正视‘八一三’到来的今日，惟有脚踏实地做新国民运动的分子，集合人力物力，与友邦协力到底，因为协力东亚解放才是中国更生的契机。”[①] 公然要求中国民众心甘情愿地做亡国奴。

10月初，杭州日本特务机关又拟定了双十节纪念日宣传计划，妄图利用辛亥革命纪念日为日本的侵略宣传服务，并制定了杭州市的宣传实施计划表：[②]

时间	形式	地点	负责人	实施办法	备考
6日	宣传用横幅	市内各主街道五个所	省政府		
6日~7日	贴标语	市内	省政府	通过同业公会贴在各商店陈列窗及市内各主要地段	预定制作6000张
	传单分发	市内上中下城各区	省政府	利用各种集会分发，另外由市内各中小学生在各区分发	预定制作1500张
8日~10日	建彩拱门	市内延龄路	省政府	建双十字形彩灯拱门	
	挂旗	全省	省政府		
	店门装饰及点庆祝用灯笼	市内各商店	市商会	在各商店布置表现庆祝意义的装饰，此外，夜晚点灯笼庆祝	通过市商会自发举行
9日9时开始	举行庆祝联欢及音乐会	大光明剧场	省市政府	由陆军第一师乐队及市内中小学生参加	
10日	出国庆日特刊		浙江日报社	在庆祝活动准备会上组筹稿件	
	收音机广播	杭州广播局	省政府	广播者：傅省主席	
	省会娱乐场半价招待	市内各剧场	省政府	由庆祝活动筹备会通知各有关剧场	
10日10时开始	庆祝大会	省府大礼堂	省政府	各机关代表参加	

---

① 《浙江日报》1942年8月13日。

② 浙江省档案馆、中共浙江省委党史研究室编：《日军侵略浙江实录》（1937—1945），中共党史出版社，1995，第722页。

续表

时间	形式	地点	负责人	实施办法	备考
10 日 14 时开始	群众大会及游行	省立体育场	社联会	游行路线：体育场－竹斋街－清河坊－太平坊－保右坊－三元坊－官巷口－新民路－迎紫路－延龄路－英士铜像前	预定参加单位：1. 每一机关各 10 名；2. 小学五六年级学生及全体中学生；3. 各民众团体 20 人。

1941 年 7 月 1 日至 7 日，伪山东省教育厅发起所谓的“兴亚纪念运动”，要求“各教育机关须彻底理解兴亚纪念节之诞生，并努力实行兴亚运动，以‘亲日灭共’奠定东亚共荣圈为重心”。勒令各地新民教育馆及其他社教机关举行兴亚游艺会及映画会，“借以介绍日本情势，俾资引起亲日信念，自动向兴亚途径迈进”；随时举行巡回讲演或召集座谈会，“借以加强兴亚力量”；“请各学校或关系机关之协助，举行扩大识字运动，力谋灌输兴亚观念”；各社教机关举行兴亚运动应以新民教育馆为中心，“先就所在地活动，逐渐向外发展，以深入农村为最终目的，并随时张贴标语，以反对蒋共长期抗战，实现中日亲善，迅速完成建设东亚新秩序为范围”。① 根据这一纲要，伪青岛当局制定了极为详细的“兴亚纪念运动”计划，特别规定在 7 月 7 日上午，由青岛特别市公署总务、社会、警察、教育各局会同青岛日本居留民团共同主办“兴亚民众大会”，强令中日各学校学生（小学生五年级以上）、中日各机关职员、中日各团体及一般市民参加，大会除要求奏中日两国国歌外，还要默祷一分钟，以“感谢建设大东亚之英灵”。为防止中国群众的敌对情绪，日方特别派出宪警维持秩序②。其殖民奴化性质彰显无疑。

1943 年至 1944 年，伪青岛教育局又举办了两次“中日善邻旬间活动”，要求社教机构“彻底普及中日善邻思想”，“广设日语及华语夜校或研究班，以促进两国语言之沟通”。在第二次“中日善邻旬间”（1944 年 4 月 21 日至 30 日）中，其具体活动如下：一、“各补习学校善邻讲习会”。4 月 21 日午后 3 时半，在市府会议厅召集该市各补习学校校长暨塾师，讲习关于“中日同盟条约与大东亚宣方之要纲”，并推行“中日善邻暨勤劳增产”各项工作。二、“参加盟邦陆军献机典礼暨飞行机模型比赛”，4 月 23 日上午 10 时，在汇泉马场举行盟邦陆军献机典礼，市私立各中学学校全体学生参加，并举行飞行机模型比赛会，市私立各级学校职教员及学生报名参加。

① 《山东省教育厅颁发兴亚运动实施纲领》（1941 年），摘自伪山东省公署编印：《山东省教育工作概览》“教育行政”，1941 年印行。

② 《青岛特别市“兴亚纪念周”实施方案》，中华民国三十一年六月二十五日青岛特别市公署印。

三、“局长视察各级学校实施状况”。4月24日起至29日止，由伪教育局局长亲赴各级学校，视察各校推行教育方针暨善邻工作，并详加指导，由督学及专员随同前往。四、“奖励各级学校日本语研究会”。五、“中日学生交欢放送会”。4月27日下午10时半，由东文书院暨启明学校日语科华语科各选学生1人，在广播电台放送，“借以促进两国语言之沟通”。六、“举行盟邦皇军慰问学艺会”。强令市私立各级学校学生准备各种表演，于4月27日午后2时赴浮山所陆军病院慰问日军伤员。七、“中日职教员交换视察学校”。八、“中日女子篮排球交欢比赛”。4月29日午后1时，由中日两方各派代表队假日本高等女学举行篮排球比赛。九、“大东亚战殁英灵追悼祭”。4月29日午后1时由佛教同愿会假湛山寺为“大东亚战殁英灵”举办追悼祭。十、“庆祝佛诞节”。4月30日（即旧历四月初八日）为释迦牟弥佛诞辰，由宗教联合会在陆军俱乐部举办庆祝大会。十一、“中日学生交换通信”。伪教育局为“中日学生联络感情及沟通语言起见”，特要求该市各级学校学生缮写日文信件送局汇转日本各学校交换通信。十二、“大东亚战争必胜祈祷会”。由该市宗教协会通知各宗教团体利用礼拜日或公共祈祷日，随时随地为“大东亚战争胜利”作热诚之祈祷。①

作为汪伪国民政府首都的南京，奴化宣传力度更有增无减。时至1945年4月汪伪政府垮台前夕，伪南京市宣传处还在筹办“国父逝世纪念暨造林运动大会”、“庆祝国府还都五周年纪念大会”、“统一救国运动民众大会”及巡回演讲座谈会、名人广播等“特种”宣传活动②，为日伪统治涂脂抹粉。

统制新闻广播出版事业，控制大众传媒，为其殖民宣传服务是日伪实施社会性奴化教育的又一手段。早在伪维新政府时期，日伪当局就成立了中华通联合通讯社，统制所辖地区的新闻宣传。除《中华日报》为其机关报外，日伪当局在上海发行的《新申报》也是其大力扶持的汉奸报纸之一，该报不仅始终以宣传“亲日”、“反共”为宗旨，还大量登载造谣惑众、歪曲事实的内容，混淆视听、动摇沦陷区人民的抗日信心。1938年1月1日，伪杭州市治安维持会刚一成立，就炮制了《新浙江日报》，经常登载“皇军是来共建黄道乐土的，皇军保证市民的生命安全”等欺骗文章，为奴化宣传服务。是年4月，该报改称《杭州新报》，被维新政府指定为杭州区之领导报纸。③其他各沦陷区敌伪当局对报纸的创办与发行也极为重视，加强控制，使之成为奴化宣传的重要工具。

---

① 《青岛特别市教育局第二次中日善邻旬间实施工作报告》（1944年5月），青岛市档案馆藏市档临，23—1—1274。

② 《最近宣传工作概况》，载《中华日报》1945年4月28日。

③ 杭州市档案馆藏：《杭州市政府成立三周年纪念特刊》（1938—1941）。

1940 年汪伪政府成立后，立即建立了所谓“国家计划新闻制度”和“战时新闻体制”，加强对沦陷区的新闻控制，严禁发布任何抗日或对日伪统治不利的言词。随后，伪宣传部将汪伪在上海设立的中华通讯社和原来的中华通联合通讯社合并，成立中央电讯社，作为全国新闻通讯的最高管理机关，总社设于南京，又先后在上海、广州、武汉、杭州、苏州、扬州、无锡、宁波、汕头、东京、香港等地设立分社或通讯处，其任务为秉承日本同盟社的意旨，“发布政闻、宣扬国策、沟通各地消息”。

1941 年 2 月，汪伪宣传部设立中国广播事业建设协会，专门负责利用各种纪念日和国内外重大时事进行宣传，如上述的七七事变周年纪念、伪政府成立周年纪念、以及汪精卫访日、德苏开战、孔子诞辰等，日伪当局都通过该协会不失时机地对渝发动宣传攻势，在广大民众中极力宣传日军之强大，混淆视听，蒙蔽沦陷区群众的眼睛。3 月，伪宣传部下再设立广播无线电台管理处，对华中、华东、华南各占领区内的无线电台进一步加强管理与统制，并对我大后方的无线广播电台进行干扰和调查，甚至对收音机用户也要进行登记管理，从而达到对无线电台听众的统制。在禁止沦陷区人民收听国统区的抗日宣传的同时，却在南京、上海、杭州等大城市中野蛮勒令各商店安装无线电台，整日收听关于“亲日反共”的奴化广播，并在各通衢要道中强设高音喇叭，昼夜叫嚣“大东亚共荣”、“皇军辉煌胜利”等侵略口号。

在对广播电台进行统治的同时，日伪当局对出版业实行了更为残酷的查禁政策，先后颁布了各种新闻检查法规、出版法规以及《取缔不良民众读物暂行办法》等，对言论稍有“出格”，或伪当局自认为不利于其奴化统治，或隐射日本帝国主义者，皆实行武力镇压，书局查禁，人员逮捕，在出版界中笼罩着白色恐怖的迷雾。导致沦陷区的出版社除了出版所谓宣扬汪伪“和平反共”国策的书稿，如《“汪主席和平建国言论集”》《“中日基本条约及其意义”》《“和平反共建国文献”》《现代日本史》等外，只能出版一些神怪传奇、恐怖侦探、色情艳史等低级下流的无聊作品，从而使沦陷区的出版业走向没落。

加强对电影戏剧的统治，大力推行汉奸文艺，是日伪当局普及奴化教育的又一措施。1939 年 5 月，伪维新政府成立不久，就与侵华日军会商在华的电影统制问题，制定了在华电影政策实施计划，扬言要“复兴中国电影”，从而“确立中、日、‘满’一体思想的基础，使之强化，将蒋政权十余年来培养之抗日侮日之思想于国民脑海者使之绝灭”。计划决定在华北、华中分别设立电影政策实施机关，各在一年内必须制作五卷以上的“国策”影片。根据这一计划，日伪当局于 6 月“在中国经营电影事业，而于中、日、‘满’互相提携之下，以思想融和及文化进展为目的，设立维新政府特殊法人之中华电影股份有限公司”（日名：中华映画株式会社），专门针对华中、华东、华南方面制作各种宣传影片。[①]1940 年 1 月 23 日，伪维新政府内政部正式颁布了《电影检查暂行规程》和《电影检查暂行规程施行细则》，对华东日占区实施统一的电影检查，检查标准为：一、“有损中华民国之尊严”者；二、“有违反东亚和平之意义”者；三、“妨害善良风俗或公共秩序”者；四、“提倡迷信邪说”者，一律不得上映。实际上，凡有反日反伪政府思想倾向内容的影片，均列为查禁之首。

汪伪国民政府成立后，于1940年11月25日修正公布了《电影检查法》，增加了“禁止违反三民主义及现行国策”这一内容。同时成立了“电影检查委员会”，作为对整个华东、华中日占区电影检查的最高机关，严格管理和检查所有影片。在日伪当局的控制下，“中联”电影公司为迎合汉奸统治的需要，拍摄了一批反映“中日提携”、“大东亚共荣”的影片，如《“万世流芳”》《“博爱”》等，以及大量的内容苍白的爱情片、恐怖片等，如《牡丹花下》《凌波仙子》《香衾春暖》《寒山夜雨》等。1943 年，汪伪当局为更好地贯彻执行“战时文化宣传政策”、“担负大东亚战争中文化战思想战之任务”，强令各地电影院“一律停止放映美英敌性影片”，规定：“今后各影院一律上映国产及友邦影片。”[②] 将“中联”、“中华电影股份有限公司”、“上海影院公司”合并成立“中华电影联合股份有限公司”，是为“华影”。从 1943 年 5 月至 1945 年 8 月抗战胜利，“华影”先后摄制了 80 余部影片，内容大都为宣传“大东亚共荣”和“中日提携”之类，并制作了大量的宣传“大东亚战争”的新闻纪录片。

在戏剧方面，汪伪当局也实行了审查制度，上海市规定话剧送审日期为上演前 20 日，其他越剧、平剧等各剧送审时间为一星期，并由警局协助处理，凡违反规定的予以警告、短期停演、罚款、吊销执照等处分[③]。同时，汪伪当局还网罗了一批汉奸文人，专门创作所谓“和建”剧本，供由各地伪当局扶植的汉奸剧团演出，如《火烛之后》《和平之光》《新桃园》《花烛之后》等都是由伪宣传部人员亲自编写的“官宪”剧本，除在汪伪政府所在地南京上演多场，勒令广大学生、民众必须观看外，还派往杭州、苏州、镇江、无锡等地巡回演出。1942 年 2 月，汪伪当局更笼络一些汉奸艺人组织成立“中华画片剧协会”，举办“画片剧”讲习会，招收演员，在各沦陷区中演出宣扬“和建”的剧目，如《“大东亚万岁”》《孔善人》《英美的末日》等。日伪当局一度还曾想请梅兰芳等戏剧大师出山，为奴化宣传出力，遭到梅兰芳等爱国人士的严词拒绝。

汪伪政府对抗日歌曲实行了极其严格的查禁制度，1943 年 8 月，伪中央宣传部颁

① 中国第二历史档案馆编：《中华民国史档案资料汇编》第五辑第二编，附录（上），江苏古籍出版社，第 548—553 页。

② 伪《中央日报》1945 年 6 月 8 日。

③《最近宣传工作概况》，《中华日报》1945 年 4 月 28 日。

布《唱片检查暂行条例（草案）》，规定：凡有“违反国策及政府命令”、“歌词意义乖谬”、“歌词或曲谱奉政府命令禁止使用”等内容的唱片，不得发行，违者没收唱片并处以罚款。同时，伪宣传部还多次发布通告，对《松花江上》《义勇军进行曲》《毕业歌》《太行山上》《抗敌先锋歌》《万众一心》《牺牲已到最后关头》200余首等充满激情的抗日救亡歌曲进行取缔，相反，却组织一帮汉奸文人谱写了数十首关于“和平建国”、“复兴东亚”、“反共清乡”的歌曲，并编辑出版《“和平建国”歌曲集》，在各占领区城市中举行“和运歌咏比赛”，勒令各中小学生参加。1942年6月，日伪当局在南京组织了一次“保卫东亚之歌演奏大会”，赵正平、丁默邨等大汉奸亲自参加。鼓噪一时。

日伪政府甚至对民间茶馆中的说书艺人也不放过，颁布命令对说唱艺人严加控制，对唱词也另作编排，绝对禁止“岳飞精忠报国”、“杨家将誓死抗敌”等内容的评书在各场所演出，以彻底根绝抗日言词的出现。这也证明了日伪统治外强中干的虚假本质。

第六章　留日教育

抗日战争爆发后，在绝大多数留日学生相继回国、国民政府停止派遣留日学生的情况下，为了维系与日本的“亲善”关系和推行“共存共荣”政策，培养亲日高级人才，包括伪华北临时政府、维新政府和汪伪国民政府在内的各日伪傀儡政权在“沟通中日文化，培养兴亚人才”的幌子下，积极推进奴化留学教育，一批中国青年在多种原因的促使下，负笈东洋，续写着近代中国留日教育的奇特一章。

第一节　战前留日教育概况[①]

中国人赴日留学始于中日甲午战争之后，尽管比赴欧美留学晚了数十年，但因具有“路近、费省、文同”等诸多便利，日本很快成为中国最大的留学国，并先后出现了1905—1906、1913—1914以及1934—1937年7月三次留日高潮，在日中国留学生最多时达8000人之谱。

一、留日概况

1896年，清驻日公使裕庚在上海、苏州一带招募了13名学生赴日，揭开了中国人留学日本的序幕。由于日本与中国隔海相望，当时，由上海到横滨，与从上海到苏、杭差不多，不似与欧美相隔千山万水，来往十分方便，留日学费和生活费也没有留学欧美贵，一般中等人家即可负担，同时中日两国文化同出一脉，日文与中文相近，两国风俗习惯也颇多相似，因而赴日留学便成为许多中国人出国留学的理想之国，留日人数直线上升，并很快超越赴欧美留学人数，日本也就成为中国人的最大留学国。据王奇生著《中国留学生的历史轨迹（1872—1949）》引用有关史料记载：留学日本的

---

① 本节内容参考了王奇生著《中国留学生的历史轨迹（1872—1949）》（湖北教育出版社，1992）一书有关章节，在此谨向该书的作者及出版者致谢！

中国学生1898年为77人，1899年为143人，1900年为159人，1901年为266人，1902年为727人，1903年11月为1242人，1904年11月为2557人，1905年则猛增到8000余人。1905年11月日本颁布《关于清国人入学公私立学校之规程》后，有2000多留日学生归国，1906年后在日留学生持续下降：1906年为6000余人，1907年为6797人，1908年为5217人，1909年为5266人，1910年为3979人，1911年为3328人。①

1911年10月辛亥革命爆发后，关心中国政治前途的留日学生纷纷买舟归国，仅剩500名滞留未归。②1912年中华民国建立后，一些归国学生又相率返日，一部分对革命有功之士及其子弟也由南京临时政府派遣赴日留学。“二次革命”失败后，不少革命领导人相率流亡日本等国，在日留学生人数开始回升，据日本人松本龟次郎《中华留学生教育小史》载：“1913年至1914年间，留学生人数颇多，最少也有五六千人，仅次于日俄战争前后的最盛时期。”

1915年后，因日本向中国提出“二十一条”无理要求以及流亡海外的革命志士在袁世凯死后相继归国等原因，在日留学生人数又开始下降，1916年留日学生为2326人，1918年又增至3548人。其后，虽因国内政局及中日之间关系的变故，在日留学生人数或多或少，但大多维持在二三千人之间，据实藤惠秀著《中国人留学日本史》一书“中国留日学生数”表载：1919年约2500人，1920年约1500人，1921年约2000人，1922年2246人，1923年约1000人。③

南京国民政府成立后，赴日留学的人数未见减少，如1928年留日学生总数为2635人，1930年为3049人，1931年5月为2972人。九一八事变和一·二八事变发生后，留日学生人数再度锐减，1932年6月减至1421人，1933年5月仅剩1357人。从1934年开始，因受国际上金价下跌、银价上涨，国内经济衰落，青年学生失学、失业及国民政府调整留学政策等方面的影响，留日学生人数又急剧增加，据有关资料显示：1934年秋为2347人，1935年3月为3700人，1935年7月增至4500人，1935年11月则达到了8000人。④其后人数虽有所下降，但1936年和1937年，留日人数仍维持在5000—6000人之间（据实藤惠秀《中国人留学日本史》一书考证，1936年6月留日学生人数为5662人，1937年6月为5934人）。

---

① 参见王奇生：《中国留学生的历史轨迹（1872—1949）》，第97—98页、第101页。

② 参见王奇生：《中国留学生的历史轨迹（1872—1949）》，第97—98页、第101页。

③ 实藤惠秀著：《中国人留学日本史》，谭汝廉、林启彦译，生活·读书·新知三联书店，1983，第451页。

④ 参见王奇生著：《中国留学生的历史轨迹》，第115页。

据有关专家研究，“计自1896年首派留日学生起至1937年抗日战争爆发全面停派止，四十二年间，国人留学日本者总数不下五万人，蔚成中国史上空前的留学运动”。[①]

二、归国御侮

留学海外的中国学子有着强烈的民族自尊心和爱国忧民的光荣传统，他们虽置身异邦却时刻关注着国内政局的变化，每当国内政局发生剧变或国家濒临存亡危急之时，他们立即中止学业、束装回国，尽忠报国。

近代以来，由于中日关系的特殊性，特别是留学日本始于中日甲午战争中国战败之后，而日本曾是中国人不屑一顾的弱小、落后的岛国，留日学生在日本也长期饱受轻侮和歧视，因而留日学生较留学欧美学子更为自卑而又自尊，也更为敏感。每当日本出现排华、反华或侵华行为，留日学生往往充当了抗日的急先锋，集体退学回国事件时有发生。如1905年11月日本颁布《关于清国人入学公私立学校之规程》（即所谓《取缔留学生规则》）后，留日学生即以该规程有损中国的国权和留学生的人格而发生集体退学归国事件，此次留日学生回国者达2000人以上。1915年反对“二十一条”、1918年反对《中日共同防敌军事协定》、1928年抗议日本出兵山东、1931年抗议日军入侵东北，也都发生过规模较大的集体归国运动，而规模最大、也最为彻底的一次归国事件则是发生在七七卢沟桥事变之后。

1937年7月，卢沟桥的炮火震惊了中华大地，也震醒了当时在海外求学的万余莘莘学子，他们纷纷中断学业，回归祖国，共赴国难。据不完全统计，抗战爆发后一年左右时间内，先后有8000余名留学生回到祖国，其中又以留日学子步调最为一致，回国最为彻底。

如前所述，抗日战争爆发前，在日留学生有五六千人。卢沟桥事变发生后，日本国内一片欢喜若狂之声，为了防止留日学生的反日活动，日本当局加强了对中国留学生的监视，东京警视厅派出大批刑警监视中国学生，“日方对我国留学生检举压迫手段愈用愈激”。[②]“我留学生或遭逮捕，或被监视，行动极不自由。”[③]日本警察当局随意搜查留学生行李、书籍及侮辱殴打事件时有发生。在日本当局的歪曲宣传和蒙蔽下，一般普通日本国民对留日学生也深怀嫉视。在此恶劣环境下，心忧祖国的留日学子深感日本非久留之地，乃纷纷结伴回国，参加抗战。为了筹措回国路费，不少同学卖掉了留学的一切用具。

---

① 实藤惠秀著，谭汝廉、林启彦译：《中国人留学日本史·译序》。

② 《申报》1937年7月15日。

③ 《申报》1937年8月7日。

自七七事变到1937年9月上旬，短短的两个月时间内，即有近4000人留日学生归国。9月下旬，国民政府教育部正式下令留日学生“撤离敌国，回国参战”。① 至10月下旬，在日留学生除403人因种种原因未能成行滞留日本外②，其余悉数返抵祖国。且这403人中，又有相当一部分在1938年后回国，只有极少数延至抗战中后期返归。此次归国的留日学生与以往不同的是，他们没有再返回日本续学，且根据国民政府教育部档案记载，在随后的整个抗日战争期间，国民政府再也未派出任何人赴日留学，③ 自甲午战争后形成的中国留日教育的正常工作全面中断。

第二节　日伪留日教育政策与管理

尽管中国留日教育的正常秩序因抗日战争的爆发而全面中断，但中国人赴日留学的历史并未完全终结，抗日战争时期日本扶持下成立的各汉奸政权如伪满政府、伪华北临时政府、伪维新政府、汪伪国民政府，仍继续向日本派遣留学生，使中国人留日教育在一种改变了质味的形态下得以赓续。

侵华日军侵占华北、华东、华中、华南等地后，相继扶植成立了伪华北临时政府、伪维新政府和汪伪国民政府，并利用伪傀儡政权在统治区内推行亲日的奴化教育，形成了从小学到大学的奴化教育体系。与此同时，为培养亲日高级人才，伪傀儡政权又在日本帝国主义的指使和支持下，开始选派青年学生赴日留学，一些在国内求学无望的学子也因种种原因前往日本留学。为了迎合日本主子的需要，做好公费留学生的选拔，并加强对公、自费留学生的管理，伪华北临时政府、伪维新政府和汪伪国民政府在日寇的操纵和控制下，先后制订出一系列的留日奴化教育政策和规章制度，并建立了留日学生的管理机构。

一、日伪留日教育政策

为了加强对留学生的管理，早在1938年12月26日，伪维新政府教育部即以“令教字第3号”公布了《留学规程》，对赴国外留学学生的类别、资格、管理等做了较

---

① 《教育部令留日学生一律回国》，《大公报》1937年10月29日。

② 《事变前后留学生省别比较表》，中国第二历史档案馆藏伪华北临时政府教育部档案，二〇一七／179。

③ 据国民政府教育部编《18学年度至35学年度出国留学生数》记载，1938—1945年赴日留学生统计为“零”，中国第二历史档案馆藏国民政府教育部档案，五／12038。

为详细的规定。[①] 因《留学规程》与1941年5月汪伪教育部公布的《国外留学规程》的主要内容基本相似，且伪维新政府存在时间不长，在其统治时期仅派出了37名留学生赴日，故在此对《留学规程》不做详细介绍。

为加强对留日自费生的管理，1939年，伪华北临时政府和伪维新政府教育部均公布了《发给留日自费生留学证书暂行条例》，其内容基本相似。《条例》规定："凡自备费用或由私法人遣派并供给费用赴日本留学或研究专门学术或入其他机关研究实业者，称为留日自费生。"留日自费生请领留学证书须具有下列资格之一："（1）公立或已立案之私立专科以上学校毕业生者；（2）公立或已立案之私立高级中学或同等学校毕业者。"留日自费生请领留学证书须呈缴毕业证书、保证书、最近4寸半身相片2张及证书费、印花税票等；由私法人遣派留日自费生还须由遣派机关代请发给留学证书；"留日自费生取得留学生证书后，须依照手续向主管机关请领渡日身份证明书，并向日本领事馆申请签字"；"留日自费生取得留学证书后，其出国日期以三个月为限，倘至期因故不能成行，须开具理由，检同留学证书呈请本部（教育部）复加签注，得延期三个月，但以一次为限"。[②]

伪华北临时政府教育管理部门也相继公布了一系列管理留学生的政策。

汪伪国民政府成立之后，汪伪教育部在其所拟的施政计划中，"即有筹设公费留日学生的计划，拟于日本退还庚款中拨出一部分，以备派遣公费留学生之需"。为规范留学教育（实际上只有留日教育），1941年5月，汪伪教育部公布了《国外留学规程》。《规程》将留学生分为公费生和自费生两种：公费生系"由各省市教育行政机关考取或由公共机关遴选派赴国外研究专门学术，供给其研究期间全部费用者"；自费生系"自备留学费用或由私法人遣派赴国外研究专门学术，供给其费用者"。对于公费生，强调"应注重理农工医等专科"，"研究科目之种类、公费生名额、留学国别、年限及经费状况等，须由各省市依其地方情形之需要及所研究科目之性质，于每届招生前详为规定，呈部核准施行。但留学年限至少二年，至多不得过六年，实习及考察期间在内"。关于公费生的考试选拔，《规程》规定由各省市初试后由伪教育部复试决定之。报名参加公费留学生考试的人员须具备下列条件之一："一、国内外公立或已立案之私立专科以上学校毕业并曾任与所习学科有关之技术职务二年以上者；二、国内外公立或已立案之私立专科以上学校毕业后曾继续研究所习学科二年以上而有价值之专门

---

① 《留学规程》（1938年12月26日），汪伪国民政府文官处编：《政府公报》第35号，"法规"第13—22页。

② 《发给留日自费生留学证书暂行条例》（1939年1月24日公布），伪维新政府教育部公报处编：《教育公报》第9期，"法规"第5—6页。

著作或其他成绩者；三、国内外公立或已立案之私立大学或独立学院毕业而成绩优良者。”“报名时除呈缴毕业证书及最近四寸半身相片两张(一张存各省市，一张送部外”，其具有前述第一款资格者“并须呈缴履历书及服务证明书各两份（一份存各省市，一份送部）”，具有前述第二款资格者“并须呈缴专门著作及其他成绩”，具有前述第三款资格者“并须呈缴学校成绩证明书”；“服务证明书或学校成绩证明书，须由服务处所最高主管人员或学校校长签名盖章”。初试同一省市区内每年举行一次，报名时间为每年的 2 月 1 日至 3 月 1 日，初试时间为 4 月 1 日至 15 日。初试前先进行体检，体检合格者参加笔试。初试笔试分普通科目和专门科目两方面，普通科目有：“国父孙先生遗教及‘和平反共建国’理论”、“国文”、“本国史地”、“留学国国语”（作文、翻译、会话）四门；专门科目则视所考各学科而定，但最少须考三种科目。由伪教育部组织的复试时间为 7 月 1 日至 15 日，复试内容则分留学国国语（作文、翻译、会话）和专门科目（由初试之专门科目中选考二种）两门。考试成绩计算方法为：“初试之成绩计算以普通科目中之国父孙先生遗教及‘和平反共建国’理论、国文及本国史地共占总分数百分之二十五，留学国国语占百分之二十五，专门科目占百分之五十。复试成绩以三种科目平均计算。”“复试考取各生须于三个月内出国，逾期者得取消其资格。”公费留学生的费用（包括来回川资、学费等）也有明确规定：“出国及回国川资由各省市视留学国路程及其他情形规定之。川资及学费发给手续由各省市规定，但出国时须预给三个月学费。留学经费暂以留学国国币为标准”；“各省市于每公费生出国时，应拨存其留学国管理机关准备金一千元，以供灾害救济、疾病治疗等意外之用。”《规程》也对公费生的学业等做出了较为严格的规定：“公费生于留学期内，非有特别情形经各省市转呈本部许可者，不得变更其研究科目及留学国，违者取消其留学资格，勒令返国，并追还其以前所领一切费用”；“公费生于留学期内，须于每学期开始前，将上学期之经过及研究之成绩，连同主任教授证明文件，呈请管理留学机关证明，并须分别呈部及本省市审查备案”；“公费生于每学期开始后一个月内尚未呈报前条所规定各项，一次者予以记过”，二次者则取消其留学资格，勒令返国；“公费生在留学期内，有办理政府所委托事件之义务”；“公费生实罹重病不能继续学业者，得由管理留学机关报告各本省市，令其返国，并由各本省市报部备案”；“公费生遇家庭重大变故，得呈由管理留学机关向各本省市请假返国，但须经许可后方得起程。此项假期不得超过一年。假期内不给学费，并不给来回川资”；“公费生毕业后须将毕业证件送请管理留学机关验印证明”；“公费生回国后两个月内，须到各本省市报到，如本省市需要其服务时，至少须依照其留学年限在本省市服务，违者得追还其以前所领一切费用”。对自费出国的留学生的要求和管理，虽然没有公费生严格，但也有明确的规定，如赴国外留学的自费生须具有下列资格之一：“一、公立或已立案之私立高级中学以上学校毕业者；二、公立或已立案之私立职业学校毕业者、曾在国内任技术职务二年以上著有成绩者。”自费生出国须由殷实商号或有固定职业能担任该生经济及行为责任者作为保证人签署保证书，保证书中载明：所有该自费留学生“留学期内应须经费及其他行为，均由保证人负完全责任，如在留学期内发生一切经费困难问题时，经教育主管机关通知保证人后，保证人立即筹款接济”。并规定同一保证人在同一时期内“所保证之自费留学生至多以三人为限”。自费生与公费生一样，在留学期间，“须于每学期开始前，将上学期之经过及研究之成绩，连同主任教授证明文件”，“呈请管理留学机关审核后转部备案。一学期不报者，管理留学机关应予以警告，两学期不报者，取消其留学资格，并勒令回国”。对有特别成绩的自费生，“得请留学学校及管理留学机关证明，迳将特别成绩连同证明文件、学历及最近四寸半身相片二张，呈送各省市审查暨本部审定认可者，得享受各本省市奖学金补助”。《规程》明确规定：“公自费生有损辱国体或荒怠学业及其他不法行为，得由所在国之管理留学机关报告本部，取消其留学资格，勒令返国。如系公费生，并追还其以前所领之一切费用。”而留学生管理机关系指留学生监督处及驻外使领馆。《规程》还规定，所有出国留学的学生，不管是公费生还是自费生，均须请领留学证书，其请领手续为：公费生请领留学证书“须呈缴最近四寸半身相片二张、证书费二元、印花税一元，经公共机关遣派者，并须呈缴毕业证书及履历书”；自费生请领留学证书，“须呈缴毕业证书、保证书、最近四寸半身相片二张、证书费二元、印花税一元”。自费生如系职业学校毕业并曾在国内任技术职务二年以上者，“并须呈缴履历书及服务证明书，服务证明书须由服务处所最高主管人员签名盖章”。由公共机关或私法人遣派者，“应由遣派机关代请发给留学证书”，并须呈缴最近四寸半身照片两张、证书费两元、印花税一元及毕业证书、履历书。公自费留学生取得留学证书后，持该证书向汪伪外交部或外交部委托发给护照机关“呈请发给护照，并向有关系国之领事馆申请签字”。自费生取得留学证书后，应在三个月内出国，倘到期因故不能出国时，须开具理由检同留学证明向伪教育部申请延期三个月，但只可申请延期一次。自费生取得留学证书后在未出国前如欲改往他国，须将原领证书呈交伪教育部注销，请求换发改注留学国留学证书，在呈请时须另缴保证书及相片一张、印花税一元。公自费留学生抵达留学国后，应在两个星期内将留学证书向驻在国管理留学机关呈验报到。“华侨自费生经管理留学机关考试国文及本国史地及格者，方得由该管理留学机关转请本部发给留学证书。”对未领留学证书就赴国外留学的留学生，处以下列制裁：“一、不得以留学生名义请领护照；二、不得请求管理机关介绍入学；三、不得呈请奖学金补助；四、回国时呈验毕业证书不予登记。”[①]

汪伪国民政府存在期间，仅与日本、纳粹德国等少数国家建有“外交关系”，而派遣有留学生的国家仅有日本，因而所谓的“国外”留学规程，毋宁说留日规程更为贴切。

与此同时，作为独立另行派遣留日学生的伪华北政务委员会教育总署也于1940年10月12日公布了《发给留日公费生留学证书暂行条例》，规定“凡由政府及各省市教育行政机关考取或由公共机关遴选，派赴日本国研究专门学术并供给其研究期间全部费用者，称为留日公费生”。并对这种留日学生请领证书的手续做了详细的规定。[②]1941年8月19日，伪华北教育总署又公布了《发给留日自费生留学证书暂行条例实施办法》。1942年8月14日，为适应太平洋战争爆发后形势变化的需要，伪华北政务委员会又公布了《留日学生出国暂行办法》。该《办法》规定：“留日公自费生每年出国总名额由教育总署费别核定，除通行各地方教育行政机关知照外，并登载华北政务委员会公报通告之。每项每年出国总名额系自本年四月起至次年三月底止之总额”；“各省市或各公共机关每年派遣留日公费生，须于一月底以前将本年预定派遣名额送请教育总署核定”；留日公费生出国时，须由原派遣机关检具下列各件转请教育总署发给留学证书：“一、履历书；二、最近四寸免冠半身相片二张；三、证书费二元；四、印花税票四元。”“留日自费生出国须请发留学证书，专科以上学校毕业者应迳呈教育总署核发，其余应呈请毕业学校所在省市教育厅局转请教育总署核发”；留日自费生请发留学证书期间，每年分为两次：“第一次向教育总署呈请者，由一月一日起至一月底止，向各省市教育厅局呈请者，由十二月一日起至十二月底止”，“第二次向教育综述呈请者，由七月一日起至七月底止，向各省市教育厅局呈请者，由六月一日起至六月底止”；留日自费生请发留学证书，须附呈履历书、毕业证书、保证书、最近四寸免冠相片三张、证书费二元、印花税票四元，当年毕业生在呈请期限内未能领得毕业证书者，经原校考查该生历次试验成绩，本届确能毕业时，得由该校先行出具证明书。教育行政机关对于自费生请发给留学证书者，应依照左列各项切实审查：“（一）毕业证书是否实在；（二）保证书所具保证人或商号是否可靠；（三）呈请人之品性及思想之倾向；（四）呈请人是否确实留学。以上各项经审查有疑问时，得传询原呈请人面加考查，如证书不确实或呈请人不合格时，应驳斥之”；“留日自

① 汪伪国民政府文官处编：《国民政府公报》第190期“附录”，第17—25页。

② 《华北教育总署公布发给留日公费生留学证书暂行条例》，详见《华北政务委员会法规汇编》六，“教育”，第102—103页。

费生取得留学证书后，其出国日期以两个月为限，倘至期因故不能成行，须开具理由，检同原发留学证书，呈请教育总署复加签注，得延期两个月，但以一次为限”；“留日公费生取得留学证书后，须向在北京大日本帝国大使馆（前日本兴亚院华北联络部）请求盖戳，并须依照手续，向主管机关请领渡日身份证明书及向日本领事馆申请签字”；“留日自费生取得证书出国后，应向驻日办理留学事务专员办事处呈请登记”。[①]

此外，汪伪有关部委和统治区内各级伪地方政权，也制定了一些针对留日学生的管理规定，如 1941 年 12 月 5 日伪天津特别市政府公布了《修正天津特别市公署留日学生暂行规程》23 条、1942 年 1 月 21 日伪河南省公署公布了《河南省补助公费留日学生暂行办法》11 条、伪汉口特别市政府于 1942 年 1 月 24 日公布了《汉口特别市考选国外留学公费生办法》21 条、1944 年 3 月 2 日伪山西省政府公布了《山西省管理留日学生及研究员暂行规则》12 条等。

针对汪伪统治区内华北、华中（包括华东）、华南及蒙疆各地留日教育各自为政的状况，太平洋战争爆发、汪伪国民政府绑上日本帝国主义战车对英美宣战后，为“适应中日两国现处之重大时局”，“对于一般中国之留日学生加以密紧之统制及辅导，期达成一元化之境地”，[②]汪伪统治集团内部一些人曾试图实行“举国”统一的留日教育制度，并制定了《划一留日学生留学制度方案》。《方案》规定：“基于中日两国之永久紧密亲善与夫同盟之精神，对于培植留日学生事业，应由中日双方协力担当之”；“废除以前选拔留学生由大东亚省及中国政府分别发给之办法，于公费自费留日学生之外，创设共同国费生之制度，中日两国政府每年度各分担育英资金之半数，于事先准备之”；“无论国费及公自费留学生，渡日以后之学费皆由大东亚省自中国领取后发交日本内地之辅导机关转发。其共同国费生中日所给之学费，由前项辅导机关合一发给之”；“留日学生计分下列三种：（一）共同国费生：由中日两国共同以国费支给其学费者为共同国费生。（二）公费生：由中国地方政府公共团体或留学生资助团体之经费支给其学费者为公费生。（三）自费生：以私人费用充学费者为自费生”；每年留日学生总数控制在 400 名以内，“共同国费生”与“公”自费生名额各半，各地区名额分配如下：华北地区“共同国费生”75 名以内、“公”自费生 75 名以内，华中地区（包括华东）“共同国费生”75 名以内、“公”自费生 75 名以内，华南地区“共同国费生”25 名以内、“公”自费生 25 名以内，蒙疆地区（伪蒙疆联合自治

---

① 中国第二历史档案馆藏伪华北政务委员会教育总署档案，二〇二一／500。

② 《划一留日学生留学制度方案》，中国第二历史档案馆藏伪华北政务委员会教育总署档案，二〇二一／503。

政府统治区域）“共同国费生”25名以内、“公”自费生25名以内，“每年收容实数应视状况如何，于四月底以前由大东亚省通知日本大使馆”。凡“共同国费生”及“公”自费生在出国前均须经过下列各项试验，及格后始能发给赴日留学证书：“（一）学科试验：国文、东亚史地、数学、理化、博物。（二）日本语文试验：日本语文、品行思想（本试验以品行思想之测验为主）。（三）身体检查：风土病、传染病、呼吸器病之有无及一般健康。”上述留日学生之试验“应由中日两国政府遴派适当人员组织留学生考试委员会举行之，中国委员担任学术试验，日本委员担任日本语文试验及身体检查”；“留学生考试委员会应于试验完毕，检同及格各生考试成绩表及所缴各项证件二份，送达于各当地日本大使馆或公使馆事务所。上述各机关应于十一月底以前转送日本大东亚省”；“留日学生考试及格后，应由负责人员率领于每年三月十五日以前渡日。到日后先施以预备教育一年，再入正式学校”；“日本国内之官立高等、专门、大学等校特设置固定名额以收容预备教育修毕之留日学生”；“日本大东亚省设置辅导机关，对于留日学生在留学期内一切有关生活事项尽辅导援护之责”。[①] 由于日军实行对各占领区“分而治之”的政策，伪华北政务委员会特别是伪蒙疆政府一切以日本占领军的意旨为制定各种政策的依据，并不完全听命于汪伪国民政府，且日本帝国主义很快失败，伪傀儡政权随之消灭，汪伪统一留学日本的政策并未能得到各傀儡组织的响应，《划一留日学生留学制度方案》也就成了一纸空文。

同时，日本当局为加强对各殖民地赴日留学学生的管理，特别是太平洋战争爆发后，为满足“大东亚共荣圈”服务人才的需求，对留日学生政策进行了改革，“确立基于国家意志的留日学生的指导方针”，使其在留学期间，“加深其大东亚建设的精神及对日本真相的理解”，于1943年9月10日阁议，通过了对留日学生的《教育方针实施要领》，“原则上用对日本人同样严厉的态度对待之，不仅对学校教育，即对一般生活的指导，各种辅导团体的监督，预备教育，卒业后的指导等，亦由大东亚省、文部省整备必要机构，讲求妥善措备”。其实施要领如下：

一、留日学生的简拔，经各该国政府及当地机关所推荐的优秀人才中选择之，其数额由大东亚省、文部省和关系官厅协议，在各国、各地域有计划的决定之；

二、留日学生在进入的学生以前，在派遣国、派遣地域及内地，在文部省和大东亚省的协力下，施行准备教育，以训育教育为重心，以谋提高日本语的熟练

① 《划一留日学生留学制度方案》，中国第二历史档案馆藏伪华北政府委员会教育总署档案，二〇二一／503。

及基础学问；

三、选定留学生，由文部省及大东亚省按照各国、各地域的情形，并派遣国及本人的志愿，而予以有计划的分配；

四、对留日学生，原则上与日本同样严厉教育之，不采用特别学级等特殊方式，寄宿舍亦与日本学生同处，由于同宿生活而使与日本学生精神上一体化，并任命专任指导教育，以期其妥善；

五、关于留日学生的辅导，另有辅导团体的活动，以谋彻底；

六、对留日学生为使其在卒业后得发挥留日的成绩起见，讲求就职及其他适当的措置；

七、对国内各阶层加深其对留日学生的理解，使协力指导；

八、在文部省、大东亚省，确立留日学生的指导上所必要的机构；

九、在辅导团体的指导监督，分别各国各地域而予以一元的统制指导。①

二、留日学生管理机构

在日留学生的管理，初由汪伪国民政府驻日大使馆负责，随着赴日留学人数的逐渐增多，“应处理之事务亦日益繁重”，1941 年 4 月，汪伪教育部派出 1 名专员，赴日驻在汪伪驻日大使馆内“协办留学生事宜，但仍以事务繁杂，只有专员 1 人，势难应付，乃于 8 月中加以扩充，改为驻日学务专员办事处”。②根据《中华民国教育部驻日学务专员办事处暂行简章》的规定：该处设于汪伪国民政府驻日大使馆内，设处长 1 人，“由教育部遴派，承教育部长之命，驻日大使之监督，办理留日学生事宜”，该处“对于留日公费自费学生一切事宜，应随时处理。凡涉及外交事项，须秉承驻日大使馆办理，并呈报教育部备案”，同时对“各省市留日学生事宜，应呈部核办”。③必须指出，汪伪国民政府教育部驻日学务专员办事处所能管理的仅是汪伪教育部等各机关及汪伪所能直接统治的各省市（江苏、浙江、安徽、湖北、江西、广东等省及南京、上海、汉口等特别市）所派公费留学生以及上述地区的自费留学生。按当时的实际情况，尽管华北地区也处于汪伪统治范围内，但伪华北政务委员会具有高度的“自治”权，并不完全听从汪伪国民政府的指挥，其统治区域所派留日公费生以及自费生由伪华北政务委员会教育总署在日另行设置的“驻日办理留学事务专员办事处”负责管理，且

① 《申报》1943 年 9 月 18 日。

② 汪伪国民政府宣传部编印：《国府还都第二年国民政府施政概况》，1942 年 3 月 30 日印行，第 63—64 页。

③ 《教育部为检送中华民国教育部驻日学务专员办事处暂行简章及支出概算书请会同审议联衔呈复致外交部咨》（1941 年 8 月 6 日），中国第二历史档案馆藏汪伪外交部档案，二〇六一 /1055。

该处并不隶属于汪伪国民政府教育部在日所设的驻日学务专员办事处。据《中华民国华北政务委员会教育总署驻日办理留学事务专员办事处办事细则》规定：该处承伪教育总署督办之命，管理留日学生事务。该处设专员一人、事务员一人、雇员若干人。“专员总理本处一切事务，事务员承专员之命助理本处事务”。该处之职责如下：“（一）关于办理留日学生登记事项；（二）关于调查考核呈报留日学生学业及品行事项；（三）关于留日学生入学及毕业生登记呈报事项；（四）关于留日公费生请假销假事项；（五）关于留日公费生转学升学休学退学事项；（六）关于保荐留日自费生充选拔留学生事项；（七）关于支给停发留日公费生公费津贴事项；（八）关于指导监督留日学生其他一切事项；（九）关于华北各省市嘱托代办事项。”[①] 该处设于东京牛込区新小川町三丁目十六番地，方念慈任专员，阎荫森为事务员。该处成立后，曾拟就《华北留日学生须知》16项，并于1942年8月经伪华北政务委员会教育总署审议后公布，规定：“留日学生务于抵日本五日内携带教育总署发给之留学证书、学校毕业或修业证书及最近免冠四寸半身相片二张，到驻日办理留学事务专员办事处（以下简称驻日办事处）报到并办理登记手续”；“留日学生于入正式学校时，应请驻日办事处填发入学介绍愿书，再向兴亚院或驻日大使馆请发入学介绍书”；“留日学生于驻日办事处登记后，仍应到驻日大使馆办理登记手续”；“留日学生在日本之住所及所入学校所习学科，应呈报驻日办事处，嗣后如有更动时应随时具报”；“留日公费生遇有不得已事故或确因疾病告假返国时，应先呈由驻日办事处转呈教育总署核准后方得回国”；“留日公费生须于每学年开始前将上学年之学业成绩或研究成绩连同主任教授证明文件，呈报驻日办事处”；“留日学生毕业归国，应呈报驻日办事处汇呈教育总署”；“留日学生每月领取留学费补助费及津贴，应遵守驻日办事处通知所规定之日期及时间”；“留日学生如有呈请教育总署事项，应呈由驻日办事处转呈核办”。[②]1943年5月伪华北政务委员会教育总署公布了《驻日办理留学事务专员办事处管理留日学生事务规则》17条，其要点如下：

第三条　办事处对于留日公费自费各生检同留学证书、请求注册及介绍入学时，应即予以登记并发给入学介绍书。

第四条　办事处应于每年五月将留日公费自费各生切实调查，编制姓名、籍贯、学校、学科、年级、成绩表册，呈报教育总署备查。

① 中国第二历史档案藏馆伪华北政务委员会教育总署档案，二〇二一 /501。

② 中国第二历史档案藏馆伪华北政务委员会教育总署档案，二〇二一 /501。

第五条　办事处对于已毕业之留日学生，应将姓名籍贯、毕业学校、学科及成绩汇报教育总署，如系大学毕业者，应将毕业论文题目及论著纲要一并抄呈。

第六条　办事处对于留日公费自费各生之行为、生活情形及在校出席状况与试验成绩，应随时切实调查，对于各留学生所在地每年最少应巡视一次，将调查及巡视情形一并呈报教育总署。

第七条　留日公费自费生如有不守规则或不名誉之行为，办事处应随时劝诫，倘屡诫不悛，得呈请教育总署取消其公费或勒令回国。

第八条　留日公费生如经指定学校或研究实习学科者，办事处不得准其改入他校或其他学科，但经原派机关核准者，不在此限。

第九条　留日公费自费生如有呈请事项，应呈报办事处查核转请，不得迳呈教育总署。

第十条　留日公费生于规定修业年限内未经呈准，无故中途退学者，得追缴其以前所领各费。

第十一条　留日公费生遇有左列情形之一者，得由办事处呈请教育总署取消其公费：

（一）学年试验继续落第二次以上者。

（二）因有重病或其他事故认为无毕业希望者。

（三）有第七条情事者。

（四）违反第八条规定者。

第十二条　留日公费生之学费或津贴应按月发给，不得预支。

第十三条　留日公费生之学费或津贴，除因病及其他不得已事故外，不得委托他人代领。

第十四条　办事处发给留日学生各费时须取具收据，按月呈报教育总署或原派机关核销之。

第十五条　留日公费生每月应领公费或津贴及出国返国旅费数目另定之。

第十六条　办事处得委托各省市所派之管理员协同办理留学事务，但未设管理员之省市，其留学事务均由办事处兼理之。①

同年7月30日，伪华北政务委员会教育总署就关于留日教员是否应遵从管理留日学生事务规则事给驻日办理留学事务专员办事处指令：“留日教员在国内虽仍保留

① 中国第二历史档案馆藏伪华北政务委员会教育总署档案，二〇二一/501。

教员资格，但在日本留学期间则身份上与一般留日学生相同，其一切管理事项，自应适用管理留日学生事务规则之规定。”①

此外，伪华北政务委员会教育总署驻日办理留学事务专员办事处还制定有《华北留日学生请假归国暂行规则》等管理留日学生的规章制度。1944 年 10 月伪山东省政府以“本省留日学生年来日见增多，为管理留日学生事务便利起见，拟在日本设置山东留日学生管理员，以专责成”，②并曾拟定《山东省留日学生管理员办事处组织暂行规程》及《管理事务暂行规则》咨请伪华北政务委员会教育总署核准。同年 11 月 24 日，伪华北政务委员会教育总署以“关于管理华北留日学生事宜，本总署已在日本设有驻日管理留学事务专员办事处，专司其事，近年华北留日学生人数，虽见增加，管理尚称周妥，贵省政府拟于本年年末成立管理留日学生人员办事处一节，似可暂从缓议”。③

日本方面负责汪伪留日教育事宜的机构，初为兴亚院，后为大东亚省。兴亚院是日本政府为处理有关侵略中国事宜而设立的专门机构，1938 年 12 月 15 日正式成立，日本首相兼任总裁，外相、陆相、海相和藏相兼任副总裁。该院设有政务、经济、文化、技术 4 部，包括处理伪政权留日教育在内的文化教育事宜，均由文化部负责，文化部部长由松村担任。兴亚院在中国北平、上海、青岛、汉口、广州、厦门等地均设有分支机构。兴亚院每年根据“庚款”数额确定各伪政权赴日留学生的数量，然后通过日本大使馆通知各伪政权进行考选。太平洋战争爆发后，为适应侵略战争的需要，统一指导各占领地的政治事务，加强对各傀儡政权的扶持和利用，以便充分利用一切物力、人力，日本政府内阁于 1942 年 9 月决定设置大东亚省。同年 11 月 1 日，正式成立，其职掌为：“管理有关大东亚地区（除日本本土、朝鲜、台湾、库页岛外）的各种政务的实施（除纯外交以外）”，“指挥监督驻在大东亚地区的外交官及领事官”。大东亚省成立后，日本原负责殖民地事务的拓务省、兴亚院、对满事务局及外务省所属的东亚局与南洋局等均撤销，其事务一并划归大东亚省主管。原由兴亚院文化部负责的包括汪伪政权在内的各伪政权的留日教育事宜也随之由大东亚省接手。1945 年 5 月，“日当局为谋中日两国关系之更加密切，特依照大东亚共同宣言之旨趣，将业已成立之七团体合并，另组财团法人‘日华协会’于东京，以强化文化交流、中日提携、辅

---

① 中国第二历史档案馆藏伪华北政务委员会教育总署档案，二〇二一 /501。

② 《山东省政府咨请设置山东省留日学生管理员》（1944 年 10 月 5 日），中国第二历史档案馆藏伪华北政务委员会教育总署档案，二〇二一 /501。

③ 《教育总署关于山东省拟在东京设置留日学生管理员办事处事审核意见致山东省政府咨》（1944 年 11 月 24 日），中国第二历史档案馆藏伪华北政务委员会教育总署档案，二〇二一 /501。

导留日学生，以及谋两国国民亲善为宗旨”[①]。近卫文麿、细川护立任正、副会长，“日华协会”也就成为日本管理中国留日学生的管理机关。

第三节　公费留日学生的选派

日伪统治时期十分重视公费留日学生的选派，伪华北临时政府（包括伪华北政务委员会）、伪维新政府、汪伪国民政府以及各级地方政权和御用团体、机构均选派了不少公费留学生赴日本留学。

一、伪维新政府选派的公费留学生

伪维新政府成立后，伪教育部“为沟通中日文化起见”，在1938年度施政计划中即有筹设公费留日学生的计划，其办法为“于日本退还庚款中拨出一部分作为派遣公费留学生之需”。1939年5月下旬，伪教育部接到日本南京总领事馆发来的《昭和十四年度选拔留学生采用要纲》和《选拔留学生之选定并学费补给要纲》，规定伪维新政府统治区域内可选拔30名留学生赴日。为此，伪教育部特制定了《教育部留日公费生考选委员会组织条例》，组织成立了“教育部留日公费生考选委员会”。除伪教育部部长顾澄、次长王修、主管司长朱钰为当然委员外，并由顾澄指定伪教育部参事、秘书、司长汪郁年、施文治、裘毓麐、张素康、张泰、吴维中、余祥森、赵如珩为委员，制定公布了《教育部留日公费生考选办法》，并由伪教育部咨请伪江苏、浙江、安徽三省及上海、南京两市铨衡保送学生。至7月底，江苏保送24名、浙江保送13名、安徽保送5名、南京保送36名、上海保送18名、教育部保送3名、教员养成所保送4名，共计104名铨衡学生。8月10日，此104人分别在南京和上海两地参加复试（复试科目有国文、外语、数学、口试等），并于8月19日起在南京和上海的报纸上公布录取名单，计正取生37名（经汪伪教育部与日本总领馆商量，并经日本外务省文化事业部同意，在30名基础上增加7名）、备取生5名。其中正取生沈煊、陆昌煦放弃赴日由备取生袁雅卿、徐忠信递补。37名录取生于8月27日至伪教育部临时教员养成所受训，28日先后晋谒伪维新政府行政院院长梁鸿志和立法院院长温宗尧及日本南京特务部部长原田、日本驻南京总领事崛内“聆训”，30日在伪教育部官员赵如珩、钟道威的率领下由南京赴上海，31日办理出国手续后，“赴上海三浦总领事暨兴亚院文化局长处聆训”，9月1日在伪教育部顾问汪咏的率领下乘坐“香取丸”

① 《中华日报》1945年5月25日，第1页。

东渡日本。[①]据档案记载，此37名留日学生大都为伪维新政府及所属上海、南京、江苏、浙江、安徽等省市政府官员的子女，包括伪维新政府外交部部长廉隅的儿子廉康成、立法院院长温宗尧的侄子温鹪年、实业部次长叶鼎新的儿子叶庆元和女儿叶蓓芬、实业部司长竺缦卿的儿子竺陔南、财政部参事沈浚源的儿子沈学溥、教育部参事汪郁年的儿子汪国华、教育部参事施文治的儿子施善驷、行政院宣传局局长孔宪铿的儿子孔萝熊、南京特别市市长高冠吾的儿子高之珀、南京特别市秘书长孙叔荣的儿子孙瑞汧，以及前伪常熟地方治安维持会会长、伪浙江省政府参事的儿子等。[②]

二、汪伪政府选派的公费留学生

汪伪国民政府成立后，汪伪教育部在其所拟的施政计划中，“即有筹设公费留日学生的计划，拟于日本退还庚款中拨出一部分，以备派遣公费留学生之需”。选派留学生赴日成为伪教育部的一项重要工作，除华北政务委员会统治区域留日学生由伪华北教育总署自行派遣外，汪伪教育部每年均要选拔派遣数量不等的赴日公费留学生。据中国第二历史档案馆藏汪伪行政院、教育部等有关全宗档案记载，根据日方的安排，从1940年至1944年汪伪教育部一共派遣了153名公费生赴日留学，即1940年38名，1941年30名，1942年30名，1943年30名，1944年25名。据汪伪机关报上海《中华日报》报道，1945年5月19日下午，汪伪教育部高等教育司司长朱钰在接受中外记者采访报告最近施政状况时称，1945年度将暂停派遣留日公费生：“兹经日大使馆来函，以日本目下之情势，关于本年度留日中国学生，予以暂时停止，此事业经本部分咨各省市政府查照。”[③]而汪伪国民政府于同年8月随着日本的无条件投降而寿终正寝，可知1945年汪伪未派遣赴日留学生。

兹将汪伪教育部历次特别是1940—1941年两次选派留日学生的经过做一概述。

1940年5月24日，日本驻南京大使馆致函汪伪教育部，“述及民国二十九年度（昭和十五年）留学推荐事宜，在华中方面可选拔二十五名等，由教部准函后，即着手办理”。[④]由于这是汪伪政府成立后首次派遣留日学生，因而汪伪教育部十分重视，依据留学规程，拟定了《教育部留日公费生考选委员会组织大纲（民国二十九年度）》，决定成立由伪教育部部长赵正平为委员长，教育部次长樊仲云、戴英夫为副委员长的

① 《伪维新政府教育部呈报留日公费生录取名单及考选办法办理经过》（1939年9月14日），中国第二历史档案馆藏汪伪行政院档案，二〇〇三②／295。

② 《伪维新政府教育部呈报留日公费生录取名单及考选办法办理经过》（1939年9月14日），中国第二历史档案馆藏汪伪行政院档案，二〇〇三②／295。

③ 《中华日报》1945年5月20日，第1页。

④ 《教育部工作报告》（1940年10月），中国第二历史档案馆藏汪伪教育部档案，二〇七八／24。

"教育部留日公费生考选委员会"，其成员有钱慰宗（高等教育司司长）、徐汉（教育部秘书）、徐公美（教育部参事）、徐季敦（普通教育司司长）、严恩柞（社会教育司司长）、赵如珩（教育部督学）、孙振（编审）、徐义范（编审），"处理考选留日公费生之一切事宜"。[①]该委员会成立后，于1940年6月27日举行第一次会议，制定了《教育部留日公费生考选办法（民国二十九年度）》，咨请苏、浙、皖、鄂四省省政府及京、沪、汉三特别市市政府于7月25日同时举行初试，初试科目为国文、常识。8月3日，初试揭晓，初试合格者计江苏12名、浙江9名、安徽3名、湖北9名、南京市41名、上海市19名、汉口市19名，共计112名。"后以华中方面希望留日之学生人数过多，原定名额实觉不敷分配，教部乃函请日方增额10名，结果日方允于原定25名外，再增3名，合计28名。"[②]8月10—11日，初试及格者分别在南京、上海、湖北、汉口四地举行复试，复试科目有国文、外语（日、德、英、法任选一门）、数学（代数、几何、三角）、自然科学（物理、化学、生物任选一种）、专门科学（依据投考者之拟习科目分别试验）及口试。[③]8月17日试卷评阅完成。8月19日，考选委员会召开第四次会议，决定去取。由于"此次各省市应试生徒极为踊跃，而成绩亦相当优良，经过严密考试，计复试及格者录取34名，特许者4名，共得38名。除由日外务省允许资助28名外，其余10名作为部派公费生"。其中有4名已在日本留学多年，"考查成绩确属优良，但因学费接济中断，势将半途辍学，经教部考察属实，特许改为部派公费生"。[④]从8月20日起，汪伪教育部在南京《新报》《中报》及上海《新申报》《中华日报》上公布录取名单，并通知录取者于9月1日前来伪教育部报到。除2名因病请假暂缓出国外，其余人员均按时报到。9月2日起，所有录取人员均在南京建邺路汪伪中央大学内接受为期3天的集训，"以期该生等于出国前，对彼邦社会、政治、经济、教育等之状况，得以认识"。[⑤]9月3日下午，赴中山陵谒陵。4日，汪精卫接见了全体留日人员。5日，留日人员又赴南京日本大使馆与总领事馆"聆训"。6日，留日人员在伪教育部有关人员带领下赴沪，办理赴日手续，并赴上海日本总领事馆与兴亚院华中连络部"聆训"。9月9日，留日人员在留日京都帝大学生胡逸石的陪同下乘"长崎丸"东渡日本。所有留学人员赴日后均先入日本东亚学校学习，然后再分派各大学。

---

① 汪伪教育部编：《国民政府教育部教育公报》第6期，1940年7月15日。

②《教育部工作报告》（1940年10月），中国第二历史档案馆藏汪伪教育部档案，二〇七八／24。

③《国民政府教育部教育公报》第6期。

④《教育部工作报告》（1940年10月），中国第二历史档案馆藏汪伪教育部档案，二〇七八／24。

⑤《教育部工作报告》（1940年10月），中国第二历史档案馆藏汪伪教育部档案，二〇七八／24。

1941年8月15日，日本驻汪伪南京大使馆以支大普通第107号函致汪伪教育部，要求该部根据日本所拟《补给中国留学生费推荐要纲》的规定，在华中地区选拔30名由日本补给学费的留学生赴日。该《要纲》对留学生资格、推荐方法及名额、期限等均做了详细规定，兹照抄于后：

补给中国留学生费推荐要纲

一、留学生资格

中华学校及专门学校毕业生或在日本留学中而身体强健、品学兼优者。

二、推荐方法

兴亚院连络部与中国政府机关之协议，附以本人之履历书、学业成绩证明书、志望学校、照相，由兴亚院总务长官推荐。志望之学校不得随意变更。

三、推荐名额

三十名以内。

四、推荐期限

民国三十年七月底。

五、留学时期

民国三十年九月渡日，令入东亚学校施以日语及其他预备教育，三十一年四月入各专门学校及高等学校。

六、东亚学校在学期内每月支给学费日金55元。入专门学校及大学校，其支给数额如左［下］：

	甲地方	乙地方
大学	金70元	金65元
专门学校	金60元	金55元
高等学校及其他	金55元	金50元

甲地方指东京、横滨、京都、大阪、神户言；乙地方指其他地方言。

七、渡日旅费

于留学生抵达东京时，支给火车、轮船三等之实在费用。①

接到日本大使馆的来函后，鉴于“大使馆来文较迟，已逾推荐之期，又限于九月

① 《汪伪行政院第76次会议讨论事项第三案附件》（1941年9月9日），中国第二历史档案馆藏汪伪行政院档案，二〇〇三/6987。

内渡日，时间匆促，所幸规定系推荐办法，并由兴亚院联络部在日本留学自费生中选身体强健、品学兼优者十名”，汪伪教育部遂“电请江苏、安徽、浙江、湖北四省省政府及上海、汉口特别市两市政府各推荐 2 名，计 12 名，其余由本部包括南京市在内推荐 8 名，共计 30 名”。[①] 汪伪教育部还制定了《教育部民国三十年留日公费生推荐办法》及《教育部民国三十年经办留日公费生支出概算书》，提请汪伪行政院议决。推荐办法确定的名额分配除从留日自费生中推荐 10 名及湖北、江苏、浙江、安徽、上海、汉口各 2 名外，还确定南京市 3 名、伪教育部 5 名，并规定南京市的 3 名由伪教育部考选。

对于上述《推荐办法》，汪伪行政院秘书处签注了两点意见：

（一）查考选留日公费生乙案，去年前任教育部赵部长曾因准南京日本大使馆函请拔选中华民国二十九年度留日公费生时，即拟具《留日公费生考选委员会组织大纲》并《留日公费生考选办法》二种，经奉提交第十五次院会决议通过。现前任教育部赵部长又呈送留日公费生推荐办法，似有未符，应请提交院会讨论。

（二）推荐办法与考选办法不同者有两点，兹列举如左［下］：甲、选派办法之不同。案查去年院会所通过之考选办法，规定凡报名投考之留日学生应于铨衡及格之后，由教育部命题，委托各省市教育行政机关于复试前半个月内举行初试，并将试卷连同证件送部详阅，凡初试及格之学生，须于复试日赴指定地点分别听候复试。而现呈送之推荐办法，所有选派之留日公费生，并未经初试复试手续，系由教育部及各省市政府自行推荐。据教育部前来呈称：系准照日本大使馆函送之推荐办法办理。然我方去年已有考选办法之订立，推荐办法于法无据。乙、学额分配之不同。去年选派学额之分配，系由内政、外交、教育三部于会同审查结果后决定原则：“录取名额标准，初试以地域为标准，复试以成绩为标准。”现查呈送之推荐办法，则由该部迳自指定学额，电请各省市自行推荐，核与去年之办法显有未符。因此，今年推荐办法，如因筹备不及，无法先期考选，而为时甚迫，九月内即需全部赴日，是否尚有补救办法，或经过一次考试加以甄别，敬请讨论。[②]

但经汪伪行政院第 76 次会议经讨论决议：“照案通过。”至 9 月份，20 名赴日留学

① 《汪伪行政院第 76 次会议讨论事项第三案附件“教育部原呈”》（1941 年 9 月 9 日），中国第二历史档案馆藏汪伪行政院档案，二〇〇三 /6987。

②《汪伪行政院第 76 次会议讨论事项第三案附件》（1941 年 9 月 9 日），中国第二历史档案馆藏汪伪行政院档案，二〇〇三 /6987。

生赴日事宜办竣。

1942年，根据日汪之间的安排，汪伪政府再次派出人员赴日留学。据档案记载，1942年日本方面又致函汪伪教育部，规定1942年度“华中方面留日补助生规定30名，其中20名尽于国内本年度高中生中选拔，其余10名则由现在日本之自费留学生中选拔。”①

1943年7月，日本驻华大使馆以第229号函送汪伪教育部，确定“该年度大东亚省留日补助生派遣办法，并定华中方面选拔30名，请即代办，希于8月20日以前办理完竣”。②汪伪教育部依令而行。

1944年6月，“日本驻华大使馆文字第191号函送本年度大东亚省留日补助生派遣办法，并定华中方面选拔25名，希于8月10日以前办理完竣”。③

汪伪各部委也有公费派遣学生和技术人员赴日留学的情况。1940年8月，汪伪警政部决定派20名警察官赴日本内务省警察讲习所留学，并制定了《警察官留学生选送办法》5条，其派遣标准为“所派各级警官统以现职服务在三个月以上而体格健全、仪表端正，并略谙日语及警察学术有相当根底者为合格，尤其对于思想及和平信念应绝对注意”。④这些留日警察官于同年10月赴日，进行为期1年的学习；1941年10月，汪伪内政部警政总署向日本选派了第二批25名警官赴日留学⑤；1942年、1943年汪伪内政部警政总署又向日本选派了第三和第四期警官赴日留学。1941年4月汪伪军事训练部决定派20名士官赴日留学，伪军事委员会特制定了《军事训练部考送留日士官学校学生规则》和《军事训练部考送留日学生覆试委员会章程》11条⑥；1944年汪伪陆军部向日本选派了60名军事人员到日本陆军士官学校学习，其中华北20名、蒙

① 《财政部部长周佛海致行政院院长汪精卫呈》（1942年8月18日），中国第二历史档案馆藏汪伪行政院档案，二〇〇三／4206。

② 《教育部长李圣五致行政院院长汪精卫呈》（1943年7月30日），中国第二历史档案馆藏汪伪行政院档案，二〇〇三／4206。

③ 《教育部长李圣五致行政院院长汪精卫呈》（1944年6月16日），中国第二历史档案馆藏汪伪行政院档案，二〇〇三／4206。

④ 《警政部为检送与日本大使馆制定选派留日警官办法致行政院呈》（1940年8月16日），中国第二历史档案馆藏汪伪行政院档案，二〇〇三/738。

⑤ 《内政部向行政院呈报考选第二届留日警官经过情形及名册》（1941年12月22日），中国第二历史档案馆藏汪伪行政院档案，二〇〇三/738。

⑥ 《军事委员会发考送留日士官学校学生规则及覆试委员会章程》（1941年4月10日），中国第二历史档案馆藏汪伪经理总监部档案，二〇三一/7483。

疆10名、华中（包括华南及驻日大使馆决取数）30名。[①]1944年10月，汪伪实业部“为造就工业专门人才振兴实业起见，考选学生（包括现职技术人员）资送赴日学习，俾养成技术人才，以供建设之需”，为此，制定了《实业部资送工科留日学生办法》，详细规定了资选原则、名额和待遇等。《办法》规定，“本届考选学生以学习工科为主，有余额时，得兼收农矿及工商管理学生若干名”，此次资送学生的名额为80名，其分配办法如下：“甲、招考国内中学、大学毕业生五十名；乙、就现已在日本入学之学习工科自费学生成绩优良者选取二十名，由各工科学生检同学校证明书及成绩单，呈请教育部驻日专员办事处转送实业部选定；丙、实业部有关各官署就现职技术人员、大学或专门以上学校毕业熟谙日文日语者选送十名，由各该服务机关将毕业证件、办事成绩，加具考语，送部选定赴日实习研究”，“现职人员在资送期内由各该原服务机关保留原资原薪，毕业归国后仍回原机关服务”，“录取学生及已在日本入学之学生每名每月给资助日金壹佰伍拾元，现职人员派遣生每名每月支给资助日金贰佰肆拾元”，“资助生赴日及返国时，得酌支旅费若干元”，“资助生应将每学期成绩单送请实业部考核”，“资助生如因品行不端或成绩不良者，得停止供给资助”，“资助生学成回国后，应有听候政府指派服务之义务”。[②]为完成招考国内大中学学校毕业生50名的任务，汪伪实业部特地制定了《实业部考选留日学生简章》，《简章》规定50名录取名额中，工科为40名，农科、矿科各4名，工商管理科2名，“凡身体健全、思想纯正、日语学有根基而有下列之一者，均得应考：甲、高级中学毕业或有同等学力、成绩优良者；乙、专科学校毕业者；丙、大学毕业者。”报名时间为1944年11月6日至15日，“应考人须持应缴证件亲至南京实业部工业司报名，但路远者得以通信报名”。报名手续包括：“1. 本人之履历表；2. 四寸半身照片3张；3. 毕业证书；4. 最后学期学业成绩表；5. 希望学习之学科及造就后预备就何职业，并附本人家庭状况（家长职业、家属人数及资产状况）。”考试科目，高中毕业生有国文、日语、英文、数学、物理、化学、口试及体格检查，大学毕业生就其所学科目另定。考试日期为1944年11月20日。录取名单在南京《民国日报》和北平《华北日报》上刊登，并分函通知本人。录取生于11月31日前携带志愿书、保证书到实业部报到。出国日期为1944年12月上旬。录取学生赴日后由实业部每名每月资助日金150元，并发给

① 《军事委员会发1944年考选留日陆军士官学生办法等项规定》（1944年2月13日），中国第二历史档案馆藏汪伪经理总监部档案，二〇三一/4586。

② 《实业部资送工科留日学生办法》，中国第二历史档案馆藏伪华北政务委员会教育总署档案，二〇二一/500。

旅费日金 1000 元，毕业回国旅费每名发给日金 800 元。[①]

三、伪华北当局选派的公费留学生

为培养高级汉奸人才，日伪华北当局（包括伪华北临时政府及其后的伪华北政务委员会）十分重视留日学生的选拔和派遣工作。

1939 年 6 月，日本外务省文化事业部“为期进行日华两国文化提携之工作”，“建立东亚新秩序造成中日提携基础”，与伪华北临时政府和维新政府拟定“本年度第一次外务省官费留学生一切办法”，并以外交公文的形式通知伪华北临时政府。伪华北临时政府教育部按日本的旨意，在北京、青岛等地共“慎重遴选”了 73 名留日学生，即北京 30 名、张家口 3 名、青岛 5 名、天津 15 名、济南 15 名、太原 5 名，其学生资格均在“高中毕业程度以上”，并于同年 9 月东渡日本。[②]

1940 年，日本方面给予汪伪国民政府留日学生名额为 90 名，其中华北（包括北平、天津、青岛、济南、石家庄、太原）方面为 40 名以内，并由伪华北政务委员会教育总署自行组织选拔。伪教育总署根据日伪选拔要纲，将名额分配至所属各省市及院校，即河南 2 名、河北 5 名、山东 4 名、山西 2 名、北京 10 名、天津 5 名、青岛 2 名、伪教育总署直辖院校 10 名，并组织成立了“中国留学生选拔委员会”，公布了该委员会组织规程，制定了《临时选派留日学生办法》等。经“中国留学生选拔委员会”根据报名情况进行选拔，共选出 40 名留学生赴日。[③]1943 年，伪华北教育总署教育局拟定的 1943 年度留日公费生计划中，将赴日公费留学生分为“国立”各院校教员及选拔生两种。其中教职员 14 名（北京大学 6 名、北师大 2 名、艺专 1 名、外国语 1 名、师资讲肄馆 1 名），留学期限为 1 年（1943 年 9 月—1944 年 8 月），其选派标准除要求“性格循良、思想纯正、身体强健”外，师资讲肄馆名额则明确要求从“北大、师大教授中选派，而以留学期满能兼充师资讲肄馆研究部指导员为合格”，另 11 名则“就助理以上人员选派，以各该学校所需要者指定研究范围”，2 名职员则从编审会编审中选派，留学期限为半年。[④]1944 年 9 月，伪华北教育总署选派了 26 名公

① 《实业部考选留日学生简章》（1944 年 10 月），中国第二历史档案馆藏伪华北政务委员会教育总署档案，二〇二一／500。

② 《促进中日文化提携两国交换留学生》，《新民报》1939 年 6 月 18 日。

③ 《伪华北政务委员会会汪伪行政院咨》（1940 年 9 月 30 日），中国第二历史档案馆藏汪伪行政院档案，二〇〇三／4176。

④ 《1943 年度选派留日公费生计划草案》（1943 年），中国第二历史档案馆藏伪华北教育总署档案，二〇二一／503。

费生赴日。[1]

此外，伪华北临时政府所属各机构如治安部等也根据需要选派了一批留日学生。从1938年至1940年，伪华北临时政府治安部共选派了三批警察赴日本警察讲习所留学。1938年选派情况不详。1939年1月，伪华北临时政府治安部警政局决定选派一批警官赴日留学，制定并由伪临时政府行政委员会第108次会议讨论通过了选送《日本内务省警察补习所留学规则》，决定选派学员20名。[2]其中河北5名、北京4名、天津3名、山东2名、山西2名、河南2名、青岛2名。[3]为此，伪治安部警政局特制定了《各省市选送留日警官学生注意各点》，并成立了“考选留日警察讲习所复试委员会”，公布了《治安部考送日本内务省警察讲习所留学学员复试章程》23条。各省市报名后，经体格检查、笔试、口试，实际共录取了22名（河南1名、河北4名、山东4名、山西2名、北京5名、天津3名、青岛3名）。[4]这22名学员经过4周的准备教育后赴日。1940年3月，伪治安部根据日本大使馆《民国廿九年度临时政府派遣警官留学生养成纲要》，从现职警官中选派了第三期留日警官25名，留学期限为1年（包括预科6个月、本科6个月）。[5]

四、汪伪各省市政府选派的公费生

包括华北地区在内的汪伪统治下的各伪省市政府也因各地需要，选派了一些赴日留学生，这些留日生的费用由选派的各伪省市政府承担。因资料所限，目前尚无法弄清各伪省市政府选派的具体情况。兹根据史料，将各省市选派公费留日生的有关情况作一简单的梳理。据《大楚报》记载，1940年7月，武汉方面共选拔10名官费留学生，其中省政府5名、武汉特别市5名，并规定7月11日至20日为报名日期，投考资格为高级中学毕业，考试科目有体格检验、笔试（国文、数学、理化、生物学、中外史地）、口试等[6]；1941年5月，伪湖北省原拟招考20名公费留日生，“该府为求选拔真才

---

① 《教育局检送1944年度教育总署派遣留日学生名簿》（1944年9月19日），中国第二历史档案馆藏伪华北教育总署档案，二〇二一/1069。

② 《伪华北临时政府行政委员会关于选送留学日本内务省警察讲习所规则及学员事致治安部咨》（1939年1月21日），中国第二历史档案馆藏伪华北临时政府治安部档案，二〇一六/121。

③ 《伪华北临时政府行政委员会关于选送留学日本内务省警察讲习所学员名额事致治安部咨》（1939年1月23日），中国第二历史档案馆藏伪华北临时政府治安部档案，二〇一六/121。

④ 《伪治安部致行政委员会咨呈》（1939年3月11日），中国第二历史档案馆藏伪华北临时政府治安部档案，二〇一六/121。

⑤ 《伪治安部警政局致齐燮元呈》（1940年3月），中国第二历史档案馆藏伪华北临时政府治安部档案，二〇一六/126。

⑥ 《大楚报》1940年7月12日，第七版。

起见，如考试成绩欠缺，决定‘宁缺毋滥’”，经初试共录取了沈督君等16人。[①]1940年底，伪山西省公署选派的10名公费留日学生，于1941年3月中旬在该省教育厅学务专员深山勇的率领下赴日。[②]1940年，伪河北省公署考选了公费留日学生50名，于当年8月派遣出国；1941年又选派了50名公费留日学生（其中，男42名，女8名；师范科25名、农科10名、医科5名、工科5名、矿科2名、商科1名、政治经济科1名、水产科1名）；[③]1942年5月，伪河北省公署又决定选派47名公费留日生，其中师范科18名、农科6名、医科4名、工科2名、矿科1名、商科2名、政治科2名、农场实习生5名、特别生7名[④]；1943年1月，伪河北省政府选派了伪教育厅秘书、“省立”日语教员养成所教员、“省立”教育研究所助教3人赴日本东京国民精神文化研究所研究视察6个月；[⑤]1943年，伪河北省政府又选派了35名留日公费生，其中师范11名、农科6名、医科4名、工科2名、矿科1名、商科1名、水产科1名、农场实习生5名、特科4名；[⑥]1944年5月，伪河北省又拟派30名公费生赴日留学，其中师范科10名、农科7名、医科4名、工科2名，商科2名、农场实习生5名。[⑦]伪天津特别市公署“为培养公共卫生人员及医疗人员，以增进本市卫生行政之效率，特于每年度选派留学生前往日本修习医事卫生各学科”，其生源为伪天津市卫生局及所属各医院、卫生事务所专门人员，学习期限一般为一年，每年4名。留学期间准按月支领原俸并月给学习费150元，并曾制定有《天津特别市公署选派赴日修习医事卫生留学生暂行规则》[⑧]。

据战后国民政府教育部调查，抗日战争胜利后尚留日本的留学生中，汪伪统治下

---

① 《大楚报》1941年5月16日，第五版，中国第二历史档案馆藏汪伪伪部档案，二〇六一／1057。

② 《伪山西省公署致华北教育总署咨》（1941年4月11日），中国第二历史档案馆藏伪华北教育总署档案，二〇二一／501。

③ 《伪河北省公署致华北教育总署咨》（1941年5月17日），中国第二历史档案馆藏伪华北教育总署档案，二〇二一／501。

④ 《伪河北省公署致华北教育总署咨》（1942年5月16日），中国第二历史档案馆藏伪华北教育总署档案，二〇二一／501。

⑤ 《伪河北省公署致华北教育总署咨》（1943年1月21日），中国第二历史档案馆藏伪华北教育总署档案，二〇二一／503。

⑥ 《伪河北省公署咨》（1943年6月8日），中国第二历史档案馆藏伪华北教育总署档案，二〇二一／501。

⑦ 《伪河北省政府咨》（1944年5月29日），中国第二历史档案馆藏伪华北教育总署档案，二〇二一／501。

⑧ 《伪华北政务委员会指令》（1942年5月7日），中国第二历史档案馆藏伪华北教育总署档案，二〇二一／501。

的各伪地方政府选派的留日公费生计有107人，即华北教育总署21人、河北省33人、广东省12人、湖北省10人、山东省5人、山西省7人、汉口市4人、淮海省3人、厦门市5人、天津市2人、上海市1人、江西省1人、海南岛3人。①

五、汪伪御用团体选派的公费生

在汪伪国民政府所派遣的公费留日生中，还有一部分是由汪伪所操纵的社会团体选派的。从现有资料来看，汪伪御用的团体中选派公费生赴日留学的有中日文化协会、华中东亚青年联盟、中国留日同学会等。中日文化协会是由大汉奸褚民谊发起，由汪伪政权内要员及日本在华军政要员组成的汉奸文化团体，1940年7月28日成立于南京，以“沟通中日两国之文化，融洽双方朝野人士之感情，并发扬东方文明，以期达到善邻友好之目的”为宗旨。汪精卫、阿部信行任名誉理事长，褚民谊任理事长，陈公博、王揖唐、梁鸿志、周佛海、津田静枝、儿玉谦次等15人任名誉理事，陈群、赵正平、傅式说、林柏生、船津辰一郎任常务理事，江亢虎、丁默邨、李圣五、罗君强、日高信六郎、森乔、松方义五郎等任理事。总会设南京，内设总务、学术、出版、游艺、观光等组，上海、蚌埠、武汉、广州等地设有分会。其事业为举办所谓“中日各种文化事业”：文艺学术讲座及演讲会之设置与举办；各种著作翻译、刊物之发行；学术之联合研究；文化展览会之举办；图书之交换；图书馆、博物馆、美术馆等之设立及协助；研究员之互相派遣；语文之互相传授与奖励；音乐、戏剧、美术、电影之互相介绍与研究；体育运动之共同发展；组织旅行视察团互相观光考察；学者及艺术家之互相介绍与招待；东亚文化之研究与宣传等。②其主要活动是配合汪伪的所谓“中日亲善”、“共存共荣”、“和平运动”等，奴化中国人民。1943年初，曾在汉口举行“全国代表大会”。出版有《中日文化》月刊及“中日文化协会丛书”。为了加强所谓的“中日文化沟通”，中日文化协会曾多次派遣留学生赴日学习。据1946年5月国民政府教育部调查，抗日战争胜利后在日中国留学生456人中（不含台湾省）属中日文化协会派遣的有33人。③华中东亚青年联盟系武汉地区的汉奸团体，1941年6月由伪武汉青年协会改组而来，其任务为：“以青年实践之精神，推进东亚联盟之理想，为当前之东亚联盟运动作斗争之先锋。”该联盟总会由谭道南任会长，设有理、监事会，下设秘书股及宣传、组织、训练、妇女、总务、湖北省指导、汉口市指导等7部，

① 《留日学生学费来源统计表》（1946年5月2日），中国第二历史档案馆藏国民政府教育部档案，五／15363。

② 《中日文化协会章程》（1940年7月），中日文化协会编辑：《中日文化》第1期，1941年1月1日。

③ 《留日学生学费来源统计表》（1946年5月2日），中国第二历史档案馆藏国民政府教育部档案，五／15363。

出版有机关刊物《青年会讯》。该联盟成立后，也曾派遣学生赴日留学，据国民政府教育部调查，战后在日中国留学生中，就有1人是由华中东亚青年联盟出资派遣的。①

第四节　留日人数与经费来源

抗日战争时期，汪伪统治下的华北、华中、华东、华南地区究竟有多少青年学子赴日留学，经费来源如何，这是研究战时留日活动中不能回避的问题。

一、留日学生人数

如前所述，战时留日学生分为公费、自费两种。那么汪伪统治下的华北、华中、华东、华南各地共有多少青年学子赴日留学呢？由于日本投降前夕，伪政权对有关档案资料有意进行了销毁，加上战争的影响，留下的资料十分有限，目前尚无法得出较为准确的数字，特别是自费生，更是一笔糊涂账。

目前仅能从日华学会所编《中华民国留日学生名簿》中略窥一斑。据日华学会1942年5月编辑、同年9月发行之第十六回《中华民国留日学生名簿》记载：截至1942年4月，在日本各级各类学校或研究机构留学的中华民国留学生共有1341人，即东京帝国大学38人、京都帝国大学71人、东北帝国大学40人、九州帝国大学13人、北海道帝国大学7人、大阪帝国大学4人、名古屋帝国大学1人、东京商科大学5人、神户商业大学3人、冈山医科大学1人、千叶医科大学1人、长崎医科大学1人、熊本医科大学1人、东京工业大学20人、东京文理科大学3人、大阪商科大学1人、庆应义塾大学11人、早稻田大学73人、明治大学46人、法政大学91人、中央大学5人、日本大学7人、东京慈惠会医科大学3人、大谷大学1人、专修大学3人、立教大学1人、东京农业大学2人、大正大学1人、上智大学1人、关西学院大学2人、第一高等学校52人、第二高等学校1人、第三高等学校1人、浪速高等学校2人、东亚学校高等科51人、北海道帝国大学预科1人、东京商科大学预科6人、东京工业大学附属预备部49人、京都府立医科大学预科1人、庆应义塾大学预科18人、第一早稻田高等学院2人、第二早稻田高等学院2人、东京慈惠会医科大学预科3人、上智大学预科3人、藤原工业大学预科2人、东京高等师范学校27人、广岛高等师范学校1人、东京女子高等师范学校13人、奈良女子高等师范学校3人、大阪外国语学校1人、东京高等齿科医学校2人、东京美术学校3人、东京音乐学校分教场5

① 《留日学生学费来源统计表》（1946年5月2日），中国第二历史档案馆藏国民政府教育部档案，五／15363。

人、北海道帝国大学农学部实科2人、东京商科大学附属商学专门部8人、金泽医科大学临时附属医学专门部5人、水产讲习所3人、京城医学专门学校1人、岐阜药学专门学校1人、大阪商科大学高等商业部1人、明治大学专门部22人、法政大学专门部18人、中央大学专门部2人、东京农业大学专门部9人、专修大学专门部8人、庆应义塾大学高等部1人、日本大学专门部31人、早稻田大学专门部16人、同志社专门学校1人、国学院大学专门部1人、立正大学专门部1人、东京齿科医学专门学校4人、日本齿科医学专门学校5人、东京医学专门学校5人、京都药学专门学校1人、大谷大学专门部3人、明治药学专门学校1人、日本大学大阪专门学校1人、大阪高等医学专门学校1人、岩手医学专门学校4人、九州医学专门学校4人、昭和医学专门学校11人、武藏野音乐学校4人、日本女子大学校12人、神户女学院专门学校2人、东京女子医学专门学校21人、东京女子大学4人、京都女子高等专门学校3人、东洋女子齿科医学专门学校5人、日本女子齿科医学专门学校4人、帝国女子医学药学专门学校8人、共立女子专门学校1人、明治大学女子部10人、大阪女子高等医学专门学校3人、女子美术专门学校1人、共立女子药学专门学校1人、青山学院女子专门部1人、东京女子体操音乐学校1人、京都高等工艺学校1人、名古屋高等工业学校4人、熊本高等工业学校1人、桐生高等工业学校2人、横滨高等工业学校6人、金泽高等工业学校10人、仙台高等工业学校1人、神户高等工业学校4人、秋田矿山专门学校5人、盛冈高等农林学校2人、京都高等蚕丝学校5人、三重高等农林学校2人、千叶高等园艺学校1人、东京高等农林学校6人、长崎高等商业学校8人、山口高等商业学校3人、函馆高等水产学校1人、日本女子高等商业学校2人、东京高等兽医学校14人、日本高等兽医学校3人、同志社高等商业学校1人、关西学院高等商业学校2人、日本体育专门学校1人、京都帝国大学化学研究所1人、文部省图书馆讲习所1人、警察讲习所50人、农林省农事试验场1人、递信官吏练习所7人、东京铁道教习所10人、顺天堂医院1人、庆应义塾大学医学部附属产婆养成所2人、东亚学校115人、早稻田国际学院4人、东京高等音乐学院1人、东京高等工学校4人、电机学校6人、岩仓铁道学校3人、大妻技艺学校1人、大妻第二技艺学校1人、东洋音乐学校1人、胜壮鹿道场4人、大阪府立丰中中学校1人、神奈川县立横滨第一中学校1人、神奈川县立湘南中学校2人、兵库县立第一神户中学校2人、爱知县立第一中学校3人、长崎县立长崎中学校2人、锦城中学校1人、日本中学校1人、晓星中学校1人、杉并中学校1人、明治大学附属明治中学校1人、自由之丘学园中学校1人、浅野综合中学校1人、兵库县泷川中学校7人、神港中学校5人、关西学院中学部8人、兵库县立第一神户高等女学校2人、关东高等女学校3人、神奈川高等女学校 5 人、琼浦高等女学校 2 人、东京府立工艺学校 1 人、爱知县工业学校 1 人、宫城县农学校 1 人、东京府立第一商业学校 1 人、东京市立芝商业学校 1 人、大阪市立西区第二商业学校 4 人、大阪市立住吉商业学校 5 人、神户市立第一神港商业学校 2 人、早稻田实业学校 1 人、法政大学商业学校 1 人、昭和第一商业学校 1 人、锦城商业学校 1 人、兴国商业学校 2 人、报德商业学校 8 人、横滨女子商业学校 3 人。1941 年 12 月至 1942 年 3 月毕业的中国留日学生则有 210 人，即东京帝国大学 7 人、京都帝国大学 10 人、九州帝国大学 1 人、北海道帝国大学 3 人、大阪帝国大学 2 人、东京商科大学 1 人、神户商业大学 1 人、千叶医科大学 1 人、法政大学 12 人、日本大学 3 人、第一高等学校 2 人、第三高等学校 1 人、东京女子高等师范学校 1 人、东京商科大学附属商学专门部 1 人、东京农业大学专门部 1 人、明治药学专门学校 2 人、大阪高等医学专门学校 1 人、岩手医学专门学校 1 人、神户女学院专门学校 1 人、东京女子大学 1 人、女子经济专门学校 1 人、明治大学女子部 1 人、女子美术专门学校 1 人、东京女子体操音乐学校 3 人、桐生高等工业学校 1 人、横滨高等工业学校 1 人、京都高等蚕丝学校 1 人、三重高等农林学校 1 人、东京高等农林学校 3 人、山口高等商业学校 1 人、东京高等兽医学校 1 人、日本体育专门学校 4 人、东方文化研究所 1 人、警察讲习所 25 人、农林省园艺试验场 3 人、东亚学校 90 人、成城学校留学生部 4 人、东京高等工学校 2 人、岩仓铁道学校 3 人、东京府丰岛师范学校 5 人、神奈川县立横滨第一中学校 1 人、神港中学校 2 人、神奈川高等女学校 1 人、长崎市立商业学校 1 人。

笔者试图根据所掌握的一些资料对汪伪统治区留学日本的人数做一梳理。由于华北地区一直是由伪华北临时政府教育部及其后来的伪华北政务委员会教育总署单独派遣，因此笔者将日伪时期关内赴日留学的人数也将华北地区和华东、华中、华南地区分别叙述之。

（一）华中、华东、华南地区留日学生人数

如前所述，伪维新政府 1939 年曾选派了 37 名公费留日学生。从 1940—1944 年，应日本方面的要求，汪伪统治下的华东、华中、华南地区共选派了 153 名公费生赴日；1944 年，汪伪实业部选派了 80 名留学生赴日；伪中日文化协会、华中东亚青年联盟目前已知共选派了公费生 34 名；各伪省市政府已知选派了公费生 39 人。上述数字合计，汪伪共选派了留日公费生计 306 名。显然，这并不是汪伪统治下的华东、华中、华南地区所派公费留学生的总数，至多只可作为其下限。这从汪伪教育部 1942 年留日学生统计中可得到佐证。据汪伪教育部统计室编 1942 年度《全国教育统计》记载：1942 年，汪伪国民政府统治区域共有 186 人赴日留学，其中公费生 71 名（男生 54 名、女生 17 名）、自费生 115 名（其中男生 105 名、女生 10 名）。这 186 名留学生所在省市如下：

江苏37名、浙江24名、安徽3名、湖北10名、广东37名、河北19名、湖南2名、江西2名、福建17名、河南1名、广西1名、云南1名、山东13名、南京5名、上海9名、汉口1名、北京3名、青岛1名，即华东、华中、华南地区（含广西、云南各1人）共149人，华北地区37人。对上述人数可做进一步分析。按当时的实际情况，尽管华北地区也处于汪伪统治范围内，但伪华北政务委员会具有高度的"自治"权，并不完全听从汪伪国民政府的指挥。即以留日教育的管理机构而言，伪华北教育总署在日本另设有驻日办理留学事务专员办事处，且该处并不隶属于汪伪国民政府教育部在日所设的驻日学务专员办事处。1940年10月12日，伪华北教育总署公布的《发给留日公费生留学证书暂行条例》明确规定：所有公费留学生行抵日本后，"应于两个星期内将所领留学证书向驻日管理留学事务机关呈验报到"。[①] 伪华北教育总署1941年9月公布的《发给留日自费生留学证书暂行条例实施办法》中也有留日自费生出国后"应向驻日办理留学事务专员办事处呈请登记"的规定。[②] 即所有赴日留学生均需到驻日办理留学事务专员办事处报到登记。按上述规定，华北地区的留学生特别是公费生赴日所领留学证明是由伪华北教育总署签发，他们赴日后，一般会到伪华北教育总署在日留学管理机关报到，而不会到汪伪驻日学务专员办事处登记。考虑到有部分华北地区自费留学生因种种原因可能赴汪伪驻日学务专员办事处登记的情况，笔者认为前引《全国教育统计》中华北地区37名留学生的记载，只可视为华北地区赴日留学的部分自费生。因此，上述71名公费生可视作是1942年度汪伪统治下的华东、华中、华南地区所派遣的公费留日生的总数，这其中有30名系汪伪教育部选派的补助生，另41名应为各伪省市政府及文化团体选派的。

至于华东、华中、华南地区自费留学生人数，目前除上引1942年数字外，尚未发现其他统计数字，有待今后进一步挖掘、研究。

（二）华北地区留日学生人数

从1939年即伪华北临时政府成立次年起，至1944年底，伪华北临时政府教育部和伪华北政务委员会教育总署为"加强中日两国亲善和协力融合"，每年均要派遣一定数量的公费留学生赴日，伪华北各省市当局也派遣了一些公费生赴日。同时，伪华北当局治域内的一些青年学子也因种种原因远赴东瀛自费留学。据伪华北政务委员会教育总署驻日办理留学事务专员办事处1944年2月1日编制的《华北最近派遣留日

① 《华北教育总署公布发给留日公费生留学证书暂行条例》，伪华北政务委员会政务厅法制局：《华北政务委员会法规汇编》六，"教育"，1941年2月编印，第103页。

② 《发给留日自费生留学证书暂行条例实施办法》，《青岛教育半月刊》，第2卷第17期，1941年9月。

学生各年度人数统计表》记载：从1938年至1943年底，华北地区赴日留学的人数共647人，其中公费生566人，自费生81人，详见下表[①]：

华北最近派遣留日学生各年度人数统计表

驻日办理留学事务专员办事处制

费别及性别：		总计	二七年度（1938年度）	二八年度（1939年度）	二九年度（1940年度）	三十年度（1941年度）	三一年度（1942年度）	三二年度（1943年度）
合计	计	647	10	57	155	137	155	133
	男	562	10	46	138	119	130	119
	女	85		11	17	18	25	14
公费生	计	566		51	149	125	133	108
	男	491		42	133	107	112	97
	女	75		9	16	18	21	11
自费生	计	81	10	6	6	12	22	25
	男	71	10	4	5	12	18	22
	女	10		2	1		4	3

1. 本表截至三十二年十二月三十一日止，故三十二年度只列前半期。
2. 本表所列人数乃以来处报到者为限。

而伪华北教育总署编制的《公自费留日学生人数表》则显示1938—1943年间，华北地区赴日留学的公自费人数共有943人，其中公（官）费生计411人，私（自）费生计532人，详见下表[②]：

类别 年别	公费				自费	合计	备注
	总署	各院校	各省市	小计			
1938	0	0	0	0	10	10	
1939	21	0	0	21	61	82	本年总署选拔生原为26人，毕业归国者5人，现在日本者计21人
1940	63	0	51	114	206	320	本年总署选拔生原为36人，毕业归国者9人；临选生原为50人，毕业归国者14人，故现在日本合计114人
1941	46	0	95	141	189	330	本年总署选拔生原为52人，请假归国者5人，死亡1人，现在日本者计46人
1942	54	1	66	121	48	169	本年总署选拔生原为55人，其中一名未能出国，现在日本者计54人
1943	6	0	8	14	18	32	本年总署选派教员计6人，现均在日本
共计	190	1	220	411	532	943	

① 中国第二历史档案馆藏伪华北教育总署档案，二〇二一②／24。

② 中国第二历史档案馆藏伪华北教育总署档案，二〇二一／505。

两表相比较，华北地区赴日留学人数相差近300人。产生这种状况的原因，从《华北最近派遣留日学生各年度人数统计表》的两点注释中可以找到答案：一是该表所列人数统计截至1943年12月31日止，故1943年度只列入了前半期，后半期则未列入；二是该表所列人数统计系指赴日后到伪华北教育总署驻日办理留学生事务专员办事处报到登记的人数，而伪华北教育当局开始并未有留日学生赴日后须至驻日管理留学生事务机关报到的规定，直到1940年10月12日公布的《发给留日公费生留学证书暂行条例》才明确规定："留日公费生行抵日本后，应于两星期内将所领留学证书向驻日管理留学事务机关呈验报到"，而对于自费留学生则直到1941年9月公布的《发给留日自费生留学证书暂行条例实施办法》中才有留日自费生出国后"应向驻日办理留学事务专员办事处呈请登记"的规定。即便如此，943人仍不是抗战时期华北地区赴日留学人数的全部，据余子侠先生考证：仅1938年伪华北政权治域下"最少有110余名学生正在日本留学"，即并非上述两表记载的10人；1939年，"华北沦陷区至少也有190余人以伪政权的公费生身份前往日本留学!如果加上自费生，1939年伪华北政权治域下最少有250名以上的学生被派往日本留学"，且这一数字与日本安藤德器所编《北支那文化便览》中所显示的伪华北临时政府1939年留日学生计224名的数字也相当接近；"1940年伪华北政权治域下派往日本留学的人数最少也有300人之众，最多当在400人之上"；[①]1941年，据伪华北教育总署驻日办理留学事务专员办事处1942年3月1日编制的留学生统计表记载，1941年华北地区各省市赴日留学的人数为623人，其中公费生311人，自费生312人，[②]由于从1941年起，赴日留学的公自费生均需到驻日留学事务专员办事处报到，因此，这一数字应比较可靠；1942年伪华北政权治域下前往日本留学的人数当在200余人；1943年伪华北政权治域下赴日留学生（包括以教员、职员身份选派者）最少在140名以上；1944年数字暂无资料可寻，但按其发展变化趋势推断，其人数不会超过200人。[③]1945年汪伪统治区派赴日本留学的工作全面中断。综上，余子侠先生认为：在日本全面侵华战争八年期间，伪华北政权治域下的赴日留学的公自费生人数，"保守的估计应在1700余人之数，积极的估计可抵2000人之限"。[④]这与前引日华学会所编第十六回《中华民国留日学生名簿》所载1942年4月止共有1341名留学生在日留学的记载也较吻合。

---

① 余子侠：《日伪统治下的华北留日教育》，《近代史研究》2004年第5期。

② 中国第二历史档案馆藏伪华北教育总署档案，二〇二一／505。

③ 余子侠：《日伪统治下的华北留日教育》，《近代史研究》2004年第5期。

④ 余子侠：《日伪统治下的华北留日教育》，《近代史研究》2004年第5期。

尽管笔者已做了大量的资料搜集和梳理工作，但以上所述仍不能反映抗战时期日伪政权选派留日公费生的全貌。要全面厘清抗战时期关内日伪统治区各级伪政权及其御用团体选派留日公费生的情况，特别是公费生的确切人数，仍有待学界进一步地挖掘整理相关档案、报刊、图书和口述史料。

二、留日学生经费来源

留日学生的经费主要来自日本庚款补助费及日本相关机构或团体提供的助学金、汪伪中央及地方政府提供的经费、汪伪御用的文化团体等提供的经费以及自筹的经费等方面。

（一）日本方面提供的庚款补助费及外务省补助费。1923 年，日本第 46 届国会通过议案，决定退还庚子赔款，办理对华文化事业。为此，日本文部省专门成立对华文化事业部，利用庚款办理在华教育文化事业，并从中拨出部分款项资助中国留日学生。但由于日本资助的目的是收买中国留学生，且要求接受庚款补助的留学生要填写誓约书，誓约书写明："今次依照日本政府成案之对支那文化事业之一之支那留学生给费实施大纲，自大正 13 年 10 月起，每月领支补给学费金 70 元，不胜感激之至。为此誓当专心勉学，毕业之后，并愿体奉右记主旨，奋勉奉答恩眷之隆，特为誓约如右。"[①] 留日学生认为日本此举含有文化侵略的祸心，誓书内容有损国格、人格，因而予以抵制，拒绝填写。直到日本政府加以修改后，才勉强忍辱接受。1930 年，国民政府教育部鉴于日本的别有用心，明令宣布停止接受留日学生的庚款补助费。但日本方面仍然予部分留日学生以庚款补助。1937 年 12 月，据日本外务省调查，七七事变后滞留日本的 403 名中国留学生中，有 94 名接受其庚款补助。[②] 伪华北临时政府和伪维新政府成立后，日本外务省均予赴日留学生以庚款补助费，如 1939 年 8 月日本外务部即予伪华北临时政府 85 名庚款名额。[③] 汪伪国民政府成立后，日本仍继续向汪伪国民政府统治区域提供留日生庚款补助费。同时，日本外务部也拨出专款，用于补助沦陷区内各伪政权向日本派遣的留学生。如前所述的汪伪国民政府教育部 1940—1944 年选派的 153 名留日公费生中，就有 143 名的费用系由日本从庚款及外务省拨付。另据 1946 年 5 月国民政府教育部编《留日学生学费来源统计表》载：抗战胜利时仍留在日本的 456 名中国留学生中（台湾地区留日学生除外），就

---

① 《教育杂志》第 16 卷 4 号。

② 《外务省部补助费留学生校别人数表》，中国第二历史档案馆藏伪华北临时政府教育部档案，二〇一七 / 179。

③ 《昭和 14 年度选拔留学生采用要纲》，中国第二历史档案馆藏伪华北临时政府教育部档案，二〇一七 / 174。

有 69 人的费用系由日本方面提供，即旧大东亚省补助费（庚款）57 人、外务省补助费 12 人。[①]

（二）日本“兴亚院”等机构或团体提供的助学金。主要有：“兴亚院”助学金和日华育英会助学金。“兴亚院”助学金系由日本负责控制中国沦陷区内思想文化教育的“兴亚院”提供，据档案记载：1942 年伪华北政务委员会向日本派遣公费留学生 311 名，其中有 49 名系由“兴亚院”提供经费。[②] 日华育英助学金系由日本爱媛县松山市日华育英会提供，计从 1940—1943 年，共选拔了华北地区 18 名十二三岁的幼童前往日本松山市留学，编入松山市师范附属小学学习。

（三）汪伪各级政府提供的经费。包括三个方面：其一是汪伪教育部、内政部、军事部、实业部和伪华北政务委员会教育总署（包括之前的伪华北临时政府教育部）等政府机构及各省市伪政府直接派遣的公费留学生费用。汪伪国民政府成立后，从汪伪中央到各省市伪地方政府都拨有用于派遣学生赴日留学的专款，如 1940 年汪伪选派的 38 名留日学生中，除 28 名由日方支付费用，另 10 名属汪伪教育部派遣的公费生，其费用自然也由汪伪国民政府承担，而由各省市政府选派的公费留学生，其费用也由各省市政府承担。据《留日学生学费来源统计表》记载：抗日战争胜利后留在日本的 456 名留学生中，由汪伪教育部及各省市出资派遣的公费留学生共有 99 名，其中属汪伪教育部官费生 4 人、伪华北教育总署官费生 21 人、伪湖北省政府官费生 10 人、伪汉口市政府官费生 4 人、伪淮海省政府官费生 3 人、伪厦门市政府官费生 5 人、伪上海市政府官费生 1 人、伪江西省政府官费生 1 人、海南岛官费生 3 人、伪山东省政府官费生 5 人、伪河北省政府官费生 33 人、伪山西省政府官费生 7 人、伪天津市政府官费生 2 人。其二是汪伪教育部等为选拔日方提供经费的留学生而付出的费用。上述日方提供经费的 143 名留学生，在国内选拔所需费用（包括在京“听训”及办理出国手续期间所用餐饮、住宿等费用，赴上海路费及在上海“听训”期间所需餐饮、住宿费用等）均由汪伪教育部报请伪财政部足额支付，如 1942 年选拔留日补助生共花掉临时经费 3180 元、1943 年度为 8084 元、1944 年度为 31880 元。[③] 其三是汪伪政府的留学津贴。日本方面给予庚款留日学生的费用为每人每月 50 日元，由于战时日本物价不断上涨，在日留学生每月 50 日元已不敷支出；同时，一部分自

① 《留日学生学费来源统计表》（1946 年 5 月 2 日），中国第二历史档案馆藏国民政府教育部档案，五／15363。

② 中国第二历史档案馆藏伪华北教育总署档案，二〇二一／505。

③ 《1942 年 8 月—1944 年 8 月选拔留日补助生支出临时概算》，中国第二历史档案馆藏汪伪教育部档案，二〇〇三／4206。

费生也因家庭的变故，国内经费来源断绝，学业难以为继，他们纷纷致函汪伪教育部，请求补助。为此，汪伪教育部部长赵正平乃于1940年11月19日呈请汪伪行政院拨发留学津贴："查本部迭据留日公费生及自费生呈请因生活程度提高，公费不敷应用，以及家境清寒，有时学费接济中断，恳予酌加补给，以维学业，各等情前来。据此，查公费生系日本外务省文化事业部就庚款项下每月各给日币伍拾元，处此物价暴涨之际，委实不敷应用，自费生亦以国内外生活日高，家庭筹给困难，时有接济中断之虞。查核所呈，均属实情。本部为免除学生半途辍学起见，特拟具《国外留学生津贴办法》，凡成绩优良者，酌予津贴，名额暂定100名，内公费生70名，每名月给津贴日币30元，自费生30名，每名月给津贴日币20元至40元，因自费生大率家境尚佳，是以津贴自20元起，但亦颇多成绩优良，将至毕业之际，忽以家庭筹给困难，而至半途辍学者，故津贴略具弹性，平均计之，仍合30元，每月共需3000元，约合国币5000元。"[①]1940年11月26日，汪伪行政院第35次会议对赵正平提案及《国外留学津贴办法》进行了讨论，修正通过了《留日学生津贴办法》，并同意每月5000元的留学津贴"在教育部节余经费项下开支"。[②]《留日学生津贴办法》规定，凡留日学生具有下列资格者均可申请留学津贴：（1）日本国立大学及国立高等专门学校之文、法、商、教育、理、工、农、医等科系之正式学生。其不迳招本科生者，考取预科正式名额时即可申请；（2）私立大学校及高等专门学校，其科系具有特点并经汪伪教育部认定者，其正式学生亦可申请，其不迳招本科生者，考取预科正式名额时，即可申请。每年为100名留日生提供津贴，每人平均每月为30日元合伪法币50元。申请者须经留学生监督处向汪伪教育部缴呈下列各件：（1）申请书。包括姓名、年龄、性别、籍贯、学历、抵达日本年月、所入学校科系及入校年月、国内国外通讯地址；（2）四寸半身相片两张；（3）所入学校学籍证明书。包括姓名、年龄、入学年月、所入科系、入学成绩或学期成绩；（4）国内2人之负责保证书。《津贴办法》还规定：留学生因病等休学回国，休学期内停发津贴；留学生因父母丧、病请假回国，在该校允假之期间内仍可领取津贴，但如超过假期则"作休学论"；"留学生毕业后，如其学校有实习参观之规定时，在其规定之期间内，仍按月发给津贴"；留学生毕业回国时可多发给一个月津贴；"留学生在校考试不及格留级时"，停止发给津贴；"留学生因犯规开除学籍或有背叛国家颠覆政

① 汪伪行政院第35次会议"讨论事项事第一案附件"，中国第二历史档案馆藏汪伪行政院档案，二〇〇三/5796。

② 汪伪行政院第35次会议录，中国第二历史档案馆藏汪伪行政院档案，二〇〇三/5796。

府之行为时”，除停止津贴外，并向保证人追赔其历年所领之津贴。[①] 据当时一位陆姓留日学生在战后陈述，当时一“俭朴”的留日学生，每月 70 日金就可生活。[②] 因此，尽管汪伪政府提供留学津贴的目的是拉拢留学生将来为其所用，养成所谓“建国人才”，但作为庚款生来说，本来就有每月 70 日金，加上每月 30 日金的补贴，每月生活费达 100 日金，日常生活基本无忧，而每月 20—40 日金的资助，对自费留学生特别是因家庭发生变故、留学资金来源中断、随时面临辍学危险的自费生来说，无疑是雪中送炭。汪伪的留学津贴，使一些公自费留学生得以顺利完成学业。

（四）汪伪御用团体提供的费用。如前上述，由汪伪御用的中日文化协会、华中东亚青年联盟派遣的公费生有 34 人，这些留日学生的费用自然由各该团体提供。此外，由汪精卫、陈群等主持的“中华留日同学会”还出面举办了留日预备班，其学生学习、食宿等费用均予免除。

（五）留日学生自筹的经费。除公费生外，汪伪统治区也有一些人自费赴日留学，且自费留学人数往往超过公费生人数。以 1942 年为例，据汪伪教育部统计室编 1942 年度《全国教育统计》记载：1942 年，汪伪国民政府统治区域共有 186 人赴日留学，其中公费生 71 名（男生 54 名、女生 17 名）、自费生 115 名（其中男生 105 名、女生 10 名）。自费留日学生在日所需费用，除极少数系留学生在日自己打零工所得外，基本由家庭负责承担。按汪伪要求，自费生赴日前，须提供有 2 名保证人签名盖章的保证书，方可获得留学证书。除来往川资外，每人每月在日费用为日金 70 元。当然，自费留学生中有一部分人在后来转为公费生，如 1940 年派遣日本的 38 名留学生和 1941 年华中地区 30 名留学生中分别有 4 名和 10 名原系留日自费生。同时，如前所述，每年还有 30 名自费生可获得汪伪教育部提供的平均每月 30 元日金的留学津贴。

第五节　留日学生的学习和生活

汪伪统治下的留日教育，是一种非常态下具有浓厚奴化教育色彩的教育活动，其特定的历史环境也在这批留学生的学习和生活中打上了深深的时代烙印。

一、留日学生的学习

无论是公费生还是自费生，留日学生赴日后均要先入日本东亚学校接受日语及其

---

① 汪伪行政院第 35 次会议“讨论事项第一案附件”，中国第二历史档案馆藏汪伪行政院档案，二〇〇三/5796。

② 中国第二历史档案馆藏国民政府教育部档案，五 / 15355。

他预备教育，然后再入日本相关大学预科或高等学校学习，最后再考入各类公私立大学。根据日方的要求，所有公费留学生赴日后，都要先入东亚学校学习日语。日本东亚学校系由曾在日本宏文学院、北京京师法政学堂任教的日本人松本龟次郎于1914年1月在东京神田区中猿乐町所创设的专门接待留日中国学生、以补习日语为主课程的学校，初称“日华同人共立东亚高等预备学校”（“日华同人共立”的校名是为了纪念湖南省留日学生曾横海在创校时的功劳），学校所授学科除日语外，还有英语、数学、物理、化学、绘图等。因得地利之宜，在创办后不久就成为初赴日本留学的中国人的聚集之地。在日本实业界及其他人士的捐助下，该校规模不断扩大，并于1920年3月成为财团法人。其后，改由日华学会经营，并易名为东亚学校，成为中国留日教育的大本营。①

抗战时期，留日学生在东亚学校学习时间一般为六个月，即每年9月到次年的2月，初赴日本的中国留学生在此六个月时间内，不但可以通过语言关，而且还可逐步适应在日本的生活。

通过日语考试，留学生即可报考日本的学校。对于留学生来说，要想报考日本的大学，则须先考入大学预科或高等学校，然后再报考自己理想中的大学。日本大学的入学考试，一般安排在每年春季的二三月间。在1944年前，留学生入读大学预科仅限于第一高等学校特设高等科。中国留学生在第一高等学校“与日本人同居同餐，须分班上课。”② 由于汪伪对招考留学生学业要求甚高，须高中以上文化程度，并通过考试选拔，因而赴日留学生的文化程度较战前为高，一般都能通过第一高等学校的考试，如愿进入大学校门。

在日留学生遍及日本各主要城市。据1946年7月国民政府教育部编《留日学生人数分布统计表》记载：当时在日留学生共434人（台湾省籍留学生624人除外），分布在日本的东京、京都、神户、宫城、岩手、群马、东海、秋田、大阪、新潟、冈山、奈良、山口、山形、千叶、北陆、鸟取、北海道、福冈、山梨等20个县市。③ 留日学生在日就读学校则有公私立大学、公立大学预科及专门部、公私立专门学校、高等学校和中学。据国民政府教育部编《留日学生学籍科别人数统计表》记载：抗战胜利时在日留学生共456人（台湾省除外），就读于各类学校，其中官公立大学185人，私立大学21人，官公立大学预科6人、官公立大学专门部43人、官私立专门学校

---

① 实藤惠秀著，谭汝廉、林启彦译：《中国人留学日本史》，第89—90页。

② 中国第二历史档案馆藏国民政府教育部档案，五／15357。

③ 中国第二历史档案馆藏国民政府教育部档案，五／15363。

115人、高等学校62人、中学19人、无学籍者5人。[①]另据抗战胜利后应召回国、向国民政府教育部登记接受审查的450余名留日学生就读学校来看，这些人分别肄业于日本94所专门以上学校，其中接纳中国留学生最多的8所学校依次为：政法大学、早稻田大学、京都帝国大学、明治大学、北海道帝国大学、东京工业大学、日本大学和东京帝国大学。[②]

根据汪伪对留日学生学习志愿“应以修业理工农医四学科”为主的要求，同时由于留日学生特别是自费生（公费生的专业汪伪政府在招考时即已确定，留学生赴日后一般不能更改专业）“见到国内科学的贫弱，故欲投考理工方面”[③]，因而抗战时期赴日留学生所学专业以理工农医为主。据汪伪教育部统计室编1942年度《全国教育统计》记载：1942年汪伪国民政府统治区域共有186人赴日留学，其中公费生71名，自费生115名，此186名留学生在日所学专业及所占百分比如下：文科8人，占4.3%；理科6人，占3.22%；法科12人，占6.45%；商科10人，占5.37%；医科25人，占13.44%；教育2人，占1.08%；政经26人，占13.97%；军事2人，占1.08%；警察1人，占0.54%；农科8人，占4.3%；工科16人，占8.6%；土木3人，占1.61%；机械3人，占1.61%；电机4人，占2.15%；数理3人，占1.61%；生物1人，占0.54%；师范1人，占0.54%；蚕桑3人，占1.61%；美术2人，占1.08%；体育1人，占0.54%；音乐1人，占0.54%；外交1人，占0.54%；家政2人，占1.08%；未定45人，占24.19%。其公费生71人，在已确定专业的35人，属于文科的（包括文科、法科、商科、教育、财经、军警、师范、美术、体育、音乐、外交等专业）仅5人，只占14.3%。[④]伪华北教育总署驻日办理留学事务专员办事处1943年12月所制《华北最近派遣留日学生攻读科别统计表》记载：在647名赴日留学的公、自费生中，攻读理科的57人、工科的107人、法科的44人、文科的41人、医科的76人、商科的18人、农科的48人、其他81人、未定175人。[⑤]另据前引《留日学生学籍科别人数统计表》记载，在有学籍的451人，理工医农类为293人，占65%，文科占35%。理工医农类专业则有：地质、数学、物质、化学、动物、宇宙物理、理学、家政、土木、电气、机械、电气工学、纤维化学、工

---

① 中国第二历史档案馆藏国民政府教育部档案，五／15363。

② 王奇生根据中国第二历史档案馆国民政府教育部档案统计而成，见王奇生著《留学与救国——抗战时期海外学人群像》，广西师范大学出版社，1995，第274页。

③ 中国第二历史档案馆藏国民政府教育部档案，五／15357。

④ 参见汪伪教育部统计室编《全国教育统计》（1942年度）第21页《三十一年度留日学生统计表》，中国第二历史档案馆藏伪华北教育总署档案，二〇二一／20。

⑤ 中国第二历史档案馆藏伪华北政务委员会教育总署档案，二〇二一②／24。

业化学、燃料、冶金、矿山、应用化学、染料化学、纺织、医学、药学、农学、农艺学、兽医、林学等。这一结果与战后国民政府教育所作留日学生甄审统计也相吻合，据《抗战期间留日学生登记甄审总表》载：学习理、工、农、医的留学生占总数的64%，其中尤以学医、学农者为最多，而学习文、法、商、教的留学生则占36%。①

与抗战前赴日留学生年龄老、中、青都有不同，汪伪统治时期赴日留学生基本在30岁以下，31岁以上的人数甚微。据汪伪教育部统计，1942年赴日的186名留学生中，年龄在30岁以下的有184人，占总数的98.92%，其中尤以21—25岁的人数最多，为93名，几占全部人数的50%；而年龄31岁以上的仅2名，仅占总数的1.08%。②

由于抗战时期留日学生的留学处于国难的特殊时期，大多数留学生亲自体味并认识了弱国被人欺凌的屈辱和无奈，且有一部分青年赴日留学本身就是因求知的欲望而驱使，因此，留日学生大多能用心向学，不问外事，学习成绩一般较好，正如伪华北政务委员会教育总署在一份《公自费留日学生调查报告》中所说："就大体言之，现在之留学生，其成绩及品行均较事变前为优，以其渡日求学目的单纯，非如事变前之复杂也。"③

二、留日学生的生活

如前所述，抗战时期留日学生分为公费和自费两种。公费生的费用分别来自日方、伪政权和伪团体，自费生的费用则主要来自家庭。在太平洋战争爆发前，由于日本本土尚未卷入战争，日本国内物价尚属稳定，一般留学生每月70日金即可过上俭朴的生活，而当时日方提供经费的留学生初为每人每月日金50元，如果加上汪伪政府提供的每月30日元的补贴，公费生在日期间每月可支配费用为80日元，可以说生活基本无忧。一名岑姓公费留学生就在《自传》中认为当时日本"固仍不失为良好之求学处"。④

但随着侵略战争的不断扩大，军费支出浩繁，物资消耗极大，引起日本国内物价上涨，留日学生的生活成本也在不断增加。1940年日本给予汪伪第一批公费留学生的补贴为每人每月50日元，而1941年则有所增加。据前引1941年8月日本给汪伪《补给中国留学生费推荐要纲》，日本方面对赴日公费生的补助费为：在东亚学

① 中国第二历史档案馆藏国民政府教育部档案，五／15355。

② 汪伪教育部统计室编：《全国教育统计》（1942年度），第22页《三十一年度留日学生统计表④》，中国第二历史档案馆藏伪华北教育总署档案，二〇二一／20。

③ 中国第二历史档案馆藏伪华北教育总署档案，二〇二一／505。

④ 中国第二历史档案馆藏国民政府教育部档案，五／15367。

校学习期间为每人每月 55 元，而进入大学、专门学校、高等学校等各类学校的学生，则根据地域的不同，给以 50—70 日元不等，即在东京、横滨、京都、大阪、神户等大城市的学校，每人每月大学为 70 日元，专门学校为 60 日元，高等学校及其他学校为 55 日元，日本其他地方则分别为大学 65 元、专门学校 55 元、高等学校及其他学校 50 元。① 而从伪华北政务委员会教育总署 1942 年 7 月公布的《发给留日公费生公费、选拔生津贴数目标准》则可看出，1942 年在日留学生的学习生活费用又有所增加。该《数目标准》是在伪华北教育总署驻日办理留学事务专员办事处考察中国学生在日本各级学校一般生活状况的基础上制定的，应该说比较客观地反映了当时日本生活费用的情况。根据该《数目标准》，留学生的生活费用包括学费、膳费及参考图书、文具在内，每人每月根据所在地区及所入学校类别的不同，其费用在 100—120 元之间，即在东京、京都、大阪、神户、横滨等大城市高等学校、预备学校的费用为 105 元，专门学校为 110 元，大学及大学院为 120 元，而其他地区则分别为 100 元、105 元和 115 元。②

到了抗战后期，在日留学生的生活费用又有了进一步的增加，这从 1944 年汪伪实业部给予公费生的补助费中也可略窥一二，据《实业部资送工科留日学生办法》规定："录取学生及已在日本入学之学生每名每月给资助日金 150 元，现职人员派遣生每名每月支给资助日金 240 元。"③

如果说公费留学生及日本方面提供经费资助的留学生由于有汪伪政府的补贴或津贴，生活水平尽管大不如以前，但仍基本能够维持外，对广大自费留学生特别是因战争而家庭遭到变故的自费生来说，因生活费用不断提高，经济来源断绝，常常入不敷出，甚至陷入生活无着的困境。同时，由于日本在太平洋战争爆发后实行全面的战时体制，对粮食和日用必需品实行严格的配给制，许多留日学生"日常生活也窘迫万分，柴米油盐几乎用钱都买不到"。④

太平洋战争爆发后，留日学生们不仅在生活上遇到了诸多困难，同时还时时受到战争的威胁。由于日本东京、横滨、名古屋、神户等城市时常受到美军飞机的轰炸，很多学校无法正常上课，加上家长频频来信催促他们赶快回国，许多留学生不得不中

---

① 汪伪行政院第 76 次会议讨论事项第三案附件，1941 年 9 月 9 日，中国第二历史档案馆藏汪伪行政院档案，二〇〇三 /6987。

② 《华北政务委员会教育总署教育行政报告书》，中国第二历史档案馆藏伪华北教育总署档案，二〇二一 / 441。

③ 《实业部资送工科留日学生办法》，中国第二历史档案馆藏伪华北教育总署档案，二〇二一 / 500。

④ 中国第二历史档案馆藏国民政府教育部档案，五 / 15359。

止在日的学习，匆匆赶回国内，如留日学生王兆民在1942年4月18日美国B—25飞机轰炸日本东京等城市后，“就接到父母亲的函，并电报催我赶快回家，于是请准了旅行证，买了票回到我可爱的家庭中来”。[①]随着日军在战场上的节节败退，日本本土屡遭美机轰炸，1945年3月，日本当局为适应“大东亚决战”，宣布从4月1日起，全国各学校停课一年。在此情况下，绝大多数中国留学生踏上了返回故国的旅程。至1945年8月日本宣布无条件投降时，尚留日本的中国留学生只剩下四五百人。

三、留日学生的心态

在外敌入侵、国土沦丧、同胞饱受战火摧残、国家民族处于存亡危急之秋，包括留日学生在内的海外学子纷纷束装回国，与全国人民一道同仇敌忾、共纾国难之时，为何还有数以千计的沦陷区青年学子远赴敌邦求学呢？难道他们真是一批没有国家、民族意识甚至助纣为虐的人吗？他们究竟抱有怎样的心态呢？

毋庸置疑，在赴日留学生中，虽不免会有少数自甘认贼作父的汉奸走狗、民族败类，但对绝大多数留日学生来说，实在是一种虽不明智但也并非完全不能理解的无奈选择。

抗日战争爆发后，绝大多数高等学校奉命西迁抗战大后方，沦陷区内的中学毕业生如何升学就成了大问题。汪伪统治区的学生要想继续求学深造，有三条路可走：一是远赴成都、重庆、贵州、昆明等抗战后方城市报考大学，或者到邻近的几个未沦陷的省份去考大学；二是报考沦陷区内日伪所办的大学或为数不多的教会大学；三是去日本留学。部分青年最终选择了去日本留学，概括起来主要有以下几方面的原因：

其一，经济原因。对沦陷区的青年学生来说，赴大后方路途遥远，“绕到后方需要一笔很大的款子”。[②]而由于日军在沦陷区内烧杀抢掠，大多数学生家庭财物被日军抢掠一空，即使原本家境尚可的学生，也无法筹到足够的路费，更勿论贫穷无依的清寒学子了。而沦陷区内日伪所办大学，大多教育质量很差，师资、教学设备奇缺，在青年学生眼中“沦陷区中的大学，实无求学之价值”。[③]而当时的日本，不但教学环境较好，教学设备较为完备，师资队伍齐整，且费用低廉，“日本国内物价安定，在国内读书一年，可够开支在日本读两三年所需费用”。[④]如考取公费生，家庭基本不用负担在日费用。即便是自费生，也可申请汪伪政府提供的留学“津贴”。因而赴日留学就成为一部分沦陷区青年学生特别是家境贫寒学生的选择。他们借此既可继续

① 中国第二历史档案馆藏国民政府教育部档案，五／15357。
② 中国第二历史档案馆藏国民政府教育部档案，五／15357。
③ 中国第二历史档案馆藏国民政府教育部档案，五／15355。
④ 中国第二历史档案馆藏国民政府教育部档案，五／15355。

深造，又“可以减少家庭中老父亲的负担，不用老父亲为我找款读书”。[①]

其二，交通原因。日伪对沦陷区内的青年学生监视和控制甚严，许多学生根本无从前往大后方。同时由于敌伪实施交通封锁，前往大后方往往要通过多道日伪封锁线，不但困难重重，还常常有生命危险。而去日本则要相对方便和安全得多，由上海至日本的轮船往来频繁，十分便利。

其三，部分青年学生想到敌国去看一看。一位杨姓留学生在《自传》中就写道：“日本是我们世代的仇人，它侵略我们，蔑视我们，到底它自己本身具有怎样的力量？为什么它可以能够睥睨世界，为什么它可以侵略我们，对我们这一个世代的敌人，它到底具有怎样真正的面目？那是我们应该深刻观察它。中国弱在那里，日本强在那里，兵法有云：知己知彼，百战百胜，看敌人的巢穴去！”[②] 而徐州一位陈姓留日学生则从中日关系更深的角度考虑，希望赴日“看一看”。

此外，还有部分青年学生是在家长的劝导下，踏上赴日留学之路的。

也正因为如此，绝大多数留学生始终怀有矛盾、复杂的心理：一方面他们渴望求知，甚至希望借机探寻日本强大的原因；另一方面，他们又担心其行为不为国人理解，“在那个大时代里，不能到后方去，对于做国民的仔（职）责，实在是一种大的过错，大的污辱，……假如到日本去，那么别人的责难，一定更难想象。”[③] 因而在是否去日本问题上犹豫不决，大部分是“怀着不安的心情到了日本”，其矛盾、苦闷的心情自是言语所无法表达。这里引用广州一位吴姓女留学生在战后所写《自传》中的一段话，从中略可窥视当时赴日留学中国青年心态之一斑：

> 那时是民国31年，敌人占据广州已有4个年头了。在铁蹄践踏下的广州，到处使人触目伤心。我本来打算回到内地去，但所有外围的交通线都被封锁，始终没法越过难关。找事做固然不愿意，父亲便叫我到伪广东大学去继续求学，也被我拒绝了。居留了一个多月，适值中日文化协会广东分会招考公费留日学生，好些旧日的同学都怂恿我去尝试尝试，父亲更特地替我报了名，我自己也想看看里面的情形，而且直觉地相信准考不上的，便大着胆去尝试。然而天晓得！试验的结果，我竟然被录取了。父亲当然万分高兴，因为他寄予我的期望很大，认为这是我充实自己的千载一时的好机会。而我呢，矛盾的心理现象使我备尝了寝食

① 中国第二历史档案馆藏国民政府教育部档案，五／15355。
② 中国第二历史档案馆藏国民政府教育部档案，五／15357。
③ 中国第二历史档案馆藏国民政府教育部档案，五／15355。

> 不宁的痛苦。在中学时代，我原也曾有过东渡留学的梦想。可是，自从事变发生，我底（的）梦想成了泡影，日本帝国主义者的横蛮无道，已引起我强烈的反感；多年来的从事战时工作，国家民族的意识已极度的强化；再想想自己的家，在暴日的摧残下，父亲半生心血所积的产业已荡然无存。国恨、家仇，重重压在心中，使我不敢希图那梦想的实现。我也曾请教于昔日的师长们，有主张我去的，便说“学问无分畛域，有机会切莫放过”；有不大主张我去的，便道：“只要认清了目标，去也无妨，不过要及时回来才好！”总之，言人人殊，莫衷一是。在彷徨与犹豫的焦灼中，终于我觉得，与其困死在广州，不如走远一点的好。我信赖那“知己知彼，百战百胜”的名言，利用这时机去实地观察敌人的内幕，行径虽属冒险，然而，“不入虎穴，焉得虎子？”我还希望抓得意外的机会，替祖国效点微力。抱了这种野心，我便毅然地到日本去了。[①]

因此，尽管在日的学习、生活环境均优于国内，但绝大多数同学的爱国之心并未泯灭，他们在刻苦学习之余，仍时刻关注着国内的抗战和国际局势。他们是多么的渴望国人能够了解他们的苦衷啊！一位姚姓留日学生在战后所写《自传》就这样写道：

> 我们虽不想求人怜悯，但至少希望人家重予我们一种新的认识，藉（借）以解销以往的误解，并改变对于我们的态度。我们想声明的是：一、我们不是没有国家意识的人，因为日本的国家政策充分反映在它的国民社会里，我们是直接接触该项社会的人，常常容易受到新的刺激，深的不满，来促进我们意识与观念上的反省。二、战时留日学生大都是清寒子弟而无力投奔内地求学的人，在当时日本强制推行经常管制、物资奇缺的情况下，留学生赴日的目的至少并不是因为贪安逸、求享乐。我们虽无法显耀自己，但自认为对于求学的态度是出于真诚的。[②]

尽管日伪一再宣称要把留日学生培养成“中日亲善共存”的“楔子”、汪伪“建国”的人才，但留日学生在日本并未受到“亲善”的待遇，往往要受到日本军警和浪人的欺压和虐待，特别是太平洋战争爆发后，日本军警更加大了对中国留学生监视和控制的力度，留学生言语中稍不注意，就会被当作思想犯加以拘捕。一位留学生在《自

---

① 中国第二历史档案馆藏国民政府教育部档案，五／15355。

② 中国第二历史档案馆藏国民政府教育部档案，五／15355。

传》中写道："最可恨的是日本警察，不但不许我们出东京一步，并且随时监视我们，一有额外行动，便有坐狱的危险。同去的同学中有遭到这种厄运的，言之犹属寒心！"另一位留日学生亦称："留日学生受敌人严厉的监视和限制，虽谨言慎行，有时亦不免发生意外祸灾，真是人人自危！环境恶劣，无以复加，精神上所受种种刺激，实为毕生难忘。"①

恶劣的环境，更激起绝大多数留日学生的国家观念和民族意识，他们潜心求学，不做有损国家和民族利益的事，一些人还参加了抗日反日活动，成为抗日斗士。

① 中国第二历史档案馆藏国民政府教育部档案，五／15355。

第七章　中国人民反奴化教育斗争

日本帝国主义在中国沦陷区推行奴化教育，遭到中国人民的强烈反抗，沦陷区民众特别是广大师生或在艰苦卓绝的战争条件下支持抗战教育，培养和输送国家栋梁之材；或在进步力量领导下奋起抗争，将反对日本帝国主义奴化教育的斗争融入全国性抗日洪流中去。

第一节　沦陷区反奴化教育斗争

迫于各种因素滞留于沦陷区的广大爱国师生们并未屈服于侵略者的血腥统治，而是开展了一系列不屈不挠的斗争，反抗日本帝国主义的奴化教育。

一、沦陷区师生的不懈抗争

抗战期间随着战事逐渐深入，沦陷区不断扩大，战前中华民族文化教育较发达地区，特别是华北、华东等沿江沿海省区遭日军蹂躏程度尤甚。七七事变后，一些有名的大专院校纷纷迁往后方，许多中等学校亦择地迁避，小学校则多坚持到敌人到达之前数小时，才由教员携教具避难偏僻乡村。直至 1941 年底太平洋战争爆发前，一些已沦陷的大城市中还保留着部分私立教会学校以及迁入租界的学校，吸引了不少一时无法撤退到大后方又不愿在日伪学校接受奴化教育的沦陷区爱国青年。

日军大肆摧残沦陷区文教事业，屠杀和迫害当地抗日爱国师生，使得学校教师大批流亡或被迫改行，迫于生计不得不留下来从事教育职业的也遭到日伪多方监视和压制，师资力量被严重削弱。当时有学者如此描述沦陷区内学校教师所处的艰难境况："敌占区的教育，从 1937 年华北各大城市沦陷后，无论是大学、中学、小学，一齐停顿了。一般教育工作者大半四走逃亡，离开职务了，其余受敌人监视或是被生活逼迫着，在暴力镇压之下，只得苟延残喘，继续去开学上课。但是这种屈辱的工作，比起逃脱出敌占区的知识分子，要苦到百倍。因为他们每日里精神上蒙受着敌寇无理性的威胁，替敌寇施行那种‘昏天黑地’的奴化教育，身边围绕着被检举捕杀的危险，随时都有传到宪兵队或是特务机关里去拷打、灌水，活活被整治死的可能。”[①]然而陷区内教育人士在民族利益的大是大非面前，多数都能做到识顺逆、明生死。他们或闭门不出，以度时艰；或见危授命，冒险犯难；或临难不苟，辗转内迁，有的甚至身陷囹圄，慷慨殉职。其中有面对日伪威胁利诱、不惜以死抗争的广州岭南大学校长钟荣光，河南省立第十三中学校长毕太昭，孟县师范学校校长刘绳祖，济源县立师范校长席光国；有拒不与敌合作、艰难出逃的河南禹县县立师范校长刘星灿，庐氏县立中学校长阎光东，有历尽千辛万苦率员生内迁的上海新建中学校长蔡琦，有宁可全家生计无着也拒不附逆的镇江中学校长叶少农、张家口中学教员马树翰，有组织民军协助抗战厥功甚伟的云南私立洛浦中学校长张应汉，有投笔赴难、喋血行阵的河北省私立四存中学45名员生，还有苦心孤诣数年如一日主持师范教育的浙江新昌县立简易师范校长梁以忠等。凡此种种，不胜枚举。

广大爱国师生对推行奴化教育的日伪学校也用各种形式加以抵制。留在沦陷区的知识分子多采取不合作的消极态度，拒绝为日伪奴化教育服务，有的进步教师宁愿失业，也不领受高薪厚禄去日伪所办公立学校任教，有的则在课堂上讲述日军暴行，拿事实启发学生民族意识，开展抗日救国思想教育。如山东知名教育家鞠思敏沦陷后归隐在家，靠变卖家产典当度日，坚决不肯在伪教育局及伪校担任任何职务，他所主持的教育图书社则始终拒售日伪教科书。山东省惠民县第一高等小学和女子完全小学校长董晴岚1939年家乡沦陷时即脱离教育界隐居家中，尽管全家忍饥挨饿，甚至落到乞讨的地步，但对于日伪扣押、罚款、监视、限制自由等逼迫手段毫不就范。河南睢县人、小学校长阎宜亭除在当地组织“甘地团”从事消极抵抗外，还闭户设教专讲古今忠义事迹，帮助青年免受奴教侵染，并对改节人员要其出任教职之举以死坚拒。河南汲县人、小学校长仝子涵一向热心教育，战时始终不屈于伪教育科长的威逼，不惜远遁僻乡自设学塾，注意向当地青年灌输民族思想。湖北天门县人周家献抗战前曾任县立中小学校长，日伪在该县设立伪中学时多方强迫其任校长职，而他即使身陷囚笼也不变其节，抗战胜利后才出来担任县立中学校长。湖北黄冈县沦陷后，日军威逼当地小学教员彭华卿出任维持会长，彭坚辞不就，对于伪县长要其充任小学校长的屡次劝告严词以拒，虽遭囚禁亦难夺其志。

原山东惠民省立四中教员曹得敏1938年起靠个人力量开办私立复兴中学，招收初小两个班80人，完全实行义务教学。他以伪编教材为掩护，实际教授自编课本，

① 于力：《敌占区儿童所受的奴化教育》，《教育阵地》第1卷第4期，1943年4月1日。

抵制日伪奴化教育的推行，在日伪严密控制中采取“敌来我走，敌去我回”机动灵活的教学方法，传授抗日思想，宣传游击战术，教唱救亡歌曲。该校在前后七年时间里共培养了300余名高初中学生，为抗日救国输送了一批后备人才。①山东著名教育家綦际霖怀着“不让奴化教育污染整个教育阵地”的决心，于1939年底出任私立济南正谊中学校长后，坚持不到伪政府立案，而派专人去国民政府鲁南山东省府立案；学校教学侧重于“国文”与“习字”，通过讲授岳飞的《满天红》、文天祥的《正气歌》等形式，培养学生自觉抵制奴化教育的能力。②在綦校长的掩护下，学校内部言论颇为自由，吸引了许多不甘为日伪服务的教师来校任教，他还向这些教师介绍抵制奴化教育的策略：“面对日寇、汉奸这帮恶毒的人，抵制奴化教育要十分谨慎、机智，不能露骨地、信口地讲，否则便是冒险和愚蠢的行为。譬如讲历史，讲到日本是受了中国文化熏陶和影响才开始从野蛮时期进入文明时期的，这时不用添枝加叶，只是如实地讲历史事实，很自然地增加了学生的民族自信心和自豪感，无形中抵制了奴化教育，还不让汉奸们找到岔子。”对于必讲不可的奴化宣传材料，则用“指出来源，照本念经，念完就算，不加发挥”的方法加以处理。③热河某小学校长徐化民担心学生在汉奸训导主任腐蚀下忘记传统文化、泯灭民族情感，就想方设法为学生们补课，他每逢寒暑假都不回老家，背着日伪当局教学生读《三字经》和四书五经类国学经典，并进行通俗性讲解，激发他们的爱国情感与民族节操。此外，沦陷区教师还经常采用消极怠工的方式来抵制和反抗奴化教育，日伪教育当局可将公开、直接反对奴化教育的教员抓起来，却对以“上课照本宣科、念完就算”之法敷衍应付的众多教员无计可施，不得不承认“近来各校学风每多趋于浮嚣，学生狂放散漫，不守纪律，先生遇事敷衍，不肯负责”这一事实。④

沦陷区学生出于对日本占领军的痛恨，拒绝穿着伪市政府规定的制服以及参加日伪庆祝“战绩”的游行活动。厦门伪市府每每强迫伪校学生参加相关游行，被迫参加的学生虽然年幼，但都无不以此为耻，或将所执日本国旗搓卷而行，或干脆将其弃置道旁，弄得领队的汉奸教员啼笑皆非。在日伪驱使下参加此类“庆祝”活动的北平学生“不得不垂头丧气，没精打采的去走一趟。不要说无耻之徒带领呼口号无人应和，就是汉奸们发给的小旗子，没有一个学生不是像哭丧棒似的拿着，事后无不弃之于地，

① 曹得敏：《私立复兴中学创办始末》，《山东省教育史志资料》1988年第1期。

② 李弘：《私立正谊中学历史沿革调查纪要》，《济南文史资料选辑》第6辑。

③ 吴鸣岗：《怀念綦际霖先生》，《山东文史资料选辑》第26辑，山东人民出版社，1987，第3页。

④《山东省第八次中等学校校长座谈会要览》（1943年8月），山东省档案局藏伪教育厅档案。

恨恨地将它们踏碎的”。[①]沦陷区学生视日语课为“不修课”而加抵制，上课不听，课后不练，随学随忘，毕业忘光。山东培英道学院、明德小学、中西中学、黎明中学、圣功女子中学等教会学校在中方爱国校长坚持下一直拒用日伪教材，用悬挂美国国旗的方式抵制日本兵入内，吸引了社会青年踊跃入学；太平洋战争爆发后，日军占领教会学校后开设日语课并派驻日本教官，同学们对此十分反感，将戏耍日语教官当作抗日行动。济南师范学校学生则公开抵制日伪旨在实施奴化教育的“修身课”，1939 年冬季期末考试时全体学生一致退场罢考，以示抗议。进步学生还对学校里横行霸道的日籍教员和汉奸校长予以警告和惩戒，青岛市立女子中学学生自发抵制校方亲日举措，先后赶走两名教官。北平私立上中、上师等四校原有学生 4000 多名，因学校校长附逆，不愿接受奴化教育的师生广泛开展离校运动，使这些学校陷于停课。日伪政府因所办学校生源不足，便强行分配名额、强迫学生入学，对违抗者给予重惩。学生往往被迫入学后又纷纷设法退学，如湖北安陆中学第一届学生原有 30 多人，毕业时只剩下一半，第二届学生 80 多人，毕业时仅 40 多人，第三届学生退学的就更多了。[②]而总共开办了五年的伪广东大学，毕业生人数不过区区 200 人。

沦陷区师生还组织各种秘密社团和抗日组织，利用文学活动、读书会、文艺演出等公开形式以及散发传单、组织暗杀、破坏等秘密活动，在敌伪环伺的恶劣条件下开展各种反抗斗争。日伪政权禁止学生阅读课本及校方介绍外的书籍，学校不得有任何组织，但天津市省津中不仅成立了中华民族解放先锋队、中国青年抗日先锋队省津中小队等进步团体，高年级和低年级同学还相互串联，秘密组织读书会，想方设法借阅进步书刊，制定学习计划，每周召开讨论会交流读书心得，并以社会调查、唱救亡歌曲等方式进行抗日宣传。后来随着形势的发展，许多在根据地出版、封面伪装成《山海经》《水经注》之类的进步书刊被秘密运进来，在沦陷区学生当中传阅，增强他们抗战必胜的信心和抵御奴化教育侵蚀的能力。日伪曾在安徽芜湖的一次思想大检查中，查出有“反动思想”的中学生 123 人，小学生 74 人，竟将这些进步学生全部杀害。1944 年徐州私立昕昕中学校长张君九因不愿向日伪备案而被日本宪兵队关押，受尽酷刑，学生听闻激愤不已，奋起反抗，爆发了闻名全市的“砸玻璃事件”。[③]在江浙一带沦陷区内，被日伪当局视为“奴化教育施行之重要对象”的儿童常在墙壁上书写“打倒日本”之类标语，甚至呼喊抗日口号。沦陷区内年龄稍长的中学生都亲眼看见过日

① 周仰岐：《北平沦陷后的小学教育界》，《教育学月刊》第 4 卷第 10 期。

② 陈建平：《安陆城区日伪男女中学》（1994 年 10 月），转引自吴洪成、张华著：《血与火的民族抗争——日本侵华时期沦陷区奴化教育史纲》，内蒙古大学出版社，2007，第 236 页。

③ 江苏省地方志编纂委员会编：《江苏省志》第 77 卷《教育志（下）》，江苏古籍出版社，2000，第 1286 页。

军的血腥暴行，对侵略者怀有刻骨仇恨，对日伪奴化教育更是反感厌恶，多能自觉或有组织地加以抵制。湖北省伪教育局为成立伪中学而在新堤招考各级新生，前一天校内就出现张贴写有“和平教育就是教你挨人打不准还打人，教你忘记你是一个中国人”等宣传标语，伪校长及敌宣抚班代表发现后大惊失色，不得不以“学校尚未开学即有渝匪行为”为名，宣布停止考试和招生。①

日伪十分清楚沦陷区知识分子在文化抗战中发挥重要作用，对他们往往先采取拉拢政策，拉拢不成就暴力威胁，甚至使用杀害手段。曾任湖北省立中等学校教员训育主任及省教育会理事的朱光澍，抗战爆发后因返乡侍奉年迈双亲滞留应山，同时施教于当地青年学子，不久应山县沦陷，敌伪派兵搜捕全家欲逼其就范，朱宁死不屈，恼羞成怒的敌人竟将其连同老父、稚子一同刺死。湖北云梦县人宋筠抗战前曾任湖北省立八小、省立女师教员及武昌中华大学讲师，1938 年武汉沦陷后潜返故乡，指导青年御侮救亡，他严词拒绝日伪要其在当地担任伪职的多次威逼，因而受到敌人严密监视，险遭毒手。河南涉县县立第四小学教员马尚德因坚持宣传中国历史与党义教育引起敌伪注意，伪方一再设法欲使其作反宣传，遭拒后竟将他剖腹杀死。河北良乡人白青云曾任县劝学所长及北平石门各地小学教师 20 多年，日军入城后迫令其组织维持会，他坚决不从，敌人便以清查二十九军为名查出其衣袋内有抗日文字，借机将其杀害。河北交河县人白蕙佩历任天津师范、保定师范、泊镇农职教师多年，因宣传抗战思想、激励青年转赴后方而被敌逮捕，受刑重伤而亡。广东省临高县立乡村师范学校校长王良弼早年毕业于日本明治大学，1939 年秋临高县为敌所据，日军欲令其出任伪职，王不顾敌人威迫利诱，密赴琼崖守备司令部及第九区专员公署工作，在受命潜回家乡策动反正时，为避敌围捕不幸牺牲。②

抗战期间，战教工作者不避艰危深入战区与后方，为指导和协助沦陷区人民反对日伪奴化教育、施行抗战教育殚精竭虑，有的甚至为此献出了宝贵的生命。曾历任小学校长及师范讲习所所长等职的山东禹城罗村人王云台，抗战后参加台儿庄、徐州两役，转战苏鲁豫皖诸省，1940 年春回鲁南任山东省教育厅视察员，出入敌伪区视察西北教育。1942 年他回省报告途中遇敌进犯，因病滞留临朐县寺头镇，于是年 9 月 30 日身中五弹而亡，时年 33 岁。山东范县人石兆卜、福山县人王士光分别潜伏菏泽、福山县城从事特教工作，不幸为敌所捕，受尽酷刑后壮烈殉国。山东寿光三区董家庄国民学校教员赵公堂、山东朝城县立初级小学教员王广福因坚持抗战教育，被敌人查

① 中国第二历史档案馆藏国民政府教育部档案，五 /13812。

② 教育部教育年鉴编纂委员会编纂：《第二次中国教育年鉴》，商务印书馆，1948，第 1607—1630 页。

出多种抗战课本、标语及教员符号而惨遭杀害。浙江定海县小沙区署教育指导员许凤才 1942 年 8 月在该区署遭到逮捕，拘禁期间受尽严刑拷打仍坚强不屈，后经援助方告脱险。平津沦陷后出任教育部北平战区教育督导工作的王润秋，负责运送青年及技术人员到后方升学或服务，并联络津市私立学校破坏日伪奴化教育之实施，后被日本宪兵拘押于北平陆军监狱，备受酷刑，以致失明瘐死狱中。河北战区教育督导员办事处干事、代理饶阳县县长陈昌言于 1939 年 2 月奉命担任安平县战教工作，其间冒险前往冀中各县，3 月在束鹿不幸被俘遭活埋，同时遇难的还有在深县参加战教工作的王树模。献县乡村师范学校校长刘丕儒因从事地下工作在天津被捕，押解至北平执行后下落不明。战时秘密执行战教任务而被敌囚禁的还有热河战教主任督导员郭长升、北平市教育局督学梁文坛、山东教育厅督学兼青岛崇德中学校长王文坦、河北邢台战教指导员陈蕴璞、河北南宫战教督导员刘志诚等战教人士，更有教育部平津战区教育督导员张少华、江苏铜山战区教育督导员高谦等人以身殉职。[①]上述部分战区教育人员的感人事迹，也是抗战期间广大战区地下教育工作者从事秘密教育工作的缩影。

二、平津地区及汪伪首都教育界反奴教斗争

北平沦陷后，当地高校一度停办，日伪为装点门面迫令有关学校恢复，强迫推行奴化教育，并各方搜求教学人员，但有良知的中国人不甘心接受奴化教育，更不会充当奴化教育的帮凶。原北平教育界教授们大多拒绝与之合作，其宁为饿殍决不屈从的坚韧精神令人感奋。新文化运动主将钱玄同因病未能随校一同西迁，他满怀孤愤不仅与所有日本友人断绝了来往，还恢复原名钱夏以明心迹，1939 年初在贫病交加中去世。私立中国大学主讲民法课的蔡亮澄教授课上大讲日本侵华历史，叫学生“一定要有雪国耻、赴国难的志气，不然就不配做一个大学生”。日本宪兵队警告他以后上课讲书“少说闲话”，但蔡亮澄回去后照讲不误，并说自己是中国人，不说良心过不去。[②]燕京大学教授王西徵、师范大学教授李鉴波、中国大学教授蓝公武等一批坚决抵制奴化教育的知识分子纷纷到根据地去，[③]燕京大学陆志韦、周学章、张东荪、赵紫宸、洪业、陈其田、赵承信、蔡一谔、林嘉通、侯仁之等多名教授遭到日军拘囚，张子高、萨本栋、袁翰青、李霁野、曾昭抡、徐献瑜等留居北平却不肯为敌控制者则纷纷转入辅仁大学任教。北平中国学院教授童禧文屡受日伪威胁，终不“下水”，气节坚贞。燕大附中校长郑国梁更因鼓吹爱国思想、从事抗敌活动而被捕下狱，不幸于 1944 年 6

---

① 《第二次中国教育年鉴》，第 1607—1630 页。

② 中国人民政治协商会议北京市委员会文史资料研究委员会编：《日伪统治下的北京》，北京出版社，1987，第 113 页。

③ 《日伪统治下的北京》，第 28 页。

月遇害身亡。

私立辅仁大学、燕京大学、中法大学因其与美、法、德等国的特殊关系，于1937年秋勉强在北平复课后，坚持不使用日文课本，也不将日文作为必修课程，一切课程和教学均依战前秩序进行。日伪为统一沦陷区奴化教育，屡屡下令三校在教学内容上改弦易张，三校则坚决予以抵制。1938年6月，日伪强迫辅仁、燕京、中法及协和医学院参加所谓“剿共灭党运动周”活动，各校以“由校方自身负责阻止一切政治运动”为由拒不受命，同时表示“若以武力强行搜查各该校，则宁愿将学校关闭，而不肯强迫学生参加伪组织之宣传周”，辅仁附中男女中学、中法大学附属中学亦拒绝参加活动。日伪恼羞成怒，派宪兵军警前往搜查并勒令辅仁附中停课，将中法附中校长撤职。辅仁大学等校遂“自行停课”抵制，同样遭日伪威胁的天津租界区内各院校也愤然停课，纷纷宣布提前放假。[①]

辅仁大学校长陈垣不仅严词拒绝了日伪方面许给的高官厚禄，还带领全校师生顶住重重压力和干扰，始终坚持学校“行政独立、学术自由、不悬伪旗”三原则，使辅仁大学成为华北沦陷区内爱国青年向往的“最后一所大学”。1938年5月日军占领徐州，日伪当局命令北平各机关学校悬挂日伪国旗并游行“庆祝”，辅仁大学及其附中因拒绝挂旗和参加游行而被强令停课三天。另有一次，学校在体育馆放映电影时出现中国国旗，引起在场师生热烈鼓掌，事后日本宪兵强令校方交出鼓掌学生，陈垣断然回答道：“中国人看见自己国家的国旗鼓掌有何罪过？是我鼓掌了，要逮就把我逮捕！”面对日伪多次发出的逮捕甚至死亡威胁，陈垣校长早将生死置之度外，做好了舍生取义的准备。辅大教授们则在课内外向学生宣传不畏强暴不受利诱、不叛逆不投降、不当亡国奴的民族意识和爱国思想，勉励他们刻苦学习，锻炼身体，积蓄力量，等待时机，报效国家。教育学院院长张怀、秘书长英千里、教授董洗凡等人借研究顾炎武学说为名秘密组织“炎社”，以“人心不死，国家不亡”相号召，鼓舞师生奋发图强、抗争到底。后来该组织发展扩大成为以辅仁大学师生为中心的“华北文教协会”，除注意搜集敌伪情报、传播大后方电台广播消息，使学生不受日伪宣传欺骗外，还在开封、商丘等地沿途安排联络站和接送人员，向后方输送青年。该协会在北京大学、燕京大学等一些北平文教机关设有支部，在冀、鲁、豫、晋四省省会还设立分会，聘请忠贞爱国的文教界人士担任委员和干事，秘密开展抗敌爱国工作。其中济南分会系以燕京大学、辅仁大学、齐鲁大学三校校友为中心，领导人为武占元、星兆钧等；河南分会则以辅大毕业生为主，在杨文昌、李文煜等人领导下从事反奴教地下工作。1944

① 转引自宋恩荣、余子侠主编：《日本侵华教育全史》第二卷，人民教育出版社，2005，第583—584页。

年3月日本宪兵队对华北文教协会骨干人员实施大逮捕，辅大秘书长、教育学院院长、文学院代理院长、7个系的教授、讲师、助教和该校高年级学生等30余人，以及北大法学院讲师牛继昌、北师大讲师邵晓琴等校外骨干10余人被捕，轰动了整个华北教育界。[①]

北平大部分大中小学生在日伪奴化高压政策下仍保持传统的五四精神，随时表现出反抗情绪：他们消极抵抗伪市府要学生穿制服的强制要求，上学时把制服、帽子放在书包里，到校门口才拿出套在便衣外面，放学回家马上脱下来放在包里；每逢校方举行集合或请中日要人讲演，赴听者不过十分之一，若不先发车资根本就无人参加；对日籍学生和奴教性质学校，学生普遍有一种敌忾同仇风气，平常从不搭话，一旦路上遇见立马闭口无言或哄然而散。[②]伪组织"新民会中央总会"的机关学校"国立新民学院"、日伪为维持门面所办"国立艺术专科学校""国立新闻学院"之类官费专科学校，均施以提供食宿、学费、服装、书籍、毕业后高薪职位等招生手段，被洞悉诡计的一般学生鄙为"汉奸大学"或"奴隶养成所"，除"官瘾极大"的少数人外大多不愿投报，不但招生、录取额数严重不足，肄业者仅少数汉奸子弟，正式毕业生更是寥寥无几。施行奴化教育的"兴亚高中""觉生女中"在社会上受到普遍仇视，两校学生将校章藏在裤袋里，不敢对外声称自己在"兴亚"或"觉生"读书，周边学校学生也都不愿与之来往或交友，甚至不屑一同走路。1943年4月中旬，伪新民会曾在东单练兵场集合北平所有大中学生举行所谓"青少年结成式"，训话完毕呼喊亲日口号时学生们"像睡了觉一般的沉寂，惟有最后的'新中国万岁'，几万个声音才像雷霆似的一齐爆发，帽子飞了半天，右手的拳头树林般地举起来了"。大队人马游行到王府井大街时，各校学生喊的都是拥护祖国、打倒日本和大小汉奸口号，带动看热闹的商民等也跟着欢呼，等到东安市场交叉路口时就都一群一伙地跑散了，根本不到天安门前等候宣布闭会，并将太阳旗、五色旗扔得满街巷都是，任人践踏。此次事件发生后令全市为之震动，华北派遣军最高指挥官冈村宁次将伪新民会汉奸头脑大骂一通，下令以后永远不准再将学生们集合起来开会。[③]

据当时一份日人所办报纸报道，天津沦陷两年后仍有不少学校拒受伪令，抵制日伪奴教政策："计大学如工商、天津学院，中学如广东、新学、弘德、慈惠、法汉、

---

① 转引自齐红深主编：《日本侵华教育史》，人民教育出版社，2002，第383—385页。

② 《北平的"学府"》，载《新华日报》1945年7月9日，转引自余子侠、宋恩荣主编：《日本侵华殖民教育史料》第二卷，人民教育出版社，2016，第627页。

③ 《牛鬼蛇神统制下的北平》，载《新华日报》1944年2月19—22日，转引自《日本侵华殖民教育史料》第二卷，第608、614页。

三一、大同、耀华、进修、西开、志达等共不下 40 余所，平日在党化教育及租界护符之下，对抗日思想之灌输颇为彻底，故事变虽已经过两年，而以上各校的态度依然强倔，对新政权教育机关之教导概不接受。”[①] 其中以天津市私立耀华中学事例最为突出。该校校长赵天麟早年留美，获哈佛法学博士学位，历任北洋大学校长、开滦矿务局协理等职，1934 年出任天津公学（1935 年改称耀华中学）校长。天津沦陷后，地处英租界内的耀华中学在赵校长主持下，每逢节日和周会活动时仍悬挂中国国旗，唱中国国歌，并在校内加开特班实施抗战教育，对津市公私学校失业教员、失学学生尽量予以收容，因而“颇受社会舆论之称许”。南开中学大部分教师先后转到耀华任教，学校不仅招收千余名学生复学，还将被日军列入逮捕名单的爱国学生保护起来，通过英租界工部局对外转移，甚至输送到抗战大后方。1937 年 12 月 12 日，天津租界区 50 余名校长和教师召开抵制日伪奴化教育的秘密会议，赵天麟在会上慷慨陈词，倡议大家“不应坐视倭奴以华人为犬马，永不当亡国奴，爱国抗日到底”。与会者一致同意继续使用原教科书，不更改抗日爱国内容，各校一律不买日货，增加军训时间以备抗战。

凡此种种令日伪积恨益深，视耀华学校为“抗日大本营”，数度意欲入校搜查或派员“视察”，均遭校方阻拒。日军遂采用卑劣的暗杀手段，于 1938 年 6 月 27 日晨在赵天麟离家赴校途中将其狙击杀害。赵校长以身殉职后，全校师生及天津社会各界爱国人士无不同声哀悼，自发组织起来向日伪政府请愿，抗议日军暴行。武汉国民政府特发褒奖令，褒扬赵天麟“办学津市最负职责，艰苦奋斗，不辞劳瘁。嗣因敌方嫉恨，百般为难，终不为屈，竟遭狙击以毙。应以特例褒奖，交行政院转教育部，以优抚恤，用昭忠魂，而励来兹”。赵天麟死后其老母、寡妻相继悲愤殁世，所遗子女生活维艰。耀华继任校长陈晋卿前赴后继，矢志不渝地抵制奴化教育，曾被日本宪兵逮捕入狱 17 天。[②]

由天津市战区督导人员组织的天津教育促进会，开办有天津仁达商学院、星光补习学院、燕达中学及青年抗日训练班等教育机构，不但为那些不愿在日伪学校上学或未能到大后方上学的青年提供学习场所，更发展成为爱国志士开展抗日救亡工作的秘密联络点。天津师范学校教员马晋垣积极联络津市各校，秘密推行抗战教育，于 1944 年 3 月被捕入狱，备受毒刑。私立仁达商学院院长袁问朴因抗日行为三次遭日本宪兵

---

① 《租界教育界划期的转变》，《盛京时报》1939 年 11 月 28 日。

② 赵宝琪、张凤民主编：《天津教育史》（上卷），天津人民出版社，2002，第 367—370 页；周利成：《日寇暗杀赵天麟真相》，《中国档案报》2010 年 9 月 16 日，第 4 版。

拘捕，教授祖吴椿则被日宪拘押在狱 20 多天。私立大同中学校长郝擢先担任地下工作被捕，严刑拷问仍坚贞不屈。

南京是侵华日军华中派遣军总司令部所在地，也是汪伪国民政府“首都”，作为日伪政治、军事统治中心受敌人重视程度不言而喻。日伪在南京及镇江等周边地区推行奴化教育尤为积极，遭到以汪伪中央大学师生为代表的沦陷区民众坚决抵制。

原中央大学教授王瀣在 1937 年日军屠城之际未及撤离南京，由于年老多病又失去经济来源，家境日艰以至不能举炊，不得不靠变卖珍藏多年的书籍典质度日。1940 年夏，汪伪政府筹办伪中央大学时想利用其名望与影响，高薪诱惑进而胁迫他任教。王瀣断然予拒，表示宁可饿死也绝不赴任，并坚决不肯将藏书售予大汉奸陈群，1944 年贫病交加去世。[①] 范贤本教授受中共指示出任伪中大训育主任，长期收集日方情报，支持学生爱国运动。原法商学院院长胡道维思想进步，到中大不久受排挤被校方辞退，为养家糊口只得在皖南一带做贩运生意，不仅为解放区运送必要物资，还联络、输送进步学生到解放区参加革命。[②] 江苏省立教育学院院长高阳 1937 年率学校师生克服万难向桂林转移办学，潜返上海期间周佛海派人送款万元拉拢其出任伪江苏省教育厅长，他丝毫不为所动，在广西穷病而殁。该校教授唐桐侯热心教导和招致沦陷区青年到大后方求学，最后积劳成疾逝世。[③] 这些教育工作者身上充分体现了中国知识分子富贵不能淫、威武不能屈的凛然傲骨和浩然正气。

汪伪中央大学的青年爱国学生们自发组织抗日团体，利用“学生互助会”等公开团体,团结民众开展学生进步运动,打击日伪的嚣张气焰。自 1940 年秋到抗战胜利前夕，中大学生先后成立“群社”“团结救国社”“青年救国社”等秘密抗日小组。1942 年 9 月由汪伪地政局局长张仿良出面组织的“学生互助会”以及由汪伪宣传部部长林柏生任会长、1943 年底成立的“干字运动实践会”，实际领导权都掌握在抗日青年学生手中，进步学生以这两个“合法”组织的名义出版刊物，在复杂险恶的政治环境下借助汪派势力做掩护，隐蔽地开展了许多进步有益的活动，吸引和团结大批富有正义感的有志青年走上抗日道路，在当时沦陷区各地大中学校中造成很大影响，进而为发动大规模学生运动打下坚实的群众基础。1943 年 5 月底，“青年救国社”成员会同校内抗日爱国力量，策划发起驱逐校长樊仲云，得到了不满于日伪黑暗统治与校方贪污舞弊行为的同学支持。他们集队请愿，动员罢课，还成立由 11 名学生组成的临时校务

---

① 张玉成著：《汪伪时期日伪奴化教育研究》，山东人民出版社，2007，第 157 页。

② 王德滋主编：《南京大学百年史》，南京大学出版社，2002，第 247—248 页。

③《专科以上学校教授及中等学校校长忠贞事迹一览》，中国第二历史档案馆藏国民政府教育部档案，五 /2484。

委员会代行校长职务。汪伪政府被迫答应学生要求，撤换校长并改善学校伙食。[①]

三、上海教育界反奴教斗争

淞沪战役后，全国经济、文化、教育重心上海沦陷，在中国教育界引起剧烈变动。起初因为有外国租界做掩护，不但圣约翰大学、震旦大学、沪江大学、上海法学院、东南医学院等教会大学或独立学院留在上海，也有上海国立交通大学、暨南大学、同济大学等个别国立大学陆续迁入租界办学，甚至苏州的东吴大学、苏州工专，南通的南通学院，杭州的之江大学等外地高等学府也相继迁沪复课，光华大学、大夏大学等一些部分内迁的私立大学仍将校本部留在上海租界内。当时，江苏全省各级中等学校避地沪上者为数不少，其中有苏州中学、常州中学、南通中学等省立中学18所，辅仁中学等私立中学19所，公立南菁中学1所，县立中学5所，南京金陵中学、汇文女中、中华女中等校合并为上海华东联合中学。[②]国民政府教育部通过驻沪专员办事处、派遣临时特派员等多重渠道监督管理留守学校，要求各校履行忠于政府的义务并努力在"孤岛"内行使教育主权。[③]1939年江苏省教育厅设立驻沪办事处，督导该省迁沪复课的公私学校，中共江苏省委则在上海领导建立"上海市学生界救亡协会"，简称"学协"。

抗战初期，位于上海郊区真如的暨南大学为不受敌人控制，由校长何炳松率全校师生将学校迁到租界内一幢三楼洋房内。当时校长、教授、办事员都在一间二十几平方米的房间里办公，另在二楼走廊放一张长桌供人围坐谈心，此外教授没有自己的办公桌，师生都集中在教室上课，没课就回家。何校长身患肺病常到医院求诊，生活清苦，连医药费都成问题，但为避免青年学子被日伪势力争夺，他忍受贫穷留在教育战线上苦干，还利用个人关系与重庆教育部密切沟通、行政上积极配合，被委以向其他留沪各学校传达部颁政令密电及向教职员发放临时救济费的重任。当太平洋战争爆发、日军开始进占租界时，何校长召集部分教职员商议，决定立即关闭暨大以免敌人接管，让师生们视各自家庭情况来定是否跟随学校内迁，无论去留都要有坚持爱国与抗日的精神准备。[④]

1941年12月8日日军进占上海租界后，租界内现有院校除少数设法掩护得以幸

① 石人:《铁蹄下的抗争——1940—1945年南京中央大学的师生抗日爱国活动部分纪实》,《南京大学学报》（社会科学版）1992年第1期，第176—180页。

② 《江苏省志》第77卷《教育志（上）》，第492—494页。

③ 参见韩戍：《抗战时期的国民政府教育部与留守上海高校》，载《抗日战争研究》2018年第2期，第27—43页。

④ 徐开垒：《暨南大学校长何炳松挥泪停课》，《扬子晚报》2008年12月12日。

存外，多数被迫停顿或再次内迁。不久，汪伪政府在上海成立伪教育部驻沪办事处，召开上海专修以上学校会议，要求各校须向伪政权注册备案，否则将勒令停办，还准备将租界内的复旦、圣约翰、光华、大夏等四所私立大学合并为联合大学。复旦大学校长李登辉对此强烈反对，宣称学校实行不向日伪注册、不受日伪津贴、不受日伪干涉的“三不主义”，并表示“倘不获当局谅解，无殊完全令其停办”。经教育界有关人士努力争取，或采取拖延回避手段，日伪当局被迫取消原议，使各大学得以在不涉及任何政治原则下继续办学，不仅学制方面悉依旧制，课程未予变更，行政上也能做到基本独立，不受日伪统制，校方对于日伪有关呈报教职员名册、学籍、调查表之类的催促亦多借故推辞，不予填报。①

上海沪江、光华等私立大学的战时经历不啻为当时上海教育界应对时变的典型案例。1937 年八·一三战事中，私立上海沪江大学校舍原址被日军抢占，当作兵营和军用机场使用，学校迁入公共租界内圆明园路城中区商学院复课，成为一所“没有校园的大学”，各院系 2000 多名学生挤在一幢大楼里轮流上课。1939 年秋，沪江大学又与圣约翰、东吴、之江等留沪私立大学合组华东基督教大学联合会，开办联合课程，联合举行毕业典礼。1941 年冬太平洋战事发生，日军进占全沪，该校迫于情势不得已宣告停办，在筹划西迁复校的同时，由同学会改以“沪江书院”名义赓续开办，教职人员继续沿用，一切课程悉遵原教育部所颁旧制。其首任华籍校长刘湛恩视学校为“精神堡垒”，淞沪抗战后他偕长子及几位自愿留下的中西教员留校坚守，还努力奔走进行抗日募捐宣传、难民救济等项工作，担任“上海各届人民救亡协会”主席兼“上海各大学抗日联合会”主席，领导沪东公社开办“复兴难民收容所”。1938 年 3 月，日本扶植下的“中华民国维新政府”在南京成立，日方让刘湛恩的留美同学温宗尧游说其担任伪政府教育部长职，被严词拒绝后十分忌恨，竟于 1938 年 4 月 7 日在大华路上将刘暗杀致死，使之成为八年抗战中唯一被日伪杀害的大学校长。②私立光华大学抗战初期就将一部西迁成都办学，一部仍留驻上海租界，校长张寿镛曾参与教育部与中英庚款董事会抢救沦陷区古籍工作，与何炳松、郑振铎等人收购 12 万余册宋元善本运往港、渝两地。孤岛沦陷后，张寿镛决定取消沪校建制，将其改为诚正文学社及格致理商学社继续办学，并以“本社是私塾性质，不过维持学生及教职员生活”为由回绝汪伪注册要求。为避敌人注意，格致学社还转移到一家中学内，其附中改设为壬

① 参见复旦大学校史编写组编著：《复旦大学志》第一卷（1905—1949），复旦大学出版社，1985。

② 章华明：《沪江校魂刘湛恩遇刺案》，《档案春秋》2010 年第 5 期。

午补习社，内部一切仍沿旧贯。[①] 大夏大学沪校则因负责人在太平洋战争爆发后赴港办校而趋解散，以此回避伪方注册备案，一些知名教授就在家里开设私塾，继续培养学生。[②]

再以国立交通大学为例，该校于淞沪抗战时迁入法租界办学，徐家汇校舍先落入日本宪兵队之手，后为东亚同文书院侵占。为鼓励毕业生到后方工作，学校自1940年起即向赴后方服务的学生每人散发旅费450元，其间不少毕业生怀揣工业救国的理想，克服各种困难毅然去后方工作。在日寇包围和租界当局的严密控制下，交大学生利用一切可能之机隐蔽开展进步活动，1938年进步学生组织成立学生抗日救亡协会，围绕国内外时事开展读书会或讨论会，进行坚持抗战、反对投降妥协的教育。孤岛沦陷后，汪伪教育部于1942年8月接管交大沪校，虽慑于爱国师生的抵制和社会舆论的压力，未敢对该校人事、行政、教学做大的变动，却强令解散了学生自治会、青年会。包括黎照寰、钟伟成、沈奏廷、谭炳勋、李谦若、胡端行、陈石英、吴清友等知名教授在内的不少师生员工愤而离校，有的则历经千辛万苦辗转到达重庆九龙坡的国立交大。[③]

上海沦陷期间，汪伪不遗余力地对沪上教育界实施收买，然而与平均每天縻款2万余元代价相比可谓收效甚微。当时把持中小学救济费的伪上海市教育会，妄图以每人每次100元的"救济费"拉拢教育界人士，广大教师尽管生活艰苦，为养家糊口所迫每天奔走挣扎于死亡线上，但往领者寥寥无几。由周佛海拉拢、组织的伪教育委员会赴各校多端游说，"大部分悉遭拒绝"。日伪所办东亚文化协会、大中教联会等教育团体虽极尽诱胁之能事，绝大多数教师均能洁身自好，拒不参加。学生们则抱"宁肯牺牲学业，不受奴化教育"的决心开展反奴教斗争：私立上海中学校长陈济成在《中华日报》发表拥汪通电，对纷纷转学的学生停发转学证书，还嗾使暴徒殴打富有爱国精神的训育主任周汝作，结果该校3000名学生发表《为集体转学告全校学生书》，并全体离校，剩下学生不到1000名。陈济成当选伪党中央监察委员后，又有大批学生离校。此外，上海侨光中学、浦东中学、文昌中学、道中女中、新寰职校等校也有不少学生因校长有附逆情形而离校转学，以实际行动表明自己的反奴教态度。[④] 私立正风文学院前院长附逆后，组织该院校友会向汪伪政府领取津贴，院长蒋维乔为避免校名被敌伪利用并与之划清界限，呈请重庆方面更名为诚明文学院，后又干脆取消学

① 《光华大学廿二周年六三纪念特刊》，光华大学1947年编印，第20页。

② 项伯龙主编：《解放前上海大中学校学生运动史专辑》，同济大学出版社，1999，第50页。

③ 《交通大学校史》编写组编著：《交通大学校史》，上海教育出版社，1986，第331、336页。

④ 钱俊端等著：《汪派在上海各界活动的真相》（1940年3月16日），《我们的檄书》，集纳出版社。

院名义改为补习班，副院长杨大膺则于1943年起组织部分师生在上饶复校，以示弦歌不辍。日伪规定中学课程必须添设日语，然而除接受伪方津贴的学校外，大部分学校的日语科目纯属虚设：学生们往往视日语课为儿戏，视日语教员为汉奸，日语考试得零分者比比皆是，使补充日语教员成为最令日伪头痛的事。[①] 中共上海地下组织则以战区小学教职员联合会的名义，在当地领导开展抗日救亡运动，组织小学教师同人进修会在租界公开活动，1939年形势恶化后又将进修会工作逐渐转入地下，指导进步教师分散从事合作社、读书会等小型活动，还在1944年5月发动小学教员罢教。

当地教育界人士坚持教育阵地、反抗奴化教育的事迹可说是举不胜举。上海市教育局专员陈惠奉国民政府教育部指派，赴沪担任上海战教主任督导员，联系当地教育工作者推行抗战教育，与日伪开展争夺教育文化领导权的斗争。1942年4月27日教育部驻沪办事处被特务破获，30余名办事人员遭到逮捕。陈惠也于翌年7月被捕入狱，囚禁于镇江监狱，抗战胜利后方获释放。上海法政学院教授、君毅中学校长黄造雄由教育部派驻上海办事处工作，兼任该战区教育督导员，秘密指导市区实施抗战教育，功绩卓著。1943年8月黄造雄及其全家因事泄被捕入狱，饱受酷刑仍矢志不移，关押近一年才由友人营救出狱。战前历任暨南大学新闻学教授及市教育局督学等职的马崇淦，抗战期间出任上海抗日救国联合会理事，并参加教育部驻沪办事处工作。1942年1月被捕后，日伪以上海市伪教育局局长之位相诱，欲使其主办伪组织文教事业，他严词斥拒，潜居不出，日伪无可奈何之下只得作罢。历任宝山县长、教育局专员、正中书局上海分局经理等职的王丰谷，战时曾协助教育部驻沪办事处联络各校宣传抗战，当时上海各书局中只有正中书局拒不印行伪教科书，1941年6月其身份被日伪侦悉，被捕后遭严刑迫供仍坚贞不屈。上海博仁中学校长杨于慎战时在沪联络各校组织研究团体，推行抗战教育，因而深为日伪忌恨，数度被捕入狱，备受酷刑。上海弘毅中学校长俞云九抗战期间在沪担任抗日教育工作，1942年3月被敌特人员逮捕并施以严刑，始终不肯吐露上海地下教育人员情况，出狱后又担任教育部教师工作团上海分队长，继续策动反奴化教育。上海市立务本女子中学校长兼上海市教育局指导员江栋成联络有关人员创办苏南中学，积极救济失学青年并致力于地下教育工作，1942年8月不幸被捕。明德女子中学校长梅颂光因工作关系遭拘捕，释放后仍任驻沪教育人员通讯任务。上海市教育局督学邵汝干、秘书钱弗公抗战期间参加该市抗战工作，并从事地下教育工作，他们都曾两度被捕入狱，备受刑讯却毫不屈服。上海市晓光中学校长彭振球屡次拒斥日伪“和平运动”，1942年2月在敌人搜捕其住处时侥幸逃脱。奉贤县小

① 《上海教育情形报告书》（1944年2月），中国第二历史档案馆藏国民政府教育部档案，五/13493。

学教师朱云谦因与上海地下工作人员联络而引起日伪注意，1938 年秋一次他在闽港轮埠遇日寇水上巡逻队检查，搜出抗日书籍图册，结果被当场殴打致死，尸体被凶残的敌人抛入江中。[①]

第二节　国民政府争夺沦陷区教育权斗争

抗日战争全面爆发后，随着日军侵略不断深入，华北、华东、华中乃至华南大片国土沦落敌手。为防止战区青年被敌人利用，同时对抗日伪奴化教育，争取沦陷区民众，国民政府开始“由消极的抢救战区教师青年，进而积极的谋在战区组训教师青年，使与敌伪奋斗，以配合持久抗战之国策”，[②]除拨款在各战区设置青年招致所、战区教育辅导团，收容和登记失学失业的流亡青年，使之脱离魔窟并设法资送至后方就业或就学外，还积极采取措施推行抗战教育，督责相关教育人员深入沦陷区，利用日伪所办学校实施抗战教育，努力争取伪校师生为己方工作，以粉碎日伪奴化教育阴谋。

一、国民政府制定相关政策

国民政府教育部在全面抗日战争爆发之初即拟订《沦陷区教育设施方案》，将苏、浙、皖、豫、冀、鲁、晋、察、绥等九省及北平、天津、上海、武汉四市划为 50 个教育指导区，于 1938 年 6 月国民政府行政院第 373 次会议通过实施。

该方案规定战区教育工作以“在沦陷区域之各级教育，应利用种种方法使其继续维持，以适应抗战需要而延续文化生命”，以及“在沦陷区域应使教育界知识分子对民众宣传中央意旨，以培养民族意识，发动全民抗战力量”两项为原则；组织方面则由教育部选择意志坚强、富有牺牲精神和教育经验的人员为沦陷区教育督导员，施以必要训练后分赴各地从事秘密性质的战区教育工作。各督导员到达指定区域后，应采用妥善方法与当地教育工作人员切实联络，加以组织训练后分别指派担任各项工作。另外还在指定区域内成立严密组织，与各该区域内公开或秘密之党政军机关及民众抗敌团体密切联络，取得工作上的帮助与便利。据此，国民政府战区教育工作队在沦陷区各地先后成立，随即开展形式多样的战教工作，各类战区教育设施亦逐渐设立。

对于沦陷区域敌人已直接控制的地方以及在敌人后方尚未直接被敌控制区域教育督导员所承担的任务，该方案也做出详细规定。前者任务如下：

---

① 《第二次中国教育年鉴》，总第 1607—1630 页。

② 《第二次中国教育年鉴》，总第 1343 页。

1. 秘密指导各校教育人员按其特长分派工作。2. 采用以抗战为中心之教材，秘密教导学生。此种教材如购置困难，应令学生辗转抄写或竟用口授。3. 在学生中选择其信仰坚定认识正确之优秀分子，令其秘密协助活动。4. 对学生秘密宣传中央抗战决心及最后胜利之理由。5. 调查伪组织之一切设施，秘密报告于情报机关。6. 指导民众发展各种有利于军事之组织，准备必要时扰乱敌人后方，协助国军抗战。7. 秘密调查及监视汉奸各种活动，并设法铲除之。8. 已在伪组织统制下开学之学校，不论其教育方式及内容如何变更，应指导教员利用种种方法对学生秘密灌输抗战建国之要义。9. 设立旧式私塾或义塾以资掩护，实际上仍秘密施行抗战教育。10. 指导教育人员分赴人口散居、交通不便之乡村中，担任义务家庭教师，教授乡村子弟。11. 当地热心服务成绩优良之中小学教职员，应密予登记，呈请奖励。12. 凡在私塾或家庭中自修实习确有成绩之学生，经督导员之证明，将来可转入相当学校编级肄业，或参加相当学校毕业考试。

后者承担的任务有：

1. 指导各中小学校校长，尽可能范围内设法继续维持各该校政党教育。2. 业已停闭之中小学校，应尽量设法恢复，其确属无法恢复之中等以上学校，学生志愿参加民众抗战工作者，应尽量设法介绍至相当机关受训；其志愿继续求学者，应指导其脱险到达后方，插入各地相当学校肄业。3. 凡中等学校学生既不能入校求学又不愿离开沦陷区域者，应令在家自修或自请教师补习，其确有成绩者，经督导员之证明，将来转入相当学校编级肄业或参加相当学校之毕业考试。4. 凡中小学校继续开学者，督导员应商请各该区域主管教育机关设法维持其相当之经费。5. 各学校除授以正常课业外，应特别加授与抗战有关之教材，并可酌量减少与抗战关系较浅之课程。6. 在城市及重要乡镇秘密结合教育人员及当地士绅，组织严密之抗战团体加以训练，准备敌人到来时协助国军担任各项抗战工作。7. 对于加入抗战团体之教育人员，应将办法第一项详尽指导，准备万一该地沦陷后即可如法实施。8. 联络当地抗战团体并指导各校员生及当地青年，使其分别担任各种宣传工作。①

---

① 中国第二历史档案馆编：《中华民国史档案资料汇编》第五辑第二编教育（二），江苏古籍出版社，2000，第 292—293 页。

1939 年 5 月，教育部战区教育指导委员会（简称战指会）正式成立，以“联络忠于国家被逼服务敌伪中小学教师，以消灭奴化教育之效能”为战区教育指导原则，重新划分全国沦陷区为 70 个区，先后指派专员温麟、陈宝骅为主任委员，以司专责。1940 年 3 月，国民政府还成立战地失学失业青年招致训练委员会（简称招训会），专门收容和组训由战区流亡内地的青年学子。当任教育部部长陈立夫在 1940 年 5 月战区教育指导委员会会议中指出，值此沦陷区行政机构败坏、秩序棼乱之际，派遣督导人员到敌后从事联络及安慰战区民众和教育人士工作，在联络后方、维系人心、振奋沦陷区人民精神方面切实取得重要成效。他还指示战指会收集北平、南京伪小学教科书加以分析研究，作为抗敌教材的取材参考，并针对其内容予以反教学。① 经有关战区教育工作人员的努力，战区教育取得了一定成绩。据 1940 年初战区视察报告记载，在日伪积极推行奴化教育的江南地带，日伪所设立的小学数量少的仅相当于战前的 2.5%，多的也不及 30%，而浙江省战区当时已设有 1600 多所小学，相当于战前的一半，江苏及安徽战区均设有中学，其中安徽省恢复的小学又较江苏为多。②

由于战区交通梗阻，通讯不便，经费接济困难，加上工作环境险恶、战教指导人员缺乏等因素制约，战教事业总体收效有限。抗战后期国民政府教育部以战区情势变迁、战教业务发展而方案内容未能尽合实际需要为由，对原方案酌予修改，于 1943 年 7 月战区教育指导委员会第三届一、二次会议上修正通过《修正沦陷区域教育设施方案草案》，重新划分督导区域（1942 年增为 90 个区，1943 年又增至 102 个区），充实工作内容，调整并改善督导机构。调整其原则为：“1. 在敌人占领区域之各级教育，由教育部派遣教育人员深入督导，利用各种方法使其继续维持，以延续文化生命。2. 在敌人占领区域之教育界人士应积极设法联络，组织训练，使为抗战而努力。3. 敌伪学校教师应加裁制，其尚能觉悟自新者，经考核属实后指示其工作，以削弱奴化教育之效能。4. 战区内之失业失学青年应招致收容，使在战区或内来就业就学，以增强抗战力量。5. 对敌占区之民众，应运用各种机会宣传本党革命主义、中央意旨、抗战国策，并发挥精神上之伟大作用，坚定其抗战必胜、建国必成之信念，以培养民族意识，增进全民力量。”③

1944 年 8 月，教育部鉴于“战区教育过去力求全面开展，而限于经费，反致力量分散，工作成效不易表现”，现“战区进入胜利阶段，欲使战区教育配合军事进行，

①《陈立夫谈战区教育工作的几点意见》（1940 年 5 月 30 日），中国第二历史档案馆藏国民政府教育部档案。

②《沦陷区国民教育实施问题讨论会纪录》（1940 年 3 月 18 日），中国第二历史档案馆藏国民政府教育部档案，五 /13484。

③《中华民国史档案资料汇编》第五辑第二编教育（二），第 310—313 页。

则集中力量于若干重要据点，以增大其协助反攻之能力实有必要”，制定《战区教育督导工作调整方案》，经战指会四届一次会议通过，为战后教育复员做准备。方案规定督导员均应推进至沦陷区指定的工作地点，各就环境许可范围内自行策动工作，其基本任务包括：调查日伪奴化教育实况；调查文教团体活动情形；密察教育人员忠奸，以供复员时参考；向各学校密寄国民政府中央政令及宣传品；制造有利抗战之各项宣传；剪递报章资料；利用爱国教育团体名义，秘密散发宣传品及标语；争取日伪教育人士，用个别谈话方式加以训练与指示；发动并组织陷区内文教秘密爱国团体等及其他部令指办事项。而在各督导人员工作关系之外，得在沦陷区各重要据点内组织独立的秘密教育团体，直接接受督导专员指导，在当地吸引和选任优良教育人士为复员干部，做收复善后的教育准备；发动民间爱国组织宣扬政令；调查日伪统治下的教育设施及伪方教育人员思想行动；发动肃奸反敌运动，以侦察、离间、收买、破坏、暗杀等非常手段瓦解日伪各项奴教训练与设施。①

自 1938 年至 1945 年抗战胜利八年间，国民政府教育部成立的战区教育工作队有队员 500 人，义务队员 1700 余人，同时吸收日伪指挥下的中小学教师另组各种秘密教育团体，共计会员 1200 余人，更多人担任实际工作。1945 年年底，战区教育指导委员会与战地失学失业青年招致训练委员会合并，改组为青年复学就业辅导委员会，战指会作为战时临时机构的使命遂告结束。②

二、争夺沦陷区教育权各项举措

战区教育工作范围多处于敌伪直接控制的地方，复杂的环境决定了在沦陷区内因人因地因时推行战区教育工作尤为重要。按照《沦陷区教育设施方案》规定，对业已停闭的中小学校尽量予以恢复，继续开学者由各该区主管教育机关设法维持经费；对已在伪组织统制下开学的学校，指导各中小学校校长尽可能维持学校党政教育，利用种种方法向学生灌输抗战建国思想；确属无法恢复的学校，学生如志愿参加民众抗战工作，应设法介绍至相关机构受训，志愿继续求学者则指导其到达后方，插入各相当学校肄业；既不能入校求学、又不愿离开沦陷区域的则在家自修或自请教师补习，将来可转入相当学校编级肄业或参加相当级别毕业考试。具体到组织方面，在教育督导人员活动所及之处，多设有教育研究会、文化协会、青年服务社等组织做掩护，吸收日伪学校供职人员；设立读书会与实习学校，收容战区大中学肄业学生及失学青年，教职员以研究会会员担任，采用特种教材施以抗战教育；指导沦陷区民众发展各种有

① 《中华民国史档案资料汇编》第五辑第二编教育（二），第 319—322 页。
② 《第二次中国教育年鉴》，总第 1351—1352 页。

利于抗战的团体，准备在必要时扰乱敌人后方。

学校课程方面则规定各学校除正常授课外，应特别加授与抗战有关内容或教材，酌量减少与抗战关系较浅的课程；联络和指导沦陷区内中小学教师用抗战教材秘密教导学生，购置此类教材如有困难，就采用口授方法或让学生辗转抄写。譬如联络文史地教员，授课时尽量利用机会对学生宣讲中华民族对外抗战史迹及先贤先烈舍生取义的言行；国文课上注意选择含有民族性、爱国性的课文讲授，同时自编补充教材，以期唤起学生的民族意识，激发其爱国热情；对于英文及其他删减课程，由教员转告学生课外补习，除在原校添设补习班外，还在各地学校附近设立补习学校；对于日语课程加以敷衍，学生上课与否完全听其自然，有的学校平时不添授日语，遇日伪视察时就临时更换功课表，用以欺瞒耳目。此外还指导各校尽量拒绝参加日伪举办的各种运动会，或派少数学生参加进行敷衍，以示不与日伪合作。1942 年 1 月教育部战区教育指导委员会曾将该会所搜集的多种敌伪教本函送给国立编译馆，强调“奴化性质之教材若任其在沦陷区流行，则其麻醉儿童为害至烈”，特请国立编译馆根据敌伪奴化教材代为编印反奴化教材，以便分发给战教工作人员，再由他们设法转发给伪校教师秘密应用。①

员生方面注意在战区秘密培植下层力量，吸收意志坚强、富有牺牲精神与教学经验的教育工作人员严加训练，作为推动各地战教工作的干部，或直接打入敌伪组织内部担任工作，侦查日伪奴教动态，策动伪校教师反正。在教员与学生中选择信仰坚定、认识正确的人员组成严密组织，按各人特长分派担任调查、宣传、组织、交通等秘密工作；对于勾结日伪的汉奸教职员，或发动进步学生与之捣乱，或商同已被争取的校长、主任将其辞退；对于充任敌伪间谍、汉奸的学生，由学校设法开除或由同学驱逐，再将姓名秘密通知其他学校不得收纳，使其失去活动区域；尽量从优任用品格高尚、学识渊博、教学经验丰富的教职员，加强联络彷徨苦闷、思想不稳定的教职员，坚定其意志；对品学优良、思想正确的学生加以保护，设法保释因抗日嫌疑而被捕者，高中毕业后保送其到后方升学。

社会教育方面，除利用民众教育及特种教育巡回团在沦陷区外围开展宣传活动，在战区举办青年训练班及国文、英文、数理、史地各种补习学校外，还选派人员参加日伪举办的各种训练与座谈会，一面调查了解日伪社教机关内部办理情形，一面暗中驳斥其荒谬言论，充分发挥破坏作用。秘密搜集日伪各种宣传品及奴化教材加以研究，

---

① 《国民政府教育部战区教育指导委员会致国立编译馆函》（1942 年 1 月 10 日），中国第二历史档案馆藏国民政府教育部档案。

编发印制抗敌题材的教科书、辅导通讯、报刊资料等输入战区，针对日伪宣传予以彻底纠正。通过日军在沦陷区奸淫、残杀、掳掠的种种事实，暴露其灭华野心及所谓“王道政治”的真实面目，揭露日伪奴化学子、麻醉人心的阴谋。灌输民族意识和战时常识，宣传抗战到底、抗战必胜的道理，坚定民众抗敌意志与信念。在公共场所散发秘密传单，设立书报阅览所或流通站暗发抗建（注：国民政府抗战时期以“抗战建国”为基本方针政策，简称“抗建”，后同）宣传品或书籍，利用话剧、电影、壁报、画报等形式唤醒民众爱国情绪，撰写和传唱富有国家民族思想的歌谣等。国民政府还加强了国民党与三青团在战地的活动，通过党团发起同乡会、慈善会等各种掩护性组织，甚至渗入进香会、公益会、自卫团等民间旧有组织，用秘密结社的方法鼓动民心，反抗日伪统治。

注意利用旧式私塾作为国民教育的基本设施。沦陷区一般有民族气节的人都憎恨日伪奴化教育，他们大多不愿把子弟送到日伪新民小学接受奴化教育的毒害，而是改入私塾读书，所以城镇乡村地区私塾教育相对发达，甚至成为战区国民教育的一项基本设施，在向青年学生传授文化知识与应用技能方面发挥了有益的作用。由于日伪对此类教育设施较为忽视，对于家庭教师、民众夜校亦不甚注意，国民政府即利用日伪这一弱点，在乡村及交通据点设办私塾或义塾，代替小学教育教授乡村子弟。相关教育人员分赴人口散居、交通不便的乡村担任义务家庭教师，同时联络塾师、家庭教师及民众夜校教员加入秘密团体，不仅对一般民众及儿童灌输反日思想，还联络儿童家长借机宣传，以期造成一种社会风气。在山东省，早在1929年便已基本销声匿迹的私塾又悄然兴起，很多人宁肯让子弟接受《三字经》《论语》等传统教育，也不使用日伪编写的教科书。据统计，1944年该省沦陷区高中以上学校在校生不过区区2000人，而包括初、高中在内的各类中学仅为战前一半，小学更是只及战前的四分之一。[①] 山西长治一些有志之士也在当地先后办起或明或暗10余所私塾，各塾校收有学生数人乃至30余人不等，“进行中华民族的传统教育，宣传抗日爱国的道理，使儿童不忘生我养我的祖国”。[②] 日伪在广东增城地区设有包括日语学校在内的多所奴化学校，增城战区教育督导员赖卓洲率该区教育促进会会员分头向当地学人开展宣传，劝阻学童返回伪校接受奴化教育，并竭力协助地方设立学塾。经各会员在敌后尽力推动，该县沦陷区总计有学塾21间，学生500余名，几乎每200人以上村落均设有学塾一间，所用课本虽新旧不一，却多能接受抗战教育，1942年还在敌后成立两所中心学校，与

① 钟春翔等：《日本侵占期间山东沦陷区人民反奴化教育的斗争》，《山东教育学院学报》2004年第1期。

② 王正科整理：《日伪长治教育简况》，《长治文史资料》第7辑，第100—104页。

日伪奴教开展斗争。[①]另据伪南京市教育局统计，1939 年仅南京市区就有私塾 16 所，塾师 162 人，学生 6164 人。农村私塾的数量更是大大超过正式小学，泰县姜埝区小学与私塾的比例竟高达 1：200。[②]针对于此，伪江苏省教育厅清乡教育委员会曾特别要求清乡内取缔或限制私塾或私人学校的举办，并对学校教科书加以统制。私塾作为中华民族古老文化的传播阵地，在沦陷区国民教育方面所起作用由此可见一斑。

指导沦陷区青年秘密进行情报调查与联络等各项工作，设计破坏日伪学校及其教育设施。各战区工作队纷纷派员秘密潜入沦陷区刺探情报，调查伪校动态，同时注意根据所得情报研究破坏方法，对症施药设法摧毁或铲除。1940 年制定的《战区教育工作队暂行通则》明文规定：战区教育工作队以“调查并破坏日伪奴化教育，防止青年流入歧途；辅导并建设地方教育机构，延续战区文化”为主要任务，并规定其以教育、组训、宣传、调查为主要工作。据《安徽芜湖战区教育工作队调查工作实施办法》（1943 年 1 月）规定，调查工作的重点在于调查奴化教育情形，大到当地日伪奴化教育政策，小到各县奴化教育主管机关组织及其人员姓名资料、思想、住址，伪中小学分布地点、各校地址、校名、校长姓名、教职员人数、班级、学生人数、全年经费、教职员待遇、课程所用教材及其他设施，伪中小学教职员姓名、资历、服务学校、担任课程、思想、住址，以及全县学校总数、教师来源及吸收办法、各校经费来源及支配办法等内容在内的各县伪组织执行奴化教育实施办法等，事无巨细，无不一一囊括。[③]各战区工作队亦将破坏奴化教育视为工作重点，发动沦陷区教育界加强肃奸反敌运动，采取侦察、离间、收买、破坏、暗杀等非常行动，瓦解日伪举办的各种奴化教育与训练，还在各伪教育机关及伪校中设法布置内线，联络和争取日伪控制下的教育人士与青年学生，鼓动他们脱离羁绊回归后方，或相机摧毁破坏各项奴教设施。

国民政府还认识到，沦陷区中小学教师多系家室所累、交通困难或生活关系不得已而留校执教，并非甘心附逆，受敌伪驱使。为联络沦陷区中小学教师破坏日伪奴教阴谋起见，教育部特制定《津贴沦陷区域中小学教师办法》，规定战区各省教育厅选派忠实干员赴沦陷区域秘密联络日伪统治下的中小学教师，晓以大义，动以利害，促使其秘密实施抗战教育；如志愿秘密进行抗战教育者，得由教育厅秘密侦查其言行、

---

① 《广东增城战区教育督导员赖卓洲工作报告》（1943 年月 12 月 10 日），中国第二历史档案馆藏国民政府教育部档案，五 /13817。

② 《江苏省志》第 77 卷《教育志（上）》，第 83 页。

③ 《安徽芜湖战区教育工作队调查工作实施办法》（1943 年 1 月），中国第二历史档案馆藏国民政府教育部档案，五 /13716。

成绩，多方试探其诚意，确认为可靠并履行宣誓[①]手续后，按其能力与成绩每月给予津贴。办法规定接受津贴的中小学教师除秘密实施抗战教育外，兼负情报调查联络之责，对于特殊紧急事项应随时报告，并将每月工作情形按时报告教育厅；教育厅除将受津贴的中小学教师按月造具名册，把姓名、性别、年龄、籍贯、出身、现任学校及职务、薪额、津贴数目、工作成绩等项报送教育部备查、考核外，并对其姓名绝对保密，因事机泄漏而牺牲者得由教育厅呈请教育部抚恤，阳奉阴违或泄露机密者得由教育厅送交当地军法机关严予惩治。[②]国民政府行政院则于1940年核准拨发专款，交教育部转拨各省市教育厅局、各战区教育督导人员及工作队办理，用以加强和扩充战区教育设施，在物质上给沦陷区教育人员以切实补助。凡愿赴沦陷区工作者，按规定亦可按月优予生活津贴。1942年3月，教育部又制订《敌伪中小学教职员反正暂行办法》8条，要求日伪指挥下的中小学现任教职员向战区教育督导或教育厅申请反正，经履行手续后可听候派任工作。国民政府所制定的上述相关政策规定为争取沦陷区教职员工起到了积极作用，据统计，1938年至1945年间共吸纳在日伪学校工作的中小学教师1200多人。[③]

三、争夺南京地区教育权

汪伪国民政府“首都”南京作为日伪统治中枢和推行奴化教育的重心所在，其受敌人重视程度不言而喻，重庆国民政府也深知争夺此地教育权的重要性远在其他各战区之上，故采取多种秘密措施与日伪当局展开激烈竞争。

首先经积极准备与调查，在南京先后组织中小学教师进修会、教育同志会、学生联合会等三种秘密教育团体，先后加入者400余人，其中学校教员百余人，各校学生300余人，每月由教育部拨发教师补助费。中小学教师进修会系由各中小学优秀教师组合而成，以积极反奴化教育及从事我方教育宣传为宗旨，加入者由成立之初的13人很快增至42人，该会负责人为汤式一、徐仲清，会员以外埠籍贯成员居多，言行激进且较多地承担冒险工作。它针对敌方奴化性质的“思想善导办法”，曾制定《反思想善导计划大纲》，召开反思想善导座谈会。该计划大纲目标为：“一、以敌人杀人放火之事实，证明敌人之敌视我同胞，日军阀主持下之日本，中日绝无合作之可能，亦绝不应有合作之信念。二、领导中华民族抗战图存之蒋委员长乃中华民族四万万同

---

① 誓词内容为：“我是中华民国的国民，矢志尽忠国家，遵守政府法令，拥护抗战国策，绝对排除奴化教育，不作教育界败类，遗羞子孙。如违誓词，愿受政府最严厉的处分。谨誓。”

② 中国第二历史档案馆藏国民政府教育部档案，五/13603。

③《第二次中国教育年鉴》，总第11页。

胞之真正领袖，应誓死拥护，而说明汪逆之妥协投降应为人民所共弃。三、以敌人枪刺下之政府乃敌人之走狗机关，根本谈不到政治，而说明汪逆所谈之宪政之欺骗性与不可能。四、以此次抗战坚苦卓绝之事实，说明全国人民对抗战之需求与认识。五、揭发‘东亚新秩序’之内容，说明‘和平’即等于亡国。六、以有利之国际环境，说明中国之将胜利。七、以自力更生勉励被压迫之同胞争取最后胜利。”具体办法包括：社会方面，“1. 从事口头宣传：动员进修会全体会员分区分组担任。2. 利用组织方法，动员进修会全体会员组织各种可能公开团体，暗中施以抗建教育，以收潜移默化之功。3. 以甲项目标为中心之诗歌、小说及弹词、大鼓等平民文学编订成小册，广事散发”。学校方面则尽量利用敌伪各校伺机提示抗建：“1. 以特派在各校的教员作为教育学生之基本，组织各种公开集会、秘密小组集会，研究历史地理，探讨国际问题。2. 以特派在各校的教师作为教育与选择优秀学生之基本，注意将富有正义感的学生作为反思想教育先锋，帮助其组织各种集会，轮值参加各项小组会议，并为其提供史地、时事材料；进行家庭访问，开展反思想善导活动。3. 由进修会主任委员每月主持召开反思想善导座谈会，全体会员均须分组轮流出席，在会上检讨过去工作，决定未来工作，以及研讨各项问题，考核工作成绩。”①

教育同志会系由原四川教师服务团田舜林联合在南京市教育界较有势力的江苏第四师范毕业生组织而成，指定负责人为樊林、黄立三。教育同志会联合一般教育界人士及退休教员，以联络感情、搜集情报材料及反敌伪宣传为主旨，会员由最初 20 人增至 75 人，参加者以当地人为多，熟悉地方情形，且各方人事关系较深，工作便利。后来又以各校学生尚无相当组织，决定由中小学教师进修会及教育同志会选择吸收学校才学兼优且有领导才干者合组学生联合会，以互相切磋、树立正确思想与信仰、唤起民族意识、激发爱国热忱为宗旨，先后有 316 人加入，指定由伪中央大学唐声尧负责。同时建立教职员联谊会、业余俱乐部、各校学生自治会等外围团体组织，择其优秀者加入秘密团体。此外，教育部还与南京市党部、三民主义青年团会商，共同筹备组织京市教育会，并已拟就各项办法，该计划后因三青团与市党部负责人相继被捕而告中止。

国民政府教育部派遣的南京地区战教工作人员，包括该区督导员以及下设干事、书记各一人。干事除辅助督导工作外，专事汇集各方情报做初步整理工作，并负责保管各种秘密档案材料；书记除抄写工作报告外，专事递送情报及工作报告至上海办事处转教育部，以及其他交通联络工作。遵照相关规定，除急要情报随时电呈外，南京

① 《南京市教育工作总报告》（1944 年 2 月），中国第二历史档案馆藏国民政府教育部档案，五 /733。

方面每月得编写工作报告一份，材料多时则半月编呈一份，已先后按时呈缴27份工作报告至指定地点，但太平洋事变后上海交通站遭敌摧毁，导致南京方面相关情报及工作报告无法转递后方，重庆教育部的命令亦无从到达。

当地战教工作人员多以教会学校为掩护，利用亲戚关系、伪职人员，乃至熟识的日人作掩护，秘密开展工作。他们以胆大、心细、勤敏、机警、确实为工作信条，有关工作均定有详密计划，除按计划逐步实施外，还随时选择适宜时间与地点，约集有关人员举行小组会议，考核、检讨各项工作，力求改进。同时选派干练人员打入日伪各项教育文化组织，从事谍报、分化工作，终于促使南京市原伪教育局局长徐公美下台。宣传工作方面则注意随时利用说书及其他一切机会，甚至利用伪社会福利部所办街头巡回施教队进行宣传，对一般民众讲述抗战建国的道理，并多次在电影院等公共场所散发传单，产生轰动全市的宣传效应。各校学生经联络宣传，或毅然退至后方继续求学，报效祖国；或抱定牺牲决心，秘密协助散发宣传品。不满于日伪奴化压制的教职员多能积极协助战教工作，广大市民仇恨日伪的心理也益加显著。太平洋战事发生后，由于上海方面联络中断，当地不但与后方交通、消息隔绝，各项薪金及事业经费全告停顿，且战教工作赖为掩护的教会学校也全部为日伪接收，开展相关工作所受打击与牵制极大。1942年3月，三民主义青年团南京分团部出事，教育同志会有多名会员受涉被捕，6月，中小学教师进修会负责人汤式一又遭敌宪兵拘捕，在狱中饱受严刑苛待，营救释出不久即伤重身死。当地秘密组织及活动遭此重挫，几陷停顿。①

第三节　抗日根据地反奴化教育斗争

抗日战争时期，日本侵略者在对抗日根据地进行烧杀抢掠的同时，大肆破坏抗日民主教育，捣毁抗日学校，残杀爱国师生，强迫建立伪教育组织推行奴化教育。中国共产党抗战期间制定推行抗日的教育政策，早在1937年8月《抗日救国十大纲领》中就提出“改变教育的旧制度、旧课程，实行以抗日救国为目标的新制度、新课程”，②以此作为各抗日革命根据地举办教育的指导方针，领导根据地文化教育工作者同仇敌忾，采取机动灵活的办法针锋相对地开展反奴化教育斗争。

一、各抗日民主根据地反奴教状况

抗战时期，中国共产党在敌后先后创建了19个大的抗日民主根据地，随着这些

---

①《南京市教育工作总报告》（1944年2月），中国第二历史档案馆藏国民政府教育部档案，五/733。

②《毛泽东同志论教育工作》，人民教育出版社，1958，第134页。

根据地的创建和巩固，各地纷纷成立文教处、宣教科或教育组作为教育行政管理机构，以抗日民主为指导思想广泛进行抗日教育，并在接近敌占区的学校开展反奴化教育，同日伪争夺知识青年。

晋察冀边区是华北地区最早建立的敌后抗日根据地，据有钳制日军进攻、直接威胁敌人后方的要地，因此首要教育任务是动员和组织全体民众开展敌后抗日战争，特别是配合反蚕食、反“扫荡”斗争以及县民主选举进行各种教育，游击区则强调对敌斗争和民族气节教育，还特别举办各式训练班以培养和提高民众抗战、生产知识技能。边区小学教育有国语、算术、常识、卫生、音乐、美术等课程，生产劳动与课外活动也被列入教学计划，内容则以抗战教育为主，在晋察冀行政委员会编印的初级小学国语课本中，就有诸如“东洋鬼子好比狼，杀人放火又抢粮，我们要打狼，更要打东洋”“大家一条心，共同打日本，有钱的出钱，有枪的出枪，有力的出力”等内容。为解决根据地教材不足问题，除课本采用铅印、石印、油印、木板印刷甚至手抄等方法外，教育部门还提出“爱护课本”的口号，将高年级学生用过的课本给低年级学生用。到 1939 年，全边区小学校已发展至 7063 处，入学儿童共 367727 人；1940 年上半年小学猛增至上万所，全边区中学则增加到 9 所。敌人原在河北曲阳县据点内开设“伪自卫团”训练班 20 处、2140 人，1941 年 5 月在摧毁伪校斗争中，共摧毁此类训练班 17 处、1640 人。三区还为灵山据点内 50 名青少年组织了为期三天的训练，其他地区也开展揭发敌人阴谋欺骗、坚定儿童抗战信念的相关教育。①

1941 年抗战进入相持阶段后，日伪集中力量对抗日根据地进行“扫荡”，在其控制据点内建立伪小学，组织宣抚班，胁迫群众入学，推行奴化教育；对游击区、近敌区则经常派快速部队反复搜索烧杀，焚毁校舍，捕杀师生，摧残抗战教育。因此坚持抗战教育、粉碎日伪奴化教育及其对抗日教育的摧残，就成为敌后根据地教育的重大任务。针对日伪在根据地边缘地区和游击区搞的所谓“大自首运动”，1942 年初晋察冀全边区开展大规模“军民誓约运动”，对沦陷区儿童则开展“五不运动”（即不告诉敌人一句实话；不报告干部和八路军的情况；不报告地洞和粮食情况；不要敌人东西，不上敌人当；不上敌人学，不参加敌人少年团），通过各种形式把“五不誓约”内容渗透到教学中去。1942 至 1943 年是根据地最艰苦时期，1942 年北岳区仅剩一所有学生 178 人、教员 29 人的中学，冀中区经敌人大“扫荡”沦为敌占区，中学全部停办，小学也由公开转为隐蔽，在敌伪据点村内坚持爱国主义和民族主义教育。安国县一个

① 王用斌、刘茗、赵俊杰选编：《晋察冀边区教育资料选编》（续集），北京师范大学出版社，1991，第 318 页。

村小学教师化装成沿街敲梆叫卖的货郎，学生们装成买东西的样子围着货郎担听教师授课。定县某村教师以经营小杂货铺为掩护，学生伪装来买盐打醋，进行个别教学。1944年随着战争形势好转，边区教育得以恢复发展，入学儿童恢复到1941年前水平，边区小学不仅有较正规的整日制小学，在山区还大量出现半日制小学、巡回小学和一揽子小学。[①]

晋绥根据地教育原本就落后，在日军对该地区先后进行的四次“扫荡”中，汾阳、文水等18个县牺牲教师多达百余人，学校被毁百余所，许多小学陷于停办状态，边区军民在如此艰难环境下仍坚持办学，恢复或创办学校。到1942年底，根据地24个县共有完全小学26所，初级小学1950所，初小学生62362人，高小学生1044人，还设有第一中学、永田中学、二区中学、晋西师范学校等多所中学。1944年春，各县开始办理民办小学，学校和学生数量都有所增加。在晋冀鲁豫的太行区，1942年办有1237所小学、学生52885人，到1944年分别发展至2532所、125556人。[②]

鄂豫边区包括豫南、鄂北和鄂中地区在内，地处同敌、伪、顽斗争前沿。由于日伪在这一地区大规模开展奴化教育，不少群众对边区抗战前途缺乏信心，因此有必要向广大干部群众深入进行反奴化教育和爱国主义教育，提高政治觉悟与民族意识。特别是在抗战最困难的1942年，敌伪活动猖狂，根据地在其不断“扫荡”与围攻下面积缩小，有的巩固区变为游击区，有些人在这种情况下对抗战胜利信心不足，所以加强抗战教育尤为重要。1942年3月，鄂豫边区第一届抗日人民代表大会通过并颁布《鄂豫边区施政纲领》，其中第21条规定“发展边区抗战文化教育，提高边区人民文化政治水平，提高民族气节，粉碎日伪奴化教育与‘亲日反共’宣传，普及国民教育，推广识字运动，减少文盲，改良私塾，训练师资，改善教员待遇，推广书报发行，加强干部学习，提倡文化娱乐，爱护与培养知识青年，救济失学失业，奖励学术研究，健全正规学校”，作为边区抗战与建设的总纲领，它对边区教育工作提出更高要求，在发展抗战教育、粉碎日伪奴化教育与“亲日反共”宣传方面给予足够重视。抗战期间，鄂豫边区的初等小学和高等小学均有很大发展，据有关材料统计，边区21个县沦陷前仅有初级小学71所，高级小学58所，自边区抗日民主政权建立到1942年1月，仅9个县就有抗日小学148所，民校112所，改良私塾155所，学生万余人；而到1942年底，这9个县的抗日小学又增至248所，民校211所，改良私塾180所。另据不完全统计，1944年底边区36个县共有县高级小学72所，学生8640人；区高级小

① 陈学恂、高奇主编：《中国教育史研究·现代分卷》，华东师范大学出版社，1994，第348页。

② 《血与火的民族抗争——日本侵华时期沦陷区奴化教育史纲》，第290—291页。

学 210 所，学生 23100 人；乡中心小学 800 所，学生 80000 人，各类初级小学约 7000 所，边区适龄儿童入学率在 60% 至 80% 左右。[①]

抗战期间，华中抗日根据地除设有抗日军政大学（简称抗大）分校、华中党校、淮北行政学院等干部学校外，还建立华中医学院、华中新闻专科学校、鲁迅艺术学院华中分院等专科学校，并在 1942 年创办了一所综合性大学——江淮大学，设土木、医学、农学、教育 4 个系，教师多是来自上海高校的教授，学生则是从沦陷区各大学投奔抗日根据地的学生。另据有关方面统计，1944 年初华中根据地共有 124 所中学，1272 名教职员，18478 名中学生；小学较战前增加 1 倍，达 5368 所，教职员 11389 人，学生 401187 人。[②]

淮南、淮北、皖中抗日根据地分布于陇海路以南、运河以西、大别山以东及长江沿岸两侧的广大地区，这里四面临敌，反“扫荡”、反“清剿”斗争频繁，环境极端艰苦。在相当长一段时间内，日伪纵横交错的“封锁沟”、密如蛛网的岗楼据点将根据地切割成许多小块，甚至一度插入到根据地腹地，使根据地军民活动受到很大威胁。在这种严峻形势下不可能将成百上千名学生集中在一起按部就班地上课，必须改变办学方式以适应战争之需，否则无法生存。根据地中学在对敌斗争实践中摸索出一套坚持办学的成功经验，有效缩小了目标，提高了应变能力。淮北行署主任刘瑞龙概括为：“就地开办，就地上课。昼聚夜散，早来晚归；即知即传，随学随用；经常分散，定期集中；随机应变，伸缩自如。”[③]淮北根据地绝大多数学校都能做到“敌人不到不停课，敌人一退就复课”，采取“先生就学生”等灵活方式，坚持教学。

淮北、淮南、皖中抗日根据地都把“提高人民自尊心与自信心，反对奴化思想，提高民众教育文化水平，反对封建迷信思想”作为教育目标。[④]1941 至 1942 年间，淮南根据地教育得到较大发展，小学增加到 400 多所，学生 3 万多人，识字班、夜校、民校等群众教育组织 740 多处，入学群众近 5 万人，中等学校 6 所，干部学校和各种干部训练班 23 所。经过 1942 年 9 月至 1944 年初的困难时期，淮南根据地教育形势又逐渐恢复至 1942 年的水平，参加各类群众教育组织的人员达 18 万人。而淮北地区参加各类学校学习的人数也在 1945 年达到抗战以来最高峰，其中中学 8 所，学生 4000 多人，小学（包括民办小学）发展至 1227 所，学生 6.7 万多人，参加社会教育的群众 20 万人。皖中地区则把发展小学教育的重心放在改良私塾上，即利用私塾

---

① 《中国革命根据地教育史》第二卷，第 587 页。

② 《江苏省志》第 77 卷《教育志（下）》，第 1267 页。

③ 豫皖苏鲁边区党史办公室编：《淮北抗日根据地史料选辑》第七辑，第 160 页。

④ 董纯才等主编：《中国革命根据地教育史》第二卷，教育科学出版社，1991，第 500 页。

形式讲授革命内容。1945年初，皖中地区无为、和县、含山三县有小学31所，教师105人，学生3100人；民办小学837所，塾师837人，学生2万多人。

苏南、苏中、苏北等华中抗日根据地地处江淮平原，物产丰富，交通便利，文教事业比较发达。但抗战爆发后，日军占领上海、南京和主要交通线，在所占地方实行“火化、血化、分化、伪化”政策，对当地生产、文化造成极大破坏。苏南、苏中、苏北的中等教育原有基础较好，抗战期间部分学校被日军破坏，许多学生失学，不少来自南京、上海等敌占区的青年知识分子不愿屈从于日伪奴化教育，克服封锁到抗日根据地学习、工作。1943年苏南督察专员发出训令，规定“各地学校一律采用专员公署编印的课本，反对日伪奴化教育，激发学生民族意识，加强抗战建国的信心”。据统计，1944年该区共有小学895所，2313个班，教师951人，学生19059人；中学34所，158个班，教师234人，学生4449人。

1943年9月1日颁布的《苏中区施政纲要》明确规定“推行抗日民主之国民教育与社会教育，取缔奴化、伪化教育”。① 苏中文教界在反“清乡”环境中坚持教学，创造了许多新的教学方法。他们和当地干部群众密切结合，分散在居民中经常移动，抓紧空隙时间机动开展游击教育；师生分组结合，集中上课，遇有情况能迅速分散；教育内容则密切配合斗争任务，进行反伪化、反内奸、反自首、反抓丁的宣传教育。有的学校还叫学生做家庭损失统计，以增长学生对敌斗争的情绪。② 据统计，该根据地1944年已有小学1548所，教师3320人，入学儿童156638人；中学54所，教师422人，中学生8000余人。③

1942年12月，苏北盐阜区党委指示开展冬学运动，要求当年冬学以民主教育和抗战教育为主，游击区、近敌区以反“蚕食”、反“扫荡”和民族气节教育、除奸教育为主。1943年11月，盐阜区召开第二次文教工作扩大会议，决定教育工作的今后方向是坚持反奴化、反封建复古及反法西斯特务教育，基本方针是培养人民民族意识、民主精神、科学知能，并使这种教育普及于大众。④ 会后各县办学热情空前高涨，小学增至2200所，且多为民办学校；中学则计有10所，中学生1800余人。⑤

1937年冬，上海和浦东各县以及浙北杭、嘉、湖地区先后被日军侵占，中共华中局根据党中央的指示，开辟了浙东抗日根据地。面对抗日救亡的严峻任务，中共浙东

① 《中国革命根据地教育史》第二卷，第515—516页。

② 《解放日报》1944年5月10日。

③ 《解放日报》1944年1月7日。

④ 《中国革命根据地教育史》第二卷，第518页。

⑤ 《江苏省志》第77卷《教育志（上）》，第158—161、234—236页。

区党委书记谭启龙在1942年底召开的浙东敌后第一次干部扩大会议上做报告，提出：“目前文教中心是提高与发扬民族的自尊心与自信心及抗日的技术教育，广泛地告诉人民打鬼子的具体办法，提高人民抗敌的自信心，与汪逆奴化愚民欺骗政策作斗争，发扬民族气节与正义感。”[①]要求一切学校应以上述原则为中心，使学校教育适应抗日战争的需要。1941年4月，日本侵略军发动宁（波）绍（兴）战役，浙东沦陷，大部分中学被迫解散或内迁。中共慈溪镇县工委建立私立凤湖初级中学，由地方士绅和教育界人士组成校董会，采用“灰色隐蔽”手段。学校坚持团结御侮、抗日救亡的方针，每个学生备有两套课本，一套是从书店购来的普通中学课本，用于日常教学，另一套是自编的抗日革命教材，包括《中国现代革命史》《大众哲学》《社会发展史讲义》等。为了不引起伪镇北保安团的怀疑，学校时刻做好应变准备：办公室、阅览室不公开放置被日伪认作“违禁品”的书刊，每个学生自备一只小包，专包所谓“违禁”书刊教材，上课打开，下课包藏，遇到情况就集中隐藏起来。在遭保安团伪军查抄后，该校又改为流动训练班，采取半军事化形式教学，师生一律轻装，每隔5天或一周转移一个地方。

二、敌后抗日根据地坚持对敌斗争

中共领导下的敌后抗日根据地教育是对日伪奴化教育的全面抵制。针对日伪在敌占区大量发行伪课本，派文化汉奸出入学校、监督教学，以及强迫各村送学生到日伪设立的“集中小学”上学的情况，各根据地都针锋相对地开展斗争：对日伪“集中小学”尽量予以瓦解，找借口不送儿童到那里接受奴化教育，或者选送一些家长可靠、有抗日教育基础的儿童去应付，回来后再由抗日地下小学的教师及时进行反奴化教育，揭穿日伪奴化教育的实质，待形势缓和后就让学生装病或请事假不去上学，迫使日伪“集中小学”因无法办学而不得不取消。在游击区，各村教师被迫参加日伪所办教师集训、接受日伪奴化培训的，需经区政府批准，受训回来必须报告和登记，由区和村及时批示工作方式方法，使之利用合法教师地位秘密进行抗日教育工作。有的地方则让年岁大、文化程度低的人担负教师空名，出去应付受训，而让真正担当教学工作的教师实际授课。

有些地方处于抗日根据地、国统区、敌占区犬牙交错的状态，政治斗争的复杂性决定了这些地方教育工作的复杂性；而敌后抗日根据地又分为巩固区、游击区和敌占区，在抗战的不同阶段因敌我力量消长经常处于变化中。在游击区和近敌区，中共领导下的抗日两面小学和抗日地下小学需要随时准备应付日伪军的破坏与袭击，广大师生一方面拒绝或拖延成立伪小学，一方面采取革命的两面态度，坚持抗日教育。如在

①《浙江革命历史档案选编》，浙江人民出版社，1985，第16页。

敌伪统治力量较强的地区坚持抗日两面小学，采用合法形式掩护抗日教育；在敌伪统治力量较弱的地区又以抗日地下小学为主，采取隐蔽形式坚持抗日教育。对于游击区和近敌区动摇于敌我之间的中间两面小学、为敌伪服务的日伪小学，则尽力争取学校教职员，设法转变这些学校的性质，使之成为抗日小学，为抗战服务。

所谓抗日两面小学，名义上为日伪设立，实际是用伪装方式讲授抗日课本，开展抗日教育。这类小学一种是由过去的抗日小学转化而来，由于地区变质，无法坚持公开抗日，为生存而巧妙伪装成敌人所要求的小学，另一种则是由原来日伪开办的小学争取转化而成。抗日两面小学多位于近敌区或敌占区，学校师生虽然已为抗日政权所掌握，但日伪人员经常来校巡查，所以斗争形势十分尖锐。这类学校门口一般都挂着伪政府批准的校牌，墙上贴有“大东亚共荣圈”标语；教师有专门应付敌人的应敌教师和真正教课的抗日教师，学生分为公开和不公开两种；教材也有两套，一套是应付敌伪巡查的日伪课本，一套是抗日课本。据统计，1943 年仅河北定县等 8 县就有 154 个这样的两面小学。[①] 由于当地敌我斗争形势严峻，敌人经常烧杀抢掠进行清剿，连抗日两面小学也无法存在，缩小目标、力求隐蔽的抗日地下小学应运而生。抗日地下小学多处在游击区，它对日伪而言是完全合法的。因为没有固定校址、学生们分散上课，敌人无法掌握其活动规律，这类小学才得以在极其艰苦的环境下坚持下来。抗日两面小学和抗日地下小学这两种办学形式的出现，不仅保护了当地青少年不受日伪奴化教育的毒害，也教育和锻炼了广大教师和群众。据统计，截至 1944 年 1 月止，冀中 10 个区 8 个县的日伪小学由 1943 年 2 月的 3355 所锐减至 90 所、学生 1956 名，抗日两面小学则由 1943 年 2 月的 220 所增至 482 所，学生由 2667 名增至 15570 名，抗日隐蔽小学更由原来的 132 所猛增至 422 所，学生由 880 名增为 21050 名。[②]

根据地教育工作者依据对敌斗争环境的变化，创造出许多适应对敌斗争需要的教学办法，如在苏皖等边区普遍采取“分组教学”的方法，在敌人碉堡林立的地区则采用“游击教学”和“化装教学”的方法。“分组教学”是按性别、年龄或居住地将学生编为若干小组，作为分散教学单位，每组有学生 5—7 人，在小组长带领下学习和生活。教师或轮流到组上课，或先给小组长上课，再分小组分散上课，由教师巡视解答问题，在条件允许的情况下也集中上大课。各小组之间以及学校与民兵间都互通情报，平时注意警戒瞭望，在日伪来去频繁时轮流站岗放哨，一遇敌情师生就迅速转移，以免造成不必要的损失。“游击教学”是将原来的教学单位化整为零，由高年级学生带领开

---

① 冯开文：《中国民国教育史》，人民出版社，1994，第 180 页。

② 曹剑英：《晋察冀边区教育史》，河北教育出版社，1995，第 197 页。

展游击式教学活动。由于需要经常更换学习地点，教师往往在前一天授课时才把第二天上课地点告诉各组组长，再由小组长分头告知学生到临时约定的地点集中上课，田头、炕头、地洞、门洞、青纱帐等地都能当作课堂。“化装教学”即不改变学校原有教学方式，而是巧妙地用来为抗日教育服务。这种教学方法表面上看符合敌伪要求，学校布置、设施及教学课本和日伪小学完全相同，但课上实际讲授的却是抗日内容。为应付敌人，教材往往采用敌伪课本或“四言杂字”的装帧，里面的内容则是进步和抗日的。

各根据地在课程设置上虽未做统一规定，但大体可分为政治常识和基础知识两部分，前者注重抗战政治和统一战线的教育，目的在于增强学生对抗战形势的了解和抗战必胜的信念，后者则将科学知识与群众生产、生活相结合，以实现知识理论对劳动实践的现实指导作用。为解决小学课本问题，各行署教育处集中本地教育界学者名流和教师编写教材，这些课本往往通俗易懂，既包含深刻的思想内容，又具有一定实用性，多采用本地发生的战斗故事、生产英雄、抗战民主建设以及揭露敌人凶残诡计等实际材料。在具体教学过程中，根据地教师还通过“事实教学法”和“反驳教学法”来提高反奴化教育的教学效果。“事实教学法”就是结合当地军民英勇斗争以及敌寇烧杀抢夺的各种现实事例，向学生及时开展仇敌爱国的抗日教育。“反驳教学法”虽然没有抗日课本，却以敌伪课本上的奴化教育内容作为反面教材，通过事实批驳和启发式教育对学生进行爱国主义教育。

做好游击区、敌占区教育工作，关键在于团结和争取敌占区和游击区的中小学教师，通过他们可以再去争取和影响其他游离的知识分子。有的地方对日伪学校教师加以分类，研究和掌握每个教师的特点，进而确定具体的争取方针。一般是通过家属或亲戚朋友与之联系，经过一段时间了解后便邀其出来谈话，布置相应任务，在条件许可的情况下，再让他到根据地参加教师讲习班，接受抗日民主教育。山西蔚县抗日政府对伪校教师采取争取、掌握、团结、教育的方针，尽量做到从敌人那里领薪，为抗日教学；对私塾教师则采取团结、教育、改造的态度，争取他们与抗日小学合并，或办成具有抗日性质的私塾，使游击区内绝大部分小学被抗日政府所掌握。此外，根据地政府还注意提高教师生活待遇，吸引知识分子参加教育工作，鼓励教师的积极性。以 1943 年为例，当时沦陷区中学教员每月薪水只有食粮 70 斤，而淮北、淮南小学教员每人每月薪粮却有 100—180 斤，皖中地区大米 160—180 斤。

各根据地群众教育蓬勃兴起，每年冬春季都要开展冬学运动，即适应农村生产环境，利用冬季农闲时间来提高当地农民群众的文化知识水平，其主要内容是与抗战、民主任务相适应，对人民群众进行思想政治教育与时事教育，同时开展大规模扫盲活动，提出明理、识字要求。各地在社教过程中创造了许多适合战时农村实际情况的教育组织形式，如识字班、读报组、珠算组、宣讲课、夜校、民众学校、晨学、救亡室、黑板报、炕头教育、家庭学习小组、小先生传习等，华北抗日根据地的冬学除集体上课外，还按生产分工组织成担架、民兵、商贩、运粮等小组，在不脱离生产的条件下进行生产技术、战争技术训练，取得了显著的社会成效。在残酷的“扫荡”与反“扫荡”、“蚕食”与反“蚕食”、“清剿”与反“清剿”斗争中，敌后抗日根据地始终能够坚持下去并不断发展壮大，同根据地实行抗战教育与反日伪奴化教育、持续提高人民群众的政治觉悟是密不可分的。

由于各抗日根据地政府实行正确办学方针，依靠广大群众和教育工作者扩大抗日教育阵地，瓦解日伪政权用刺刀强制推行的奴化教育，敌我教育力量彼消此长，最终取得了对敌斗争的胜利。

第四节　日伪奴化教育的终结

不可否认，日伪实施的奴化教育在一定程度上便利了日伪统治，削弱了中国抗日力量，给全民抗战带来了消极影响，使得一些人在殖民主义高压统治和愚民教育下失去了应有的反抗精神，甚至有少数人丧失了民族气节，沦为为虎作伥的汉奸走狗。但真正被欺骗奴化的毕竟是少数，在中国人民与广大师生的顽强斗争下，日伪奴化教育总体收效甚微，没有也永远不可能达到其预期目的。1945 年 8 月 15 日，日本宣布无条件投降，中华民族长期抗战取得了伟大胜利，也标志着日伪奴化教育的最终崩溃与历史终结。

一、国民政府制定相关教育复员计划

收回日本在华攫取的教育权及其设施并完全清除奴化教育，毋庸置疑地成为中国人民在收回国家主权同时的必然举措。

在日伪、国、共三方斗争形势错综复杂的湘鄂赣边区，国民政府教育部早在 1944 年初就向所辖边区教育督导专员王广来发出“有关本区应积极准备克复地区之教育复员工作”的指令，后者乃奉令拟就《武汉区教育复员计划大纲》一份，规定原则有三：一、敌退前正确明了奴化教育设施的全部情形，并完成控制伪各级机构之部署；二、敌退时确实掌握各级人员，甄别忠奸，立即派员接收各校并严防中共活动；三、敌退后督令所派接办人员对各校教职员予以正确调整，改用我方课本，立即恢复上课，必要时应予思想言行有问题之员生以集训。具体步骤包括：以伪教育行政机关、伪学校

及伪文化机关团体为对象，视事实需要与便利发展组织秘密教育团体，完成对伪机构的调查及其人事分析与统计，准备复员时派用人员名单并预定其任务，组织教育界员生服务队并组设情报网加以协助，正式派员接收各伪校，办理各校善后复课事宜以及教育界员生集训等。①

当欧洲战事结束、抗战胜利在望之际，位处收复前沿的浙江省教育厅为配合各县政权推进，清除与根绝奴化教育对沦陷区青年的遗毒，于1945年6月自行制定《浙江省肃清收复地区敌伪奴化教育遗毒办法》报呈国民政府教育部，同时电饬各接近游击区及各区县遵办。具体办法为：

一、各县地区收复后，因战事迁至后方各级学校及社会教育与文化事业机关应即推进，展开工作。二、敌伪各级学校及一切教育机关一律解散，敌伪印发之教科用书及各种刊物一律搜查销毁。三、举行扩大宣传，将奴化教育之荒谬尽力辟除，以纠正青年之错误思想。四、铲除用日文书写商号机关一切名称，并禁用日语。五、分别惩办甘心附逆之教育人员。六、被迫胁从之教育人员，经查明确实者，准其宣誓悔过予以自新，其行动仍应由各校当局及各级自治机关严密监视，随时报告。七、前项教育人员受毒较深者，须施以相当时期之特殊训练，至确实悔悟时再予自新。八、敌伪学校学生应举行心理测验，测验结果发现思想上之错误者予以纠正，其情节较重者施以相当时期之特殊训练。九、前项学生经测验结果思想纯正者，应视各科成绩，准予分别安插各级学校继续肄业。十、抗战期间教育人员抗敌成仁可歌可泣之史绩应力予表扬，以发扬民族正气。十一、各级学校均应切实励行新生活，社教机关注重礼乐教育以激励朝气，奋发图强，并根绝敌伪教育遗毒。②

1945年4月6日，中国教育学术团体联合会召集专家学者对如何收复沦陷区教育问题加以研讨，一致认为“敌伪所从事之毒化教育应根本铲除”，“同时对敌伪压迫下忠贞从事教育之人士应予以褒扬”，此外政府还应积极准备战后教育再造。③国民政府教育部为配合整个复员计划，在战事临近结束时曾拟具教育复员计划12项，除

---

① 《武汉区教育复员计划大纲》（1944年3月），中国第二历史档案馆藏国民政府教育部档案，五/13812。

② 中国第二历史档案馆藏国民政府教育部档案，五/1598。

③ 《教育学术团体联合会商讨重建收复区教育》，《中央日报》1945年4月7日。

对内迁各级教育文化机关复员等问题做有原则性规定外，还囊括了如何接收改组光复区、收复区专科以上学校及其他教育文化事业、如何甄别审定教职员学生、如何清除矫正日伪奴化教育暨所有不正确思想等内容。然而受客观条件限制，教育复员准备工作基本陷于停滞，连教育部部长朱家骅催促设置的教育复员准备委员会也未能成立。

抗战胜利不久，朱家骅部长即于 1945 年 8 月 17 日以《奉告前方教育文化人士》为题向收复区教育界发表广播讲话，说明政府处理沦陷区教职人员和学生的大致意见，要求“曾经陷敌区域的中学小学必须照常上课，不可一刻停顿”，各级学校及文化学术机关“必须负责保存校舍、校产、图书、仪器等，不得有丝毫损坏，并维持校内秩序，不得放任”。[①]教育部随之紧急出台接收办法，电颁《战区各省市教育复员紧急办理事项》14 条，指令各省市政府转饬教育厅局遵照办理。内容如下：

一、各省市教育厅局应即日办理教育复员工作，并限期恢复各县市教育局、科。

二、应即将战时所用之临时教育工作人员改派复员工作。

三、应即派员接收敌伪各级教育机关（公立剧院、电影院在内），并调查公私古物文献损失情形。

四、应尽先接收敌伪档案，连同原有档案加以整理。

五、应迅速清理各项教育款产，并筹措复员时所需经费。

六、应令各级公立学校及社教机关一律暂维现状，不得停顿。

七、应即组织甄审委员会，甄审教育行政人员、学校教职员及社教人员。

八、应即登记各级学校及社教机关所需人员，酌予短期训练后任用。

九、应尽速在半年内恢复战前所有各级学校及社教机关，其新增设而有永久性者仍照常维持。

十、国立中学之迁回或移交原省者应列入中等学校计划内，并将由后方迁回之教职员尽先任用，其有在后方未入正式学校之学生应设法迁回，尽先收容。

十一、应收复各级学校及社教机关原有房屋加以修葺应用，或利用一切公共场所，对于必要之设备应即筹划补充。

十二、各级学校教科书应与各大书店印刷所接洽印行国定本，并可采用战前审订本。

十三、对于收复区学生予以正确思想之训练，并销毁敌伪教科书及一切宣传品，应保存作史料者除外。

---

① 重庆《中央日报》1945 年 8 月 18 日，第 3 版。

十四、在收复区内办理复员工作时，应洽商当地招训及战教人员协助进行。[①]

国民政府于重拾河山之际，在南京成立“行政院全国性事业接收委员会”，规划各部门接收事宜。旋又委派各部门特派员分赴各区办理收复。各地区初期接收事宜均先通过上述机关进行，其后行政院以全国敌伪产业接收处理局统一事权，派定专人负责，这样各区又有敌伪产业接收处理局之设。为具体指导和推进收复区教育复员工作，教育部将全国划为京沪、平津、武汉、广州、东北、台湾等6区，分设“教育复员辅导委员会”，进而制订出《教育复员及接收敌伪教育文化机关等紧急处理办法要项》13条，作为开展善后工作应遵循之原则：

一、接收国立性质之教育文化机关，敌人所设之重要教育文化机关与事业，必须与当地主管军事机关商洽后会同前往接收。

二、接收国立性质之教育文化机关，在可能范围内可与当地原机关之旧有人员或由后方原有机关派往之人员接洽后，会同前往。

三、接收国立性质之教育文化机关后，应先调查该机关原有职员中之附逆有据并情节重大者，除开除其原有职务外，并得送主管机关法办，一面并呈报中央备案。同时并调查该机关中忠实之事务人员，组织保管委员会保管之。

四、保管委员会应将接收机关之房屋产业器物等造具清册，呈部备案。

五、教育文化机关之财产器物内，如有在战时由数机关合并或共有者，接收后应暂时保管封存，供全部复员后再行处置。

六、国立专科以上学校接收后，除附逆有据并情节重大之学生，先行开除学籍或送主管机关法办外，其余学生应先举行总登记，一面令其听候定期甄别考试，一面开办补习班，其办法有：1. 先甄试公民、国、英、算，如全部及格者，由部给予证书。参加各校编级考试不及格者，入补习班补习。2. 补习班科目注重国、英及公民，必要时亦得补习数学，如一门不及格者，得补习一门。3. 补习班之机构与数目不固定，可视一地方人数之多寡而决定，其名称称为某某区专科以上学校第几补习班。4. 甄别考试及补习班办法由教育部分别拟定。

七、专科以上学校学生补习班之教师，得由辅导会就地登记物色忠实而有相当资格者充任，或就原校教员中选拔优秀者酌量聘任。

八、接收国立性质之教育文化机关后，其留用教职员之薪津，以暂发足能维

① 《国民政府公报》渝字第864号，1945年9月24日。

持生活为准。

九、凡接收之公私立学校而无学生者，应将该机关所有之房屋器物等暂时保管。

十、凡原有学校或机关不论在原地或后方派人前往接收者，必须得有教育部之命令，并事前须与辅导委员会洽商办理。

十一、凡敌伪所办之学校，接收后一律停闭（台湾、东北区除外），并派人保管其房屋财产。

十二、其他教育文化机关及社教机关接收后，暂行保管其房屋财产，其原有职员经审查后分别开除或留用，留用者酌给相当之津贴。

十三、凡接收教育文化机关或行政机关，对于各级学校学生之学籍、成绩表册、同学录及有关之档案等必须先行搜集，加以整理，以便查考。[①]

该《要项》为便于协调各方面关系、互相监督，防止财产流失，规定“多头并举，联合接收”的原则，却没有明确规定接收各方的主次关系，对于被日伪移作他用的校产应由谁接收的问题也未做具体说明，从而为教育接收工作埋下了职责冲突、多方牵制的隐患。

为恢复和发展收复区学校教育以及彻底清除奴化思想起见，国民政府教育部于1945年9月20日至26日在重庆青木关召开全国教育善后复员会议，由各有关部会、各专科以上学校、各国立中等学校、各省市教育厅局、各教育学术机关推派代表及教育部所聘专家共300余人参加。会议着重讨论了“如何肃清收复区、光复区内敌伪奴化教育之流毒，及如何逐渐恢复正常教育”等重要问题，代表们一致主张“整理收复区教育，应明辨忠奸之分际，申（伸）张民族正义”。[②]教育部则提交《收复区专科以上学校处理办法案》《收复区专科以上学校教职员处理办法案》《收复区中等学校教职员甄审办法案》以及《收复区中等以上学校学生甄审办法案》等四项相关提案。其中对日伪所设专科以上学校的处理办法包括：敌伪原设立专科以上学校及未经教育部认可之私立专科以上学校，一律由教育部派员接收；如系敌伪所设专为教育敌人或带有政治侵略性质的专科以上学校，接收后一律予以停闭；专科以上学校之敌籍学生一律令其返国；收复区专科以上学校有继续办理必要者，由教育部规定设置地点，派员分别改组；这类学校应改归省办者，由教育部拨交办理；私立性质的专科以上学校，

① 《第二次中国教育年鉴》，第14—15页。

② 《大公报》1945年9月23日，第3版。

未经教育部认可者，接收后如认为仍须继续设置，应一律报告核准。对于收复区各种社会教育机关，无论战前原有或敌伪新设者，一律先行接收，然后斟酌其性质业务与实际需要，决定续办、停办或调整归并。敌伪新设宣传或训练机构，其性质与社教机关相关者，接收后改设为社教机关，其可利用之物质应加以利用；登记收复区有关社教工作人员并进行甄审或训练。①

与此同时，根据行政院部署，教育部六大区特派员办公处宣告成立，与各区"教育复员辅导委员会"合署办公，全国教育接收工作即进入实施阶段。1946年初，教育部鉴于"收复区各书局尚有伪教科书发行"、"各学校亦有使用伪教科书者"，通令各教育厅局严厉取缔，各省市中小学一律采用国定本教科书。②

二、接收日伪教育机关

战后接收收复区学校不光是校产清点与转手问题，更是对整个教育体制重新规划与整合的战略起点。战争刚结束，国民政府教育部就对接收沦陷区日伪文教机关做出指导性规定，为稳定收复区教育文化事业起到了积极作用。善后复员会议之后，教育部即派员分赴南京、上海、北平、天津、武汉、广州等地，办理专科以上学校及文教机关接收与善后事宜，加聘熟识各区教育情形的人士，组织辅导委员会协同办理，同时命令各省市教育厅局从速接办境内中等学校，并督促县以下教育复兴。

当国民政府着手接收南京市日伪所辖各教育机关时，统计全市共有市立中等学校5所，中学生2900余人；小学67所，小学生20000余人；民众教育馆3所，民众图书馆1所，中心民众学校2所；战前中小学自建校舍中有40所被毁，15所被军警宪等日伪机关占用。总而言之，南京市各级教育因受日伪长期摧残总体状况较差，教师多属滥竽充数，学生水准较低。教育局除接收伪组织市立中小学及社会教育机关外，还接收了汉奸陈群所办私立正始中学和正始小学，对于抗战期间利用日伪势力占用承恩寺公产所设的佛慈小学亦予接收整理，将其归并入承恩寺小学。鉴于该市沦陷期间中小学教师整体素质差、亟须整顿之状况，教育部门曾制定甄审办法，组织甄审委员会切实办理。截至1945年11月中旬，共有433名中学教师报名甄审，其中166人审查证件合格准予口试，经口试合格的高中教师63人，初中教师69人；在报名的1371名小学教师中，经审查证件免除笔试的达608人，应参加笔试的744人，口试结果合格教师达641人，试用教师200人。这次南京市总计约有60%的中小学教师参加甄审，

---

① 《收复区专科以上学校处理办法》、《收复区专科以上学校教职员处理办法案》（1945年9月），中国第二历史档案馆藏教育部档案，五（2）/579。

② 中央教育科学研究所编：《中国现代教育大事记》，教育科学出版社，1988，第562页。

甄审后全市教师素质获较大提高。教育部门还调整了各校校长及社教机关主管人，对不堪任用者先行撤换，采用制定表格、分别调查及举行个别谈话等方式藉资考查，并依据督学视察报告，以分批撤换、遴选人员等方式加以调整。

为进一步肃清奴化教育的毒素，教育部门曾于接收后召集该市各有关教育主管人员举行精神讲话，特别注意提示以下问题：1. 日伪组织以“和平建国”麻醉人民，并以“和平”“事变”等名词掩饰欺骗，应多向学生予从矫正。2. 在总理纪念周上或利用适当机会举行精神谈话，纯正学生思想。3. 检送销毁敌伪宣传品，铲除敌伪图书、标语，整饬校容。鉴于其他收复区整理学校所存在的种种纷扰情形，决定所有中小学学生一律照原有学级继续上课，利用寒假大考机会办理中学在学学生甄审，小学生则举行成绩测验，规定标准确定升留降级。接收之初，国定教科书联合供应处还针对全市学生应用书籍不能完全供应的情况，根据实际需要数量翻印国定教科书储备样本，并免费印赠小学公民课本。[①]

1945 年八九月份，国民政府教育部派专员奔赴上海，组织京沪区教育复员辅导委员会，研讨有关教育复员问题。行政院则明令发布顾毓秀为上海市教育局局长，接收位于白利南路的伪市教育局。此后又先后成立市立中等学校复员委员会、原工部局立学校接收委员会、伪市立学校接收整理委员会等，积极展开工作。鉴于学校接收工作开始时颇为紊乱，甚至出现了私擅接收日伪设立学校暨附逆学校情事，有关部门特发公告加以制止，并决定统一接收办法：凡专科以上高等教育及学术机关由教育部特派员接收（详见表一），市级其他学校则由上海市教育局接收。上海市教育局负责接收各级学校及社教机关共 123 个单位，其中日立学校 20 所，德立学校 2 所（详见表二），伪市立中学 16 所，伪市立小学 78 所，图书馆 2 所，体育馆 2 座，动物园 1 座，剧院 1 座，其接收敌立学校事宜由党政接收委员会及教育部特派员办事处洽商进行。接收后，奉命回迁的国立同济大学、暨南大学及私立光华大学、中正中学、务本女子中学、市立塘山路小学、施高路小学等校，均因原校舍战时大部毁于兵燹，纷纷呈请拨借敌校产业复课，上海教育局派员查实后暂准拨发部分敌产交其使用，另外教育局为筹办或拟增市立工业专科学校、市立实验民众学校、市立师范及幼稚园等，也拨用部分敌校以应新需。此外，由于大部分敌校或为医院、驻军占用，或仍住有日侨或德侨，需先令其迁让以供使用。截至 1946 年 11 月止，各敌校始告接收就绪，分别改设为市立中小学或社教机关。

---

① 《南京市教育复员工作报告》（1946 年），中国第二历史档案馆藏国民政府教育部档案，五 /1613。

表一：教育部接收上海市专科以上学校报告表

伪校校名	地址	接收日期	移交接管之学校	附注
日立东亚同文书院大学	海格路五九四号	（1946年）九月卅日	国立交通大学	部分图书移交中央图书馆
伪国立上海商学院	愚园路四〇号	十月三日	国立上海临时大学补习班	
伪国立上海大学	翔殷路	十月三日	国立复旦大学	会同复旦大学接收
伪国立上海医学院	海格路三七三号	十月四日	国立上海医学院	
日立厚生医学专科学校	公平路五三九号	十月七日	国立上海临时大学补习班	
伪国立上海音乐院	北京西路六二六号	十月十八日	国立上海临时大学补习班	
伪国立交通大学	徐家汇	十月廿日	国立交通大学	会同国立交通大学接收
中法工学院	复兴中路	十一月十日	国立上海临时大学补习班	

表二：上海市教育局接收之敌立学校报告表

校名	校址	处理情形	现状
上海日本工业学校	平凉路二一〇三号	已呈准市立工业专科学校	日侨居住，市立工专正筹备招生
上海第一日本高等女校	欧阳路二二一号	拨交市立务本女子中学复校，因该校原址已毁于炮火	日本伤兵医院，现由务本派人看管
上海第二日本高等女校	东体育路	借与暨南大学，已报告	日本伤兵医院，现由暨南派人看管
上海日本女子商业学校	欧阳路二二二号	借与光华大学，已报告	日本伤兵医院，现由光华派人看管
上海日本中学校	市中心区松井通	指定办理国立幼稚师范专科学校及市立幼稚师范	德侨千余人，现由本局派人看管
上海第一日本国民学校	北四川路九六一号	已办市立实验戏剧学校及民众教育馆分馆	住有日侨多人，戏剧学校已开始招生开课
上海第二日本国民学校	平凉路一四六五号	已呈准恢复市立体育专科学校	日难民多人，体专即将开课
上海第三日本国民学校	胶州路六〇一号	已办实验民众学校	已开课，已全部使用
上海第三日本国民学校沪南分教场		系外人产业，未接收	
上海第四日本国民学校	武进路八六号	已办市立新陆师范学校	已开课，尚住有日侨数百人
上海第五日本国民学校	松井通海军桥	指定办理市立中学校及附属小学	日本野战医院
上海第六日本国民学校	中州路	拨还市立晋元中学（前华童公学改称），因该校为华童公学原址	警备司令部特务团暂借用
上海第七日本国民学校	中心区五条迁	中正中学校拟借用	三方面军汽车兵团本局（上海市教育局）已派人看管
上海第八日本国民学校	宝山路宝兴路	指定办理市立师范学校及实验小学校	三方面军兵站
上海第九日本国民学校	塘山路三三三号	已办市立塘山小学	已开课，尚住日侨多人

续表

校名	校址	处理情形	现状
上海第十日本国民学校	南市斜桥门	拨交市立敬业中学复校	已开课
上海居留民团立养正幼稚园	虬江路广东街	拟办市立幼稚园	
上海实业青年学校	山阴路二〇号	已办司各脱路小学	住有日侨多人，定十二月一日开课
上海正则学校	吴淞路三五一号	未接收	原系商店，附设补习学校
上海基督教会日曜学校	乍浦路四七一号	未接收	已停办
上海盲哑学校	武进路五六六号	未接收	原系民房，已停办
德国威廉学校	大西路一号	拨交同济大学，已报告	
华德中学	静安寺路赫德路口	暂行接管，候移交同济大学	已开课

针对日伪专科以上学校教职员甄审问题，该市组织专科以上学校教职员甄审委员会，于 1945 年寒假期间开始办公。至于私立学校之整理，经组织上海市私立学校立案委员会，决定以下三点办法：1. 战前立案或教育部驻沪办事处立案者，从宽办理；2. 核准开办，准予依法先行开学；3. 新设学校限期报会审核，其初步手续为令饬私立学校自行呈报。整理后，据统计在 1946 年 3 月以前呈报者共计 796 校，其中中学转准立案者 6 所，立案者 88 所，外省立案者 8 所，迁沪立案者 8 所，核准开办者 30 所，据报立案而无案可稽者 9 所，未立案者 74 所；小学立案者 256 所，未立案者 327 所。[①]

1945 年 10 月 9 日，北平市市长熊斌受派正式接收伪市府，英千里出任市教育局代理局长，接收伪教育局，该市各中小学接收工作随即展开。北平市立、私立中小学按期开学后，课程、时数按 1936 年教育部所颁标准实行，取消日语改上英语，并添授国父遗教、主席言论集、三民主义、抗战史料等课程。11 月 19 日，教育局所属中小学接收完毕，计接收中学 14 所、小学 82 所、幼稚园 5 所，但简易小学尚未全部接收，教职员除成绩低劣者 19 人予以停职外，其余照旧留用，同时协助教育部特派员接收日人学校 2 处。[②] 次日，北平地区各高校接收手续也全部完成，伪师大、伪北大、伪华北政治学院等均予解散，解散后北平专科以上学生约 4500 人被安排进大学补习班上课。由教育部改设的北平临时大学补习班共有 8 处，其中北大理学院改为第一补

①《上海市教育复员工作报告》(1945 年 9 月—1946 年 12 月)，中国第二历史档案馆藏国民政府教育部档案，五 /1613。

②《平教局长报告接收平校情形》，《申报》1945 年 12 月 4 日。

习班，主任张子高；北大文学院改为第二补习班，主任郑天挺；北大法学院改为第三补习班，主任张佛泉；北大农学院改为第四补习班，主任张富庄；北大工学院改为第五补习班，主任张子高；北大医学院改为第六补习班，主任陈雪屏；北京师范大学改为第七补习班，主任汤茂如；北京艺术专门学校改为第八补习班，主任陈以哲。[①]

华北地区中小学教育机构的接收整顿工作到抗战胜利一周年时已基本结束，其中北平地区整理市立学校共计240所（包括专科、中学、职业学校、职业补习学校20处，小学合普通、简易小学共183处，幼稚园6校，民众学校31校，聋哑学校1校）、私立学校计162所（中学、职业学校、职业补习学校共64校，小学87校，幼稚园6校，民众学校4校，聋哑学校1校），同时恢复教会原设各校，废除日伪所定私立中小学代管制度；[②]天津地区计有市立中学3校、职业学校1所、职业补习学校1所、小学105所，私立中学32所、职业学校5所、小学157所；河北地区整理有师范及农业专科各1所、院校筹备处5所、省立中学7所、师范11所、职业学校7所，高职筹备处2所，小学11所，社教机关10所，县立学校有简师4所、简师班4处、职业学校4所、中学20所，私立中学18校，各县市则有中心国民学校243所、保国民学校1406所、私立小学36处。[③]

在华东地区，安徽省教育厅根据教育部所颁教育复员紧急办法于1945年9月制定该省教育复员方案及具体实施办法：关于敌伪一切档案属于县教育部分者饬各县府接收整理，属于省立各校及社教文化机关者由省教育厅派员接收整理，属于伪省府教育厅部分者与其他各伪厅处档案统一办理，由省教育厅会同各厅处派员同时前往接收整理；各项教育款产属于县有者责成县府会同公学款产管理委员会清理，属于省有者由省教育厅派员清理；收复区教育行政、学校教职员及社教人员，分别由省教育厅及各县政府先行办理登记，甄别任用，必要时得予以短期训练；战前各级学校及社教机关依照省教育厅战后教育计划尽速恢复调整，属于敌伪增设而有永久性者设法继续维持；收复区各级学校及社教机关原有房屋或可利用之一切公共场所，由省县查勘修葺应用并筹划补充必要设备；关于收复区学生思想训练，省联县立学校由省县所派校长分别负责，私立中等学校由省派监督负责；敌伪教科书及一切宣传品除应留作史料者外，由省教育厅派员会同当地行政机关严密检查，予以销毁。截至1946年4月13日止，共计接收芜湖、滁州、蚌埠、合肥、怀远、怀宁等省立中学6所，联立中学1所，

---

① 《北平各大学一律改补习班》，《申报》1945年11月28日。

② 北平市政府编：《光复一年之北平市政》（1946年），转引自邓菊英、高莹编：《北京近代教育行政史料》，北京教育出版社，1995，第297—300页。

③ 《河北平津收复后教育概况》，上海《民国日报》1946年7月14日。

县中11所，私立中学13所，学生总共6000人。①

1945年11月，江苏省政府为促进收复区各县办理教育复员工作，特制定《江苏省收复区各县教育复员紧急办理事项》，经第21次省务会议通过，具体规定如下：应即派员接收敌伪所设之县属各级教育文化机关，如有避不移交或隐匿侵占破坏教育财产等情事，应由有关各县依法究办；各级学校及社教机关一律暂维现状，听候整理，不得停顿；尽先接收敌伪档案，连同原有档案加以整理；迅速清理教育款产，凡关于教育款产之册籍图表应设法搜集整理，整理教育款产办法另订；组织中小学教职员及社教人员甄审委员会，对曾任职于伪教育机关的教育人员进行甄审，甄审合格的应即造册报省，听候分区训练，甄审及训练办法另订；组织中等学校学生甄审委员会甄审伪中等学校学生，甄审办法另订；各小学高年级肄业生曾在伪校肄业者，应委托各小学分区甄审，甄审办法另订；伪校学生及自修补习团学生经甄审收容者，除正常课程外，应注重实施公民训练；举行中小学合格教师登记，对于登记合格的忠贞人员应尽先任用；各级学校教科用书应采用国订本，在未购得此种课本前应搜集国订本或战前教科用书，联合邻近县份共同翻印部分审定本以供暂时应用，或编印临时性补充教材等加以补救。② 其他各收复区省市教育主管部门也先后制定本地教育复员办法。

地处华中地区的江西省战时仅有三所省级伪中学，分别是省立南昌中学、九江中学和私立庐山（牯岭）中学。伪南昌中学设3个班，学生97人，教职员11人，由省立社会教育师范学校负责接收；伪九江中学设3个班，学生234人，教职员20人，由省政府接收后改办为九江县立中学，两校原有教职员均已离校，学生由接收单位于1946年上半年甄审完毕；伪庐山中学设6个班，学生87人，教职员8人，抗战结束后自行解散。伪小学共计21所，包括南昌市内8所及靖安、永修、德安、星子、九江、瑞昌、彭泽、庐山等县13所，学生2869人，教员81人，均经各市县政府接收改组，继续上课。社会教育机关方面，1945年11月庐山管理局还治后，即派员接收整理1939年4月被敌占领的庐山图书馆，并于次年10月正式得以恢复；伪南昌县图书馆则由南昌市政府负责接收，改办为市立图书馆。③

抗战期间汉口市沦陷时间长达七载，教育文化方面所受摧残与奴化程度较深。国民政府于1945年9月13日接收伪汉口市府时，伪教育局所属教育机关计有男女中学

---

① 《安徽省教育复员谈话会纪录》（1946年4月），中国第二历史档案馆藏国民政府教育部档案，五/1599。

② 中国第二历史档案馆藏国民政府教育部档案，五/1597。

③ 《江西省教育复员工作报告》（1947年2月），中国第二历史档案馆藏国民政府教育部档案，五/1600①。

各1所，民众教育馆1所，小学26所，由于各学馆分布地点范围过大，负责接收的仅两人，无法逐一派员接收，加之各校业已开学，故遵照教育部有关“应令各级公私立学校及社教机关一律暂维现状，不得停顿”的规定，指示伪教育局将各校馆财产器物造具详细清册，一次性整体移交，随于三日内派员分赴各校馆点收。不久公布各校改进要点四项：1. 换用国定课本；2. 清除奴化教育标语；3. 改正奴化礼节及生活习惯；4. 彻底清查并焚毁敌伪奴化书刊及宣传品。并督饬各校馆负责人切实遵办上述各项，维持现状，听候处理。在此基础上又积极加以调整：彻底整理所接收的伪市立第一中学及市立第一女子中学，分别以杜则尧、朱文化为校长，成立市立中学及市立女子中学；以顾若昭等27人为市立第一至第二十六小学校长，比照湖北省立省会小学办理通则进行调整，改进校务，并增设小学一所。汉阳县政府接管日伪在当地所办小学，以乡镇为标准重新命名为4所中心国民学校，又将日伪时期所办初级中学改为汉阳县立初级中学，日人所办私立汉口江汉中学则予停办。

为彻底廓清日伪奴化教育遗毒，汉口市政府督饬各校馆从10月8日至14日举行教育清毒运动周，并规定具体办法登报宣传：1. 过去学校及街衢墙壁上的所有奴化标语一律自行清除，或协同警局、劝导民众予以铲灭；2. 有关奴化教育的各项特殊设施一律废止；3. 指示学生及宣导民众对日伪时代的奴化礼节加以改正；4. 清查封存日伪出版的教科书及沦陷期间的新闻日报、宣传刊物等，报市府集中焚毁；5. 鉴于汉口市各书坊无中小学适用课本，市政府一面指示各校注意停授奴化科目、删除奴性课文，一面设法协助该市广益书局以最快方法向湖南购运大批国定课本到汉售用，随即通饬各校一律于10月10日以前全部更换教科书。汉口市政府还会同湖北省教育厅及武汉各教育文化机关，联合举行武汉社会教育扩大运动周，以放映教育电影、公演教育戏剧、举行战时新闻照片展览以及在武汉各大报纸上发行特刊等形式广为宣传，又召集武汉文化教育界人士座谈，研究廓清奴化教育方法及扩大社会教育政策。汉口市立民众教育馆则开放书报阅览室，设置民众讲座，每周定期派员赴剧场对民众宣讲时事。市政府还先后实施以下措施，进一步消除各级学校师生中残存的奴化思想毒素：1. 每周一次分区召集各校教职员举行谈话会，晓之以最近国家及国际形势、教育实施概况等，尤其注意思想方面的指正；2. 每周选择两三所操场或礼堂较大的学校，集中附近各校师生举行扩大国父纪念周，派员参加并讲述抗战经过以及教育建国意义等内容；3. 通令各校教职员撰写自传一篇，以资考核与提示；4. 注重思想训练，举办青年讲习会及各种社会活动，使各小学教员及中学学生接受集团训练，以纠正过去的错杂思想；5. 各校分别对中小学生开展公民训练，并举行论文、讲演比赛，培养学生对国家民族的正确认识与信仰。[①]

广东省战时沦陷区内共有各级学校及社教机关160余所，其中伪校教职员约8000人，伪校学生约18万人。战后该省接收日伪文教机关的情况大致可分为以下几种：由广东省教育厅接收的日伪中等学校共14所（其中伪省立10所，伪私立4所），伪社教机关6所；由各校径行接收的伪校有私立岭南大学接收的伪广东大学附二中，省立黄埔中正中学接收的伪鸣崧中学，私立实用高级会计职业学校接收的伪华南计政学校，省立志锐中学奉令接收的伪辅群中学；由县市政府接收的伪校及社教机关有汕头市政府接收的伪省立三中（拨给省立海事专科学校），新会县政府接收的伪省立四中（拨给新会县立中学），南海县政府接收的伪省立五中（校舍拨给南海县师），番禺县政府接收的伪私立八桂中学，海南岛文昌与琼山两县的伪校亦由当地政府派员接收完竣；由省党部接收的社教机关有伪省教育会与教忠中学，分别由受降委员会、第二方面军接收后将校址拨还原校；此外还有岭峤中学、妇孺助产学校、国民助产学校等三所伪私立中等学校被改组处理。上述各日伪文教机关如系占用原来学校机关或私人产业者一概交还原主，属公共场所或自建的则拨交复员学校或机关使用。该省还从日伪文教机关接收了大量物资，其中校具16555件，教具4068件，图书104837册，仪器7426件，标本575件，诊疗用具168件，依照行政院指示分拨给省立女师、执信中学、广雅中学、广州工职、艺术专校、文理学院及私立广州大学附中、越山中学、培英中学、兴华中学、培正中学、南武中学、复旦中学与省立民教馆、省立图书馆；由教育部辅导委员会接收的伪广东大学、附二中及伪东亚研究所图书，除发还国立中大、岭大外，其余由教育部特派员办事处处理。[②]

第五节　沦陷区各级学校员生甄审

抗日战争胜利后，国民政府在接收日伪所办各级各类学校等教育文化机关的同时，开始对这些文教机构中的员生进行甄审和训练——前者是从物质方面接收和整理日伪教育机构或组织，后者则是从精神方面甄审和训练日伪学校教职员工和学生。《中央日报》曾发表社论指出：“平、津、青、济、沪、杭、汉、粤各大城市都是教育事业相当发达的地方，这些地方沦陷三四年七八年不等，日人透过傀儡的手，把反民族思

① 《汉口市教育概况报告》（1945年11月10日），武汉市档案馆藏档案。

② 《广东省教育复员工作报告》（1945年9—12月），中国第二历史档案馆藏国民政府教育部档案，五/1602。

想注入学生脑中。我们当务之急固是施行消毒的手段，……解决的环节既须明是非以求‘士节’的大振，又须顾到沦陷区教师的生计和学生的求学宝贵光阴，然后才算是适宜的解决。”①

一、甄别审查收复区教职员及调查表彰文教忠贞殉难人士

1945年9月召开的全国教育善后复员会议，对专科以上学校教职员、中等学校教职员、初等学校教员以及中等以上学校学生的甄审、训练等问题做出细致规定与说明。其中有关处理和甄审收复区学校教职员的规定如下：一、日伪专科以上学校教职员中，有甘心附逆者，有担任我方特殊任务者，亦有为生活所迫虚与委蛇者，应分别予以奖惩，由教育部先做详尽调查，加以审核，组织收复区专科以上学校教职员调查审核委员会经管其事。二、日伪于沦陷区域所设中学甚多，其教职员应严加甄审以定去留。凡附逆有据者，除不予甄审外，并依法严予惩处，其余须一律参加甄审，经甄审合格后发给证件准予继续服务，以各该省市行政区域为甄审举办单位，由各该省市教育厅局组织甄审委员会办理。未经甄审或甄审不合格者，各校一律不得聘用。三、收复区各县市战前原有小学应迅予恢复，各校原有教员或迁至后方，或在敌后隐蔽工作，或有曾在日伪学校任事者，须加以调查、甄审并训练，经考核合格后再予以分发任用。决定由各县市教育局办理，组织委员会专司其事。对于收复区学校学生甄审问题则规定：凡中等学校已毕业学生及停办或归并的中等学校肄业生，由各省市教育厅局设置甄审委员会甄审；接收后仍继续办理的学校，其在校学生即由各该校举行编级试验，受战事影响而失学自修的学生得申请参加编级试验；专科以上学校毕业生及肄业生的甄审由教育部设置委员会办理。为消除各沦陷区受日伪实施奴化教育及反动宣传的不良影响，进而唤起青年及一般民众对国家民族的正确认识，必须加强收复区各级学校学生及一般民众公民训练：对于中小学在校学生的训练，应注重加添公民教材及活动；一般民众的训练，利用各种集会及巡回社教团队，随时以不同方式确切实施。②

各收复区“教职员甄审委员会”据此纷纷成立，对各该区教职员进行甄审。1945年12月1日，教育部颁发《收复区各县市国民学校教员登记甄审训练办法》，规定各县市应设国民学校教员登记甄审训练委员会，置委员5至7人，以教育局（科）长为主任委员，呈由县市政府或院辖市教育局聘派督学及当地相关主管人员、教育界公正人士为委员。各县市教员具有国民学校及中心国民学校规则所定资格者，或经检定合格而于战时未参加敌伪工作者，经申请登记甄审认可后发给登记证，分发

① 《中央日报》1945年9月20日，第2版。

② 《第二次中国教育年鉴》，第14页。

国民学校任用。凡日伪设立各级师范学校毕业的学生或曾在日伪学校任教的教员均应予以甄审，并经短期训练考核认可后方得分发国民学校任用。办法特别规定凡是附逆情节较重、犯有危害国家民族利益事实的，以及曾经附逆、其道德行为不堪为师表的教员不予甄审。[①]

同年12月21日，教育部颁发《收复区专科以上学校教职员甄审办法》，规定收复区专科以上学校教职员，由教育部组织收复区各地专科以上学校教职员甄审委员会做详尽调查，并加审核。收复区专科以上学校教职员，非经甄审委员会调查审核认为并无处理汉奸案件条例第2条第1项所列各款情事者，一律不得再担任教育工作。[②]对收复区教育人员实行甄审，根据其战时在沦陷区的不同政治表现及所起作用，或严惩和清除“甘心附逆者”，或奖励“担任特殊任务”的地下工作者，并对“为生活所迫虚与委蛇者”加以洗脑验收。

1946年1月24日，教育部又颁布《修正收复区中等学校教职员甄审办法》：

一、收复区敌伪中等学校教职员无处理汉奸案件条例第二条第一项所列各款情事者均应参加甄审，经甄审合格后发给证件，继续服务。

二、收复区敌伪中等学校教职员的甄审区域以各该省市区域为单位。

三、各省市教育厅局为甄审敌伪中等学校教职员的主持机关，各该厅局应组织敌伪中等学校教职员甄审委员会，负责办理收复区敌伪中等学校教职员甄审事宜。

四、各省市敌伪中等学校教职员甄审委员会设委员五至七人，由教育厅局长为主任委员，教育厅局高级职员、中等学校校长及教育界人士为委员，由主任委员分别聘派。

五、甄审敌伪所设中等学校教职员时，一面由委员会详加调查，列举教职员名单，一面通令其登记。登记分通讯与自行登记两种，均须填写登记表，交验学历证件、经历证件，并粘贴本人最近半身相片。

六、收复区经敌伪立案的私立中等学校教职员适用本法办理。其经法定手续立案者免予甄审。未经法定手续立案、又未经敌伪立案者应依法定手续办理立案，经核准后免予甄审。愿先行参加甄审者依本办法规定办理。

七、凡敌伪中等学校教职员未经甄审、暂准继续服务者，不得认为合格教员。

八、由教育部另定颁发各省市敌伪中等学校教职员登记表及甄审合格证件

① 国民政府教育部第6087号代电，中国第二历史档案馆藏中央大学档案。

② 国民政府教育部第64531号代电，中国第二历史档案馆藏中央大学档案。

式样。

九、各省市甄审委员会所需各项经费由复员经费项下支拨。[①]

以湖北省为例，湖北省政府规定凡沦陷期间曾任日本公立私立中小学校长、教员及各类毕业生，均得到指定机关登记，听候甄审和集训，必要时有可能指名调训；如有不申请登记者，一经察觉，除不录用外，还将依法惩处；登记结束后，将人员分发到各地方行政干部训练所受训，结业后颁发结业证书，准其继续任教。[②]1945 年 11 月 25 日至 12 月 15 日宜昌县进行教师登记，人员登记结束并经甄审后，再交由县督学陈士方主办的县训所进行为期一年的肃清奴教流毒训练。宜昌县县长廖化平兼任县训所所长，教育科长郑霁岚任班主任，另设教育长 1 人，所开课程有党义、教育法令、新宪制、地方自治四种，训练方法以听课讲授为主，主要是精神训练，结合进行小组讨论。[③]汉口市伪立中小学原有教员须呈缴资历证件，市府对其就资格审查、思想考核及教学成绩等三方面严格甄审，决定去留。初步审查合格的人员暂行派为代用教员，再填缴思想保证书并经“湖北省收复区教育工作人员甄审委员会”甄审合格后，方可作为正式教员派用。除少数通过甄审的原校人员留用外，绝大多数教职员从该市参加登记的战前中小学教员及后方来汉口的合格人员中派用。

这项工作直至 1946 年 9 月才基本告成。教育部部长朱家骅事后曾在《教育复员工作检讨》一文中专门谈到“收复区中等以上学校员生之甄审”问题，指出“抗战时期滞留在陷区之教育人员，其中确有不少忠贞之士，不屈不挠，可钦可敬。彼等因种种关系不能内迁，不能不予原谅。然为明是非、辨忠奸，保障滞留陷区人士之身份，故教育善后复员会议决议组织各区教职员甄审委员会，自动调查专科以上学校教职员。除对抗战有功另行议奖外，凡未触犯处理汉奸案件条例第二条第一项所列各款者，均有继续取得续任教育工作之资格。中小学教职员经过登记手续后，只需无附逆证据，即可取得继续服务之资格。实施甄审一年以来，各地进行极为顺利，大多数教职员俱已安心服务，资历亦有所保障”。[④]

为弘扬民族正气，清除奴化浊流，国民政府在对收复区文教界人员进行全面甄别，惩治伪华北政务监督周作人、伪北大校长钱稻荪等一批文化汉奸的同时，表彰褒恤了

① 国民政府教育部第 5019 号代电，中国第二历史档案馆藏中央大学档案。

② 熊贤君主编：《湖北教育史》（上卷），湖北教育出版社，1999，第 440—441 页。

③ 熊楚洪：《宜昌沦陷时的教育事略》，《宜昌文史资料》1985 年第 4 辑。

④ 朱家骅：《教育复员工作检讨》（1947 年 1—12 月），教育部总务司编印：《教育部公报》第十九卷第 1 期，第 5 页。

一大批抗战期间文教界忠贞殉难者。1946 年 1—3 月，教育部先后通电各省市教育厅局处、各区特派员办事处、各区专科以上学校教职员甄审委员会及辅仁、燕京各大学，要求妥速呈报抗战期间沦陷区内各地文教忠贞人士忠烈事迹，之后参照国民政府颁布的《褒扬抗战忠烈条例》拟定褒扬补充实施办法，规定省级暨国立学校、学术文化机关人员褒奖事项由教育部办理，县级人员则由各省市教育厅局办理，将所报人员褒奖等次分为教育部颁奖状者、部令褒扬者、行政院令褒恤者、国民政府令褒恤者四等。迄至 1947 年初，陆续有 60 余单位上报相关案件计 68 卷、2234 人，教育部先将所有材料交人事处初步统计并拟订初审说明后，再分组送交高等司、中等司与国民司进行初审。鉴于"各地所报事迹详略不一，且不甚齐全"，教育部于 1947 年 3 月将原报材料发还各省市，要求按统一表式整理，并筹组成立审查委员会予以审查，再行上报。[①]

教育部在复审各地上报材料、统计汇编的基础上，编制而成《抗战时期各地文化教育人士忠贞事迹一览》，共收录 21 省 5 市忠贞殉难人士 1371 人，同时编印《专科以上学校教授及中等学校校长忠贞事迹一览》，[②] 收录来自 38 所学校的 30 名教授、28 名中学校长的忠勇事迹；经过进一步审核筛选，又在 1948 年出版的《中国第二次教育年鉴》上刊布 14 省 4 市忠贞者 183 人、20 省 4 市殉难者 334 人，涉及对象活动范围遍及华中、华南、华北、东北乃至台湾等广大沦陷区，又多以从事抗日教育或地下工作而被敌拘囚迫害的县级中下层文教人员为主。因编辑时间仓促，"所刊忠贞人士事迹除一部分系向各省市直接查报者外，多采自各省市最初所报材料。至各省市应依式改报部分，迄至最近仍多未报，唯有待下次年鉴编辑之时再行补列"，[③] 上述相关调查与统计总体较为粗疏，不仅缺漏甚多，收录名单也不完全。尽管原拟"殉难人员褒扬之外，似应着重酌给抚恤……又生存人员除精神嘉奖外似也应酌给资金"之议，因时局影响难以真正落实，但国民政府暨教育部大规模调查战时文教界忠贞义烈事迹并予明令表彰之举，是对沦陷区内身处逆境却始终坚守民族气节、国家大义的优秀知识分子的巨大褒奖与肯定，其标榜象征意义远远超越可能发给的奖恤金价值，对于战后惩奸扬善、推行民族精神教育无疑具有积极意义。

二、对收复区学校学生及战时留日学生进行甄审

对收复区青年学生进行甄审的主要目的是肃清日伪奴化教育流毒，促进其思想认识和政治立场转变，提高他们的爱国觉悟。甄审中等学校肄业生的目的则在于检查程

---

① 中国第二历史档案馆藏教育部档案，五 /367。

② 中国第二历史档案馆藏教育部档案，五 /2482。

③《中国第二次教育年鉴》，第 1607—1629 页。

度、核定学籍，具体办法是由各省市教育厅局举行考试，并委托各学校与学年考试或毕业考试合并举行。高、初中已毕业者凭呈缴《三民主义》阅读报告予以审查，合格后由所在地方教育厅局颁发毕业证书。

国民政府教育部下令在上海区组织敌伪专科以上学校毕业生甄审委员会，专门负责甄审该市日伪专科以上学校毕业生，规定凡日伪专科以上学校毕业生，除在含有政治性学校毕业及曾任日伪荐任职者外，概须于1945年度寒假期间办理登记，将《国父遗教》及《中国之命运》研读批注作为报告，连同所习专门科目论文呈会转部。另为整理伪国立大学学生学籍及甄审伪方大学生学业水准起见，教育部设立上海临时大学补习班，计有7所日伪校学生约2000人陆续登记，分四院授课，预定修业期为一学期，期满各科成绩75分以上者分发专科以上学校肄业，60分以上者发给证书，准予投考专科以上学校。曾入伪校而该校业已停闭或无学籍可稽考者，另设先修班上课。此外还办理失学失业青年登记，规定受抗战或日伪影响而未在日伪学校肄业、年龄在16岁以上24岁以下者，皆可登记予以训练甄审，公费分发相当学校肄业。至于南京市伪校学生继续在校肄业者，则依照教育部制定办法利用寒假举行甄审，已离校学生之甄审则分为两种：学籍有案可稽者，需当场写作论文呈缴备核；学籍无案可稽者，须参加学科考试。① 汉口市遵照教育部有关规定成立“汉口市中等学校学生资格甄审委员会”，对两所伪市立中学各级学生严格测试，重定年级：凡高中不及格的学生一律降入初中编级肄业；初中不及格的学生一律分发小学肄业。② 市政府于1945年10月在汉口汉景街进行甄审后，录取学生1437名，分23班，正式恢复了市立第一女中。另在武汉设有临时大学补习班，收容日伪所设专科以上学校学生进行甄审训练，再经甄审考试以检查程度，核定学籍，多数学生降级后分别插入各校继续学业。安徽省亦遵照教育部所颁收复区中等学校学生甄审办法，制定安徽省收复区中等学校学生资格甄审办法，于1946年1月起分别在安庆、芜湖、蚌埠、合肥四区举行甄试。③ 浙江省教育厅则对沦陷区日伪学生先后举办过3次甄别审查工作，参加甄别考试的学生达11000余人，而据该省教育厅厅长李超英称：“本省战时伪校学生其继续就学者亦不过此数。”④

① 《各省市教育复员谈话会纪录》（1946年4月），中国第二历史档案馆藏国民政府教育部档案，五/1613。

② 《汉口市政府教育工作报告》（1945年9—12月），武汉市档案馆藏档案。

③ 《安徽省教育复员谈话会记录》（1946年4月13日），中国第二历史档案馆藏国民政府教育部档案，五/1600①。

④ 《血与火的民族抗争——日本侵华时期沦陷区奴化教育史纲》，第323页。

1945年12月27日，教育部公布《收复区专科以上学校毕业生甄审办法》及《收复区专科以上学校肄业生学业处理办法》。前者规定收复区敌伪专科以上学校毕业生之甄审事宜由各区教职员甄审委员会兼办。收复区敌伪专科以上学校毕业生应于1946年1月20日起至3月15日止，分别向各区教职员甄审委员会办理登记手续。其中日伪所设具有政治性学校的毕业生不得申请登记，曾在日伪组织担任荐任以上职务者、曾经担任特种工作者，或曾受日伪特种训练有据者以及曾有危害国家、妨碍抗战，或凭借日伪势力侵害人民行为者，一经查明属实者不予审核。毕业生经准予登记后，应对包括三民主义、建国方略、建国大纲等孙文理论及蒋介石所著《中国之命运》加以研读批注，读后根据心得再另作阅读报告一份，连同有关所习专门科目的论文，一并于1946年4月1日起至8月底前呈送各区教职员甄审委员会审查，再转报教育部核定，审核结果定于1947年4月底前公布。审核合格者，经各区甄审委员会予以两至三个月补习后，由教育部发给相当于专科以上学校毕业的证明书；审核不合格者，得按照其成绩准予投考入相当学校及年级肄业。后者则规定收复区专科以上学校肄业生，应于规定期限内向各区（分南京、上海、武汉、广州、平津五区）登记，登记时须填具登记表，取具保证书，并呈验学历证件。具有政治性的日伪学校肄业生不得登记。①

为进一步在教学课程方面对日伪所施行的奴化教育有所补救，除广州由广州区教育复员辅导委员会登记，考试后分送广州专科以上学校继续肄业外，国民政府还在上海、南京、北平、武汉、青岛等处分设临时大学补习班，收录原日伪所设专科以上学校学生，对其进行训练并借以甄审。1946年暑假补习期满、考核成绩符合教育部规定程度者，由教育部按其甄审成绩编定相当年级，发给转学证明书，分发转入其他相当学校肄业；甄试科目以国文、英文、三民主义为共同必试科目。其中上海临时大学补习班收录学生1967人，南京1972人，北平4387人，武汉444人，青岛89人，而上海区办理登记的毕业生计883人，南京486人，平津区2874人，广州区87人，武汉区2人。②

尽管甄审办法明文规定，日伪所设具有政治性的学校肄业生或毕业生一律不予登记，但国民政府为与中共争夺抗战胜利果实，不惜大量利用伪组织原有势力，以加强其在收复区的统治力量。譬如日伪组织统治下的警官学校与军官学校不仅无须甄审，竟摇身一变而为中央警校分校和战区干训团；而迫于种种原因滞留沦陷区艰苦求学的收复区学生却遭无理歧视，被国民政府视作“伪学生”，并以甄审训练为名被剥夺了

① 国民政府教育部第65698号部令，中国第二历史档案馆藏中央大学档案。

② 《第二次中国教育年鉴》，第84页。

读书权利。有关甄审办法颁布后，立即激起收复区广大学生的愤慨，一场由近十万名学生参加的反甄审运动首先从南京掀起，迅速蔓延至上海、青岛、平津等地，“争取读书权利”的呼声遍及全国。正如原日伪控制下的北京大学3000多名学生向社会所呼吁的那样，“固然沦陷的政府是伪的，应绝对予以解散，然而沦陷区的老百姓绝不能指其为伪。固然沦陷区的行政机构是伪组织，有政治性的训练班或学校应予以解散，然而在学术机关的学校读书的学生，因为无力赴内地求学，又无力入私立学校，不得已委曲求全，这种只以求知识为目的的学生是不能指其为伪的”，[①] 要求教育当局给予沦陷区各学校平等待遇。上海交大学生则认为“登记、甄别或许是当局不明情况的措施”，遂屡向国民政府教育部呈文申诉，均石沉大海。不久，上海交大、上海商学院、中德医学院、上海医学院、雷士德工业专科学校、上海音乐专科学校等大专院校被迫停课，致使矛盾进一步激化。1945年11月至次年2月间，上海学生组织起多次游行请愿，提出“人民无伪，学生无伪”、“我们要读书”的口号，博得了社会各界的同情与共鸣。《申报》《字林西报》等报刊也纷纷发表社论为“废学学生呼吁”，抨击当局“使学生荒废学业，蹉跎光阴是严重错误”。[②]

迫于收复区学生和社会舆论的强烈反对，教育部不得不改变先甄审后补习的原定程序，“一面接收，一面继续上课，将补修科目配合主要科目之内，以免耽误学业”，并于1946年1月24日修正《收复区中等学校学生甄审办法》予以公布：

一、各省市教育厅局设置收复区中等学校学生资格甄审委员会，由厅局长派厅局高级职员，并聘定教育专家组织之。委员人数定五至七人，由厅局长兼任主任委员，支持一切甄审事宜。

二、区域较大或交通不便之各省，得斟酌情形，组织分区甄审委员会，秉承各该省中等学校资格甄审委员会，办理各分区一切甄审事宜。

三、收复区中等学校学生资格甄审委员会任务为：规划收复区敌伪所设及其他私立中等学校学生之登记、甄试、分发事项；规定命题阅卷及录取标准；复核甄审成绩；决定及分配录取学生；指导各分区甄审委员会甄审事宜。

四、收复区敌伪中等学校毕业生之甄审，应向各该省市甄审委员会呈交登记表、学历证件、三民主义阅读报告等件。[③]

① 金以林、丁双平：《大学史话》，社会科学文献出版社，2000，第177—178页。
② 《交通大学校史》，上海教育出版社，1986，第492—494页。
③ 国民政府教育部第5019号代电，中国第二历史档案馆藏中央大学档案。

1946年3月8日，教育部又公布《甄审敌伪学校毕业生补充办法》，内容包括：（一）审查收复区专科以上学校毕业生论文，必要时得向原作人询问内容；（二）收复区专科以上学校毕业生申请登记时得通讯登记，登记表应由申请人亲自填写；（三）收复区专科以上学校毕业生呈送论文等件，得于1946年4月1日至同年8月底前随时送审，甄审委员会收到上项文件后得随时审查，报教育部分期发表，审核结果1947年4月底全部审竣公布；（四）私立专科以上学校未在伪组织立案者，依合法手续向教育部办理立案核准后，其毕业生在校成绩经审查合格者，其毕业资格可不经甄审予以承认，但自愿参加甄审的学生仍依原办法办理。[①]

比较国民政府教育部前后两次颁布的甄审条例，可以看出后者只是规定国文、英文可以免试，但较前者又增添了“三民主义不及格者”不得升级或任用的条件，因此甄审的核心主要在于对收复区广大青年进行党化教育，以此加强思想控制，防止共产党或中间派势力对广大青年的思想影响。由于政策设计上的失误，这一政策在甄审过程中一再更改，教育当局对敌伪所设专科以上学校师生的甄审工作非但未达到预期效果，反而由于强迫执行，加之用人不当，加剧了同收复区广大师生间的矛盾与对立。

日本帝国主义在侵华过程中，不仅在华东、华中、华南沦陷区内扶植当地汉奸败类，建立傀儡政权，推行奴化教育，还通过它们向日本派遣留学生，以培养奴化人才。据统计，抗战期间由伪政府派出的留日学生总数在3000至4000之间。1945年4月，日本法西斯扬言进行所谓大东亚决战，通令日本各学校停课一年，中国留日学生大多于此时回国。到1945年8月日本宣布投降时，只剩下456人滞留日本，其中公费生339人，自费生117人。[②]

1947年1月8日，国民政府教育部公布《留日学生召回办法》，规定留日学生中学业已告完成或已告一段落者、无力自行继续留学者或其他特殊原因者应行召回，由教育部统筹安排其由日本返回中国的交通工具，无法自筹川资者由教育部予以补助。未返国前因汇兑不通或津贴不足所需生活经费的留日学生，依照实际情形按月核给救济费，救济期限划至各该生离日返国时止。对于不遵照该办法之规定返国者，停止核发救济费，必要时得勒令返国。应行召回的留日学生须填具留日学生调查表，送交中国驻日军事代表团转教育部备核，其离日前须向代表团领取证明文件，于返国后向教育部报到，并依据留日学生处理办法之规定办理各项甄审手续。

国民政府教育部留日学生资格甄审委员会设于南京市成贤街，负责主持留日学生

---

① 《中华民国史档案资料汇编》第五辑第三编教育（一），第27页。

② 中国第二历史档案馆藏国民政府教育部档案，五/15363。

甄审事宜。该委员会以陈大齐为主任委员，吴有训、周鸿经、章益、蒋复璁、赵兰坪等13人为委员，还聘请孙本文、郭廷以等28位专家学者担任留日学生自传与读书报告的评阅委员。教育部同期颁布的《抗战期间留日学生甄审办法》规定，战后召回的留日学生及在抗战期间赴日留学业已回国的学生，均应在1947年7月1日至9月30日期限内向教育部申请登记；登记时须呈缴登记表、保证书、学历证件、照片及自传；曾在日本专门以上学校毕业者，需呈缴研读《国父遗教》读书报告并在书内加以圈点，另作读书报告一份呈送留日学生甄审委员会；审查合格者，按其原毕业学校性质和教育程度，由教育部分别发给证明书；召回的留日学生曾在中等以上学校肄业经审查合格而欲继续求学者，应由教育部给予证明书，自行投考相当学校；在日本军事学校、警察学校暨讲习所、养成所等留学的学生，不属此次委员会甄审范围。①

对留日学生严格甄审，促使其自我检讨和清算，并以国民党正统思想对其“洗脑”，清除日伪所灌输的奴化毒素，因而具有思想甄别和学业考查的双重目的。据粗略统计，不包括台湾籍留日学生，抗战期间各伪政权所派遣的公费、自费留日学生共约8000人左右，而抗战胜利后散布全国的留日归国学生，除曾为日伪政权效力、担任过伪职而不敢接受审查者，以及因信息不灵、交通不便等客观原因无法在规定时间内赶赴南京者外，在此甄审期间前往教育部申请登记的仅450人。从这些留日学生的登记情况来看，大致可分为三类：抗战军兴时因学业未竟而滞留日本者，走投无路而自费赴日求学的沦陷区青年，以及受伪政权资助派遣的公费留学者。他们分别肄业于日本94所专门以上学校，其中以政法大学、早稻田大学、京都帝国大学、明治大学、北海道帝国大学、东京工业大学、日本大学和东京帝国大学等校接纳的中国留学生最多。教育部此次甄审仅认可了日本59所专门以上学校的学历，对就读于其他学校人员的留学学历概不承认。②

当时社会上对留日学生颇多歧视，认为他们战时负笈敌国，不是敌伪奴才就是亲日败类，但就日伪政权派遣留学生的主观动机与客观效果来看，两者并不一致，且由于战时留日学生成分复杂，求学动机各异，其中除少数死心塌地效忠日本的民族败类外，多数人都不能与损害国家利益的汉奸相提并论，因而也不应将其笼统认作汉奸群体而妄加摈弃。

---

① 《国民政府教育部高字第400号部令》，《教育部公报》十九卷第2期，1947。

② 王奇生：《留学与救国——抗战时期海外学人群像》，广西师范大学出版社，1995，第273—274页。

附录：日占时期的香港教育

1941 年底太平洋战争爆发后，日军很快就占领了英属殖民地香港，并在香港设立总督部，香港又变成了日本的殖民地。日军香港占领当局在对香港地区进行殖民统治，奴役和掠夺香港人民的同时，还大肆破坏香港的教育设施，并在香港推行奴化教育政策，香港的教育事业受到了巨大的打击，整个教育事业陷于停顿。

第一节　日占前香港教育概况

香港自成为英国的租借地后，便一直处于英国的殖民统治之下。由于港英政府对办学采取较为自由的政策，除由港英政府资助的学校因接受政府津贴必须遵守有关规定外，其他学校一般均可依照办学者的意愿去做，因而在太平洋战争爆发前，香港地区学校林立，教育较为发达，并形成了由小学、中学至大学较为完备的教育体系。

一、日占前香港教育概况

日本占领前，香港中小学校主要分为私立、补助、津贴、官立四种形式，其中官立、补助、津贴三类学校因得到政府全部或部分的资助，经费较有保障，因而学校规模一般较大，办学人也有理想，教学设备和师资也较好。而一般的私立学校因办学者往往以利润为着眼点，一般规模较小，学生人数不等，且很不稳定，办学者往往在无利可图时关门结业。抗日战争爆发后，因国内不少教育界人士来港办学及教学，也有许多国内人士举家迁港，学龄人数急增，香港学校数量有了较大的增加。至 1937 年底，香港学生人数达 86993 人。[①] 其后，学校数量及学生人数因进入香港的人数的增加而不断增加，据当时报载：从内地迁来，或在抗战后内地的教育工作者来港创设的中学共有 30 余校，如：南武、知用、思思、真光、真中、珠江、香岛、培道、华英、汉华、

① 《香港学校概况》，《申报》1938 年 7 月 11 日。

大中、培英、实践、兴华、兴中、岭英、琼海、复旦、培正、汉持、昆山、导正、九江、八桂等中学，[①] 形成了香港早期教育史上最为繁荣的时期。据 1941 年官方统计，当时香港共有中小学校 649 所，其中私立学校 529 所，补助学校 91 所，津贴学校 20 所，官立学校 9 所，共有学生 112368 人，详见下表 [②]：

学校类别	中学生人数	小学生人数	总数
官立	1199	1500	2699
补助	6931	16353	23284
津贴	3274	6346	9620
私立	25951	50814	76765
学生总数	37355	75013	112368

此外，自 19 世纪末开始，香港很多慈善团体、富商、华侨也纷纷捐资兴办学校，免费接受贫苦大众的子女入学，这些学校被称为“义学”。

相对而言，日本占领前香港地区的高等教育不甚发达，在抗日战争爆发前本地仅有两所专科以上高等学府——罗富国师范学院和香港大学，其中尤以香港大学最为著名。香港大学创办于 1912 年，系由港英政府出资兴办，教职员以英籍人士为主。至 1941 年太平洋战争爆发前，已设有 4 个学院，有学生 400 人。兹将太平洋战争爆发前香港大学组织概况简介如下：校长由港督杨慕琦爵士兼任，副校长施乐诗。注册组长卜克塞主持注册、总务及有关全校之教务事宜。该校分设文、理、工、医四学院，其中文、理、工三学院学习年限为 4 年，医学院为 6 年。文学院（院长福士德）下设第一系（一组为英国文学系，系主任为雪姆森；二组为教育系，系主任为福士德兼任）、第二系（政治经济系，系主任罗拔逊）、第三系（一组中国历史系，系主任陈寅恪；二组中国哲学系，系主任马鉴），理学院（院长勃朗）下设化学系（系主任磐含）、物理系（系主任弗特）、生物系（系主任希克劳次）、数学系（系主任勃朗兼任），工学院（院长雷特芒）下设土木工程系（系主任雷特芒）、机械工程系（系主任司密斯）、电机工程系（系主任许乃波），医学院（院长戈登金）下设预科和正科，预科下设物理、化学、生物等专业，正科下设解剖学馆（主任希窝）、生物学馆（主任啦特）、病理及微生物学馆（主任罗拔逊）、外科组（主任的比）、内科组（主任仇啦）、妇科及产科（主任戈登金）。[③]

太平洋战争爆发前，在香港的高等学校还有 4 所抗日战争爆发后由内地迁来办学

① 碧海：《香港的教育》，《华商报》1941 年 4 月 15 日，第 4 版。

② 叶德伟：《战前的香港社会》，叶德伟等编著：《香港沦陷史》，香港广角镜出版社，1984，第 59 页。

③《战前香港大学简单组织系统》，中国第二历史档案馆藏国民政府教育部档案，五 /14037。

的大学：岭南大学、国民大学、广州大学和南华大学。岭南大学于 1938 年 10 月 18 日退出广州，11 月 14 日在香港复课。迁港之后，该校文、理工两学院各年级及农学院一年级、医学院一至三年级学生，安排在借用的香港大学校舍上课。农学院的二至四年级为便于实习，另在新界租地办理。医学院的四年级，在校方同港大协商后随同港大医科四年级生，一起在玛丽医院上课，自 1939 年度，四、五年级学生在港与港大医科一起上课。该校迁港时在港复课的学生有 550 名，1940 年上学期在港学生达 606 人（不包括农学院三、四年级在坪石上课的 30 余人）。广东国民大学自广州失守后，迁到香港青山芳园设第一分校，旺角新填地街 470 号设第二分校。国民大学分设文、法、工三学院，内设中国文学、新闻学、政治经济学、法律学、会计学、土木工程等六系，文、法学院学生在二分校上课，工学院则在青山芳园上课。国民大学还另设计政班，训练中学毕业学生，修业期限为一年。广州大学 1939 年在香港九龙深水埗元州街 165—169 号设分校授课处，容纳因国内遭战争影响而暂避居港、澳的学生。广州大学设有文、法、理三学院，内设中国文学、社会学、法律学、政治学、经济学、会计学、数理学等七系，另设有计政训练班会计组、档案管理及公牍训练班、工商管理训练班，训练中学毕业生，修业期限为一年。南华大学于 1939 年在广东梅县创办，初名南华学院，后迁至香港九龙城狮子石道，并改称南华大学，设有理工、法商、文三学院，内设物理学、化学、地理学、地质学、心理学、数学、建筑工程学、政治经济学、法律学、商学、教育学、新闻学、文史学等十三个系。①

从内地迁至香港办学的还有广东中医药专科学校，校址在香港跑马地，由陈任枚任校长，讲师包括吕楚白、罗元恺、刘赤选、朱恳斋等，日军攻打香港后才停止上课。

抗日战争爆发后，香港还一度出现了 3 所新的高等学校：美国美尔顿大学中国分校、东南法学院和华夏学院。美国美尔顿大学中国分校（Milton University，China Branch）设在佐敦道 11 号，设有商学、文学、教育学、经济学、心理学、社会学、政治学等 7 系，并设有无线电工程技术科（修业期限为 9 个月）、汽车工程技术科（修业期限为 4 个月）。东南法学院创办于 1938 年，院址在湾仔庄士敦道 88 号，设有法律学、政治经济学、社会学三个系。华夏学院设于罗便臣道妙高台 83 号，设有文学、经济学、教育学、新闻学、会计学、银行学、工商管理学、国际贸易学等八系。②

在日本占领前香港教育体系中，还有一支不可忽视的力量，即私立职业学校。香港地区的职业教育本不甚发达，但 1939 年国民政府侨务委员会因抗战关系，训令香

① 参见方美贤：《香港早期教育发展史》，中国学社 1975 年 3 月初版，第 218—221 页。

② 方美贤：《香港早期教育发展史》，第 221 页。

港各侨校办理职业教育，侨务委员会还协助办理新设立职业教育的学校及指导侨校应先设立简易职业训练班，招收初中毕业生接受训练。经侨务委员会的倡导，许多在港侨校纷纷兼办各类职业训练班，原设有职业课程之职业学校也努力增强是项训练及增设他类职业训练。据有关资料记载，至太平洋战争爆发前，香港地区已有七大类职业学校 64 所，即商科及会计科类 25 所：中央商务专门学院（宏兴行）、生活职业学校（坚道 84 号）、平正高级会计职业学校（1939 年创设于云咸街 61 号，校长曾子唯）、快字商科学院（遮打道沃行）、居仁专科学校（弥敦道 730 号）、南洋商学校（荷里活道 40 号）、育智簿记英文学校（德辅道中 76 号）、香港商务专科学校（云咸街 75 号）、香港英文会计商业学院（尖沙咀中间道 1 号）、速成会计学校（西洋菜街 24 号）、高氏快字（即今速记）打字学社（依利近街 51 号）、振成商科学院（铁岗 2 号）、海南职业学校（大埔道 37 号）、华德商学院（弥敦道 477 号）、华仁商学院（弥敦道 477 号）、万国会计学校香港分校（大道中 183 号）、菲氏会计学院（校长 Mr. Charles A. Figueiredo）、广州实用高级会计学校（结志街 8 号）、广大会计职业学校（坚道 66 号及 89 号）、广州会计学校（荷里活道 144 号）、广州万国会计学校香港分校（摆花街）、励志妇女职业学校（洛克道 249 号）、铎声商学校（1923 年创设）、兰室女子职业学校（1936 年创设）；工程科及工艺科 10 所：中国建设工程学校（弥敦道 727 号）、大华理化工艺学院（大道中 290 号，1928 年创设，校长 Mui Lap Soot）、同济工艺学院（庄士敦道 31 号）、建国农工学院（英皇道 171 号）、香港仔儿童工艺院（香港仔香岛道）、基督教理化学习所（东亚银行）、敬华妇女工艺学院（轩尼诗道 45 号）、圣类斯工艺学院（第三街 79 号）、镇华工程学校（庄士敦道 27 号）、撷芬女子手工学校（威灵顿街 15—D 号）；无线电科及电器科类 6 所：世界电器工程学校（云咸街 79 号）、世界电器工程职业学校（些利街 27 号）、香港无线电学校（坚道 52 号）、国民无线电专门学院（染布房街 15 号）、电器技术班（新成道 3 号）、远东无线电学校（宝灵街 6 号）；汽车工程与修理科类 3 所：建华汽车学校（通菜街 32 号）、香港汽车驾驶学校（国民银行）、华南汽车工程学校（弥敦道 700 号）；艺术科类 8 所：大众美术学院（坚道 85 号）、中国艺术学院（基隆街 29 号，创设于 1941 年，校长李曼石）、无人音乐学院（亚皆老街 90 号 3 楼）、南方艺术学院（上海街 563 号）、万国美术学院（太平道 12 号）、黄密写相夜学（荷里活道 61 号）、艺化艺术学院（弥敦道 729 号）、丽精美术学院（创设于 1928 年，校长鲍少游、曾丽卿）；国医科类 5 所：光大国医学院（弥敦道 578 号）、保黎国医学院（德辅道中 46 号）、华南国医学院（马师道 77 号）、岭南国医学院（砵兰街）、关伯廉国医学院（宝庆坊 20 号）；其他科类 7 所：九龙骑术学校（马头围道尾）、东方函授学校（国民银行）、建公书法专修学院（主持人区建公）、香港体育学校（铁岗）、远东航空学校（1934年创设于九龙城）、复兴测量学校（九如坊8号）、审美机绣裁剪缝纫学校（创设于1935年，校长许慕英）。[1]

二、日军对香港教育事业的破坏

1941年12月7日（当地时间）晨，日本联合舰队司令山本五十六海军大将指挥特遣舰队突然袭击夏威夷群岛美国海军基地珍珠港，美军太平洋舰队损失惨重，是为珍珠港事件。日军在袭击珍珠港的同时，向菲律宾、马来半岛的英美军队进攻。次日，美国对日宣战，太平洋战争爆发。与此同时，1941年12月8日凌晨，日本中国派遣军第23军第38师团和第51师团、第66联队，在海军第2遣华支舰队和飞机、大炮的支援配合下，从陆海同时向香港发起进攻。当时驻香港由澳、加、印组成的守军仅有6个步兵营，基地和港口武器配备和兵力防御十分薄弱。日机轰炸了香港启德机场，英守军被迫退出九龙转守香港岛。12月12日，日军向英国守军发出最后通牒，12月18日深夜，日军第38师团在香港登陆，英军苦战一周，最后弹药、饮水用尽，港督杨慕琦于圣诞日竖起白旗，亲自从港岛渡海到九龙尖沙咀半岛酒店向日军统帅酒井隆中将签字投降，英军1.5万人被俘。

日军占领香港后，即于12月26日在九龙尖沙咀半岛酒店（日军改称东亚酒店）三楼成立了日军政府军政厅，由日本华南派遣军第二十三军司令官酒井隆中将出任最高长官。军政厅下设总务、民政、经济、司法、海事五个部，对香港实施军政统治。1942年初，日本在香港正式成立了日治政府——大本营直辖的占领地总督部，受日本中国派遣军总司令节制，首任港督为日本陆军中将矶谷廉介。总督部下设民治、财政、交通、经济、报道、管理和外事7部，对香港进行殖民统治。香港进入了三年多的日本占领时期。

日军在攻占香港的过程及占领后，对当地的教育事业极尽摧残破坏之能事，港九许多学校校舍或毁于战火，或被日军占领，“很多校址都已经彻底被毁，校具、图书、仪器都损失很多”。[2]香港的教育事业受到巨大损失。

位于鸭巴甸街和荷李活道交界的皇仁书院（Queen’s Coll.），太平洋战争爆发后曾一度被辟作临时医院。日军占领香港后，英国人校长被送往集中营。日军将其改作骑兵总部。日军调走后，又将校舍拆毁，成为一片瓦砾。

香港大学是太平洋战争爆发前香港地区的最高学府，其建筑也较为宏伟。日据时

---

① 方美贤：《香港早期教育发展史》，第213—218页。

②《本港教育当局谈“伪校”问题，各校负责人诉目前苦况》，《华商报》（晚刊）1946年1月15日。

期，除邓志昂中文学院和冯平山图书馆因日军将其霸占后作为疗养院，供日本军官休养之用而得以完整保存外，其他建筑物包括刚刚建成的科学馆均遭到破坏。曾由日军接办的《南华日报》如是反映了日占时期香港大学的情况："在日军占领期间，香港大学遭受损坏之甚，与香港其他公共建设所受者无异，远从薄扶林道或般含道偶然一望，即见大部分建筑之一切木工已被拆卸一空。……罗富国书学院、各医学院，住学生及何东工厂等建筑中之良好设备，均已荡然无存。唯一完好之所为位于大学本部二楼之图书馆，该馆在日本占领时期，一直为港大图书馆职员维持……除此馆外，港大只余一躯壳而已。"①

位于般含道与西边街交界的英皇书院（King' s Coll.），校舍遭到严重破坏，仅剩下部分支柱。

原设在薄扶林道的香港官立汉文中学，在日军的狂轰滥炸下受到严重损毁，图书、仪器荡然无存。

原设在荷李活道的庇利罗女子中学（Belilios Public Sch.），战争初期被英军征用作急救站，日军占领香港后，该校被劫一空，校舍也遭到毁坏。

赤柱圣士提反书院（St. Stephen's Coll.）在战争初期被英军征用，辟为伤兵医院，香港沦陷后被日军霸占，改为集中营，校舍损坏不堪，图书、仪器散失殆尽。

位于窝打老道与界限街之间的天主教玛利诺修院中学（Maryknoll Convent Sch.）沦陷期间被日军占据，辟作日军医院，还逼走了在校留宿的修女，学校大部分设施都受到了破坏。

所有官立学校校舍均被日军霸占，日军撤出后，校内设施均遭破坏。

东华三院属下的免费小学共有12间，其中男校8间，女校4间。日军侵占香港后，这些学校全部停办，校舍及校内设施也因战乱而遭严重破坏。原在骆克道的文武庙湾仔免费小学的校址，更被炸弹炸毁。

美国长老会经学博士那夏礼博士1879年在沙基创办的培英中学，在日本攻陷香港后，先后迁往澳门、粤北。创办于1889年的培正中学，初称培正书院，清末改称培正学堂，后陆续在九龙创办了小学（分校），1938年增设初中，1939年又增设高中。日本占领香港后，该校被迁往澳门，受到毁灭性打击。

创办于1918年的梅芳学校本为一所女校，最盛时男女学生逾千人，颇具声誉。日本占领香港后，创办者吴女士转任澳门任教英领事馆难童学校，香港梅芳学校经营

---

①《香港大学注册主任菩克塞报告，港老大复校困难，仅港大图书馆为馆员维持至今》，《南华日报》1946年9月23日。

20多年的基业全部被毁。

1919年创办的华仁书院，1921年迁至罗便臣道，到太平洋战争爆发前已有相当规模，并成立免费夜中学，为贫苦儿童提供学习机会；香港遭日军攻击第二天，即1941年12月9日，高中部因战事被迫停课，奶路臣街校舍地库改为红十字医疗站，初中部亦被迫停课，罗便臣道校舍则被焚毁。

有些学校虽未关门，后也因种种原因停闭。

总之，日本占据时期，香港原有的教育设施基本被严重毁坏，学校大多关门，师生避难，教育基本处于瘫痪状态。

三、香港学校的内迁及师生的回国

太平洋战争爆发及日军占领香港后，香港部分学校迁至内地抗战大后方继续办学，一些大中学校师生也纷纷撤退至内地，在国民政府有关部门的帮助下，进入国内各学校工作或插班学习。

太平洋战争爆发后，到底有多少所香港学校迁至内地办学，因资料所限，暂尚无法了解清楚，兹以中国第二历史档案馆藏国民政府教育部、社会部等机构零星档案将部分迁往国内办学的学校情况做一介绍。香港华侨中学、私立岭东中学等均迁至内地；香港华南中学迁至广东梅县。[①] 香港华南汽车工程学校早在1941年12月1日第九次校董会上，即"鉴于局势日紧，为准备万一并培植后方汽车工程人才起见，曾决议迁渝复校"，香港沦陷后，该校即遵奉上述决议，将学校迁至重庆，先在重庆林森路34号设办事处，并"觅定巴县歌乐山地皮一大幅作为校址，建造房屋，积极筹备复校"。[②] 香港私立平正高级会计职业学校在香港沦陷后迁至国内，呈请国民政府侨务委员会在昆明组设分校，并得到了侨委会和教育部的批准。1942年7月26日，该校校董会又呈请侨务委员会拟在广东省韶关市组设分校。[③]

与此同时，香港各大中学校的师生在战争发生及香港沦陷后，纷纷回到国内大后方。国民政府教育部、侨务委员会、振济委员会及广东等地的教育主管机关，也纷纷采取措施，接纳来自香港等地的师生。1942年1月5日，教育部致电广东省教育厅"饬将办理收容登记港澳及海外归国员生，随时报部核夺"。[④] 同年3月，教育部又令广

① 中国第二历史档案馆藏国民政府教育部档案，五/13344。

② 中国第二历史档案馆藏国民政府社会部档案：《香港华南汽车工程学校校长梁守一致社会部呈》（1942年8月18日），十一/5969。

③ 中国第二历史档案馆藏国民政府教育部档案：《侨务委员会致教育部公函》，五/13342。

④ 中国第二历史档案馆藏国民政府教育部档案：《教育部致粤教厅电》（1942年1月5日），五/13320。

东省教育厅“派员赴三水等五县照料港九撤退员生，并制定广东省救济港澳及海外回国之学校员生暂行办法，费用均应在振委会前拔之救侨费中开支”。[1] 据广东省教育厅统计，仅1942年7—8月，在该厅登记的香港回国侨生即有香斯伟等共553人，[2]1942年12月到该厅登记的回国侨生除无业生、暨大学生外，有中学生325人。[3]

在回国的学生中，人数最多的当属香港大学的学生了。香港沦陷后，香港大学被迫关闭，其师生大多辗转流亡至内地。为了救济港大师生，教育部与国民政府侨务委员会及香港大学有关人员联合成立了香港大学临时协济委员会，由杭立武、傅秉常、吴俊开、梁大鹏、陈访先、余俊贤、戈登金、许乃波为委员。为使港大学生不中断学业，该委员会曾积极与国内各公私立高等学校联系，请求他们允许回到内地的港大学生能够进入各该校借读。教育部高等教育司也于1942年5月25日以“高字第19878号”训令各高校接受港大学生。据香港大学临时协济委员会常务委员杭立武1943年1月23日致国民政府教育部高等教育司函称：至1942年12月25日止，由该会介绍的香港大学归国侨生借读于国内各大学者计276人，其中，在国立中山大学借读的有区柳定等78人，在国立中央大学借读的有颜永泉等27人，在国立湘雅医学院借读的有朱淑濂等23人，在国立上海医学院借读的有邱恩仁等50人，在私立岭南大学借读的有陈广福等30人（其中有14人借读在国立中正医学院），在广西大学借读的有蔡承业等24人，在省立广西医学院借读的有李宝莲等6人，在私立齐鲁大学借读的有张文华等21人，在私立华西协合大学借读的有周湛梁等5人，在国立中正大学借读的有黄任坤等1人，在重庆大学借读的有1人，在浙江大学借读的有刁林等2人，在交通大学借读的有刘友林等2人，在大夏大学借读的有保紫震1人，在国立西南联合大学借读的有林绍兴等5人。[4]

香港师生在回国及辗转求学途中，历经颠沛流离之苦。黄澍芬在日军占领香港被迫中断学业后，留在家中由当教师的父母亲自教授。过了一年后，其父不愿在香港生活下去，决定回国。黄澍芬回忆说：

> 父亲接获两所学校的聘书，一为省立桂林师范学院，另一为广州私立培正道联合中学。后来父亲在培联任教，同时也在桂林师范学院兼职教英文，我则入读

---

① 中国第二历史档案馆藏国民政府教育部档案：《教育部指令》，五/13320。

② 中国第二历史档案馆藏教育部档案：《广东省教育厅致教育部呈》（1942年9月25日），五/13320。

③ 中国第二历史档案馆藏教育部档案：《广东省教育厅致教育部呈》（1942年3月3日），五/13320。

④ 中国第二历史档案馆藏国民政府教育部档案，五/14037。

培联中学初一班。这两所学校距离不远，上学和回家也很方便。我们留在桂林一年左右。

1944 年日军快攻入广西，我们一家与桂林师范学院一起逃难。我们从桂林乘火车到柳州，再从西江上游乘搭小船抵到丹洲。桂林师范在丹洲复课，我也入读初二……

不到半年，我们又要逃难。在逃难的途中，因我是长女，父母安排我和我父亲、其他桂林师范学院的学生约数十人一同走陆路，佣人照顾妹妹，与母亲一起坐船。……逃难队中有广东和湖南的同学，他们非常了得，可以自拟行程。而我却因为第一次走路逃难，感到很不习惯。起初我穿草鞋，刮伤了双脚，走路很痛。后来父亲教先穿布鞋，外再加穿一对草鞋，可减轻脚痛。那山路非常狭窄，当前面队伍停下来，后面的队伍也需同时停下。记得有一次当我们摸黑前行时，有个湖南的女孩子哭了出来，这时有人安慰说："攀过此山便到达了！"我想他是鼓励大家努力前行，不要气馁。我希望快点到达目的地，但山路仿佛怎样走也走不完……

过了数月，联络上学校大队，我们也离开梅林，前往平越的长平。到达长平后，我入读平越县立初级中学初二班……1945 年，父亲收到浙江大学的聘书，我们举家又迁往贵州湄潭。[①]

香港师生逃往内地所受的苦难，难以笔墨形容。

第二节　日军占领时期的香港教育概况

日军占领香港并施以殖民统治后不久，即开始恢复各级学校，在各级学校实施日化教育，以达到他们长期侵占香港的目的。

一、中小学校的恢复

日军侵入香港后不久，针对当时各级各类学校悉数关闭的实际情况，即在报纸上刊出告示，指出香港原有的汉文学校经过甄别，可以恢复上课，原教员可持证前往日香港总督部民治部文教课面试注册。负责教员面试的是原港英政府汉文视学官余芸。1942 年 1 月 5 日，港九各学校负责人商议复课。2 月 7 日，初级教员讲习所开学，共

① 《黄澍芬的回忆》，见张慧真、孔强生：《从十一万到三千——沦陷时期香港教育口述史料》，香港牛津大学出版社，2005，第 139—141 页。

有 148 人入学，经过近两个月的培训，于 4 月 2 日结业，分派各学校。为适应日语教学的需要，培养日语师资，4 月 16 日，经文教课批准制定的《私立日语讲习所规程》公布。5 月 1 日，包括知行、圣保禄、培正、港侨、华仁、西南、圣类斯、圣玛利、丽泽、钥智、九龙塘、德贞、德明等校在内的 20 所中小学校复课。6 月 23 日，日语教员讲习所开业。9 月 20 日，又有青叶小学校、淑志女子小学、蒙养初级小学、义庆小学、印童小学（只招收印度学童）、觉民小学、怡华小学、民生小学、新民小学等 10 所小学获日军占领当局认可复校。至 1942 年底，香港地区共有学校 59 所，其中小学 34 所、男子中学 9 所、女子中学 11 所、幼稚园 5 所，学生 4370 人、教职员 307 人，经登记认可的教员 700 余人。[①] 其后，又有一些学校经批准复课或设立。据 1943 年 1 月 25 日国民党中央调查统计局调查，至 1943 年 1 月，经香港日军总督部民治部文教课批准在香港、九龙及新界等地区复课及新创的学校有 56 所，详见下表：[②]

学校名称	校长姓名	校址
香港方面		
香港日语专修学校	刘传能	荷里活道 109 号
土居日语讲习所	待查	土居明治太平行 2 楼
崛日语学校	鲍得汉	鹅头区坚拿道
亚声日语讲习所	孔宪芹	东明治通 86 号 2 楼
山领川日语讲习所	谢仲明	中明治通 183 号 3 楼
天理日语学校	福原登理	湾仔竹居台 1 号
兴亚日语速成所	束鸿章	威灵顿街 62 号 3 楼
兴亚日语速成所	束鸿章	荷里活道 50 号 2 楼
远东日语讲习所	何甘若	湾仔杜老认道 1 号 3 楼
姑立日语讲习所	袁俊英	湾仔昨押道 1 号 3 楼
月峰日语讲习所	胡治辉	东昭和通 127 号 3 楼
正心日语讲习所	谭卓宏	湾仔八幡通 88 号
东京日语讲习所	莽绍荣	湾仔道 167 号
速成日语讲习所	刘英伦	八幡通 61 号 2 楼
时代日语学院	陈伟勤	荷里活道 1 号
知行日语讲习所	张资模	湾仔柯连道
圣类斯中学	温普仁	藏前区第三街 179 号
港侨中学	林照甫	中区五利街 20 号

① 谢永光：《三年零八个月的苦难》，（香港）明报出版有限公司，1995，第 244—248 页。
② 中国第二历史档案馆藏国民政府教育部档案：《中统局情报》（1943 年 1 月 25 日），五 /13342。

续表

学校名称	校长姓名	校址
光华中学	龙燕清	荷里活道 1 号
知行中学	张资模	柞市连道 5 号
华仁中学	傅育贤	罗便臣道 2 号
培真女子中学	洪霭芝	中大正通 31 号
曲［西］南中学	张澜卤	屋芝古道 1 号
信修女子中学	潘静修	中大正通 61 号
圣保罗女子中学	卜理觉	加道连道
香港儿童工艺学校	钱仲素	沪港区圣类斯街
湘父小学	卢湘父	加冕台 3 号
婴圣小学校	周慧心	东大正通 63 号
青叶小学校	陈月心	山村通 63 号
赤柱街坊初级小学	张瑞珊	赤柱街天后庙
贤褒小学	林世钦	下水街 1 号
印童小学		
九龙方面		
群益日语学校	汪松香	
头道兴亚日语研究社	叶录	大角区役所内
建亚日语讲习所	王柱椭	香取通 880 号
国基日语讲习所	赵北骐	深水埗南昌街 16 号 3 楼
亚声日语讲习所	陈选南	亚皆老街 60 号 3 楼
同文日语讲习所	陆风继	香取通 321 号 3 楼
德寅日语学校	关德寅	上海街 611 号 3 楼
半岛日语讲习所	余羡韶	长沙明道圃 2 号
矢岛日语讲习所	校长日人名未详	九龙塘小学内
丽泽女子中学	文诗雪	德馨街 12 号
圣马利女子中学	校长西人名未详	柯士甸道 162 号
德明中学	林昂	
钥智中学	陈垣凌	香取通 601 号
德贞女子中学	魏媛贞	元洲街 86 号
红石勘公立小学	区寿祺	宿下区观音街
九龙塘小学	余国粹	鹿角区膜黎里

续表

学校名称	校长姓名	校址
深水埗小学	蔡霭怡	荏华街 7 号
民生小学	黄殆连	士太令道 2 号
新界方面		
新界大埔小学	潘善生	崇德街
老大钟声联立小学	黄子律	元朗旧墟长盛街 8 号
同益小学	梁朝栋	元朗分江厦围
蒙养初级小学	邓永寿	元朗锦田乡
凤禫 [溪] 小学	廖国栋	上活村
义庆小学	张国卿	上水区鸡笏村

以上各学校共有教员 300 余名、学生 4800 余名。[①] 其后，应市民的要求，日军占领当局对学校曾予以改善，增加招生规模，但最多时的 1944 年在校学生人数也仅有 7000 人左右，不及战前学生总数的 1/16。而到 1945 年日本投降前夕，学生人数又只剩下 4000 余人。[②] 其教育萧条之状，可以想见。

二、职业教育和私塾教育

日据时期香港的职业教育也远不及太平洋战争爆发前，主要有“海员养成所”“宪查养成所”等职业训练学校，其中尤以“海员养成所”规模最大、招收学员最多。日本占领香港后，由于物资缺乏，对外交通几陷停顿，日军当局急需培养海上运输人员，以接替因战争及盟军飞机轰炸而伤亡殆尽的海员，正如日军控制下的香港海员公会（1943 年 3 月成立）创办的会刊《南海》创刊号（1943 年 4 月出版）所云：“自皇军进驻香港后……当局深知战后之香港已成为大东亚圈之一环，大东亚之前哨站，为了沟通本港与南洋各埠及中国各和平区域（注：指沦陷区）之商业贸易与粮食互调，自然地动员与训练海员技术人才和建造船舶，这是目前急不容缓之举。”于是，“海员养成所”便应运而生了。由《南海》创刊号上刊载的《海员养成所开学典礼记》中海员养成所所长池田元的报告，我们可以略窥海员养成所之概貌：“养成所的计划，学员每月招考 60 名（包括航海科、机关科各半），训练期间暂定 3 个月，卒业者每年可有 720 名。是期学员中，无经验者 30 名，其余 30 名有经验者由海员公会选送入学，

① 中国第二历史档案馆藏国民政府教育部档案，五 /13342。

② 参见梁炳华：《香港在日占时期的教育概况》，胡惠春主编：《纪念抗日战争胜利五十周年学术研讨会论文集》，香港珠海书院亚洲研究中心 1996 年版。

学习期内供给膳宿和制服，并每月津贴军票10元。现在养成所的教职员，计开所长1名、教官2名、教员6名、翻译6名外，港务局长及交通部海务课职员等，兼任教授。”[①]

此外，一些不愿将子女送入日军占领当局所批准学校接受奴化教育的家长，只好将子女送到各蒙馆、学塾读书，故而一时由私人执教的学塾如雨后春笋，纷纷成立。这些私塾每塾大约三四十人，主要以《三字经》《千字文》《幼学诗》《四书》《成语考》《分韵尺读》做课本。

为解决在港日本人子女的就学问题，日治政府还在香港坚尼地道设立了一所专门招收日本人子弟的学校——“国民学校”，该校包括小学、中学和8所幼稚园。

对于日治时期香港教育凄凉的景象，曾在圣保罗女书院职员宿舍居住的日籍牧师鲛岛盛隆在其回忆录《香港回想记》中曾做了较为真实的记述：

> 移居圣保罗女书院职员宿舍后不久，我常觉得诧异不解的是书院学生寥寥无几，这倒与我所想象的有名学府相违，也与其堂皇校舍不相称。然而冷静思考，这也是难怪的。自战争爆发，日军占据香港以来，外籍教师已悉数撤离，志节高的年轻教师又不肯在日本占据下的沦陷地区工作，相率避难，深入中国后方。各家长生活日蹙，也没有余力送子女上学。此地似乎早已不能作充分的教育活动，所以女学生的欣欣向学、年轻活泼的倩影已是难得一见了。[②]

为加强对香港地区学校的控制，日治政府制定和颁布了一些教育法规，如日本军政府所颁布的《香督令》第十六号《私立学校规则》，即对办理学校做了各种限制，如“第二条：私立学校均须受香港占领地总督之监督。第三条：私立学校之创办、停办或办理人之变更均须呈报占领地总督，待其许可。第四条：希望得前条件之许可者，该办理人应于呈报内详列左记各事项，包括学校之名称、种别、地点、设备、创办人及校长、职员组织、各学年教科书目、经费及维持方法，都有严格限制。第六条：私立学校之教职员均须取得占领地总督之许可证，无此证者不能聘请。第十一条：私立学校不得使用英语为教授用语。第十二条：私立学校每星期内必须教授日本语四小时以上。第十六条：私立学校之创办人若被认为不适当时令其变更。第十七条：私立学校之校长及教员若被认为不适当时，得令其解职或取消其教员认可书。”[③]由上述条

① 谢永光：《三年零八个月的苦难》，第249页。

② 转引自谢永光：《三年零八个月的苦难》，第247页。

③ 转引自梁炳华：《香港在日占时期的教育概况》，胡惠春主编：《纪念抗日战争胜利五十周年学术研讨会论文集》，第377—378页。

文规定不难看出，办学者必须取得日本香港总督的完全信任和认可，始得在香港办理学校。当总督主观上认为学校之办理人、校长、教师“不适当”时，可令其“变更”“解职”。至于何谓“不适当”，却没有明文规定，完全可任由日本占领当局随意解释，“顺我者昌，逆我者亡”，在日本占领下的香港教职员完全没有保障可言，学校只能听从日本占领当局的指挥。

三、高等教育[①]

如前所述，太平洋战争爆发前，香港地区的高等学校有9所，即：香港大学、罗富国师范学院，1938年由广东迁至香港办学的岭南大学、国民大学、广州大学、南华大学及抗日战争爆发后新办的美国美尔顿大学中国分校、东南法学院、华夏学院。太平洋战争爆发、香港被日军占领后，岭南、国民、广州大学又迁回内地，香港大学被日军视为敌产，予以封闭，所有外籍教职员（英国人为主）均被日军押至赤柱或其他集中营囚禁，学生星散，一直未能恢复。南华大学及新设的3所新学院也被迫停办。香港的高等教育成为一片空白。

为了向香港青年灌输日本军国主义思想，使他们接受日本的奴化教育，支持日本发动的“大东亚战争”，日本占领当局于1943年4月在香港开办了日据时期香港仅有的一所高等学校——东亚学院。东亚学院院长、日本人小林曾就日本殖民当局创办该校的目的做了如下的说明：

> 为使对于香港占领地总督部管辖地区内居住之中国青年，以东洋精神为原则，日本道德为基础，实行师范教育，而亦同时实施实务教育，目的即养成中国人成为真正东亚之中国人，奉行日本一德一体亲善友好提携之实现，使共同向大东亚共荣建设之途迈进……该院所有教授科目，一切均采纯正之日本语为教授前提，故以把握正大之道理，为中国青年一切学问之根柢（底），唤起大东亚民族自觉，同时确立大东亚战争必胜思想之根据及坚忍不拔之信念，此即东亚学院教育之第一要义。[②]

东亚学院为官办高等学校，日军占领当局对该院十分重视，并寄予厚望，希望借此培养一批深受日本文化和军政思想熏陶的人才，以利于并巩固其对香港的殖民统治，

① 该部分内容参考了梁炳华：《香港在日占时期的教育概况》，胡惠春主编：《纪念抗日战争胜利五十周年学术研讨会论文集》，谨向梁炳华、胡惠春先生及出版者香港珠海书院亚洲研究中心致谢。

② 《香督令特辑》，转引自梁炳华：《香港在日占时期的教育概况》，胡惠春主编：《纪念抗日战争胜利五十周年学术研讨会论文集》，第380—381页。

因而予以该学院充裕的经费，师资及教学设备均属一流。学院分为高等教育科和普通科，高等教育科的目标为培养师资、银行和社会机构的高级职员，普通科的目标是培养一般事务员、书记和文书人才。其科目分为国语（日本语）、修身公民、体练（体育）、音乐、商业五大类。以日语教学，每周32学时中，高等科须学习日语22学时，普通科学习日语16学时，修身公民侧重对日本的全面了解，包括东洋精神、日本事情、日本道德、礼法、地理历史（以东亚历史为主），与体练的学习时间合共2—6学时。为吸引香港青年报考，该学院对入学人员不仅提供住宿，且免收学费。但香港青年学子对该学院并不感兴趣，报考者甚少，该学院招生时共发放了700多份报名表，但交回的只有200多份，实际投考人数不多。

四、教科书的编订

太平洋战争爆发前，香港地区的学校从教学语言上来分，可分为中文学校和英文学校两种。香港沦陷后，日治政府明令废除英语教学，英文学校全部关闭，恢复或新建学校除日文学校外均为中文学校。中文学校所用教科书在战前大多与国内相同，采用国民政府教育部审订后由中华、开明等书局出版的国定教科书。日治政府成立初期，原来各校所采用的“商务、中华出版者一律禁读”，而代之以“伪华北政务委员会所审定者”。[①]随着日军对香港地区统治的不断加强，为了达到“中日文化提携”“发展东方精神”“灌输学生新时代智识及公民应尽之义务”的教育目的，日治政府开始着手编订新的教科书。据国民政府军事委员会委员长侍从室所得情报，至1942年10月，“香港华侨学校教科书业经港敌总督部文教课修改完竣，小学部分已有出版，以华文国语课本为主要科目，以日文为副修科目，内容亦不如汪伪方面所订课本之荒谬。据敌文教课课长长尾谈称：此次出版之教科书系按敌国教育方针予以增补，为暂时性质，将来当另编正式教科书等语”。[②]

日治政府编定的教科书出版后，即由日本香港总督部民治部文教课令饬各校采用。该教科书将美化日本军国主义作为其主要内容，兹以《高小公民》为例，从该课本各篇课文的目录，即可略窥教材内容之一斑。该课本首页是《卷头敕语》《卷头告谕》，以下各篇课文的标题为：（一）新生香港；（二）兴亚进行曲；（三）农为国本；（四）慎言；（五）由香港至东京①；（六）由香港至东京②；（七）由香港至东京③；（八）日本刀；（九）香港史料之一页；（十）鸦片故事①；（十一）鸦片故事②；（十二）

① 中国第二历史档案馆藏国民政府教育部档案，五/13342。

② 中国第二历史档案馆藏国民政府教育部档案《军委会委员长侍从室抄送香港敌修改华侨学校教科书情形情报壹件》（1942年10月10日），五/13342。

忠灵塔；（十三）日本的体育；（十四）中日之文化关系；（十五）游日归来①；（十六）游日归来②……。《卷头告谕》即为日本香港占领地总督部首任总督矶谷廉介在履新当天向全港居民发表的要求香港居民听从日军统治的告谕，兹抄录于下：

照得香港乃英国强占我东洋之土地，以物质文明吞食我东亚已经百年，现一朝为我忠勇义烈之皇军占领成为东亚之皇土，人类公敌之英国，使用无餍野心不逞之本源，经已挫折消灭，堪为东亚万众庆祝无量者也。

夫大东亚战争终局最大之目的，乃确保东亚之安定，进而贡献世界和平，以谋万邦之荣乐。

故在军政之下香港今后之统治建设，应共同协力完成东亚战争，一洗香港从前旧态，方能发扬东洋本来之精神文化。庶几万民同沐圣泽，而完成圣道昭垂之东亚永远福利之基础。

本府拜受香港占领地总督大任，今日亲临此地，定必尽心尽力，务求不会违背圣旨，使万民可于大东亚战争得胜后，永享幸福安宁日子。为此本府要求此地居民自重、忍耐、克守，理解到圣战之目的，并戒淫逸、慎放纵，有感于皇道统治而自我激励，作出贡献。若能醒觉并戒除过往陋习，挺身奋发，努力完成兴隆东亚伟业者，本府将会视如亲己待之。

然而，不理解（圣战的）真义，违背道义、破坏道德、进行煽动、闹事者，等于万民的公敌，不配做皇土的公民。对于此类人，不论其人种国籍，本府将以军法处断，绝不留情。此为就职告谕。[①]

第九课《香港史料之一页》，除揭露英国占领香港之罪恶以挑起港人反英情绪外，即是要求香港民众服从日军的殖民统治，课文中写道：

你们现在不必向英政府那样奉承，由昭和十六年（注：即 1941 年）十二月二十五日，新的历史时代开始了，入了日本军政下的现在，我们把英政府时代的罪恶暴露出来，也不算甚（什）么一回事。

我们回想香港过去这样时代，真的会悲哀起来，以为它是空间与历史的连续，但是新朝开了，我们要起来的时候到了，应该要从百年之噩梦里醒来，今后香港能否造成光辉的历史出来呢？这完全挂在我们的两肩。

① 谢永光：《三年零八个月的苦难》，（香港）明报出版社有限公司，1995，第 39—40 页。

现在我们在日本军政之下，要认清情势，服从当局的方针，务须十分协力创造新生的香港……[①]

课文虽是用中文写成，但语言晦涩，毫无文采可言，完全是蹩脚的日本式中文。

五、日语教学的推广

为了巩固在香港的统治，日军占领香港并成立日治政府后，即从多方面消除英国文化及痕迹，而代之以日本色彩，推行日化政策。

1942年1月26日，军政厅发布第10号公告，下令将各商店洋行的英文招牌、标记、告示等一律予以拆除或涂黑，公告内容如下：

为布告事：查香港九龙境内各商店洋行等之招牌及街头广告等，均附英国文字，妨碍观瞻，亟应肃清，以整市容。为此合行布告，仰在港九各商店洋行等，应即将所有门口之招牌及街头广告等英国文字，迅予如期擦去或除下，不得遗留，否则致干未便，切切。此布。[②]

并规定分两期实施，第一期由1月29日起至2月5日止；第二期由2月10日起至2月20日止。同年4月，总督部又下令将港九的主要街道及地区改用日式名称，如皇后大道改为明治通、弥敦道改为香取通、干诺道改为佳吉通、德辅道改为昭和通等，部分机构及建筑物也改为日式名称，如动植物公园（兵头花园）改为大正公园、半岛酒店改称东亚酒店、大钟楼改称昭和广场等。

日化政策的一个重要措施便是由日语代替英文成为官方语言，日语程度成为进入官方机构工作的重要考虑因素。为推广日语教学，日本占领当局规定学校每周应教授日语4学时，并一再强调以日语为主的课程，不及格的日语教员，须入港岛及九龙的教育补习所进行为期4个月的补习，考试及格后方可担任教员。同时积极鼓励成立各种日语讲习所。据资料记载，在日本当局准予恢复或新成立的59所学校中，以日语教学为主的学校即占57所。至1943年3月为止，全港共有41所日语讲习所，[③]学生人数达4000多人；[④]至1945年8月日本投降止，日语讲习所毕业的学生达9000多人。

---

① 谢永光：《三年零八个月的苦难》，第246页。

② 高添增、唐卓敏编著：《香港日占时期（1941年12月—1945年8月）》，三联书店（香港）有限公司，1995，第89页。

③《香港日报》1943年3月27日，转引自梁炳华：《香港在日占时期的教育概况》。

④《香港日报》1943年4月3日，转引自梁炳华：《香港在日占时期的教育概况》。

日治政府对推行日语教育可谓不遗余力，当时的报纸、电台都很注意介绍学习日语的方法和内容，希望使市民大众都能掌握。在一般工厂也设有日语班，由日籍人员向下班的工人讲授日语。同时还通过教唱日语歌曲等形式，使一般民众更容易熟悉日语。日督矶谷廉介还亲自赴日语学校巡视，以示对日语教育的重视。

为方便香港市民学习日语，日治政府还编辑出版了大量日语教材，如《日语讲义》等。“为实际考验管区住民学习日本语遂至若何程序”，日治政府于1942年8月20日以公示第55号公布了《日本语检定实施要领》，并制定了检定表格，将日语考试分为五个等级，以供国民学校二至六年级程度者报考。[①]1943年11月，总督部长尾课长因公返国，全港日语学校校长“欢送”长尾，长尾在致辞时说：“本人莅任以来，瞬达一载有余，在此短促期间内，港九两地立之日语学校，如雨后春笋，凡百数十间，此足见提倡者之热心，而学习者之踊跃，本人深感快慰。日前举行全港日语检定，成绩相当使人满意，但望百尺竿头，更进一步。尤盼诸位秉普及日语教育之意旨，继续努力，使‘大东亚共荣圈’内各民族间之文化交流，更为沟通与圆滑，此不独本港为然，各地均具同等之重要。”[②]

对于当时香港市民学习日语的情形，当时出版的香港《新东亚月刊》第五期曾有如下记载：

> 战后，香港原有的学校，均停止活动，但日语学校的设立，风起云涌，触目皆是。市上的日语读本，供不应求，售卖一空。当时有许多人以为学习日语两三个月，便可和日本人士谈话，更可把日本书籍阅读，所以报名学习者，均踊跃异常，有的学校收录学生多至六七百人，编定班级，更分日夜。[③]

六、教育经费的困境

虽然日本占领当局将奴化教育作为其加强对香港殖民统治的重要工具，并予以严密的控制，但总体说来对教育并不甚重视，这从当时教育经费严重匮乏可窥一斑。

战前香港地区学校的经费来源除各团体或个人筹措、捐赠及学生交纳的学费外，有相当一部分是由港英政府划拨或资助的。除官立学校由港英政府全额出资外，政府还以补助、津贴等形式予各类学校以数额不等的经费支持。据当时资料记载：1937年，

① 参见高添强、唐卓敏编著：《香港日占时期（1941年12月—1945年8月）》，第118—119页。

② 《各日语学校校长昨欢送长尾课长》，《香岛日报》1943年11月18日。

③ 《新东亚月刊》第五期，第78页。

香港“非官立汉文学校受补助者，在港内有173间，学生人数共15007名”“汉文私塾受政府补助者共116间，内有女校6间，补助费共支出19855元”，港英政府1937年“全年共支出补助费92130元”。[①]1939年港英政府的教育开支达2336865元，比1938年的589325元增加达4倍之多，成为仅次于军事经费的第二大宗支出，占港英政府财政支出总数的15%左右。[②]

日本统治时期，香港地区的学校除由日治政府开办的外，其他学校的经费主要来自学生交纳的学费。但在日本统治下的香港，物价飞涨，社会经济陷于破产，市民普遍失业，连基本的生活都无法保证，自然无余钱送子女上学。学生人数少，所收学费自然就少，经费没有保障，学校的经营就出现了困难，无法足额支付教职员工本已十分微薄的薪金。1943年1月20日，日治政府文教课嘱托张质模召集各校校长开会，规定划一经费办法：“（一）初级小学每月军票2元以下；（二）高级小学每月3元以下；（三）初级中小学每月3元以下；（四）高级中学每月4元以下。”[③]在全港中小学的联合要求下，日治政府曾数次同意各学校增收学费，以提高教员的待遇，并补助学校的行政经费开支，如1943年12月，日治政府文教课就同意向每1名学生每月增收学费1元，以提高教员的薪金，调整率为30%。[④]但其结果却是正如当时报章所报道的，每增收一次学费，学生人数便减少一部分：“年来生活程度趋涨，一般人生活，殊感难于应付，为求两餐，忙碌终日，尚处或缺，因是之故，中下级家庭子弟多中途辍学，生活艰难，亦间接影响本港教育事业之进展。各校因为经费关系，曾数度增加学费，然于每次增加学费之后，原有学生必减少一部分。”[⑤]

由于增加学费会导致更多学生的失学，因而当时社会就解决教育经费不足特别是切实解决教员的生活问题提出了许多建议，如取得社会富裕人士的捐助、供应价格稳定的粮食等。1945年1月12日《香岛日报》就发表社论提出如下建议：

希望政府当局对于各教职员，在可能范围内设法代买厂价米，使他们生活安定，不致因米价之变动而影响侨校前途，同时希望各校当局，向各界人士请求捐助，或自行设法筹款，以补助教职员之薪金及维持学校之经费。若进行顺利，即学费

① 《香港概况》，《申报》1938年7月11日，第2页。

② 叶德伟等编著：《香港沦陷史》，第60页。

③ 中国第二历史档案馆藏国民政府教育部档案，五/13342。

④ 《香岛日报》1943年12月11日，转引自梁炳华：《香港在日占时期的教育概况》。

⑤ 《香岛日报》1945年7月16日，转引自梁炳华：《香港在日占时期的教育概况》。

不需常常增加，而学生减少辍学，学校可免停办，教职员亦不至失业。[①]

而当时的一些社会团体也确曾为部分贫寒学生提供学费，最著名的是“香港华人慈善总会”和“香港华民慈善总会”。香港华人慈善总会从1943年初学期开始，在各校增设贫民免费学额，由该会义务提供书籍，初拟总数为400个，因社会反响强烈，报名者甚众，后增加到500个名额，直至1945年取消。香港华民慈善总会1943年上半年资助了500多名贫苦学童入学，后又增加500名学额，倘考试及格之免费生，可继续升学，该会资助的第一期免费生就有420名继续升学。该会还向这些贫困学童赠送衣服、米粮等。[②]

日治政府也曾拨给一部分经费，补贴各学校。日治政府即从1943年起，每年津贴各校经费共计军票20万元。[③]1944年初，文教课又答应从1944年1月起，给予每个教员额外津贴20日元。[④]

正因为教育经费严重不足、教员待遇低下，许多教师被迫辞职他就，到1945年日本投降前夕，香港教育已到了全面崩溃的边缘。据统计资料显示：到1945年6月，全港仅有中学15所，教师96名，中学生580名；小学31所，教师201名，小学生4200名。[⑤]平均每所中学只有学生39人，每所小学只有学生135人。

七、抗战胜利后国民政府对香港侨校的甄审

1945年8月15日，日本宣布无条件投降。香港属中国战区，理应由中国受降。但由于蒋介石坚持“反共优先”的政策，致使进军过缓，而由英国海军少将夏悫率领的英国太平洋特种舰队则于8月30日在香港登陆。9月1日，夏悫颁布“军政府统治公告”，宣布成立临时政府。9月4日，香港英国政府接收香港九龙地区。经中英双方多次协商，1945年9月16日，香港英军总司令夏悫代表英国政府和中国战区最高统帅蒋介石举行受降仪式，接受香港日军的投降，驻港日军陆军司令冈田梅吉少将和日本华南舰队司令官藤田类太郎中将在投降书上签字，中国代表潘华国将军也出席了签字仪式。其后，国民政府虽曾多次敦促英国政府将香港交还中国，均为英国拒绝。1946年6月底，全面内战爆发，蒋介石与国民政府忙于内战，香港问题被抛诸脑后，香港重新沦为英国的殖民地。

日本宣布投降后，其在香港的殖民统治结束，在香港推行三年半的殖民教育也寿

①《学费调整后的问题》，《香岛日报》1945年1月12日，转引自梁炳华：《香港在日占时期的教育概况》。

② 梁炳华：《香港在日占时期的教育概况》。

③ 中国第二历史档案馆藏国民政府教育部档案，五/13342。

④ “HongKong News”1944年2月16日，转引自梁炳华：《香港在日占时期的教育概况》。

⑤《华侨晚报》1945年7月25日。

终正寝。

太平洋战争爆发前，香港地区开办的各侨校，有相当部分是在国民政府教育部、侨务委员会或广东省教育厅注册登记的。抗战胜利后，教育部明确表示：对于日占时期香港地区设立或继续开办的各侨校概不承认，而各该校学生和教师则应予甄审。该项甄审工作由教育部广州区教育复员委员会具体负责。为办理甄审工作，广州区教育复员委员会特在香港设立了办事处，并制定了详细办法。

关于学生甄试问题，据该办事处负责人王镜澄、张启正称："此次甄试办法，系奉教部令办理，均照部章处理，甄审伪生，全国各收复区均奉令举办，本港当不能例外。惟本港有特殊情形，当然要斟酌实情办理：凡在敌伪占领期间开办之学校、就学的学生均得参试，否则其学籍将成问题。此次甄审纯为自由参加，望各侨生勿放弃此甄审。"[①]按照学生甄试详细办法，"凡曾在日敌占领期间开办之学校供读的学生，具有证明书者，均可报名，填具保证书。保证书为保证该生愿受政府对于恢复区各级学校学生处理办法处理，并保证该生如有假冒情节或有越轨行为，保证人愿负法律责任"。保证人之资格为"教员1人或商店1家，但均以未曾任敌伪占领期间职务者为合格，否则其甄试资格即作废"，甄审以1945年度上学期成绩为标准，并"仅以在占领期间开办之学校就学的学生为对象"，考试合格的学生，发给甄试合格证明书，"学籍即为国内各级学校承认，亦为教部所承认""可转学肄业国内各级同学程的学校，按照国内收复区甄试办法，将由教育部复员委员会分发各校就学"。甄试不合格的学生，"须看其成绩如何，决定应就学的年级，予以降级，仍发给所应就读的学级证明书"。同时，还告诫经教育部立案的各侨校："一律不能收读未经甄试而在日敌占领期间开办学校肄业的学生，若侨校准许收读，其学籍教部仍不承认。如果侨校滥收未经甄试的学生，教部将取消该校立案的册籍。"[②]此项甄试，从1946年1月18日开始举办登记，学生因关乎学籍因而十分重视，但各侨校多持"观望态度"。

对于教师的甄审则遇到了麻烦。尽管香港办事处也想采用国内各收复区的甄审办法进行，但香港教师均在港英政府教育司注册，对教师甄审，须得港英政府同意。但在王镜澄与教育司商讨时，香港教育司明确表示："本港已无伪校存在，亦无所谓伪教师存在。"[③]香港教育司罗仁桢在接受记者采访时指出：对于教师，不能因在沦陷期间教了几年书，而称为"伪"教员，取消他教书的资格。[④]由于在香港教育司碰了

① 《敌占期内开办的学校学生教师甄审详细办法》，《华商报》1946年1月19日，第2页。

② 《华商报》1946年1月19日，第2页。

③ 《华商报》1946年1月19日，第2页。

④ 《本港教育当局谈"伪校"问题》，《华商报》1946年1月15日，第2页。

一鼻子灰，香港办事处在强调“甄审一定要举办”的同时，又表示“方式将与国内不同，详细办法现正请示广东区当局，或将分别以书面通知各校办理登记，以口头或其他方式，作为甄审”。①

由于日占时期对香港教育事业破坏甚巨，“很多校址都已经彻底被毁，校具、图书、仪器都损失很多”，②因而抗战胜利后，香港教育事业恢复十分迟缓，到1946年3月，虽入学就读的学生已经超过4万人，但仍有大部分适龄儿童无法入学。香港大学则迟至1946年9月才重新招生。

日本在香港实施三年半的殖民教育，给广大香港青年学生打上了深深的时代烙印。当时一位回港复员的中学教师曾一针见血地指出日占时期培养出来的学生的一般特性：“曾经过三年敌人奴化教育的学生，一般来说，大都是怕事（懦怯）、消沉，凡事畏首畏尾的。例如你叫一个学生去做一件事情，大家都互相推诿，不愿负责的，这种情形，和以前差得很远。”③

① 《华商报》1946年1月19日，第2页。

② 《华商报》1946年1月15日，第2页。

③ 《教育的种种》，《华商报》1946年1月20日，第2页。

主要参考文献

一、档案史料

（一）中国第二历史档案馆藏档案

国民政府教育部档案，全宗号五。

国民政府财政部档案，全宗号三。

国民政府社会部档案，全宗号十一。

伪中华民国临时政府教育部档案，全宗号二〇一七。

伪中华民国临时政府治安部档案，全宗号二〇一六。

伪维新政府教育部档案，全宗号二一〇一。

汪伪行政院档案，全宗号二〇〇三。

汪伪宣传部档案，全宗号二〇四〇。

汪伪国立编译馆档案，全宗号二〇九五。

汪伪教育部档案，全宗号二〇七八。

汪伪立法院档案，全宗号二〇〇八。

汪伪外交部档案，全宗号二〇六一。

汪伪经理总监部档案，全宗号二〇三一。

伪华北政务委员会教育总署档案，全宗号二〇二一。

（二）上海市档案馆藏日伪时期上海特别市教育局档案

（三）南京市档案馆藏汪伪南京特别市政府档案

（四）武汉市档案馆藏档案

（五）档案史料集

中国第二历史档案馆编：《中华民国史档案资料汇编》第五辑第二编《附录》，江苏古籍出版社 1997 年版。

周佛海著，蔡德金编注：《周佛海日记》，中国社会科学出版社 1986 年版。

中央档案馆、中国第二历史档案馆等合编:《日本帝国主义侵华档案资料选编——日汪的清乡》，中华书局 1995 年版。

上海市档案馆编：《日本帝国主义侵略上海罪行史料汇编》，上海人民出版社 1997 年版。

浙江省档案馆编：《日军侵略浙江实录》（1937—1945），中共党史出版社 1995 年版。

广东省档案馆编：《日本侵略广东档案史料选编》，中国档案出版社 2005 年版。

涂文学主编：《沦陷时期武汉的社会与文化》，武汉出版社 2005 年版。

宋恩荣、余子侠主编：《日本侵华殖民教育史料》第二卷，人民教育出版社 2016 年版。

曹必宏主编：《日本侵华殖民教育史料》第三卷，人民教育出版社 2016 年版。

二、公报、年鉴、统计、报告书

伪维新政府编：《政府公报》。

汪伪国民政府公报事务处编:《国民政府公报》,汪伪国民政府文官处印铸局印行。

伪维新政府教育部编：《教育公报》。

汪伪教育部总务司编印：《教育部公报》。

《汉口特别市政府公报》（1942—1943 年）。

汪伪教育部统计室编印：《全国教育统计》（第五集）。

《维新政府初周纪念报告书》（1939 年 5 月）。

伪南京特别市政府编：《南京市政概况》（中华民国二十七年度），1939 年版。

秦冕钧：《如何推行维新教育》，伪江苏教育厅 1939 年 2 月印。

伪武汉特别市政府秘书处编：《武汉特别市政府周年纪念特刊》，1940 年 4 月。

伪广东省政府秘书处编：《广东省概况》，1942 年 5 月版。

伪兴化县政府编：《兴化县政周年特刊》（1941 年 1 月）。

伪汕头市政府秘书处编印：《汕头市更生二周年纪念》，1941 年 6 月 21 日印行。

伪江苏政府秘书处编：《中华民国三十年度江苏省政年刊》，1941 年 12 月版。

伪江苏省政府秘书处编：《中华民国三十年度江苏省政年刊》，1941 年 12 月版。

伪汉口市政府教育局编：《汉口市社会教育概览》，1941 年。

汪伪国民政府宣传部编印：《国府还都第二年国民政府施政概况》，1942 年 3 月 30 日印行。

汉口特别市政府秘书处编：《汉口特别市政府三周年市政概况》，1942 年 4 月版。

伪无锡县教育局编：《无锡教育特刊》，1943 年 7 月 5 日。

伪江苏省政府教育厅编审室编：《两年来之江苏教育》，1944年10月。

《申报年鉴》，申报社，1944年版。

国民政府教育部教育年鉴编纂委员会编纂：《第二次中国教育年鉴》，商务印书馆，1948年12月版。

三、地方志、校史

《国立中央大学入学须知》，1940年9月。

《复兴的广东》，中山日报社，1941年版。

《中华民国留日学生名簿》（第十六册），日华学会1942年5月编辑。

《南方大学同学录》，1943年1月编印。

中国公学大学部秘书处编印：《中国公学大学部创校四十周年复校二周年纪念特刊》，1944年6月版。

《南方大学复校首届毕业同学录》，1945年6月编印。

《国立中央大学复校第一届毕业纪念刊》，1944年6月。

《国立中央大学复校第二届暨医学院第一届毕业纪念刊》，1945年6月。

复旦大学校史编写组编：《复旦大学志》第一卷，复旦大学出版社1985年版。

交通大学校史编写组编：《交通大学校史（1896—1949）》，上海教育出版社1986年版。

安徽省地方志编撰委员会编：《安徽省志·教育志》，北京方志出版社1997年版。

江苏省地方志编纂委员会编：《江苏省志》第77卷《教育志（下）》，江苏古籍出版社2000年版。

王德滋主编：《南京大学百年史》，南京大学出版社2002年版。

四、论著

韩启桐：《中国对日战事损失之估计》，中华书局1946年版。

《毛泽东同志论教育工作》，人民教育出版社1958年版。

方美贤：《香港早期教育发展史》，中国学社1975年版。

日本防卫厅防卫研究所战史室：《中国事变陆军作战史》第2卷第2分册，中华书局1979年版。

秦孝仪主编：《中华民国重要史料初编——对日抗战时期第六编（傀儡组织）》，台北1981年版。

魏宏运主编：《中国现代史稿（1919—1949）》，黑龙江人民出版社1981年版。

实藤惠秀著，谭汝廉、林启彦译：《中国人留学日本史》，生活·读书·新知三联书店1983年版。

叶德伟等编著：《香港沦陷史》，香港广角出版社 1984 年版。

黄美真、张云编：《汪精卫集团投敌》，上海人民出版社 1984 年版。

黄美真、张云编：《汪精卫国民政府成立》，上海人民出版社 1984 年版。

邹华亭、施金炎：《中国近现代图书馆事业大事记》，湖南人民出版社 1986 年版。

《今井武夫回忆录》，中国文史出版社 1987 年版。

复旦大学历史系中国现代史研究室编：《汪精卫汉奸政权的兴亡》，复旦大学出版社 1987 年版。

《抗战时期内迁西南的高等院校》，贵州民族出版社 1988 年版。

高平叔编：《蔡元培全集》，第 7 卷，中华书局 1989 年版。

王奇生：《中国留学生的历史轨迹（1872—1949）》，湖北教育出版社 1992 年版。

蔡德金：《历史的怪胎——汪精卫国民政府》，广西师范大学出版社 1993 年版。

王奇生：《留学与救国——抗战时期海外学人群像》，广西师范大学出版社 1995 年版。

谢永光：《三年零八个月的苦难》，（香港）明报出版有限公司 1995 年版。

高添强、唐卓敏编著：《香港日占时期（1941 年 12 月—1945 年 8 月）》，三联书店（香港）有限公司 1995 年版。

胡惠春主编：《纪念抗日战争胜利五十周年学术研讨会论文集》，香港珠海书院亚洲研究中心 1996 年版。

金以林、丁双平：《大学史话》，社会科学文献出版社 2000 年版。

金以林：《近代中国大学研究》，中央文献出版社 2000 年版。

官丽珍：《对和平与人道的肆虐——1937 至 1945 年日军侵粤述略》，中共党史出版社 2001 年版。

齐红深主编：《日本侵华教育史》，人民教育出版社 2002 年版。

袁成毅：《浙江抗战损失初步研究》，陕西人民出版社 2003 年版。

五、报刊

上海《立报》，1937 年。

《申报》，1938—1942 年。

《新浙江日报》，1938 年。

《中华日报》，1940—1945 年。

《大公报》，1937 年。

《福建新闻》，1942 年。

香港《华商报》，1941—1946 年。

《解放日报》，1944 年。
重庆《中央日报》，1945 年。
《中华图书馆协会会报》，1938 年。
《复旦同学会会刊》，1938 年 4 月。
《浙江教育》，1939 年。
《教育杂志》，1941 年 1 月。
中国教育建设协会编：《教育建设》第一卷、第二卷。
中日文化协会编辑：《中日文化》（月刊），1941 年。
《中华留日同学会会刊》第一卷第四期。
《青岛教育半月刊》，1941 年 9 月。
《近代史研究》，1990—2019 年各期。
《抗日战争研究》，1991—2019 年各期。
《民国档案》，1985—2004 年各期。
《南京大学学报》（社会科学版），1992 年。
《浙江学刊》，1997 年。
《炎黄春秋》，2000 年。

后 记

本书是在2015年社科文献出版社出版的《汪伪统治区奴化教育研究》一书基础上删改、补充而来，承蒙社会科学文献出版社慨允，同意将本书列入南京出版社“侵华日军暴行史研究”丛书，并在进一步修改后再版。在修改过程中，我们除对原书的个别错误进行校正，并根据篇幅要求删除了部分内容，补充了近年新发现的史料和研究成果外，还对部分章节进行了调整，如将原书第一章第二节调整至第二章第一节，将原第三章和第四章合并，并增写了《日占时期的香港教育》作为全书的附录。

本书是三人合作研究的成果。曹必宏负责全书的框架设计和提纲拟定，并承担前言、第一章、第二章、第四章、第六章、附录、主要参考文献、后记的撰写，夏军承担第三章、第五章的撰写，沈岚承担第七章的撰写，最后由曹必宏统改、定稿。

在本书的撰写和修改再版过程中，得到了中央教育科学研究院宋恩荣研究员、华中师范大学教育学院余子侠教授、北京大学历史系王奇生教授，以及中国第二历史档案馆研究室、利用处、史料编辑处、保管处诸多同事的支持和帮助；社科文献出版社首席编辑徐思彦编审及历史分社徐碧姗、邵璐璐女士，南京出版社的编辑凌霄先生，为本书的编辑出版和再版付出了辛勤的劳动。在此，谨向他们表示衷心的感谢！

需要说明的是，受作者的视野、水平及资料所限，书中一定还存在很多不足甚至舛误，恳请方家批评指正。